Gustav-Hermann Seebold

Ein Stahlkonzern im Dritten Reich

Düsseldorfer Schriften zur Neueren Landesgeschichte
und zur Geschichte Nordrhein-Westfalens
Band 3

Gustav-Hermann Seebold

Ein Stahlkonzern im Dritten Reich

Der Bochumer Verein 1927–1945

Peter Hammer Verlag
Wuppertal

Gustav-Hermann Seebold, geb. 1951 in Sprockhövel, Studium der Geschichte und Romanistik in Bochum. Von 1976 bis 1980 wissenschaftlicher Mitarbeiter an der Abteilung für Geschichtswissenschaft der Ruhr-Universität Bochum und beim Bundesarchiv. Seit September 1980 Archivar beim Stadtarchiv Bochum.

CIP-Kurztitelaufnahme der Deutschen Bibliothek

Seebold, Gustav-Hermann:
Ein Stahlkonzern im Dritten Reich : d.
Bochumer Verein 1927 – 1945 /
Gustav-Hermann Seebold. – Wuppertal : Hammer, 1981.
(Düsseldorfer Schriften zur Neueren Landesgeschichte
und zur Geschichte Nordrhein-Westfalens ; Bd. 3)
ISBN 3-87294-175-5

Umschlaggestaltung: hammerteam
Umschlagfoto: Bundesarchiv Koblenz
Druck: F. L. Wagener, Lemgo
Buchbinderei: Klemme & Bleimund, Bielefeld
Gesetzt in der Linotype Garamond

Inhalt

Abkürzungen

AG	Aktiengesellschaft
AktGes.	Aktiengesetz
AOG	Gesetz zur Ordnung der nationalen Arbeit
AOK	Allgemeine Ortskrankenkasse
AR	Aufsichtsrat
Arbeitnordwest	Arbeitgeberverband für den Bezirk der Nordwestlichen Gruppe des Vereins Deutscher Eisen- und Stahlindustrieller
ArchBV	Archiv der (ehemaligen) Bochumer Verein für Gußstahlfabrikation AG
ArchTHAG	Archiv der Thyssen-Hütte AG
ATH	August Thyssen-Hütte AG
BA	Bundesarchiv
Bezirksgr.	Bezirksgruppe
BMW	Bayerische Motorenwerke AG
BV	Bochumer Verein für Gußstahlfabrikation AG
DAF	Deutsche Arbeitsfront
Deutsch-Lux	Deutsch-Luxemburgische Bergwerks- und Hütten AG
DEW	Deutsche Edelstahlwerke AG
DHHV	Dortmund-Hörder Hüttenverein
Dinta	Deutsches Institut für technische Arbeitsschulung
DV	Durchführungsverordnung
Erl.	Erlaß
Fla	Flugabwehr
Flak	Flugabwehrkanone
GBA	Generalbevollmächtigter für den Arbeitseinsatz
GBAG	Gelsenkirchener Bergwerks AG
geh.	geheim
Gelsenberg	Gelsenkirchener Bergwerks AG
Ges.	Gesetz
GHH	Gutehoffnungshütte AG
GV	Generalversammlung

GWU	Geschichte in Wissenschaft und Unterricht
Hanomag	Hannoversche Maschinenbau AG
Hb.	Handbuch
Hrsg.	Herausgeber
HGB	Handelsgesetzbuch
HJ	Hitler-Jugend
IMT	Internationales Militärtribunal (Nürnberg)
jato	Tonnen × $Jahr^{-1}$
Jb.	Jahrbuch
JWG	Jahrbuch für Wirtschaftsgeschichte
KWVO	Kriegswirtschaftsverordnung
MGM	Militärgeschichtliche Mitteilungen
Micum	Mission Interalliée de Contrôle des Usines et des Mines
Mittelstahl	Mitteldeutsche Stahlwerke AG
moto	Tonnen × $Monat^{-1}$
Ms.	Manuskript
NSBO	Nationalsozialistische Betriebszellenorganisation
NSDAP	Nationalsozialistische Deutsche Arbeiterpartei
NSDAP-AO	NSDAP-Auslandsorganisation
NSV	Nationalsozialistische Volkswohlfahrt
OBB	Oberbergamtsbezirk
OKH	Oberkommando des Heeres
OKL	Oberkommando der Luftwaffe
OKM	Oberkommando der Marine
OKW	Oberkommando der Wehrmacht
OT	Organisation Todt
RABl	Reichsarbeitsblatt
RAF	Royal Air Force
RAM	Reichsarbeitsminister(ium)
RFM	Reichsfinanzminister(ium)
RGBl	Reichsgesetzblatt
RGO	Revolutionäre Gewerkschaftsopposition
RMfBuM	Reichsminister(ium) für Bewaffnung und Munition
RMfdbO	Reichsminister(ium) für die besetzten Ostgebiete

RMfRuK	Reichsminister(ium) für Rüstung und Kriegsproduktion
RMfVuP	Reichsminister(ium) für Volksaufklärung und Propaganda
RWM	Reichswirtschaftsminister(ium)
SA	Sturmabteilung
SD	Sicherheitsdienst
s.F.H.	schwere Feldhaubitze
SM	Siemens-Martin
StA	Staatsarchiv
Stahlind.	Stahlindustrie
Stat.	Statistik
stat.	statistisch
SW	Sozialwirtschaft (Abt. bei der VSt-Konzernverwaltung)
TO	Tagesordnung
USAAF	United States Army Air Force
USSAF	United States Strategic Air Force
USSBS	United States Strategic Bombing Survey
VDEH	Verein Deutscher Eisenhüttenleute
VDI	Verein Deutscher Ingenieure
VDMA	Verein Deutscher Maschinenbauanstalten
Vfg.	Verfügung
VfZG	Vierteljahrshefte für Zeitgeschichte
VO	Verordnung
Vp	Vierjahresplan
VS	Vorstand
VSt	Vereinigte Stahlwerke AG
WHW	Winterhilfswerk
WRV	Weimarer Reichsverfassung
WWA	Westfälisches Wirtschaftsarchiv, Dortmund
ZfG	Zeitschrift für Geschichtswissenschaft
Zs.	Zeitschrift

Vorwort

Das Verhältnis von Industrie und Nationalsozialismus ist in der neueren Forschung zum Thema zahlreicher Veröffentlichungen geworden. Dieses Begriffspaar umschreibt nicht allein die verschiedenen Thesen der Zeithistoriker zur nationalsozialistischen Machtergreifung, es ist vielmehr zu einer Metapher, zur Bezeichnung eines historischen Prozesses schlechthin geworden, an dem verschiedene, sich einander ausschließende geschichtstheoretische Auffassungen über diesen Zeitabschnitt jüngster deutscher Geschichte bewiesen werden sollen. So hat es Tim Mason vor mehr als einem Jahrzehnt unternommen, mit seiner These vom »Primat der Politik« ein Interpretationsmuster für den Aufstieg und den »Erfolg« des Nationalsozialismus vorzugeben, das von dem bis in die sechziger Jahre hinein vorherrschenden totalitarismustheoretischen Ansatz in der westdeutschen Historiographie ebensoweit entfernt war wie von der Einordnung des Regimes als eines Agenten des Monopolkapitals. Diese Position hat viel Widerspruch hervorgerufen, vor allem in der Faschismusdiskussion der DDR-Historiker[1], ohne daß zwischenzeitlich eine Annäherung im Grundsätzlichen stattgefunden hatte. Gleichwohl hat die seitherige Einzelforschung zum Nationalsozialismus zu einer differenzierteren Sicht der Beziehungen von Industrie und Regime geführt, die es zumindest erleichtert, die jeweiligen Standpunkte zu präzisieren.

Die vorliegende Studie über den Bochumer Verein für Gußstahlfabrikation in der Zeit zwischen 1927 und 1945 will zu dieser Diskussion einen Beitrag aus der Sicht der Unternehmensgeschichte leisten. Sie wird sich allerdings weniger mit der Frage beschäftigen, in welchem Maß die Industrie – und hier vor allem die Schwerindustrie an der Ruhr – zum Aufstieg des Nationalsozialismus beigetragen hat oder die Frage diskutieren, ob der Nationalsozialismus die Industrie oder die Industrie den Nationalsozialismus instrumental zur Ausübung von Macht benutzen konnte und benutzte. Vielmehr soll die konkrete Ausformung der politischen, wirtschaftlichen und sozialen Entwicklungen auf der Ebene eines Hüttenwerkes an der Ruhr untersucht werden. Letztere umfaßt die Geschichte eines Werkes, seiner Belegschaft und seines Managements zwischen Weltwirtschaftskrise und Zusammenbruch.

Der Bochumer Verein, ein bis in die 20er Jahre selbständiges Hüttenwerk,

1 Vgl. u. a. *Eichholtz*, Politik, sowie *Mason*, Primat der Industrie. Dort wird ebenso wie bei *Czichon*, Hitler, auf weiterführende Literatur verwiesen.

danach eine Betriebsgesellschaft der Vereinigte Stahlwerke AG in einer Industriestadt mit einem überproportional hohen Anteil an Zentrumswählern, stellt dabei ein Studienobjekt von besonderem Interesse dar: seine Direktion war schon 1932 nationalsozialistisch orientiert, das Unternehmen wurde einige Jahre später als erstes Hüttenwerk mit dem Titel »Nationalsozialistischer Musterbetrieb« ausgezeichnet, und während des Zweiten Weltkrieges zählte es schließlich zu den wichtigsten Rüstungswerken des Reiches.

Die Darstellung und die Analyse der sozialen und wirtschaftlichen Lage der Beschäftigten, der Arbeiter und Angestellten gleichermaßen, werden dabei einen breiteren Raum einnehmen als allgemeine Fragen der NS-Sozialpolitik. Die Ausgangslage, die durch weitverbreitete Arbeitslosigkeit und Kurzarbeit charakterisierte weltweite Wirtschaftskrise zu Beginn der 30er Jahre, wird ebenso berücksichtigt wie die Versuche zur Integration der Arbeiterschaft in die sogenannte NS-Volksgemeinschaft, die Stellung der Belegschaft während des konjunkturellen Aufschwungs nach 1933 oder die Arbeitsbedingungen der Belegschaft während des Krieges.

Die Frage, ob es dem seinem Selbstverständnis nach alle Lebensbereiche kontrollierenden NS-Regime gelang, diesen Anspruch auf der Ebene des einzelnen Wirtschaftsunternehmens und des alltäglichen Lebens der Belegschaft in die Wirklichkeit umzusetzen, wird dabei von besonderem Interesse sein. Gab es eine einheitliche Reglementierung aller politischen, wirtschaftlichen und sozialen Entwicklungen nach 1933? War das NS-Regime letztlich totalitär? In diesem Zusammenhang erscheint es geboten, die Entwicklung im Bochumer Verein mit jener in den übrigen Betriebsgesellschaften der Vereinigte Stahlwerke AG (Thyssen, Rheinstahl oder Dortmunder Union) sowie in beschränktem Umfang auch in anderen Montankonzernen (Krupp, Klöckner oder Gutehoffnungshütte) zu vergleichen.

Unsere Ergebnisse beziehen sich zunächst nur auf den Bochumer Verein. Aufgrund des Bestrebens der Konzernleitung der Vereinigten Stahlwerke, eine einheitliche wirtschaftliche, technische und soziale Unternehmensführung in allen Betriebsgesellschaften zu gewährleisten, und angesichts einer fortgeschrittenen Konzernierung und konzernübergreifenden Zusammenarbeit in der Montanindustrie haben viele der dargestellten Entwicklungen und Ergebnisse jedoch auch firmen- und konzernübergreifende Aussagekraft. Sie besitzen damit eine regionale Repräsentativität für die Schwerindustrie an der Ruhr.

Die Studie über den Bochumer Verein stellt gleichzeitig einen Versuch dar, »Sozialgeschichte von unten« zu schreiben. Sie soll zum Verständnis einer Epoche beitragen, wie sie von der Belegschaft des Unternehmens in ihrer Alltäglichkeit erlebt und erfahren wurde. Sie ist mehr als eine Firmengeschichte, denn nicht die isolierte Entwicklung eines Unternehmens

ist ihr Thema, sondern dessen Einbindung in ein politisches und gesellschaftliches Umfeld sowie in die den Charakter des Ruhrgebietes prägende Montanindustrie.
Grundlage der Studie bilden Akten der ehemaligen Aktiengesellschaft Bochumer Verein für Gußstahlfabrikation, die heute im Archiv der Rechtsnachfolgerin, den Fried. Krupp Hüttenwerken AG, Bochum, aufbewahrt werden. Ein Teil der kriegsbedingten Überlieferungslücken konnte durch die Akten der ehemaligen Sozialabteilung bei der Konzernverwaltung der Vereinigten Stahlwerke geschlossen werden. Diese Akten befinden sich im Archiv der Thyssen AG in Duisburg.
Für einzelne Fragestellungen wurden darüber hinaus Akten aus Beständen des Stadtarchivs Bochum, des Westfälischen Wirtschaftsarchivs, Dortmund, des Staatsarchivs Münster, des Bundesarchivs und des Archivs der Vereinigung der Verfolgten des Naziregimes, Düsseldorf, herangezogen. Die schriftlichen Überlieferungen fanden eine sinnvolle und notwendige Ergänzung in zahlreichen Gesprächen mit ehemaligen Mitarbeitern des Bochumer Vereins. Ihnen gilt mein Dank ebenso wie den Mitarbeitern der genannten Archive sowie der Geschäftsleitung und den Mitarbeitern der Fried. Krupp Hüttenwerke AG, Bochum, die mir den Zugang zu den Akten des Bochumer Vereins ermöglichten.
Zu besonderem Dank bin ich Herrn Prof. Dr. Hans Mommsen und Herrn Prof. Dr. Dietmar Petzina verpflichtet, die die im Frühjahr 1980 von der Abteilung für Geschichtswissenschaft der Ruhr-Universität Bochum als Dissertation angenommene Arbeit betreut haben und deren Anregungen und Hinweise mir eine wertvolle Hilfe waren. Nicht zuletzt gilt mein Dank den Herausgebern der Düsseldorfer Schriften zur Neueren Landesgeschichte und zur Geschichte Nordrhein-Westfalens. Sie ermöglichten die Veröffentlichung dieser Studie.

I. Der Bochumer Verein von der Gründung bis zum Jahre 1926

1. Die Entwicklung des Unternehmens bis zum Ende des Ersten Weltkriegs

Im Jahre 1842 beschlossen der aus Württemberg stammende Jacob Mayer und der Magdeburger Eduard Kühne den Bau einer Gußstahlfabrik vor den Toren der damaligen Kleinstadt Bochum in der Grafschaft Mark. Ausschlaggebend für die Wahl der Stadt Bochum als Standort für das neue Stahlwerk dürfte die außerordentlich günstige Versorgungsmöglichkeit der Fabrik mit Steinkohlen und Koks gewesen sein. Das Werk produzierte vom ersten Halbjahr 1845 an ausschließlich Tiegelstahl, der vor der Erfindung der Thomas-, Bessemer- und Siemens-Martin-Stahlherstellungsprozesse die beste erreichbare Qualitätsstufe bildete[1].

Zu überregionaler Bedeutung gelangte die Firma Mayer & Kühne, die von ihrer Gründung an gegen die Konkurrenz der Gußstahlfabrik Alfred Krupps in Essen zu kämpfen hatte, durch den von Jacob Mayer erfundenen Stahlformguß, der es erlaubte, unter Umgehung des arbeitsintensiven Schmiedeprozesses Fertigprodukte wie Kirchenglocken oder Maschinenteile in für diesen Zweck angefertigte Formen zu gießen. Den nicht im eigenen Werk weiterverarbeiteten Gußstahl verkaufte man bergisch-märkischen Kleineisen- und Stahlunternehmen, wo er sich gegen den dort traditionell verarbeiteten Raffinierstahl aufgrund seiner überlegenen Qualität rasch durchsetzte[2].

Obwohl sich die Gußstahlfabrik von Mayer und Kühne im Stahlwerksbereich außerordentlich günstig entwickelte und das Unternehmen auch über Preußen hinaus bekannt machte, hatte die Firma seit ihrer Gründung an einem zu geringen Geschäftskapital gelitten. Fehlendes Interesse Jacob Mayers für die kaufmännische Geschäftsführung, mangelnde Qualifikationen des kaufmännischen Direktors Eduard Kühne und schließlich hohe Konjunkturanfälligkeit dürften darüber hinaus verantwortlich gewesen sein für eine zunehmende Illiquidität der Firma Mayer & Kühne bereits wenige Jahre nach ihrer Gründung.

---

1 Eine ausführliche Dokumentation der Geschichte des Bochumer Vereins bis zum Beginn der 30er Jahre findet sich bei *Däbritz*, Bochumer Verein.

2 Zu Fragestellungen aus dem Bereich des Eisenhüttenwesens siehe u. a.: *Beck*, Geschichte des Eisens, Bd. 4 u. 5, und *VDEH*. Eine allgemeine Übersicht über Probleme des 19. Jahrhunderts gibt *Treue*.

Eine in November 1853 einberufene Gläubigerversammlung faßte schließlich den Entschluß, das Unternehmen in eine Aktiengesellschaft umzuwandeln. Am 24. Januar 1854 fand die Gründungsvesammlung der Aktiengesellschaft »Bochumer Verein für Bergbau und Gußstahlfabrikation« statt, die zunächst für eine Zeitdauer von 50 Jahren gegründet wurde und als deren Gegenstand die Ausbeutung von Kohle-, Ton-, Eisenerz- und Mineralienvorkommen in den Oberbergamtsbezirken Bonn und Dortmund, die Koksherstellung, die Aufbereitung und Verarbeitung von Erzen zu Stahl und Stahlwaren oder Eisenwaren sowie der Verkauf der genannten Rohstoffe angegeben wurden.

Die folgende Ära des Generaldirektors Louis Baare – er leitete den Bochumer Verein von 1855 bis 1895 – war gekennzeichnet von der Produktionsumstellung von Kleinserien und kostenintensiven Artikeln auf Großserien von Wellen, Walzen, Schienen und rollendem Eisenbahnmaterial, insgesamt Produkte, die hohen Beanspruchungen genügen mußten, aber gleichzeitig einen hohen Umsatz garantierten. Sie begründeten auch über die Grenzen Deutschlands hinweg den Ruf des Hüttenwerkes als Qualitätsstahlwerk und bewirkten, daß das Unternehmen trotz der zahlreichen Wirtschaftskrisen in der zweiten Hälfte des 19. Jahrhunderts und trotz gravierender Fehlentscheidungen und Fehlinvestitionen des Managements in seiner Existenz kaum gefährdet war.

Im Jahre 1863 wurde erstmals Stahl nach dem Verfahren Henry Bessemers beim Bochumer Verein erzeugt. Er war von seiner Qualität her mit dem Tiegel- und Puddelstahl vergleichbar, jedoch wesentlich kostengünstiger herzustellen. Der einige Jahre später unternommene Versuch, Bessemerstahl, der mittlerweile als Rohprodukt für eine Vielzahl von Erzeugnissen Verwendung fand, bei gleichen qualitativen Maßstäben durch Thomasstahl zu ersetzen, führte zu hohen finanziellen Verlusten, da das Unternehmen unter anderem vorschnell Erzlagerstätten in Lothringen erworben hatte. Das dort geförderte Minette-Erz konnte aufgrund seiner chemischen Zusammensetzung allerdings in den inzwischen errichteten Hochöfen des Bochumer Vereins nicht zu dem in den Stahlwerken benötigten phosphorarmen Roheisen erschmolzen werden.

Als langfristig richtig und mit den Qualitätsanforderungen des Unternehmens vereinbar erwies sich hingegen die Einführung des Siemens-Martin-Stahlerzeugungsverfahrens im Jahre 1874, das die Stahlerzeugung in Tiegeln und nach dem Bessemer-Verfahren bereits in den folgenden Jahren an Bedeutung übertreffen sollte. Das Siemens-Martin-Verfahren blieb bis 1945 die beim Bochumer Verein dominierende Stahlerzeugungsmethode und festigte den Ruf des Unternehmens als Qualitätsstahlwerk.

Der in den Stahlwerken des Bochumer Vereins erzeugte Rohstahl wurde überwiegend in eigenen Walzwerken und Bearbeitungsbetrieben, die analog zum Ausbau des Hütten- und Stahlwerkskomplexes erweitert und modernisiert wurden, zu Eisenbahnoberbaumaterial, zu rollendem Eisenbahnmaterial und zu Formgußstücken und Wellen weiterverarbeitet. Zu den Abnehmern größerer Mengen Rohstahls zählte die bergische Kleineisen- und Stahlfabrikation. Die Produktionspalette des Unternehmens wurde gegen Ende der 80er Jahre des vorigen Jahrhunderts durch die Fertigung von Geschützen und Geschossen erweitert, nachdem man bereits zwischen 1850 und 1860 erfolglos mit der Essener Firma Krupp im Bereich der Rüstungsfertigung konkurriert hatte. Ein Großteil der Waffen war allerdings für den Export und nicht für die Verwendung in den deutschen Armeen bestimmt.

Eine im ganzen günstige Konjunkturentwicklung erlaubte der Unternehmensleitung von etwa 1880 an bis zum Ausbruch des 1. Weltkrieges eine beträchtliche Vergrößerung der Produktionsanlagen unter Beibehaltung einer von hohen Qualitätsmerkmalen bestimmten Fertigung. Schwierigkeiten ergaben sich allerdings bei dem Versuch, dem Hüttenwerk durch Ankauf einer Zechenanlage eine eigene und von den Schwankungen des Marktes weitgehend unabhängige Kohleversorgung zu sichern. Mehrere Steinkohlenzechen, die der Bochumer Verein nach 1868 erworben hatte, mußten mit Millionenverlusten wegen betriebstechnischer Schwierigkeiten oder mangelnder Rentabilität verkauft werden, bevor mit dem Erwerb der Zechen Ver. Carolinenglück, Engelsburg und Teutoburgia das Ziel einer weitgehenden Selbstversorgung mit Kohle und Koks erreicht werden konte[3].

Während des 1. Weltkrieges lag der Produktionsschwerpunkt des Unternehmens zunächst bei der Erzeugung von Eisenbahnoberbaumaterialien und Radsätzen für Schienenfahrzeuge. Erst im zweiten Kriegsjahr erhielt der Bochumer Verein einen Auftrag zur probeweisen Herstellung von Artilleriegeschützen. Seine Leistungsfähigkeit in der Stahlgußtechnologie mit hochlegiertem Siemens-Martin-Stahl konnte er jedoch erst gegen Ende des Krieges unter Beweis stellen, als die militärischen Abnahmestellen die Produktion von Geschützrohren aus diesem Stahl erlaubten.

Die betriebliche Sozialpolitik des Bochumer Vereins wurde in der Zeit bis zum Ende des 1. Weltkrieges durch den Generaldirektor Louis Baare, nach seinem Tod durch die von ihm begründeten Einrichtungen bestimmt. Der Speditionskaufmann Baare übernahm als 34jähriger die Leitung des Unternehmens ein Jahr nach dessen Umwandlung in eine Aktiengesellschaft. 40 Jahre hindurch bestimmte er den Ausbau des Unternehmens zum führenden deutschen Hüttenwerk für Schienen und rollendes Eisen- und Straßenbahnmaterial, wobei seine Erfolge und Mißerfolge nicht zuletzt von einem patriarchalisch-autokratischen Führungsstil be-

---

3 Eine Übersicht über den jeweiligen Zechenbesitz gibt das von 1893 an erschienene Jb. OBB Dortmund, siehe insbes. Jg. 1905.

stimmt wurden. Baare leitete den Bochumer Verein mit der Machtfülle eines Firmeneigners, dem es in seiner »Regierungszeit« gelang, die Entscheidungsbefugnisse des Generaldirektors mehr und mehr zu Lasten des Verwatungsrates zu vergrößern. Politisch engagierte er sich als Mitglied der nationalliberalen Partei und des Preußischen Abgeordnetenhauses mit Nachdruck für die Einrichtung von Schutzzöllen für die deutsche Eisen- und Stahlindustrie sowie für eine bessere staatliche Sozialpolitik zum Schutz der Arbeitnehmer. Die Eingaben und Gesetzentwürfe Baares bildeten schließlich die Grundlage der Unfallversicherungsgesetzgebung für Arbeiter und regten darüber hinaus weitere sozialpolitische Maßnahmen an.

Eine Fabrikkrankenkasse, die die Kosten der Heilbehandlung erkrankter Belegschaftmitglieder übernahm und Untertstützungsgelder zahlte, bestand wahrscheinlich schon zur Zeit der Gußstahlfabrik von Mayer und Kühne, wurde nach Gründung des Bochumer Vereins fortgeführt und in ihren Leistungen den gestiegenen Anforderungen angepaßt. Neben einer Verbesserung des allgemeinen Gesundheitszustandes trug die Betriebskrankenkasse zusammen mit anderen Sozialeinrichtungen zur Verringerung der Fluktuation innerhalb der Belegschaft und damit zur Herausbildung eines Stammes hochqualifizierter Fachkräfte bei, die oft über Jahrzehnte beim Bochumer Verein beschäftigt waren. Der Bau von werkseigenen Wohnungen, als Kosthaus für ledige Belegschaftsmitglieder und in Form von Ein- und Mehrfamilienhäuser für verheiratete Arbeiter und Angestellte, stellt ein weiteres Verdienst Baares dar. Sein ehrgeiziges Projekt, Werkswohnungen von einer Aktiengesellschaft errichten zu lassen, deren Kapital zur einen Hälfte das Unternehmen, zur anderen Hälfte die Arbeitnehmer zeichnen sollten, um so das Anrecht auf eine mietgünstige Wohnung zu erwerben, scheiterte allerdings, da nur einige wenige Belegschaftsmitglieder die entsprechenden Aktien zeichneten.

Zur Verbesserung des Lebensstandards invalider Belegschaftsmitglieder des Bochumer Vereins und nicht zuletzt zur Förderung der Werksverbundenheit der Arbeiter wurde 1888 eine Unterstützungskasse für gewerbliche Arbeitnehmer eingerichtet, die seit 1897, dem Todesjahr Baares, die Bezeichnung »Louis Baare-Gedächtnis-Stiftung« trug. Sie zahlte ehemaligen und langjährig beim Bochumer Verein beschäftigten Arbeitern Unterstützungen zusätzlich zur Invalidenrente. Eine Unterstützungskasse für Angestellte war, entsprechend der besseren sozialen Sicherung und des ungleich höheren Ansehens dieser Beschäftigtengruppe im zeitgenössischen Selbstverständnis, bereits 1872 als »Beamten-Pensions-, Witwen- und Waisenkasse« eingerichtet worden. Beiden Fonds wurden Beträge aus dem Unternehmensgewinn am Ende eines jeden Geschäftsjahres überwiesen. Die freiwilligen Sozialleistungen des Bochumer Vereins zählten bis zum Jahre 1918 zu den umfassendsten und aufwendigsten ihrer Art im

Montanbereich und wurden mehrfach verbessert, obwohl gleichzeitig eine soziale Sicherung der kranken und invaliden Arbeitnehmer durch die staatliche Pflichtversicherung erfolgte. Weitere freiwillige Unterstützungszahlungen leistete der Bochumer Verein während des 1. Weltkrieges für einberufene Belegschaftsmitglieder sowie für die Hinterbliebenen gefallener Mitarbeiter.
Diese Leistungen wurden von Fritz Baare angeregt, der 1895 die Leitung des Unternehmens von seinem Vater übernommen hatte. Fritz Baare führte im wesentlichen die Unternehmenspolitik seines Vaters fort, auch wenn er sich im Gegensatz zu ihm kaum in der Öffentlichkeit engagierte. Allerdings gehörte er nicht mehr zu jener Generation von Generaldirektoren in der Montanwirtschaft, die in der Gründerphase vielfach aus branchenfremden Berufen kamen und deren Geschäftspolitik von den Stärken und Schwächen des Außenseiters geprägt wurden. Fritz Baare hatte sich vielmehr durch ein hüttentechnisches Studium auf seinen Beruf vorbereitet und gehörte somit zu den ersten technisch-akademisch vorgebildeten Managern an der Ruhr. Mit seinem Tod im Oktober 1917 endete zugleich die Ära der mächtigen Generaldirektoren des Bochumer Vereins. Ein aus mehreren Personen bestehendes Vorstandsgremium führte das Unternehmen in den folgenden Jahren in eine Epoche der Konzernierung und der schließlichen Aufgabe der juristischen und betriebstechnischen Selbständigkeit des Bochumer Vereins[4].

2. *Die Konzerneinbindung des Bochumer Vereins – Rheinelbe Union und Vereinigte Stahlwerke AG*

Durch die nach dem Ersten Weltkrieg erfolgten Gebietsabtretungen an Frankreich verloren zahlreiche rheinisch-westfälische Montanunternehmen, die seit der Jahrhundertwende ihre Verbundwirtschaft mit Lothringen ausgebaut hatten, ihre Erz- und zum Teil auch ihre Roheisengrundlage. Um eine Rückentwicklung der Gelsenkirchener Bergwerks AG zu einem reinen Kohleunternehmen und der Deutsch-Luxemburgischen Bergwerks- und Hütten AG, die bislang den eisenschaffenden Bereich ausgebaut, die Kohleversorgung aber weitgehend vernachlässigt hatte, zu einem reinen Hüttenunternehmen zu verhindern, kam es im Frühjahr 1920 zu einer Annäherung zwischen den beiden Unternehmen und zum Abschluß eines Interessengemeinschaftsvertrages im August desselben Jahres. Die so entstandene Interessengemeinschaft erfuhr durch die Angliederung der Siemens & Halske AG, Berlin, sowie der Elektrizitäts-AG vorm. Schuk-

4 Die betriebliche Sozialpolitik ist bei *Däbritz*, Bochumer Verein, ausführlich dargestellt. Vgl. auch *Schwenger*, Sozialpolitik in der Großeisenindustrie.

kert & Co., Nürnberg, im Dezember 1920 eine Ausweitung zu einem vertikal gegliederten Konzern gemäß den Konzernierungsvorstellungen Stinnes', der als einer der führenden Männer der Rheinelbe-Union die Ausweitung dieses Unternehmensverbandes zu einem Trust vorantrieb. Die Expansionsmöglichkeiten waren zurückzuführen auf die hohen Summen flüssigen Kapitals in den rheinisch-westfälischen Montanunternehmen, das den Gesellschaften für den Verlust der lothringischen Werke gezahlt worden war und für das die Gesellschaften nun wegen der rasch fortschreitenden Inflation sichere Anlagemöglichkeiten suchten.

Der von verschiedenen Aktienspekulationen her bekannte Berliner Bankier Hugo J. Herzfeld hatte unmittelbar nach dem Ersten Weltkrieg die Aktienmehrheit des Bochumer Vereins zu einem Zeitpunkt erworben, als der Aktienkurs der Gesellschaft mit 180–190 % des Nominalwertes sich in einer Baisse befand. Es gelang Herzfeld in den folgenden Monaten, durch die von ihm betriebene spekulative Aktienpolitik den Kurs der Aktien des Bochumer Vereins bis auf 677 % des Nominalwertes im September 1920 zu steigern. Zur Realisierung seines Spekulationsgewinnes bot er das Wertpapierpaket anschließend zum Verkauf an. Stinnes gelang unter mehreren Mitbewerbern schließlich der Ankauf der Aktienmajorität des Bochumer Vereins und integrierte dieses Montanunternehmen binnen weniger Monate in die von ihm geschaffene Siemens-Rheinelbe-Schuckert-Union. Der entsprechende Interessenvereinigungsvertrag zwischen der GBAG und der Deutsch-Luxemburgischen Bergwerks- und Hütten-AG einerseits und dem Bochumer Verein für Bergbau und Gußstahlfabrikation andererseits konnte bereits im März 1921 unterzeichnet werden[5].

Die Aufnahme des Bochumer Vereins in die konzernartig aufgebaute Interessengemeinschaft ergänzte deren Produktion durch die Bochumer Qualitätsstahlerzeugung mit einer Kapazität von rund 500 000 jato nahezu ideal. Mit der Herstellung von Eisenbahnoberbau- und rollendem Eisenbahnmaterial gewann man einen Produktionszweig hinzu, der nach dem kriegsbedingten Investitions- und Ausbaustop des deutschen Eisenbahnnetzes große Bedeutung besaß und hohe Gewinne in Aussicht stellte. Eine Monopolstellung erreichte die Siemens-Rheinelbe-Schuckert-Union durch die Produktion von Arilleriemunition für die Reichswehr; in den Versailler Bestimmungen war dem Bochumer Verein als einzigem deutschen Unternehmen die Herstellung gestattet worden.

Die Siemens-Rheinelbe-Schuckert-Union war als Interessengemeinschaft ein Produkt der Inflationszeit, das weniger ökonomischen Notwendigkeiten denn dem spekulativen Expansionsdrang von Stinnes entsprang. Ihre

---

5 Zur wirtschaftlichen Entwicklung des Ruhrgebietes nach 1918 ist eine Vielzahl von Monographien erschienen. Für weitergehende Fragestellungen kann hier nur auf einige wenige verwiesen werden: *Beckmann; Berkenkopf; Dascher; Dietrich; Petzina; Schneider; Tross.*

Entwicklung in den frühen 20er Jahren wurde von wirtschaftlichen und politischen Faktoren bestimmt. Die strukturelle Krise der deutschen Eisen- und Stahlindustrie, charakterisiert durch Überkapazität und den Zwang zur Fertigungsrationalisierung, war 1924/25 selbst durch eine vertikal gegliederte Interessengemeinschaft kaum zu überwinden, so daß die Forderung nach einem trustähnlichen, zentral gesteuerten Montankonzern immer wieder gestellt wurde.

Unter diesen Voraussetzungen fanden sich im Sommer 1925 die führenden Industriellen des rheinisch-westfälischen Industriegebietes zusammen, um die Möglichkeiten einer Krisenüberwindung zu diskutieren. Nachdem im Herbst dieses Jahres die Vertreter der Firmen Krupp, Hoesch und Rheinmetall diese Verhandlungen zur konzernartigen Zusammenfassung der Montanindustrie verlassen hatten, gründeten folgende sieben Unternehmen im Januar 1926 die »Vereinigte Stahlwerke AG Studiengesellschaft«:

(1) Deutsch-Luxemburgische Bergwerks- und Hütten AG
(2) Gelsenkirchener Bergwerks AG
(3) Bochumer Verein für Bergbau und Gußstahlfabrikation AG
(4) Thyssen-Gruppe
(5) Phoenix AG für Bergbau und Hüttenbetrieb
(6) Vereinigte Stahlwerke van der Zypen und Wissener Eisenhütten AG
(7) Rheinische Stahlwerke AG

Die Studiengesellschaft hatte zunächst die Aufgabe, die Gründung der Vereinigten Stahlwerke vorzubereiten sowie die Überführungs-, Abwicklungs- und Liquidierungsgeschäfte bei den Gründergesellschaften durchzuführen bzw. zu unterstützen. Nach Abwicklung dieser Verfahren schufen die Gründergesellschaften am 5. Mai 1926 die »Vereinigte Stahlwerke Aktiengesellschaft« mit Sitz in Düsseldorf und mit einem Kapital von 800 Mio. RM.

Der Aufbau dieses Stahlimperiums bedingte zahlreiche juristische Veränderungen innerhalb der Gründergesellschaften, teilweise sogar deren Liquidierung. Mit Gründung der VSt übertrugen die in der Rheinelbe-Union zusammengeschlossenen Gesellschaften (GBAG, Deutsch-Lux, Bochumer Verein), die Thyssen-Gruppe, die Phoenix-Gruppe mit den Stahlwerken van der Zypen und die Rheinstahl AG ihren gesamten mobilen und immobilen Besitz auf den neuen Montankonzern, der seinerseits die genannten Gründergesellschaften mit eigenen Aktien für die Einbringung der Werkanlagen und mit Genußscheinen für die Einbringung von Vorräten und Fertigwaren entschädigte. Die Gründergesellschaften wurden zu Aktionärinnen und damit zu Kontrollgesellschaften der VSt, die ihrerseits wiederum als Holdinggesellschaft für die einzelnen Betriebsgesellschaften fungierten.

Weitere betriebliche Umstrukturierungen bedingten, daß es im Dezember

Funktions- und Organisationsschema der Vereinigten Stahlwerke AG
(Stand ca. Jahresende 1926)

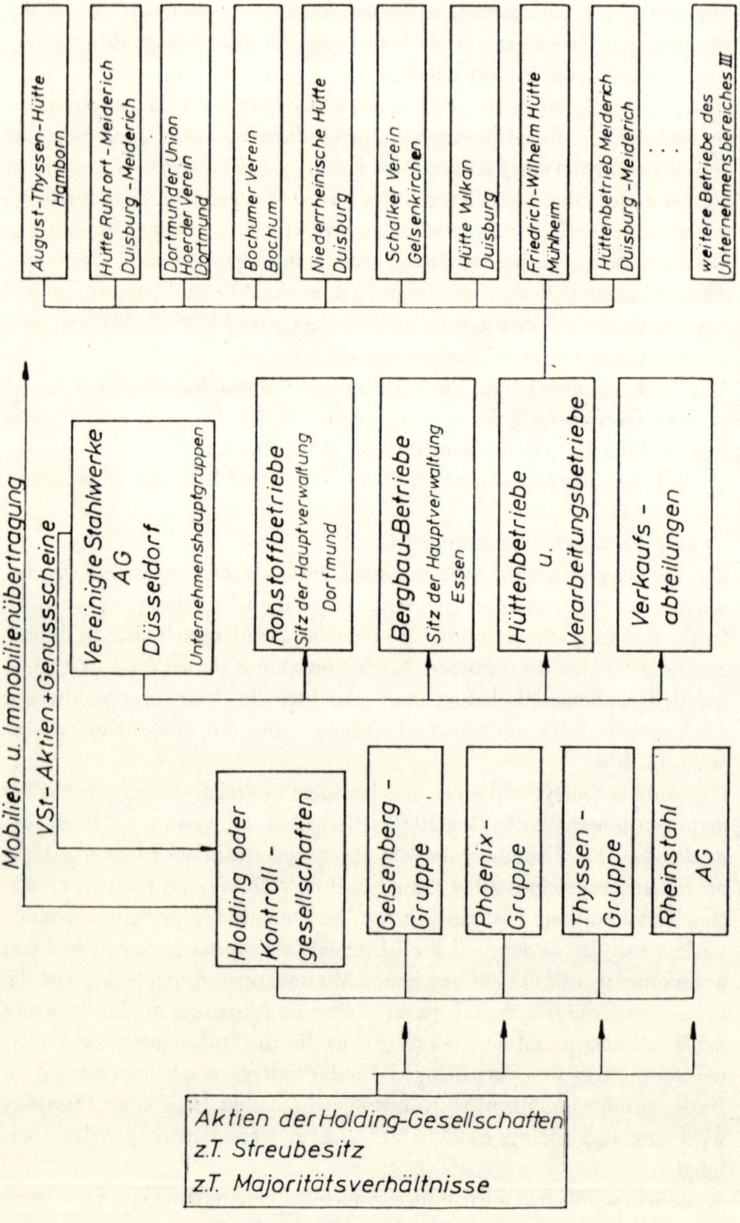

1926 zur Auflösung des Bochumer Vereins und der Deutsch-Luxemburgischen Bergwerks- und Hütten AG als eigenständige Firmen kam. Ihre Aktien wurden gegen Aktien der Gelsenkirchener Bergwerks AG eingetauscht. Damit verblieben von den ursprünglich sieben Gründergesellschaften lediglich vier Unternehmen als juristisch eigenständige Gesellschaften und Aktionärinnen der VSt übrig:

(1) Gelsenkirchener Bergwerks AG mit 315,976 Mio. RM
(2) Thyssen-Gruppe mit 207,984 Mio. RM
(3) Phoenix-Gruppe mit 207,985 Mio. RM
(4) Rheinische Stahlwerke AG mit 67,995 Mio. RM
(angegeben ist jeweils der Anteil am VSt-Aktienkapital)

Ein Großteil der weiterverarbeitenden Betriebe, so die Maschinenfabriken der Thyssen-Gruppe, wurden nicht in die VSt integriert; sie blieben vielmehr als angegliederte Firmen juristisch selbständig, wurden jedoch von den VSt oder deren Holdinggesellschaften majorisiert. Der Eisen und Stahl produzierende Unternehmensbereich der VSt erfuhr 1926 durch die Angliederung der AG Charlottenhütte in Siegen eine weitere Ausdehnung; für die Übernahme dieses Unternehmens stellten die VSt 20 Mio. RM an eigenen Aktien sowie 7,5 Mio. RM in Form von Genußscheinen zur Verfügung. Dieser Ankauf ließ Friedrich Flick, den Mehrheitsaktionär der Charlottenhütte, in den Besitz eines umfangreichen Paketes von VSt-Aktien gelangen.

Bei den VSt handelte es sich im Gegensatz zur Rheinelbe-Union nicht um einen freiwilligen Zusammenschluß der genannten Montangesellschaften, sondern um eine durch die wirtschaftlichen Verhältnisse bedingte Krisengründung. Als zentraler Verwaltungssitz wurde die Konzernleitung in Düsseldorf mit den für eine Koordinierung der Betriebsgesellschaften notwendigen Abteilungen konzipiert; als Gremium zur Unternehmensführung wurde ein 40 Personen umfassender Vorstand gewählt, den ein Aufsichtsrat von 28 Personen kontrollierte. Die Verwaltungen der in die VSt eingegangenen Unternehmen blieben neben der Konzernspitze ohne größere Veränderungen bestehen, da sie für die Umsetzung der Konzernpolitik bei den Betriebsgesellschaften verantwortlich wurden.

Die Konzernführung war angesichts der konjunkturellen und strukturellen Krise der deutschen Eisen- und Stahlindustrie gezwungen, möglichst rationelle Produktionsmethoden einzuführen, den Einzelbetrieben nach den dort vorhandenen Möglichkeiten Fertigungsbereiche zuzuordnen und dabei, ohne historische Entwicklungen oder soziale Probleme zu berücksichtigen, unrationell arbeitende Betriebe stillzulegen. Diese Aufgabenstellung erforderte die Aufgabe von Parallelfertigungen bei den einzelnen Betriebsgesellschaften und führte zu einer Umstrukturierung der VSt von einem sowohl horizontal als auch vertikal gegliederten Konzern in einen überwiegend vertikal gegliederten.

Verteilung des Aktienkapitals der Vereinigten Stahlwerke AG auf die Gründungsgesellschaften
(alle Angaben in RM)

Rheinelbe-Union-Gruppe

Gelsenkirchener Bergw. AG	
VSt-Aktien:	120,791 Mill.
Genußsch. A:	2,469 Mill.
Genußsch. B:	17,745 Mill.
Bar-Vergüt.:	19,860 Mill.

Deutsch-Luxemburg	
VSt-Aktien:	120,791 Mill.
Genußsch. A:	6,537 Mill.
Genußsch. B:	8,255 Mill.
Bar-Vergüt.:	27,520 Mill.

Bochumer Verein	
VSt-Aktien:	74,394 Mill.
Genußsch. A:	0,994 Mill.
Genußsch. B:	–
Bar-Vergüt.:	24,920 Mill.

Thyssen-Gruppe	
VSt-Aktien:	207,984 Mill.
Genußsch. A:	40,000 Mill.
Genußsch. B:	27,000 Mill.
Bar-Vergüt.:	58,300 Mill.

Phoenix-Konzern

Phoenix AG	
VSt-Aktien:	189,246 Mill.
Genußsch. A:	–
Genußsch. B:	15,000 Mill.
Bar-Vergüt.:	44,220 Mill.

Ver. Stahlwerke v. d. Zypen	
VSt-Aktien:	18,799 Mill.
Genußsch. A:	–
Genußsch. B:	–
Bar-Vergüt.:	44,220 Mill.

Rhein. Stahlwerke AG	
VSt-Aktien:	67,995 Mill.
Genußsch. A:	–
Genußsch. B:	7,000 Mill.
Bar-Vergüt.:	23,240 Mill.

Vereinigte Stahlwerke AG

Aktienkapital
800 Mill. RM

Genußscheine Serie A
50 Mill. RM

Genußscheine Serie B
75 Mill. RM

Bar-Vergütungen an die Gründergesellsch.
242,280 Mill. RM

Im Rahmen der Schwerpunktbildung innerhalb der Fertigungsbereiche übernahmen die am Rhein gelegenen Thyssen-Hütten wegen der günstigen Frachtraten Exportaufträge sowie solche Aufträge, für die die Rheinschiffahrt die günstigste Transportmöglichkeit darstellte. Die in und um Dortmund gelegenen Hüttenwerke der VSt waren für die Belieferung Nord- und Mitteldeutschlands vorgesehen. Eine Ausnahme stellte jedoch der Bochumer Verein dar, der auch innerhalb der VSt die Rolle eines Qualitätsstahlwerkes übernahm. Der Bochumer Verein zählte mit seinen vier Hochöfen, den 25 Martinöfen und 3 Bessemerbirnen, einer Roheisenkapazität von 972000 jato sowie einer Rohstahlkapazität von rund 880000 jato – diese Kapazitäten wurden im Jahre 1925 zu weniger als 50 % ausgenutzt – sicherlich zu den kleineren Hüttenkomplexen innerhalb der VSt, lagen doch die Jahreskapazitäten der Thyssen-Gruppe und der Phoenix-Gruppe bei jeweils etwa 2,2 Mio. t Roheisen und rund 2,1 Mio. t Rohstahl, allerdings zum überwiegenden Teil in Thomas-Massenqualitäten. In Bochum wurden demgegenüber ausschließlich hochwertige Stähle in Siemens-Martin-Qualitäten erzeugt und den Kunden als gewalztes oder gezogenes Halbzeug angeboten. Der nicht direkt an Dritte veräußerte Rohstahl wurde entweder in den Preß-, Schmiede- und Verarbeitungswerkstätten des Bochumer Vereins zu Fertigprodukten verarbeitet, wobei Schmiedestücke und Eisenbahnmaterial aller Art eine Spezialität des Werkes darstellten, oder fand bei der Herstellung von Stahlformgußstücken Verwendung. Der Bochumer Verein galt gerade in diesem Produktionsbereich als das führende deutsche Hüttenwerk.
Die Bochumer Betriebsanlagen wurden noch während des am 30. September 1926 ausgelaufenen ersten Geschäftsjahres der VSt durch die aus dem Besitz der Stumm-Gruppe von den VSt erworbenen Westfälischen Stahlwerke erweitert. Diese Angliederung fügte sich organisch in den Funktionsbereich der Konzerngesellschaft Bochumer Verein ein, da es sich bei den Westfälischen Stahlwerken um ein ehemaliges Konkurrenzunternehmen handelte, das sich ebenfalls auf die Herstellung von Schienen, rollendem Eisenbahnmaterial und Stahlformguß spezialisiert hatte. Die VSt sahen sich jedoch nach Einbringung dieser Gesellschaft in den Konzern gezwungen, den größten Teil der im Ortsteil Weitmar gelegenen Produktionsanlagen stillzulegen, da zu diesem Zeitpunkt die Produktionsanlagen des Bochumer Vereins nur zu einem Teil ihrer Kapazität ausgelastet waren.

II. Der Bochumer Verein als Betriebsgesellschaft der Vereinigten Stahlwerke von 1927 bis zum Abschluß der betriebsorganisatorischen Umstrukturierung im Dezember 1933

Der Bochumer Verein verlor durch seine Integration in die VSt die Möglichkeit, eine selbständige Unternehmenspolitik zu betreiben. Wichtige Entscheidungen wurden von der Konzernleitung getroffen, und die Aufgabe der örtlichen Betriebsleitung bestand in der Ausführung dieser Direktiven. Aufgrund dieser Unternehmenskonstellation verloren die Betriebsgesellschaften zunehmend an Bedeutung, sie hatten lediglich den Charakter von Produktionsstätten.
Die Unternehmensgeschichte des Bochumer Vereins wurde somit durch die weitere Entwicklung der VSt bestimmt, und die Stellung des Gesamtkonzerns innerhalb der deutschen Montanwirtschaft und damit verbundene Veränderungen waren ausschlaggebend für den Stellenwert des Bochumer Vereins im mikroökonomischen Bereich. Die Montanwirtschaft war nicht länger durch eine Vielzahl selbständiger Handlungseinheiten charakterisiert. Die Konzernleitungen der Montanindustrie lenkten zunehmend den mikroökonomischen Bereich. Aus diesem Grunde ist eine Beschreibung der weiteren Entwicklung der VSt notwendig, um firmenspezifische Entwicklungen beim Bochumer Verein verständlich zu machen.

1. Die Verteilung des Aktienkapitals der Vereinigten Stahlwerke

Bedingt durch die Gründungsstruktur der VSt gelangten zunächst nur 26 % des Aktienkapitals der VSt direkt in den Besitz des Großaktionärs Fritz Thyssen, während die restlichen 74 % in den Besitz der Kontrollgesellschaften übergingen und so einem direkten Zugriff entzogen waren[1]. Die Möglichkeit, daß einzelne Aktionäre die VSt über Majoritätsbeteiligungen bei den Kontrollgesellschaften beherrschten, konnte durch dieses Verfahren der Aktienausgabe unter Ausschluß des Börsenhandels allerdings nicht verhindert werden. Diese Gefahr einer indirekten Majorisierung der größten deutschen Montangesellschaft war um so akuter, als sich der Aktienbesitz der Gründungsgesellschaften bei wenigen Großaktionären und Kreditinstituten konzentrierte[2]. Ähnlich enge Beziehungen wie

1 Die Kontrollgesellschaften waren: (1) Rheinelbe-Gruppe (= GBAG), (2) Phoenix-Gruppe, (3) Rheinische Stahlwerke, (4) Thyssen-Gruppe.

2 Von dem 50 Mio. RM umfassendem Aktienkapital des BV waren 5,8 Mio. RM im Besitz der Deutschen Bank, die Disconto-Gesellschaft besaß 16,7 Mio. RM, die Dresdner Bank 1,3 Mio. RM, die Deutsche Kreditsicherung AG 2,9 Mio. RM, Friedrich Flick 12,3 Mio. RM.

zwischen dem Bochumer Verein und der Disconto-Gesellschaft bestanden zwischen der Thyssen-Gruppe und der Dresdner Bank, zwischen dem Phoenix-Konzern und der Deutschen Bank sowie zwischen den Rheinischen Stahlwerken und einem Bankenkonsortium aus Deutscher Bank und Disconto-Gesellschaft[3].

Neben die Bankverbindungen der VSt-Kontrollgesellschaften zu deutschen Kreditinstituten traten die Beziehungen der VSt zu ausländischen Banken, mit deren Unterstützung die Gesellschaft 1926 zwei Anleihen in Höhe von 126 Mio. RM und 30 Mio. Dollar aufnahm. Sie führten zusammen mit den von den Gründungsgesellschaften übernommenen Darlehen zu einer Fremdverschuldung der VSt von über 400 Mio. RM[4].

Trotz der in der Bilanz vom 30. September 1926 mit 427,2 Mio. RM ausgewiesenen Verschuldung gelang den ausländischen Banken in der Folgezeit keine wesentliche Beeinflussung der Unternehmenspolitik des Stahlvereins; sie wurde vielmehr seit der Gründung des Unternehmens in weiten Bereichen von Fritz Thyssen bestimmt.

Neben ihm versuchte ein zweiter Industrieller und Börsenspekulant, Friedrich Flick, eine Majoritätsbeteiligung bei den VSt zu erlangen. Bereits bei Gründung der VSt verfügte Flick über umfangreiche Aktienpakete der Gründergesellschaften. Er hatte unter anderem durch politisch gewagte Spekulations- und Tauschgeschäfte in Oberschlesien ein umfangreiches Paket von Aktien der GBAG erhalten, die mit einem Anteil von 39,5 % am Aktienkapital der VSt das umfangreichste Beteiligungspaket kontrollierte[5]. Flick wurde darüber hinaus durch die Eingliederung der Charlottenhütte in den Stahlkonzern Direktaktionär der VSt und erhielt für diese Transaktion VSt-Aktien im Werte von 20 Mio. RM sowie Genußscheine im Werte von 7,5 Mio. RM neben einer in ihrer Höhe nicht veröffentlichten Barvergütung für Vorräte und Fertigwaren der Charlottenhütte[6]. Die Aktiengesellschaft Charlottenhütte war somit zu einer reinen Tochter-Gesellschaft der VSt geworden.

Ein weiterer Erwerb von Aktien der VSt bzw. deren Gründungsgesellschaft GBAG gelang Flick, als nach Gründung der VSt die Linke-Hofmann-Lauchhammer AG, an der er durch Einbringung von oberschlesischen Montanunternehmen maßgeblich beteiligt war, einen Teil ihrer Konzernbetriebe in die neu gegründete Aktiengesellschaft Mitteldeutsche Stahlwerke überführte. Die VSt hatten ihr Stahl- und Walzwerk Weber in Brandenburg, das sich nicht organisch in die Konzernstruktur der VSt integrieren ließ, ebenfalls in die Mitteldeutschen Stahlwerke eingebracht[7].

3 Vgl. *Gossweiler,* Stahlwerke, S. 16.
4 Ebd., S. 22.
5 Vgl. *Klass,* S. 213.
6 Vgl. *Ufermann,* S. 64.
7 Vgl. *Rinne,* S. 206 f.

Da die VSt aber bislang schon die Hauptaktionärin der Linke-Hofmann-Lauchhammer AG waren, wurden sie folgerichtig zur Hauptaktionärin der Mitteldeutschen Stahlwerke AG. Flick, durch die Einbringung von Linke-Hofmann-Lauchhammer in die Mitteldeutsche Stahlwerke AG für seine Anteile an der erstgenannten Gesellschaft mit VSt-Aktien entschädigt, beeilte sich, die VSt-Aktien in solche der GBAG umzutauschen, um seine Stellung als Großaktionär von Gelsenberg auszubauen und dieses Unternehmen zu majorisieren[8].
Der Plan Flicks, durch Ankauf oder Tausch von GBAG-Aktien langfristig größter Einzelaktionär dieser Montan-Holding zu werden, ging 1929/30 in Erfüllung, als er 44 % des Aktienkapitals kontrollierte[9]. Eine Majorisierung der VSt war damit jedoch noch nicht möglich, weil der Anteil des von Gelsenberg kontrollierten VSt-Kapitals nur ca. 39,5 % des VSt-Nominalkapitals ausmachte. Für Flick bestand der Zwang zum Ankauf weiterer VSt-Aktien, die er nach Gossweiler lediglich aus dem Besitz der Phoenix-Gruppe erwerben konnte, da Thyssen als Konkurrent Flicks keine Bereitschaft erkennen ließ, VSt-Aktien zu verkaufen. Im Gegenteil, Thyssen trat selbst als Käufer auf, und die Rheinstahl-Gruppe war fest in die IG-Farben integriert[10].
Die Gelegenheit zum Erwerb eines Phoenix-Aktienpaketes ergab sich 1929, als die Großaktionäre Otto Wolff und die Familie Haniel zum Verkauf von etwa 64 % der Phoenix-Aktien in Nominalwerthöhe von 131,20 Mio. RM bereit waren. Flick erwarb von ihnen Aktien im Wert von 95 Mio. RM, während Thyssen lediglich den kleineren Teil des Wolff-Haniel-Aktienpaketes aufkaufen konnte. Somit wurde Flick, der nun 46,3 % des Phoenix-Kapitals kontrollierte, zwar zum größten Einzelaktionär dieser Gesellschaft, eine Kontrolle von über 50 % des Aktienkapitals, die ihm Gossweiler fälschlicherweise zuschreibt, besaß er jedoch zu diesem Augenblick nicht[11]. Die These Köhlers, Flick habe aufgrund seiner Minderheitsbeteiligung von nur 44 % der Gelsenkirchener Bergwerks AG-Aktien zu keinem Zeitpunkt eine definitive Beeinflussung der VSt ausüben können, scheint dennoch den tatsächlichen Machtstrukturen innerhalb der VSt nicht zu entsprechen[12], und zwar wegen der breiten Streuung der Aktien der Holdinggesellschaften bei Privatpersonen und verschiedenen Großbanken.
Als es im Zuge der Wirtschaftskrise gegen Ende der Weimarer Republik ebenfalls zu sinkenden Erträgen der VSt kam – auch für Außenstehende an

8 Vgl. *Klass*, S. 214.
9 Vgl. *Gossweiler*, Stahlwerke, S. 30.
10 Ebd., S. 31.
11 Gossweiler setzt das Aktienkapital von Phoenix mit 195 Mio. RM an; es betrug in Wirklichkeit jedoch 205 Mio. RM.
12 Vgl. *Köhler*, Flick, S. 878 f.

den stark rückläufigen Umsatzziffern und Unternehmensgewinnen erkennbar – entschloß sich Flick zum Verkauf seiner Aktienpakete der VSt-Holdinggesellschaften[13]. Das Bestreben, einen durch den möglichen Konkurs der VSt verursachten Kapitalverlust zu vermeiden, schien auch in diesem Falle die Leitlinie seines Handelns zu sein. Flick bemühte sich seit Herbst 1931 zunächst, einen Käufer für seine Aktienpakete zu finden; ein schwieriges Unterfangen, da die politisch-wirtschaftliche Gesamtsituation sowie die wirtschaftliche Lage des Konzerns – hohe Verschuldung bei rückgängigen Umsatzziffern und fehlender Dividende im Geschäftsjahr 1930/31 – kaum einen Konjunkturaufschwung erwarten ließen[14].

Er nahm zu dieser Zeit offensichtlich erste Verhandlungen mit dem Reich über den Ankauf seiner Aktienpakete der GBAG und der Phoenix AG auf. Zwei Gruppen ausländischer Kreditinstitute interessierten sich darüber hinaus für die Flick-Aktien: eine amerikanische Bankengruppe sowie ein Konsortium aus dem niederländischen Bankhaus Mendelsohn & Co. und der französischen Crédit Lyonnais.

Politische Gründe dürften letztlich für den Ankauf des Gelsenkirchen- sowie des Phoenix-Paketes durch das Reich ausschlaggebend gewesen sein. Hatte Flick doch schon 1927 eng mit dem Reich kooperiert, als es darum ging, über Schweizer Holding-Gesellschaften Einfluß in der zu Polen gehörenden ostoberschlesischen Montanindustrie zu gewinnen. Er hatte im Rahmen dieser Aktionen den Aufsichtsratsvorsitz in den Schweizer Holding-Gesellschaften übernommen, die die Aktienmehrheit über den Konzern Kattowitz-Laurahütte, das bedeutendste polnische Montanunternehmen, ankaufen konnten. Einleuchtend erscheint daher die These Köhlers, daß es für die Reichsregierung unmöglich war, die Interessen Flicks nicht zu berücksichtigen und die angebotenen Aktienpakete an ausländische Kapitalkreise veräußern zu lassen. Ein solcher Verkauf hätte gleichzeitig die VSt-Geschäftspolitik in weiten Bereichen von ausländischen Interessen abhängig gemacht[15].

Die politische Bedeutung dieses Aktienpaketes fand schon in den Angebotspreisen der Kaufinteressenten ihren Ausdruck, die trotz der aktuellen Börsennotierung der Aktien von etwa 20 % des Nennwertes bereit waren, es zum Nominalwert zu übernehmen[16]. Zu einer Einigung zwischen Flick und dem Reich kam es schließlich im Frühjahr 1932, als das Reich sich bereit fand, das Aktienpaket zu einem weit über der Börsennotierung liegenden Preis aufzukaufen, Flick sich aber gleichzeitig verpflichtete, bis zum endgültigen Abschluß der Transaktion die absolute Mehrheit der GBAG-

13 Vgl. Berichte zu den Generalversammlungen der VSt 1926/27 ff., ArchBV 12600 Nr. 4.
14 Vgl. *Mund,* S. 182 ff., u. *Volkland,* S. 289.
15 Vgl. *Köhler,* S. 881 ff.
16 Vgl. *Kupczyk,* S. 887 ff.

Aktien zu erwerben. Nachdem der Vertrag am 6. Mai 1932 paraphiert worden war, gelang Flick der Ankauf der noch fehlenden Aktien bis Anfang Juli, jedoch nicht ohne durch die raschen Aufkäufe einen spekulativen Kursanstieg an den Börsen auszulösen.
Als Anfang Juli 1932 die Transaktionen zwischen Flick und der Reichsregierung – sie hatte 90 % des Nennwertes für das 110-Mio.-RM-GBAG-Aktienpaket bei einer damaligen Börsennotierung von 20 bis 25 % des Nennwertes gezahlt – in der Öffentlichkeit bekannt wurden, erhoben sich zahlreiche Stimmen, die in nicht zu übertreffender Deutlichkeit gegen den Ankauf der Flick-Aktien durch das Reich protestierten[17]. Paul Reusch, sicherlich einer der profiliertesten Manager der Ruhr-Montanindustrie, sah in der Gelsenberg-Aktienübernahme durch das Reich »einen Schritt auf dem Wege zum Staatskapitalismus«, der in stärkstem Widerspruch zu der von den Unternehmern verfochtenen Privatwirtschaft stand. Da er eine Abwanderung der Gelsenberg-Aktien ins Ausland auf Dauer für nicht wahrscheinlich hielt, forderte er die Reichsregierung zum Rücktritt vom Ankauf des Aktienpaketes auf und rief zur Beibehaltung des privatwirtschaftlichen Systems in der Montanindustrie auf[18].
Die Reichsregierung realisierte ihren über die Gelsenberg-Beteiligung geschaffenen Einfluß auf die VSt durch Delegation von Hans von Flotow in den Aufsichtsrat, dem er neben Fritz Thyssen, Walther Fahrenhorst und Werner Carp als einer der stellvertretenden Vorsitzenden angehörte. Den wirtschaftlichen Interessen des Reiches standen auf seiten der Unternehmer jedoch differenzierte und die privatkapitalistische Struktur bejahende Wirtschaftskonzepte gegenüber. Während Albert Vögler eine Reprivatisierung der VSt und eine betriebsorganisatorische Umstrukturierung des Konzerns in juristisch selbständige Betriebsgesellschaften forderte, trat Fritz Thyssen zwar auch für eine Reprivatisierung der VSt ein, allerdings mit dem Ziel, die VSt selber zu majorisieren. Otto Wolff forderte hingegen eine vollständige Verstaatlichung des Stahltrusts mit der dadurch bedingten Zurückdrängung des in den VSt investierten ausländischen Kapitals und unter Berücksichtigung seiner eigenen Interessen im Bereich des Stahlhandels[19].

2. *Der Konjunkturverlauf in der rheinisch-westfälischen Stahlindustrie*

Die wirtschaftliche Entwicklung nach 1926 war durch die nach dem 1. Weltkrieg und in den frühen 20er Jahren eingetretenen ökonomischen

---

17 Vgl. *Volkland,* S. 294.
18 Ein Urteil aus der Eisenindustrie in: Frankfurter Zeitung vom 6. 7. 1932, S. 3.
19 Vgl. *Gossweiler,* Stahlwerke, S. 37 f.

und sozialen Veränderungen sowohl innerhalb Deutschlands als auch auf internationaler Ebene bestimmt[20]. Das Reich hatte die von den Siegermächten auferlegten Reparationen zu leisten, die seine kurz- sowie die langfristige Verschuldung immer weiter ansteigen ließen. Die deutsche Industrie hatte bei einem durch die Kriegsfolgen verkleinerten Wirtschaftspotential gegen die auf dem Binnen- und auf dem Weltmarkt mächtige internationale Konkurrenz anzukämpfen. In der Montanindustrie konnte die deutsche Wettbewerbsfähigkeit allein durch eine konsequent durchgeführte Rationalisierung erhalten werden. Dabei wurden die von Unternehmerseite immer wieder als untragbar angeprangerten Steuer- und Sozialaufwendungen verringert und die Produktivität der Betriebe – teils durch Schließung ganzer Werkkomplexe – erhöht [21]. Das Konkurrenzverhalten deutscher Firmen dürfte nicht unerheblich zu einer Verschlechterung der Gesamtsituation der eisenschaffenden und -verarbeitenden Industrie beigetragen haben, erreichte doch die eisenerzeugende Industrie Deutschlands schon wenige Jahre nach dem 1. Weltkrieg innerhalb des verkleinerten Reichsgebietes einen das Vorkriegsniveau übertreffenden Leistungsstand, dem jedoch auf dem Binnenmarkt keine entsprechende Nachfrage gegenüberstand[22].

Die nachinflationäre Krise der Jahre 1925/26 griff auch auf die Montanindustrie über und verursachte dort unter anderem den Zusammenbruch des Stumm-Konzerns sowie die Gründung der VSt. Die während dieser Krise ergriffenen Maßnahmen – Konzentrations- und Zentralisationsbewegungen im schwerindustriellen Bereich, Investitionsanstieg aufgrund von Veränderungen auf dem Kapitalmarkt – trugen jedoch zu einem letztlich multikausal bedingten Wirtschaftsaufschwung in Deutschland bei, der im Bereich der Montanindustrie durch anhaltende Streikbewegungen im englischen Steinkohlebergbau noch begünstigt wurde[23]. Es kam zu einem starken Produktionsanstieg von Roheisen und Rohstahl, so daß die Produktionsziffern des letzten Hochkonjunkturjahres 1913 spätestens 1929 übertroffen wurden[24]. Die durch weitgehende Syndizierung sowohl auf dem Roheisen- und dem Rohstahlmarkt als auch bei den Halbfertigprodukten charakterisierte deutsche eisenschaffende Industrie konnte an dem inländischen Konjunkturaufschwung um so mehr teilnehmen, als sie durch hohe Einfuhrzölle, die bis zu 25 % des Preises ausländischer Anbieter ausmachten, vor der europäischen Konkurrenz, besonders den belgischen Montangesellschaften, auf dem Binnenmarkt geschützt wurde und so ihre Preise geringfügig unter dem Niveau ausländischer Konkurrenten festset-

20 Vgl. *Dowd*, S. 277 f.
21 Vgl. *Geldmacher*, S. 11 ff.
22 Vgl. *Ausschuß*, S. 21.
23 Vgl. *Mottek*, S. 265 f.
24 Vgl. *Levy*, S. 47.

zen konnte. Darüber hinaus war auch die deutsche eisenverarbeitende Industrie daran interessiert, die Wettbewerbsfähigkeit der eisenerzeugenden Industrie zu erhalten und deren internationale Konkurrenzfähigkeit dadurch zu unterstützen, daß sie sich in dem sogenannten Avi-Abkommen bereit erklärte, für gewisse Produkte der eisenerzeugenden Industrie die teureren deutschen Erzeugnisse den billigeren ausländischen Waren vorzuziehen[25].

Durch diese Maßnahmen war es der eisenerzeugenden Industrie Deutschlands möglich, auf Auslandsmärkten teilweise billigere Preise als auf dem deutschen Inlandsmarkt anzusetzen. Die Stahlindustrie war durch diese Preisgestaltungspolitik noch weit davon entfernt, als ernstzunehmende Konkurrentin gegen belgische und englische Stahlerzeuger auftreten zu können, die neben dem Vorteil, sämtliche Rohstoffe zur Stahlerzeugung im eigenen Land abbauen zu können, unter günstigeren Lohn-, Sozial- und Steuervoraussetzungen produzierten. Zur Erhaltung oder richtiger zur Wiedererlangung der internationalen Konkurrenzfähigkeit hatten die deutschen Eisen- und Stahlerzeuger seit Mitte der 20er Jahre eine umfangreiche Rationalisierungskampagne begonnen, die aufgrund der dabei notwendigen extrem kapitalintensiven Investitionen nur realisiert werden konnte, nachdem der Konzernierungsprozeß in Deutschland nach 1925 weit fortgeschritten war[26].

Die Zahl der in Rheinland-Westfalen betriebenen Hochöfen ging dabei von 118 im Jahre 1913 auf 72 im Jahre 1928 zurück. Gleichzeitig stieg die Leistung eines Hochofens in diesem Zeitraum von 1491 auf 3207 t pro Woche, so daß die Roheisenkapazität der rheinisch-westfälischen Hüttenwerke von 9148776 auf über 12 Mio. t bei einem seit 1918 bedeutend verkleinertem Binnenmarkt zunahm[27]. Die Kapazität der Hochöfen konnte durch eine Volumenvergrößerung bis etwa 650 m³ beträchtlich erweitert werden, so daß je nach Art und Fe-Gehalt der eingesetzten Erze Tagesleistungen von 450–500 t Roheisen je Ofen realisiert werden konnten. Diese Kapazitätserweiterungen setzten zahlreiche technische Neuerungen voraus, zu denen auch die weitgehend automatisierte Beschickung der Hochöfen mit dem Möller gehörte[28].

In den Stahlwerken war die »Rationalisierungskonjunktur« durch das weitere Vordringen des Thomasstahlerzeugungsverfahrens geprägt, das zwar nicht mit dem Siemens-Martin-Verfahren vergleichbare Qualitäten lieferte, betriebstechnisch jedoch einfacher durchzuführen war[29]. Darüber hinaus bestand kein Zwang zum Einsatz hochwertiger Erze, man

25 Vgl. *Reichert,* Kartelle, S. 19.
26 Vgl. *Feldman,* S. 167; *Faingar,* S. 48 ff.; *Berkenkopf,* S. 83 ff.; *Bogner,* S. 130 ff.
27 Vgl. *Ausschuß,* S. 34.
28 Vgl. *Stiller,* S. 49.
29 Vgl. *Schneider,* S. 25.

konnte durch langfristige Verträge eine Belieferung der rheinisch-westfälischen Hütten mit billigen Minetteerzen aus Lothringen sichern. Aufgrund dieser betriebstechnischen Vorteile wurden 51,7 % des in Rheinland-Westfalen produzierten Rohstahls in Thomasbirnen erblasen, während 48,3 % in Siemens-Martin-Öfen erzeugt wurden. Der geringere Anteil des Siemens-Martin-Stahles war nicht zuletzt bedingt durch den bei diesem Verfahren notwendigen hohen Einsatz an Schrott, zumal die starke Nachfrage nach diesem für die Siemens-Martin-Stahlerzeugung notwendigen Ausgangsmaterial die Schrott- und damit die Stahlpreise steigen ließ. Trotz der betriebswirtschaftlich ungünstigen Erzeugungsvoraussetzung für Siemens-Martin-Stahl waren diese Produktionsanlagen jedoch besser ausgelastet als die Thomasstahlwerke, da er aufgrund seiner Qualitätsvorteile in der eisenverarbeitenden Industrie einen festen Abnehmerkreis fand[30].

Es war den einzelnen Hüttenwerken wegen der langfristigen Investitions- und Bauprogramme jedoch nicht möglich, sich den konjunkturbedingten verstärkten Nachfragen nach einzelnen Stahlsorten anzupassen. Das Management stand in dieser Branche vor der Schwierigkeit, konjunkturelle Trends langfristig zu erkennen und das Investitions- und Fertigungsprogramm eines Hüttenwerkes – hier besonders im Bereich der Roheisen- und Rohstahlerzeugung – für einen Zeitraum von mindestens 10 Jahren festzulegen[31].

Im Bereich der Weiterverarbeitung realisierten die Stahlwerke weitgehende Verbesserungen in der Wärme- und Energiewirtschaft, indem die Verarbeitung von industriellem Halbzeug in einer Hitze eingeführt wurde. Bei Walzstraßen wurden kaum technische Neuerungen eingeführt; anstelle des traditionellen Dampfantriebes wurden allerdings vielfach moderne Elektromotoren als Walzenantrieb verwendet. In den Schmiedebetrieben ging man von den lauten und die Umgebung durch das Arbeitsgeräusch störenden Dampfhämmern ab und installierte hydraulisch arbeitende Schmiedepressen, die neben einem geringeren Betriebsgeräusch den Vorteil besaßen, einen längeren und zum Teil höheren Druck auf das Werkstück auszuüben, so daß eine bessere Gefügeverfestigung erreicht wurde[32].

Diese Rationalisierungsmaßnahmen führten neben der Freisetzung von Arbeitern, vor allem von Arbeitskräften mit geringer Qualifikation oder ohne Berufsausbildung, zu einer Kapazitätserweiterung, die dem Konjunkturaufschwung seit 1926 angemessen erschien. So konnte die Produk-

30 Die Zahlen beziehen sich auf das Jahr 1929; vgl. auch *Ausschuß*, S. 43, und *Reichert*, Schrottverbrauch, S. 27.

31 *Ausschuß*, S. 121 und 153.

32 Vgl. *Stiller*, Eisenhütten, S. 57.

tion der Hüttenwerke in Rheinland und Westfalen von etwa 7,763 Mio. t im Jahre 1926 auf 10,985 Mio. t im Jahre 1929 gesteigert werden[33]. Die Rationalisierung und damit verbunden die Kapazitätserweiterung führten auf der anderen Seite zu einer hohen Verschuldung der Hüttenbetriebe. Sie nahm jedoch ausgesprochen gefährliche Formen an, als sie bei einigen Ruhr-Montankonzernen das Niveau des Eigenkapitals erreichte, bei einzelnen Firmen sogar erheblich überschritt. Ein kurzfristiger Abruf der in der Regel langfristig investierten Kredite mußte die Finanzstruktur der Unternehmen notwendigerweise gefährden[34].

Die konjunkturelle Aufwärtsbewegung erlitt jedoch einen dramatischen Einbruch durch den Rückgang der Roheisenproduktion in Rheinland und Westfalen von 1929 bis 1930 um 28,1 %[35]. Die Rohstahlerzeugung war dort im gleichen Zeitraum um 29,2 % von etwa 13,172 Mio. auf 9,324 Mio. t gesunken.

Die Weltwirtschaftskrise hatte 1930 auch auf Deutschland übergegriffen, und aufgrund der Verhältnisse innerhalb Deutschlands – Kapitalmangel seit der Inflation und bereitwillige Annahme des angebotenen billigen ausländischen Geldes – war es zu wirtschaftlichen Auswirkungen gekommen, die in ihrer Intensität nur mit den Krisenerscheinungen in den USA verglichen werden konnten[36]. Der Versuch Motteks, die Wirtschaftskrise mit einer Überdehnung der Produktion und besonders der Produktionskapazität sowohl in den USA als auch in Deutschland zu erklären, ist sicherlich zur Deutung dieses mulitkausal bedingten Prozesses nicht ausreichend. Er nennt jedoch einen Bereich, der auf industrieller Seite neben anderen krisenauslösend war, da der Kapazitätserweiterung keine Vergrößerung des Marktes gegenüberstand[37]. Die in den USA schon im Laufe des Jahres 1929 sichtbar werdenden Krisenindikatoren konnten in Deutschland durch eine ausgesprochene Hochkonjunktur im Bereich der Schwerindustrie zunächst abgefangen werden; so lag die Walzwerkfertigerzeugung im Wirtschaftsgebiet Rheinland-Westfalen 1929 mit 8,704 Mio. t um 9,1 % über der Erzeugung des Vorjahres, sollte aber 1930 um 28,6 % auf 6,215 Mio. t abfallen[38]. Damit hatte die Wirtschaftskrise, deren deutsche Auswirkungen wohl am besten als »kumulativer Prozeß struktureller und konjunktureller Ursachen in Verbindung mit exogenen, d. h. politischen Faktoren« charakterisiert werden können, auf die deutsche Montanindustrie übergegriffen[39]. Sie verursachte dort, d. h. im Bereich der Herstel-

33 Zahlen nach Stat. Jb. Stahlind. 1930, S. 15.
34 Vgl. *Mund*, S. 182 ff.
35 Zahlen nach Stat. Jb. Stahlind. 1932, S. 14.
36 *Petzina*, Zwischenkriegszeit, S. 96 f.
37 Vgl. *Mottek*, S. 276 ff.
38 Vgl. Stat. Jb. Stahlind. 1932, S. 24.
39 Vgl. *Gessner*, S. 19.

lung von Produktionsgütern einen Abschwung, der den seit 1928 rückgängigen Trend in der Konsumgüterindustrie in seinen negativen Auswirkungen noch überholte.
Die Krisensituation erfuhr eine weitere Verschärfung durch den 1931 verstärkt einsetzenden Trend ausländischer Gläubiger, ihre Kredite zurückzuziehen. Sie waren in der Industrie jedoch entweder langfristig angelegt oder fanden als laufendes Betriebskapital Verwendung. Der »Run auf Deutschland« bedingte notwendigerweise eine bis zu diesem Zeitpunkt in solchen Ausmaßen unbekannte Wirtschaftskrise, begleitet von einem Zusammenbruch des Binnenmarktes, auf dem die Nachfrage nach Erzeugnisse der Montanindustrie schlagartig zurückging. Der Produktionsgüterindex sank 1932 auf 50,2 %, der Konsumgüterindex auf 77,6 % zurück[40].
In diesem Zusammenhang stellt sich die Frage, ob sich die Versuche der Montanindustrie zur Überwindung der Krise grundsätzlich von denen anderer Industrien unterschieden. Gelang es der deutschen Montanindustrie, eine Diktatur der Schwerindustrie zu errichten, wie es ihr in der Retrospektive unterstellt wird? Zwar verstand es die Schwerindustrie wahrscheinlich besser als andere Industriezweige, ihre spezifischen Interessen durch Verbände und Lobbyisten in den politischen Raum zu transferieren, doch wird man davon ausgehen müssen, daß die Montanindustrie Deutschlands ebenso wie andere Industriezweige ein Opfer der Weltwirtschaftskrise war. Sie war kaum in der Lage, dieser mulitnational auftretenden und multikausal bedingten Krise entgegenzutreten.
Erste Anzeichen der Krisenüberwindung waren, zurückgehend auf die Politik Brünings, im Herbst 1932 zu erkennen, jedoch hatten neben politischen und sozialen Faktoren die Begleitumstände der Weltwirtschaftskrise zu einer solchen Polarisierung geführt, daß die Entwicklung zu einem autoritären Staat, die mit quasi-diktatorischen Vollmachten des Reichskanzler einsetzte, nicht mehr rückgängig gemacht werden konnte. Die 1932 erstmals sichtbaren Anzeichen eines konjunkturellen Aufschwunges führten zu einem gesamtwirtschaftlichen »Tendenzumschwung« und zu einer ersten Stabilisierung der nationalsozialistischen Regierung, da in einer Zeit des wirtschaftlichen Aufschwunges den breiten Massen materielle Sicherung vorrangig vor politischer Betätigung und Agitation war[41].

40 Vgl. *Kindleberger,* S. 163.
41 *Bracher,* Auflösung, S. 199 ff.

3. *Die Auswirkungen von Aufschwung und Krise auf die Lage der Arbeitnehmer*

Eine enge Verbindung besteht zwischen der wirtschaftlichen Lage und den Arbeits- und Lebensbedingungen der Arbeitnehmer. Wirtschaftliche Veränderungen in dem Umfang, wie sie von 1926 bis 1933 stattfanden, beeinflußten nicht nur die soziale Lage der Arbeitnehmer, die Auswirkungen des Konjunkturverlaufes erreichten über die Arbeiterschaft den Bereich der Politik und bewirkten dort Entwicklungen, die die politische Situation gegen Ende der Weimarer Republik mitbestimmten.

Nachdem die Weimarer Verfassung den Arbeitern Rechte zuerkannt hatte, für die sie vor dem Weltkrieg schon über Jahrzehnte hinweg gekämpft hatten, war es nun das erklärte Ziel der Arbeitnehmer und ihrer gewerkschaftlichen Interessenvertretungen, eine langfristige Absicherung der Arbeiter zu erreichen, um sie so unabhängig von konjunkturellen und strukturellen Einflüssen zu machen. Das Risiko des Unternehmers sollte nicht mehr auf seine Beschäftigten umgelegt werden, sie sollten – unabhängig von der jeweiligen Konjunktur – eine sichere Existenz aufbauen können. Die Gewerkschaften waren im Rahmen dieser Entwicklung daran interessiert, für alle Arbeitnehmer Tarifverträge abzuschließen, die zumindest für ein Jahr deren Einkünfte garantierten. Daneben trat in den ersten Jahren nach dem Weltkrieg eine mit Nachdruck betriebene Sozialpolitik[42]. Sie förderte den Ausbau des öffentlichen Wohlfahrtssystems, und ihr Höhepunkt ist in der Verabschiedung des Gesetzes zur Arbeitslosenversicherung und Arbeitslosenvermittlung unter dem 4. Kabinett Marx im Juli 1927 zu sehen.

Kam es nach Bracher in der Frühphase der Weimarer Republik zu einer Polarisierung der am Wirtschaftsprozeß beteiligten Kräfte, Arbeitnehmer und Gewerkschaften als deren pressure groups auf der einen Seite, Arbeitgeber und ihre Interessenverbände auf der andern Seite, und verlagerte sich infolge dieser Polarisierung die politische Entscheidungsfindung weg von den Parteien und hin zu den Interessenverbänden, so gewannen die Unternehmen dabei zunehmend an Einfluß. Denn sie waren es, die im Zuge zunehmender Rationalisierung und Mechanisierung des Arbeitsprozesses Arbeitsplätze einsparen konnten und so vom wirtschaftspolitischen Kampfmittel, dem Streik, immer unabhängiger wurden[43].

Die Gewerkschaften verloren daher mehr und mehr ihre Möglichkeiten, Arbeitnehmerinteressen im Sinne ihrer Mitglieder zu vertreten oder gar das noch weiter gesteckte Ziel einer Betriebs- und Wirtschaftsdemokratie

---

42 Der Begriff »Sozialpolitik« wird hier entsprechend der Definition Prellers benutzt; vgl. *Preller,* S. 41.

43 Vgl. *Bracher,* Auflösung, S. 181 ff.

zu verwirklichen[44]. Diese Entwicklung spiegelte sich in den Arbeitslosenzahlen wider. Während man 1926 im Jahresdurchschnitt 1,3 Mio. Arbeitslose zählte, war die Zahl im Winter 1928/29 auf 2,6 Mio. angestiegen[45]. Die Zersplitterung der Arbeiterbewegung in verschiedene Gewerkschaften, die einer Aktionseinheit aller Arbeitnehmervereinigungen feindlich gegenüberstanden und lediglich Partikularinteressen vertraten, ließ trotz der steigenden Zahl der gewerkschaftlich organisierten Arbeitnehmer keine effiziente Politik im Sinne der Gewerkschaftsmitglieder zu[46]. Arbeitskämpfe in der Montanindustrie konnten selten mit einem Erfolg für die Arbeitnehmer abgeschlossen werden, zumal die Stellung der Gewerkschaften im Wirtschaftsprozeß aufgrund der Konzernierungen und Syndizierungen in fast allen Industriebranchen zunehmend geschwächt wurde, während der Einfluß der industriellen Interessenverbände, und hier besonders der Montan-pressure-groups, eine zunehmende Stärkung nicht nur im sozialpolitischen Bereich, sondern im gesamtpolitischen Umfeld erfuhr[47]. Mommsen kann daher mit Recht konstatieren, daß die Sozialpolitik im rheinisch-westfälischen Industrierevier zu einem Prüfstein für die Weimarer Republik wurde[48].
Trotz des für die 20er Jahre vorbildlich ausgebauten staatlichen und kommunalen sozialen Sicherungssystems nahm die Krise einen solchen Verlauf, daß die vorgesehenen Fürsorgemaßnahmen für das seit 1929 rapide wachsende Heer der Arbeitslosen in keiner Weise mehr ausreichten. Eine Ausweitung der Fürsorgemaßnahmen und ihre Anpassung an die aktuelle Krisensituation war allein aufgrund der Wirtschaftslage und der dadurch bedingten Kapitalknappheit unmöglich. Der Rückgang des gewerkschaftlichen Organisationsgrades während der Wirtschaftskrise zeigt, wie sehr die Arbeitnehmer ihr Vertrauen in die Gewerkschaften als Vertreterinnen ihrer wirtschaftlichen und sozialen Interessen und Forderungen verloren hatten. Diese Entwicklung wurde nicht zuletzt durch den Sturz der großen Koalition unter Reichskanzler Müller im März 1930 und des sich daran anschließenden Präsidialkabinetts unter Brüning begünstigt.
Die von Geiger vertretene These von der Tendenz aller lohnabhängig Beschäftigten zur gewerkschaftlichen Organisierung und die in diesem Trend erkennbare antikapitalistische Einstellung dieser Gesellschaftsgruppe hatte somit während durchschnittlicher oder aufsteigender Konjunktur ihre Bestätigung gefunden[49]. Sie gilt jedoch nicht für die Zeit der Wirtschaftskrise, als dem Arbeitnehmer eine persönlich-materielle Absiche-

44 Vgl. *Preller*, S. 184.
45 Ebd., S. 338.
46 Vgl. *Petzina*, Zwischenkriegszeit, S. 89.
47 Zum Problemkreis Schwerindustrie und industrielle Interessenverbände, vgl. *Weisbrod*.
48 Vgl. *Mommsen*, Ruhrbergbau, S. 164.
49 Vgl. *Geiger*, S. 108.

rung in Form der Erhaltung des Arbeitsplatzes wesentlich wichtiger wurde als ein gewerkschaftliches und damit mittelbares politisches Engagement. Dieser gegensätzliche Trend, Rückgang des gewerkschaftlichen Organisationsgrades bei gleichzeitigem Ansteigen der Arbeitslosenziffern, gehört zu den wichtigsten Erscheinungen der Weltwirtschaftskrise in Deutschland. Hatte eine strukturelle Arbeitslosigkeit bereits während des Konjunkturaufschwunges von 1926 bis 1929 zu einer durchschnittlichen Arbeitslosenziffer von über 1 Mio. im Jahresmittel geführt, so stieg sie 1930 auf einen Wert von ca. 2,5 Mio., auf über 4 Mio. im Jahre 1931, um schließlich mit einer weit über 5 Mio. liegenden Arbeitslosenziffer 1932 ein Maximum während der Wirtschaftskrise zu erreichen[50].
Der Bochumer Verein war in die deutsche Montanwirtschaft eingebunden und nahm so notwendigerweise an den gesamtwirtschaftlichen Entwicklungen in der Zeit von 1926 bis zum Ende der Weimarer Republik teil. In diesem Zusammenhang muß allerdings die Frage diskutiert werden, in welchem Umfang die wirtschaftlichen und technischen Veränderungen und Entwicklungen in dieser Zeit beim Bochumer Verein zu Innovationen im betriebswirtschaftlichen und sozialen Bereich geführt haben.

4. *Innovationen und Rationalisierungen bis zum Jahre 1933 und die Auswirkungen auf die Lage der Arbeitnehmer*

a) Die technischen Einrichtungen des Unternehmens
Die wirtschaftlichen und technischen Entwicklungen während der Weimarer Zeit hatten zu nicht unbedeutenden Veränderungen in der technischen Ausstattung des Bochumer Vereins geführt. »Exogene« Faktoren wie der Rationalisierungsschub zwangen das Werk seit Ende des 1. Weltkrieges zur Einführung neuer Technologien und Organisationsprinzipien. Bereits 1918 war auf dem Betriebsgelände des Bochumer Vereins eine Agglomerieranlage errichtet worden, die die Verarbeitung von Feinerzen ermöglichte. Zuvor war es auf diesem Hüttenwerk nur möglich gewesen, Stückerze mit hohem Eisengehalt zu verhütten, während Fe-ärmere Feinerze als Hochofeneinsatz nicht in Frage kamen[51]. Die Hochöfen des Bochumer Vereins waren, mit Ausnahme des 1917 angeblasenen Ofens V, in der Zeit von 1876 bis 1890 in Betrieb genommen worden und entsprachen bereits 1910 nicht mehr dem neuesten technischen Stand; die zur Modernisierung geplanten Umbauarbeiten konnten aber infolge des Weltkrieges erst nach 1920 in Angriff genommen und 1927 beendet werden. Technische Verbesserungen wurden im Bereich der Wärmewirtschaft vorgenom-

---

50 Zahlenwerte aus Stat. Jb. f. d. Dt. Reich 1927–1934.
51 Vgl. *Schaar*, S. 39.

men, daneben wurden die Hochöfen, deren durchschnittlicher Inhalt bei 360 m^3 lag, erheblich vergrößert, so daß ihr Rauminhalt von 525–540 m^3 eine Tageskapazität von 600–800 t Roheisen zuließ[52]. Diese Kapazitäten machten den Parallelbetrieb von fünf Hochöfen überflüssig, da der Output von vier Öfen zur Deckung des Weiterverarbeitungsbedarfs ausreichte. Ein Hochofen wurde daher in Reserve gehalten, 1937 aber abgerissen[53]. Wenn die durchschnittliche Roheisenerzeugung des Bochumer Vereins vom Beginn des Hochofenbetriebes bis 1922 etwa 960 t pro Tag betragen hatte, so konnte eine Produktionssteigerung infolge der Vergrößerung der Hochöfen auf 2049 t bei gleichzeitigem Betrieb von nur vier Hochöfen erreicht werden. Die realen Betriebsergebnisse weisen jedoch bereits auf eine strukturelle Krise hin, da trotz der Hochkonjunktur von 1926 bis etwa 1928/29 nur eine durchschnittliche Ausnutzung von 75 % der Roheisenproduktionskapazität erreicht wurde[54].
Im Stahlwerksbereich war die Zeit nach Übernahme des Bochumer Vereins durch die VSt durch eine Entwicklungsstagnation gekennzeichnet; die Erzeugungskapazitäten von Siemens-Martin-Stahl, die von 1926 bis 1935 einzige beim Bochumer Verein erzeugte Stahlsorte, waren so ausreichend dimensioniert, daß 1928 sogar das im Rahmen der VSt-Konstituierung aus dem Stumm-Besitz in den Unternehmensbereich Bochumer Verein eingebrachte Stahlwerk Weitmar stillgelegt werden konnte[55]. Diese angesichts des Konjunkturaufschwunges nach 1926 zunächst überraschende Entwicklung war auf den 1921 getroffenen Beschluß zurückzuführen, die Rohstahlkapazität, die seit längerer Zeit einen Engpaß zwischen der Roheisenerzeugung und den Weiterverarbeitungsbetrieben gebildet hatte, durch den Neubau eines Siemens-Martin-Stahlwerkes mit angegliedertem Röhrenwalzwerk in Höntrop zu erweitern. Das Werk Höntrop war mit seinen Stahlerzeugungsanlagen und Walzwerken so großzügig und modern konzipiert worden, daß die Anlagen nach ihrer Inbetriebnahme in den Jahren 1924–1926 zu den fortschrittlichsten ihrer Art in Europa zählten[56].
Unter den Vorzeichen der Weltwirtschaftskrise und der mit ihr verbundenen zurückgehenden Nachfrage nach Erzeugnissen der Montanindustrie gab man bis 1930 den Plan zum Neubau zweier weiterer Siemens-Martin-Öfen mit großer Kapazität ebenso auf wie die Absicht, das Röhrenwalzwerk Höntrop zu erweitern[57].

52 Vgl. *Däbritz,* Bochumer Verein, Anhang (Zeit-Tafel, techn. Zeichn.).

53 Vgl. *Schaar,* S. 17.

54 Ebd., stat. Anhang, u. ArchBV 15400 Nr. 2c.

55 Vgl. ArchBV 41200 Nr. 1.

56 Vgl. *Bertram* u. a., Das Werk Höntrop des Bochumer Vereins, in: Stahl & Eisen 1926, S. 429.

57 Die Röhrenproduktion der VSt wurde darüber hinaus auf den Raum Düsseldorf und die dort befindlichen Walzwerke verlagert.

1926/27 erfolgte die Ausgliederung der Edelstahlproduktion des Bochumer Vereins aus den verschiedenen bis zu diesem Zeitpunkt Edelstahl erzeugenden Betrieben der VSt und deren Zusammenfassung in der neu gegründeten und von den VSt majorisierten Deutschen Edelstahlwerke AG in Krefeld[58]. Diese betriebstechnische Umstrukturierung stellte allerdings im Bereich des Konzernwerkes Bochumer Verein keine große Veränderung dar, da lediglich ein Produktionsbereich an die Deutschen Edelstahlwerke abgegeben wurde, die in Bochum gelegenen Betriebsanlagen zur Edelstahlerzeugung aber dem Bochumer Verein von den VSt leihweise überlassen wurden[59]. Darüber hinaus waren nach der Ausgliederung enge betriebliche Beziehungen zwischen dem Bochumer Verein und den Deutschen Edelstahlwerken vorhanden.

Große Bedeutung erlangte aufgrund ihrer Monopolstellung die Geschoßfabrik des Bochumer Vereins, die, obwohl in einer einzigen Werkhalle mit geringer Belegschaft untergebracht, unter Aufsicht der Micum sämtliche Aufträge der Marine und des Heeres über Geschosse der Kaliber 3,7 cm bis 30,5 cm ausführte[60]. Der Produktionsumfang war aufgrund der Bestimmungen und gemessen an den Geschoßaufträgen nach 1933 verschwindend gering, diese Aufträge sicherten dem Werk jedoch eine kontinuierliche Beschäftigung dieser Abteilung sowie die Möglichkeit zur Weiterentwicklung der Geschosse und Fertigungsmethoden in Zusammenarbeit mit den zuständigen Heeres- und Marinezeugämtern. Der Bochumer Verein hatte aus diesem Grunde nach 1933 in besonderem Umfang Probestücke und Musterlieferungen neuer Geschoß- und Granattypen zu fertigen.

b) Rationalisierungsmaßnahmen

Die fast kontinuierliche Reduzierung der Belegschaft des Bochumer Vereins, sowohl der gewerblichen Arbeitnehmer wie auch der Angestellten, von 1926 bis 1932 läßt bei gleichzeitigem Rückgang der Roheisen-und Rohstahlproduktion von Herbst 1928 an auf ein Zusammentreffen von strukturellen Krisenerscheinungen und von Bemühungen zur Aufrechterhaltung der Konkurrenzfähigkeit schließen[61]. Diese Rationalisierungsbestrebungen trafen beim Bochumer Verein verhältnismäßig günstige Voraussetzungen: Man verfügte über eine modernisierte Hochofenanlage sowie über das in Höntrop errichtete neue Martinstahl- und Röhrenwalzwerk. Diese Anlagen waren trotz der ungünstigen Gesamtwirtschaftslage, charakterisiert durch schwankende Rohstoffpreise, Lohnerhöhungen und

58 Vgl. Jb. OBB. Dortmund 1929/30, S. 268.
59 Vgl. *Dietrich*, S. 98.
60 Vgl. *Janssen*, S. 14.
61 Vgl. ArchBV 15400 Nr. 2e.

steigende Soziallasten der Unternehmen, geeignet, einen bis Ende 1929 ansteigenden Umsatz pro beschäftigtem gewerblichen Arbeitnehmer zu erreichen[62]. Die betriebswirtschaftlich günstigen Ergebnisse sind auf sehr geringe Selbstkosten in der Roheisengewinnung zurückzuführen, auf eine Konzentration der SM-Stahlerzeugung in kostengünstig arbeitenden Anlagen sowie auf eine Verringerung der Einsatzgewichte.

Den im eigentlichen Erzeugungsbereich günstigen Daten stand eine in den Geschäftsjahren 1926/27 bis 1928/29 etwa gleichbleibende Rohstahlerzeugung von etwa 75 t je Belegschaftsmitglied und Geschäftsjahr gegenüber[63]. Diese Menge verringerte sich jedoch nach Einsetzen der Krise vom Geschäftsjahr 1929/30 an drastisch und erreichte 1931/32 einen Minimalwert von etwa 44 t. Dieser krisenbedingte Rückgang konnte kaum durch eine verstärkte Belegschaftsreduzierung ausgeglichen werden, da man die Gesamtbelegschaft des Bochumer Vereins von 1926 bis zum Ende des Geschäftsjahres 1931/32 bereits um etwa 39 % verringert hatte; zusätzlich war Kurzarbeit für weite Werksbereiche eingeführt worden[64].

Die Massenentlassungen und Arbeitseinschränkungen waren notwendig geworden, da die Kapazitäten des Bochumer Vereins 1930 nur zu etwa 40 % ausgelastet waren. Selbst die Gewerkschaften erkannten die Notwendigkeit von Massenentlassungen und konnten lediglich erreichen, daß bei einer Verbesserung der Wirtschaftslage und Wiedereinstellung der entlassenen Arbeiter binnen eines halben Jahres die Rechte der von diesen Maßnahmen betroffenen Arbeitnehmer erhalten blieben[65]. Die Entlassungen wurden nach Angaben der Werksleitung unter Berücksichtigung möglichst vieler sozialer Faktoren vorgenommen, so daß überwiegend ledigen Arbeitern gekündigt wurde, während verheiratete Arbeitnehmer mit Kindern nur selten entlassen wurden. Diese These findet ihre Bestätigung bei einer Untersuchung des Durchschnittsalters der Belegschaft des Bochumer Vereins. Der Anteil der noch nicht dreißigjährigen Arbeitnehmer fiel von 28,0 % im Februar 1931 auf 24,4 % im gleichen Monat des folgenden Jahres, während der Anteil der 30- bis 49jährigen Arbeitnehmer im gleichen Zeitraum von 51,4 auf 54,4 % anstieg. Daneben dürfte bei Entlassungen die Forderung nach einer Stammbelegschaft von hochqualifizierten Arbeitern berücksichtigt worden sein[66].

Im Rahmen der durch einen Rückgang des Auftragwertes vom 1. Oktober 1930 bis zum 1. Oktober 1932 um 58,5 % charakterisierten Wirtschaftslage des Bochumer Vereins waren die gewerblichen Arbeitnehmer infolge

62 Betriebsergebnisse des BV in ArchBV 15400 Nr. 2a und d.

63 Hier sind sowohl die gewerblichen Arbeitnehmer als auch die Angestellten berücksichtigt.

64 Nach ArchBV 15000 Nr. 2.

65 Unterredung Borbets mit dem Vertreter des Regierungspräsidenten, Gewerberat Fritz, über Massenentlassungen am 9. 5. 1930 in ArchTHAG, VSt-SW 10075.

66 Nach ArchBV 15000 Nr. 2.

neuer Tarifverträge gezwungen, eine Reduzierung des durchschnittlichen Monatseinkommens von etwa 166 auf 132 RM hinzunehmen, während die Gehaltskürzungen bei den Angestellten etwa 18 % betrugen[67].
Weitere Maßnahmen, die zur Krisenüberwindung notwendig erschienen, wirkten sich besonders im Bereich der Arbeitnehmer- und Sozialpolitik aus. Der verschärfte Konkurrenzkampf veranlaßte aber auch die Leitungsgremien der VSt dazu, die Selbstkosten und die Verkaufspreise möglichst niedrig zu halten.

c) Löhne und Gehälter

Löhne und Gehälter hatten im 19. Jahrhundert neben den freiwilligen sozialen Leistungen in der Industrie eine Indikationsfunktion für die Einstellung des Unternehmers zu seiner Belegschaft. Sie hatten jedoch in der Wirtschaft diese Funktion eingebüßt, da die Unternehmen aufgrund ihrer makroökonomischen Verflechtungen, ihrer Zusammenschlüsse in branchenspezifischen Interessenverbänden, denen die Gewerkschaften als Vertreter der Arbeitnehmerinteressen gegenüberstanden, eine möglichst einheitliche Tarifpolitik anstrebten und in der Spätphase der Weimarer Republik auch zu verwirklichen in der Lage waren[68].
Dennoch charakterisiert die Lohnpolitik einer ganzen Branche, der Ruhr-Montanindustrie, nicht nur in ihrer Abgrenzung zu anderen Industriebereichen, sondern auch in ihrer systeminternen Differenzierung die Einstellung der Arbeitgeber ihren Belegschaften gegenüber. Die Lohngestaltung für einzelne Gruppen von Arbeitnehmern mit speziellen Funktionen und die dadurch bedingte weit fortgeschrittene Differenzierung des gesamten Entlohnungssystems eines Hüttenwerkes war nicht zuletzt ein Mittel, Solidarisierungsbestrebungen innerhalb der Belegschaften entgegenzutreten und horizontale Organisationsbestrebungen zu unterminieren. Möglichkeiten hierzu boten sich gerade im Bereich der eisenschaffenden Industrie, da dort Arbeitnehmer der unterschiedlichsten Qualifikationsstufen, vom Platzarbeiter, dessen Beschäftigung in der Entladung von Eisenbahnwagen bestand, bis hin zum spezialisierten Facharbeiter mit mehrjähriger abgeschlossener Lehre, beschäftigt und nach ihrer Tätigkeit entlohnt wurden. Auf seiten der Arbeitnehmer mußten derartige Differenzierungspraktiken zu einem vielschichtigen Selbstverständnis führen, hier wirkte das Entlohnungssystem als retardierender Faktor der Herausbildung von Integrationsmechanismen innerhalb der Gruppe der Arbeitnehmer entgegen. Die Löhne und Gehälter der Arbeitnehmer wurden grundlegend durch die von ihren Interessenvereinigungen mit der Vereinigung der eisenschaffenden Unternehmen im Ruhrgebiet (Arbeitnordwest)

67 Nach ArchBV 12300 Nr. 4a.
68 Vgl. *Weisbrod,* S. 333 ff. und 415 ff.

geschlossenen Tarifverträge bestimmt, die die Minimalentlohnungssätze, gegliedert nach Fach- und Hilfsarbeitern, festlegten, den Firmen aber keine obere Lohngrenze auferlegten. Für Facharbeiter schwankte der Lohn von 1927 bis 1932 konjunkturbedingt zwischen 0,70 und 0,84 RM/h, für Hilfsarbeiter zwischen 0,55 und 0,68 RM/h[69]. Die durchschnittlichen Stundenlöhne des Bochumer Vereins lagen in diesem Zeitraum zwischen 0,01 und 0,07 RM über den Tarifsätzen, jedoch engt die Problematik der Lohndifferenzierung und der dadurch bedingten schwierigen statistischen Mittelwertbildung den Aussagewert der Durchschnittsverdienste stark ein[70]. Synchrone Vergleiche zwischen dem Bochumer Verein und der August Thyssen-Hütte in Hamborn weisen allerdings für die Zeit von 1926 bis 1930/31 ein um 12,7 bis 16,9 % niedrigeres Lohnniveau des Bochumer Konzernbetriebes nach[71]. Beim Monatseinkommen der Angestellten betrug die Differenz zwischen beiden Konzernwerken in dieser Zeitspanne etwa 6,3 %, wobei lediglich im Geschäftsjahr 1931/32 das Monatseinkommen der Angestellten des Bochumer Vereins geringfügig über dem der Thyssen-Hütte lag.

d) Sozialeinrichtungen

Eine realistische Darstellung des Bochumer Vereins und seiner Beziehung zur Stadt Bochum dürfte die Arbeit Palseurs geben. Man sollte sämtliche von der Werksleitung des Bochumer Vereins gemachten Aussagen und Darstellungen über Sozialeinrichtungen und die soziale Lage der Belegschaft unter Berücksichtigung seiner Forschungsergebnisse werten. Aufgrund der Expansion der Stadt Bochum waren nach Palseur Werk und Stadt zu einer Einheit verschmolzen, so daß Wohn- und Industriegebiete unmittelbar benachbart lagen[72]. Wegen dieser geographischen Lage war die gesamte Umgebung des Werkes mit einer »grauschwarzen Schmutzschicht« aus den Emissionen des Bochumer Vereins überlagert. Die beim Eisen- und Stahlgewinnungsprozeß entstehenden Gase führten nach Palseur zu einer starken Luftverschmutzung[73]. Diese Untersuchungsergebnisse sind von besonderer Bedeutung, weil ein Großteil der Belegschaft des Bochumer Vereins in unmittelbarer Umgebung des Werkes wohnte und das Werk durch die Anlage von Siedlungen und den Bau von Werkswohnungen in unmittelbarem Einzugsbereich einen Zuzug von Belegschaftsmitgliedern noch förderte.
Diesen negativen und in den zwanziger und dreißiger Jahren offensichtlich in allen Industriegebieten verbreiteten Übelständen stand eine ganze

69 Aufstellung über Tariflöhne vom 18. 1. 1924 bis zum 1. 1. 1932 in ArchBV 15000 Nr. 2.
70 Errechnet nach ArchBV 15000 Nr. 2.
71 Errechnet nach ArchBV 15400 Nr. 2e.
72 *Palseur*, S. 83.
73 Ebd., S. 88 f.

Anzahl vorbildlicher Sozialeinrichtungen gegenüber, die in zahlreichen Publikationen Erwähnung fanden. Besonders hervorgehoben wurde das erst seit 1925/26 in Betrieb befindliche Werk Höntrop des Bochumer Vereins, das unter Berücksichtigung modernster Sicherheitseinrichtungen geplant und errichtet worden war. So wurde der Belegschaft der Zugang zum Werk durch eine Unterführung unter die sehr verkehrsreiche Essener Straße erleichtert, zusätzlich waren in diesen Tunnel zahlreiche Sozialeinrichtungen wie Umkleide-, Wasch-, und Pausenräume sowie Abstellmöglichkeiten für Fahrräder integriert. Arbeitszeitkontrolleinrichtungen und der Werkschutz, dem damaligen Selbstverständnis entsprechend trefflich als »Werkspolizei« bezeichnet, hatten in dieser Straßenunterführung ebenfalls Aufnahme gefunden[74].

Die in der Literatur häufig als vorbildlich erwähnten Sanitäts- und Rettungseinrichtungen des Bochumer Vereins waren nicht allein für dieses Unternehmen typisch, sondern vielmehr branchencharakteristisch[75]. Der Staat hatte nämlich über die Institution der Berufsgenossenschaften, im vorliegenden Fall über die Hütten- und Walzwerksberufsgenossenschaft, eine direkte Einflußmöglichkeit auf den Bereich der Unfallverhütung und die Einrichtung von Rettungsstellen und -wachen. Diese Kompetenzen wurden von der staatlichen Gewerbepolitik voll ausgenutzt, und man bemühte sich, nicht zuletzt von seiten der Unternehmen, durch Aufklärungsmaßnahmen und technische Verbesserungen die Unfallziffer sowie die Zahl der in der Montanindustrie sehr zahlreichen berufstypischen Erkrankungen zu reduzieren[76].

Im Hinblick auf die über den direkten Arbeitsbereich hinausgehenden und mit dem Unternehmen nur in mittelbarem Zusammenhang stehenden Sozialeinrichtungen war der Bochumer Verein zusammen mit einigen anderen Montanbetrieben des rheinisch-westfälischen Industriebezirkes traditionell den führenden Werken dieser Branche zuzurechnen[77]. Die kontinuierlich betriebene Sozialpolitik ist sowohl unter dem Aspekt der Erhaltung einer leistungsfähigen und gesunden Belegschaft bei einer geringen, den Unternehmensgewinn steigernden Fluktuation zu sehen als auch unter den Bemühungen der Werksleitung, im Rahmen dieser Einrichtungen eine Überwindung des Interessenantagonismus zwischen Arbeitnehmer und Arbeitgeber zu erreichen.

In dem Bestreben, den Einfluß der Gewerkschaften auf die Unternehmen auf ein Minimum zu reduzieren und den horizontalen Organisationsbe-

---

74 Vgl. *Syrup,* Arbeitsschutz, S. 546 f.

75 Vgl. *Schwenger,* Sozialpolitik in der Großeisenindustrie, S. 81 f.

76 Vgl. Anm. 74.

77 Hierzu zählten nach *Adelmann* neben dem Bochumer Verein besonders die Fried. Krupp AG sowie die GHH.

strebungen innerhalb der Arbeiterschaft entgegenzutreten, war von Unternehmerseite aus der Werkgemeinschaftsgedanke entwickelt worden[78]. Man war bestrebt, eine auf den Einzelbetrieb beschränkte, vertikal gegliederte und somit alle Betriebsangehörigen einschließlich der leitenden Angestellten und Direktoren umfassende Gemeinschaft heranzubilden. Sie sollte ähnlich einer Kaste in sich geschlossen sein. Wenn auch offiziell als ein Schritt der Unternehmer gegen eine Bürokratisierung und Verstaatlichung der Sozialpolitik und der dadurch bedingten Inflexibilität im Sozialbereich deklariert, dienten die von den Propagandisten der Werksgemeinschaftsidee realisierten Einrichtungen in erster Linie der Erhaltung der unternehmerischen Machtbasis und einer Verschiebung des durch das Wirtschaftssystem bedingten Interessengegensatzes Arbeitnehmer – Arbeitgeber zugunsten der Unternehmensleitungen[79]. Ihre Ziele kamen nicht zuletzt in den gegen Ende der Weimarer Republik sich häufenden Klagen über eine Hintertreibung des Werksgemeinschaftsgedankens durch marxistische und liberale Kräfte zum Ausdruck[80]. Implizit strebten die wirtschaftsfriedlichen (gelben) Werksvereinigungen eine »Rückverlegung der sozialen Pflichtverantwortung in die lebendigen Gesellschaftsglieder des Produktionslebens« an[81]. Sie forderten eine Ersetzung der gewerkschaftlichen Tarifautonomie und der staatlichen Einflußmöglichkeiten innerhalb der Privatwirtschaft durch Kontrakte zwischen den am Wirtschaftsleben beteiligten Parteien, den Arbeitnehmern und den Arbeitgebern.

Innerhalb des Bochumer Vereins konnten derartige Ziele bereits im 19. Jh. durch die Bildung von Werkstatt- und Fahnenvereinigungen realisiert werden. Der letzte Werkverein war 1924 bei Anlaufen der Produktion im neu errichteten Stahlwerk Höntrop gegründet worden. Mit dieser Gründung war eine Aufbauarbeit erfolgreich abgeschlossen, deren Ziel es war, in allen Werkstätten und Abteilungen des Bochumer Vereins Werkvereine zu schaffen. In ihnen sollte das Zusammengehörigkeitsgefühl aller in diesem Werkkomplex beschäftigten Belegschaftsmitglieder durch Werkstattfeste, Kameradschaftsabende und ähnliche Zusammenkünfte unter dem Zeichen der Werkstattfahne demonstriert werden[82]. Die Fahnen der einzelnen Werkstätten stellten dabei einen in seiner Wirkung kaum zu unterschätzenden soziologisch-psychologischen Integrationsfaktor dar[83].

Eine ähnliche Bedeutung war der Werkzeitung zuzuschreiben, die von dem Unternehmen herausgegeben und kostenlos an die Belegschaft ver-

78 Vgl. *Stadtler*, S. 25 ff.
79 Vgl. *Burisch*, S. 161.
80 Vgl. *Stadtler*, S. 29.
81 Ebd., S. 27.
82 Vgl. *Schwenger*, Sozialpolitik in der Großeisenindustrie, S. 17.
83 Zur Problematik der Werkvereine vgl. *Dreyfuss*, S. 193 ff.

teilt wurde. Wirtz sieht in ihr ein Mittel, die in seinem Selbstverständnis beklagenswerte »Werksfremdheit« der Arbeiter und ihren hohen horizontalen Organisationsgrad zu überwinden, um so zu einer Veränderung des Verhältnisses der Arbeiter zu ihrem Betrieb zu gelangen[84]. Über ihren betrieblichen Stellenwert hinaus nahmen die Werkzeitungen nach Wirtz auch Einfluß auf das individuelle Familienleben der Belegschaftsmitglieder, indem sie sich in besonderen Beiträgen an die Ehefrauen und Kinder der Arbeitnehmer wandten, ausgehend von der These, das Verhalten am Arbeitsplatz werde zu einem nicht unwesentlichen Teil von häuslichen Geschehnissen und der psychologischen Atmosphäre innerhalb der Familie beeinflußt[85].

Um eine möglichst effiziente soziologisch-psychologische Beeinflussung durch das Medium Werkzeitung zu gewährleisten, wurden vom Dinta Richtlinien und Mitteilungen für die Redakteure von Werkzeitungen herausgegeben[86]. Daneben wurden in der Dinta-Redaktion Artikel mit politischem Inhalt oder Informationen für das gesamte Ruhrgebiet verfaßt und von den einzelnen Werkzeitungen übernommen. Diese Zeitungen, von denen Ende des Jahres 1929 allein im Ruhrgebiet 75 verschiedene Ausgaben einzelner Werke in periodischen Abständen herausgegeben wurden, bestanden somit aus einem von dem Dinta redigierten und an seine politisch-ideologische Ausrichtung angelehnten Teil, dem die Redakteure der Werkzeitungen bei den einzelnen Betrieben werkspezifische Nachrichten, Artikel oder Anzeigen hinzufügten[87].

Der Bochumer Verein hatte bereits von 1923 an, also schon vor der Gründung des Dinta, eine Werkzeitung in vergleichbarer Aufmachung mit gleicher Ausrichtung unter dem Namen »Hütte und Schacht« mit 24 Ausgaben pro Jahr publiziert, die 1926 nach Ausgliederung des Bergwerkbesitzes aus dem Bochumer Verein in »Hüttenzeitung« umbenannt wurde.

e) Die politische Ausrichtung der Arbeitnehmer

Die konkrete wirtschaftliche Situation in der Endphase der Weimarer Republik mußte sich notwendigerweise auf das politische Verhalten der Arbeitnehmer des Bochumer Vereins auswirken. Einen Spiegel des politischen Kräfteverhältnisses innerhalb des Unternehmens stellten die Vertretungen von Arbeitern und Angestellten dar, aus denen sich der Betriebsrat konstituierte.

In dieser Zeit bewarben sich bis zu sechs verschiedene Gewerkschaften um die Stimmen von Arbeitern und Angestellten des Bochumer Vereins[88].

---

84 Vgl. *Wirtz*, S. 10 ff.
85 Ebd., S. 64 f.
86 Vgl. ArchTHAG, VSt-SW 140121.
87 *Bäumer*, S. 93 f.
88 (1) Freie Gewerkschaften, (2) RGO, (3) Christliche Gewerkschaften, (4) Hirsch-Dunker-

Ergebnisse der Betriebsratswahlen

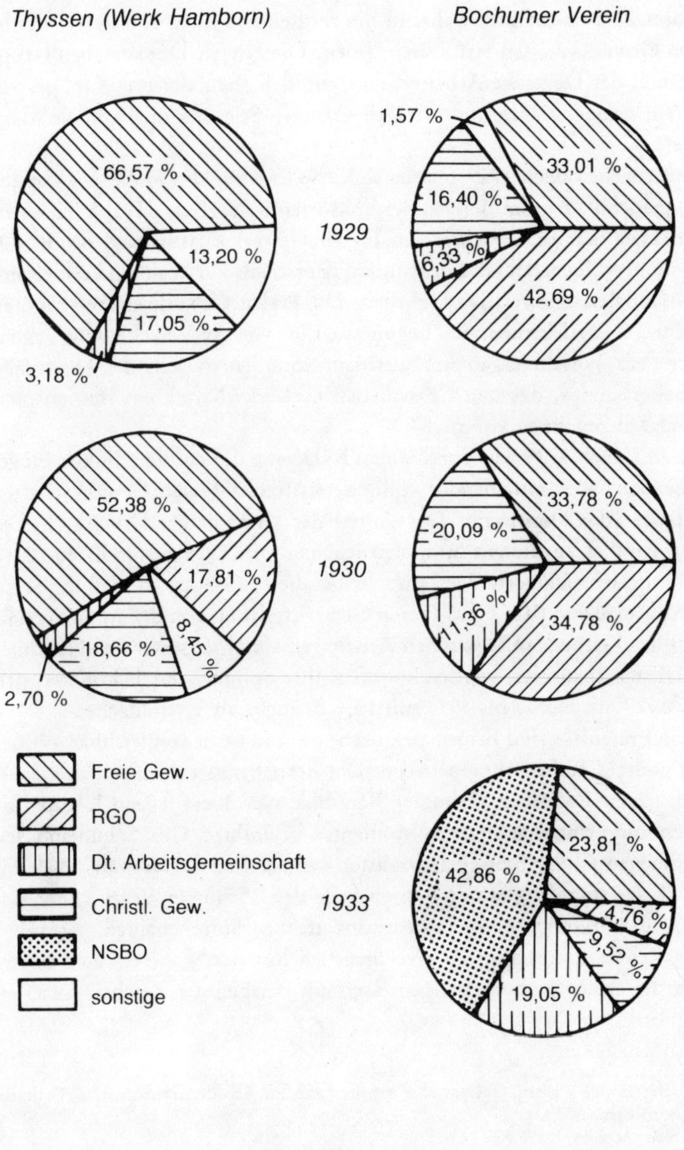

Die Betriebsratswahlen des Jahres 1928, an denen sich 81,6 % der gewerblichen Arbeitnehmer beteiligten, waren in diesem Unternehmen ein großer Erfolg für die Freien Gewerkschaften. Sie konnten nicht weniger als 76,9 % aller Stimmen für sich gewinnen. Damit stellten sie 17 der insgesamt 21 Betriebsräte, während die restlichen 4 Sitze von den Christlichen Gewerkschaften errungen wurden. Die Hirsch-Dunkerschen Gruppen und der Deutsche Arbeiterbund, die sich ebenfalls zur Wahl gestellt hatten, erhielten aufgrund ihres zu geringen Stimmenanteils keine Mandate[89].

Die Betriebswahlen 1929 zeigten ähnliche Ergebnisse wie die des Vorjahres, jedoch kam es im Bereich der linksorientierten Gewerkschaften zu einem Machtkampf zwischen den Freien Gewerkschaften und der RGO. Sie stellte sich nach ihrer Konstituierung erstmals zur Wahl und erhielt mit 10 Mandaten eine relative Mehrheit. Die Freien Gewerkschaften mußten sich mit 7 Betriebsratssitzen begnügen. Eine weitere Verschiebung gegenüber dem Vorjahr ergab sich aus dem Stimmenzuwachs des Deutschen Arbeiterbundes, der den Christlichen Gewerkschaften ein Betriebsratsmandat abgewinnen konnte.

Die Zeit nach 1929 war durch einen Rückgang der auf dem linken Flügel stehenden, aber miteinander völlig zerstrittenen Freien Gewerkschaften und der RGO bestimmt. Der Anteil der Christlichen Gewerkschaften stieg parallel zu diesem Stimmenrückgang von 1929 bis 1930 um etwa 4 %; danach stagnierte der Zuwachs bei dieser Gruppe, so daß die Stimmenverluste von RGO und Freien Gewerkschaften von der auf dem rechten Flügel stehenden Deutschen Arbeitsgemeinschaft sowie den Nationalsozialisten absorbiert werden konnten. Ihre Stimmenanteile konnten sich von 1929 mit 6,3 % bis 1931 mit 19,6 % mehr als verdreifachen[90].

Diese Ereignisse sind firmenspezifisch; sie sind nicht vergleichbar mit denen anderer Ruhrmontanbetriebe. Die Betriebsratswahlen wurden demnach gegen Ende der Weimarer Republik von überwiegend lokalpolitischen und firmenspezifischen Momenten beeinflußt. Gibt Schumann den Stimmenanteil der Nationalsozialisten bei der Betriebsratswahl 1931 mit 0,5 % an, so gelang es der Betriebszelle des Bochumer Vereins, mit fast 10 % der Stimmen einen etwa zwanzigfachen Stimmenanteil gegenüber dem Reichsdurchschnitt zu erreichen[91]. Selbst das Wahlverhalten innerhalb der Stadt Bochum ist, gemessen am Beispiel der Reichstagswahlen

sche Gewerkschaften, (5) Deutscher Arbeiterbund und Arbeitsgemeinschaft, (6) Nationalsozialisten (NSBO).

89 Siehe ArchBV 15400 Nr. 2a.

90 Der Deutsche Arbeitsbund/Arbeitsgemeinschaft erhielt bei der Wahl vom 26. 3. 1931 9,97 %, die NSBO erhielt 9,64 %.

91 *Schumann,* S. 66.

vom 14. September 1930, nicht mit dem der Arbeitnehmer des Bochumer Vereins vergleichbar, war doch innerhalb Bochums eine dem Rechsdurchschnitt gegenüber erhöhte Stimmenabgabe für die KPD und das Zentrum zu verzeichnen, während die NSDAP bei diesen Wahlen mit 17,7 % um 0,9 % unter dem Reichsdurchschnitt lag.
Obwohl die Gewerkschaften in der Endphase der Weimarer Republik keine realpolitische Bedeutung mehr besaßen und sie ihre ursprünglichen Aufgaben, die Vertretung der wirtschaftlichen und sozialen Interessen der Arbeitnehmerschaft, kaum mehr wahrzunehmen vermochten, wurden sie in dieser Phase zu einer Plattform, auf die sowohl ideologische als auch aktuelle politische Auseinandersetzungen übertragen werden konnten[92].
Die Verlagerung der gewerkschaftlichen Aktivitäten auf eine politisch-ideologische Ebene führte beim Bochumer Verein zu einer kontinuierlichen Auseinandersetzung zwischen den Kommunisten und den wirtschaftsfriedlichen Gruppierungen; Auseinandersetzungen, die in derartigem Umfang und Ausmaßen erst unter dem Vorzeichen der Polarisierung des politischen Kräftepotentials seit 1929 möglich waren. In diesem Zusammenhang griffen kommunistische Gewerkschaftler mit Vehemenz den von den wirtschaftsfriedlich orientierten Gruppen vertretenen Werksgemeinschaftsgedanken an und erkannten in ihm den Versuch der Unternehmensleitung sowie der ihr nahestehenden Kräfte, die Arbeitnehmer zu höheren Leistungen anzuspornen[93]. Die Herausgeber des »Ruhrechos« warnten daher mit Nachdruck vor der Ausbildung einer Klassengemeinschaft, die ihrer Auffassung nach nur Deckmantel einer kapitalistischen Ausbeutung sein konnte, und forderten Klassenhaß und Klassenkampf, verbunden mit einer aktiveren Unterstützung der Betriebszellen von seiten der Belegschaft. Auch in den folgenden Jahren lag der Tenor der kommunistischen Propaganda innerhalb des Bochumer Vereins auf den Bemühungen, die Ausbildung einer auf das Unternehmen beschränkten Werksgemeinschaft zu verhindern, die sich aufgrund ihres Selbstverständnisses und ihrer Organisationsform nur gegen die Formierung eines proletarischen Klassenbewußtseins richten konnte. Die von den Werkvereinen zusammen mit der Werksleitung unter dem Symbol der Werkfahnen geforderte Einigkeit aller Belegschaftsmitglieder stellte für die linksorientierten Arbeitnehmer lediglich einen Versuch zur Nazifizierung dar, der ihrer Ansicht nach von dem nationalsozialistisch gesinnten Generaldirektor Borbet ausging[94].
Die Propaganda der Gegenseite, der wirtschaftsfriedlich eingestellten

92 Vgl. *Mommsen,* Gewerkschaften, S. 279.
93 Ruhrecho Nr. 25 v. 30. 1. 1929 (»Als Lohn erhältst du im Jenseits den Himmel.«).
94 »Das gibt Nazi-Borbet den BV-Proleten«, in: Ruhrecho Nr. 213 v. 5. 10. 1932.

Deutschen Arbeitsgemeinschaft, profitierte von einer unverhüllten Unterstützung seitens der Unternehmensleitung. Sie stellte der Deutschen Arbeitsgemeinschaft die Hüttenzeitung zur Propagierung ihrer Vorstellungen zur Verfügung. Gemeinschaftsveranstaltungen einzelner Abteilungen boten darüber hinaus eine Möglichkeit, den Arbeitnehmern die Ziele der wirtschaftsfriedlichen Verbände nahezubringen. Die Deutsche Arbeitsgemeinschaft verstand sich als »Notgemeinschaft« mit dem Ziel, die bisherige Zersplitterung der Belegschaft zu überwinden, alle Arbeitnehmer zu erfassen und die »alte Tradition der Fahnengemeinschaft« zu pflegen[95]. Nach den Vorstellungen ihres Führers Elias war die Zersplitterung des deutschen Volkes nicht zuletzt ein Grund für das wirtschaftliche und politische Chaos des Jahres 1932, das er im Rahmen seiner antimodernistisch-utopischen Ideologeme durch Zusammenhalten aller Kräfte und Eliminierung aller wirtschaftsfeindlichen Strömungen zu überwinden gedachte.

5. *Die betriebsorganisatorische Umstrukturierung der Vereinigten Stahlwerke im Jahre 1933*

Da die Weltwirtschafskrise die volkswirtschaftlichen Entwicklungen gegen Ende der Weimarer Republik weitestgehend bestimmte, muß die Situation der deutschen Montanindustrie in dieser Zeit unter Berücksichtigung der gesamtwirtschaftlichen Lage analysiert werden. Die VSt als größtes deutsches Montanunternehmen standen in diesem Zusammenhang 1933 im Mittelpunkt des Interesses, da die Wirtschaftskrise nicht nur den Geschäftsverlust des Stahltrusts negativ beeinflußte, sondern gleichzeitig Mängel in der Organisationsstruktur des Konzerns sichtbar werden ließ. Dabei ist die Frage zu stellen, ob und in welchem Umfang die betriebsorganisatorische Umstrukturierung des Jahres 1933 den Stellenwert der Betriebsgesellschaften innerhalb des Konzerns veränderte. Gab es analog zur politischen Zäsur im Reich eine wirtschaftspolitische und betriebsorganisatorische Zäsur innerhalb der VSt?

Hinweise auf die wirtschaftliche und finanzielle Stellung des VSt-Konzerns liefern nicht nur die Aussetzung von Dividendenzahlungen seit 1930/31, sondern auch die in den Bilanzen ausgewiesenen Verbindlichkeiten und Verluste, denen ein von vielen Kritikern als überbewertet charakterisierter Bestand an Immobilien und Warenbeständen gegenüberstand[96]. Während bereits am Ende des Geschäftsjahres 1930/31 ein Verlust von fast 19 Mio. RM bilanzmäßig ausgewiesen werden mußte, verschlimmerte sich

95 »Die Fahnen des Bochumer Vereins, Symbole des Gemeinschaftsgeistes«, in: Hüttenzeitung 1932, H. 18.

96 Vgl. Jb. f. d. Ruhrkohlenbezirk 1933, S. 245 f.

die Lage des Unternehmens 1932 weiter, so daß eine Herabsetzung des Aktienkapitals von 800 Mio. RM auf 775 Mio. RM notwendig wurde. Man realisierte sie durch den Einzug der im Besitz der Gesellschaft befindlichen Aktien in Höhe von 25 Mio. RM[97].
Die von Vögler als Vorstandsvorsitzenden der Vereinigten Stahlwerke AG betriebene an den wirtschaftlichen Interessen orientierte Politik hatte offensichtlich das Ziel, innerhalb des national-konservativen Parteienspektrums Unterstützung für die Großindustrie zu finden. Sie konnte zeitgenössischer Ansicht zufolge nur durch eine Einbindung der NSDAP in eine nationale Koalitionsregierung erfolgen[98]. Wenig plausibel klingt jedoch die These Hallgartens, Hitler habe sich nach Unterstützungszahlungen Vöglers für die VSt eingesetzt, ohne über deren wirtschaftliche Situation – die VSt standen kurz vor einem Konkurs – unterrichtet gewesen zu sein[99]. Zahlreiche Veröffentlichungen sowie die publizierten Betriebsergebnisse ließen in diesem Zusammenhang auch für ein breiteres Publikum einen Einblick in die wirtschaftliche Situation der VSt zu[100]. Daneben war der Index der industriellen Produktion von Investitionsgütern auf einen extrem niedrigen Stand gefallen. Er erlaubte ebenfalls Rückschlüsse auf die Situation innerhalb der Montanindustrie[101].

a) Die Vereinigten Stahlwerke zwischen Zentralisierung und Dezentralisierung

Mit der Gründung der VSt im Jahre 1926 war eine Unternehmensform in Anlehnung an die United States Steel Corporation geschaffen worden, die durch eine starke Zentralisierung die gewachsenen Strukturen der Montanindustrie im rheinisch-westfälischen Industriebezirk zurückdrängen wollte[102]. Zwar implizierte die Form der VSt-Leitungsgremien die Möglichkeit eines Einflusses der Betriebsgesellschaften auf die Konzernspitze, jedoch kam es dort offensichtlich zu Auseinandersetzungen zwischen Vögler und den Vertretern der Betriebsgesellschaften, bei denen Vögler nicht selten seine eigenen Ansichten durchsetzen konnte[103].
Im Rahmen dieser Zentralisierung war den Firmen lediglich der Verkauf von Spezialerzeugnissen geblieben, während die syndizierten Produkte über die VSt-Hauptverwaltung oder über den Sitz der Verkaufsverbände abgesetzt wurden. Allerdings hatte es sich seit 1926 als unmöglich erwiesen, vom Sitz der Hauptverwaltung in Düsseldorf aus eine effektive und

---

97 Ebd., 1930, S. 251, und 1933, S. 245.
98 Vgl. *Röseler*, S. 212 ff.
99 Vgl. *Hallgarten*, S. 230.
100 Vgl. *Westphal*, S. 1684.
101 Vgl. *Swatek*, S. 32.
102 Vgl. *Dascher*, S. 130 f.
103 Auskunft Dr. W. Rohland.

die besondere Situation der einzelnen Werke berücksichtigende Sozialpolitik zu betreiben. Sie mußte zwangsläufig uniform sein, und ihre fehlende Flexibilität war der Anlaß häufiger Kritik, die von den Betriebsgesellschaften an der Konzernpolitik geübt wurde[104]. Obwohl Vögler den Vorsitz in fast allen wichtigen Konzernausschüssen innehatte und damit eine Manager-Funktion ausübte, konnte er den Widerstand der Leiter einzelner Betriebsgesellschaften nicht unterbinden und mußte ihnen gelegentlich, offensichtlich zur Stärkung seiner eigenen Position, Zugeständnisse machen.

Die vom VSt-Vorstand einzelnen Betriebsgesellschaften gegenüber gemachten Konzessionen dürfen jedoch nicht über die Grundsätze der VSt-Geschäftspolitik hinwegtäuschen, die von forcierten Rationalisierungsplänen und einer »straff organisierten Lenkung« der Produktion bestimmt waren[105].

Die von Rohland angesprochene Rationalisierung, die die Stillegung zahlreicher auch moderner Anlagen im Bereich der Eisen- und Stahlgewinnung sowie Weiterverarbeitung implizierte, konnte zwar nach Dascher zu einer Senkung der fixen Kosten führen, sie war jedoch nicht geeignet, die strukturelle, auf große Überkapazitäten beruhende Krise im Bereich der Eisen- und Stahlerzeugung zu überwinden, zumal selbst durch Rationalisierungen kein Kapazitätsabbau, vielmehr aber eine nicht unbeträchtliche Erweiterung der Kapazitäten vorgenommen wurde[106].

b) Pläne zur Umstrukturierung bis zum Herbst 1933

Bereits die Gründer der VSt hatten 1926 eine künftige organisatorische Umstrukturierung des Konzerns für den Fall nicht ausgeschlossen, daß sich Schwierigkeiten ergeben sollten, die bei der relativ übereilt vorgenommenen Gründung des Konzerns nicht absehbar waren.

Nicht erst seit 1933 wurden von seiten der Konzernleitung Überlegungen angestellt, die Unternehmensstruktur des Montangiganten dahingehend zu verändern, daß eine einfachere, dezentralisierte Betriebsführung möglich wurde. Kommunalpolitische Problemstellungen im Bereich der Sozialpolitik drängten überdies zu einer Umstrukturierung mit dem Ziel, den Gründerfirmen der VSt eine ihrer sehr starken kommunalen und regionalen Einbindung in die Wirtschaftsgebiete des Ruhrbezirkes entsprechende und von der Unternehmensleitung in Düsseldorf unabhängigere Stellung zuzuerkennen. Die Konstellation innerhalb der VSt war allgemein bekannt, und die angestrebte bessere Übersicht und Lenkbarkeit des Konzerns infolge seiner Aufgliederung in einzelne, unter der Stahlverein-

104 Vgl. *Rinne*, S. 199 ff.
105 *Rohland*, Vereinigte Stahlwerke AG. (unveröffentl.), S. 6.
106 Vgl. *Dascher*, S. 130.

Holding zusammengefaßte, juristisch aber selbständige Firmen wurde von breiten Kreisen begrüßt[107].

Die bereits für das erste Halbjahr 1933 in Aussicht genommene Umstrukturierung wurde aber verzögert, da die Ausgliederung der Hüttenwerke und weiterverarbeitenden Betriebe und deren juristische Verselbständigung sowie die Umwandlung der Konzernspitze zur reinen Holdinggesellschaft ohne die Zustimmung der ausländischen, überwiegend nordamerikanischen Gläubiger nicht möglich war und Oskar Sempell als Vorstandsmitglied der VSt erst nach langwierigen Verhandlungen mit diesen Gläubigern deren Zustimmung zur Konzernneuorganisation erreichen konnte.

c) Die Umstrukturierung im Herbst und Winter 1933

Nachdem die juristischen und finanziellen Vorverhandlungen zur Umstrukturierung des Unternehmens im Herbst 1933 erfolgreich abgeschlossen worden waren, sprachen sich sämtliche bisherigen Holdinggesellschaften der VSt auf einer gemeinsamen Aufsichtsratssitzung am 27. Oktober 1933 in Berlin für den Umbau des Gesamtkonzerns aus[108].

Im Rahmen dieses Treffens einigte man sich auf die Einberufung einer außerordentlichen Generalversammlung der VSt in Essen am 29. November, auf der als einziger Tagesordnungspunkt über die »Genehmigung eines Fusionsvertrages mit der Gelsenkirchener Bergwerks Aktien-Gesellschaft zu Essen« beschlossen werden sollte. Die VSt beabsichtigten, unter Ausschluß der Liquidation ihr Vermögen auf die Gelsenkirchener Bergwerks Aktien-Gesellschaft zu übertragen. Ihre Aktionäre sollten für je drei VSt-Aktien im Nennbetrag von 1000 RM zwei Inhaberaktien der GBAG im Nennbetrag von 1000 RM mit Gewinnberechtigung ab 1. April 1933 erhalten.

Nach Ansicht Vöglers war eine Umstrukturierung der gesamten Betriebsorganisation zwar schon seit längerer Zeit notwendig, konnte aber erst unter der seit 1933 amtierenden »festen Staatsführung« vorgenommen werden, die das Vertrauen der Wirtschaft genieße. Als Grund für die Neuorganisation führte Vögler eine bessere Abgrenzung in der Verwaltung der Konzernbetriebe, größere Einfachheit sowie Klarheit in der Führung der Betriebsgesellschaften an[109].

Weitere Gründe für die Veränderung der offensichtlich reformbedürftigen VSt-Konzernstruktur sah Vögler in der Verbesserung der Leitungsgre-

107 Vgl. »Aufteilung des Stahlvereins. Neuordnung schon am 1. Juli?«, in: Bochumer Anzeiger v. 11. 5. 1933.

108 Vgl. »Der Umbau der Vereinigten Stahlwerke«, in: Stahl & Eisen 1933, S. 1147.

109 Vgl. Tagesordnung der Generalversammlung der VSt vom 29. 11. 1933, ArchBV 10202 Nr. 4.

mien, deren Umfang eine kooperative Vorstandsarbeit verhinderte und zur Ausbildung einer Unternehmensführungsgruppe innerhalb des Vorstandes geführt hatte. Eine Erweiterung der Kompetenzen des Vorstandsvorsitzenden entsprach darüber hinaus der NS-Wirtschaftsideologie. Sie verstand mit Erlaß des AOG am 20. Januar 1934 Vorstandsvorsitzende von Aktiengesellschaften und Generaldirektoren als autokratische Führer; eine Kompetenzerweiterung, die nicht zuletzt auf pragmatisch-führungstechnische Bedürfnisse zurückzuführen war und angesichts der personellen Überbesetzung der Leitungsgremien von Kapitalgesellschaften in der Weimarer Zeit und der hieraus zum Teil resultierenden Beschlußunfähigkeit erforderlich erschien[110].

Vögler erhoffte sich weitere Verbesserungen durch eine Einbindung der Konzerngesellschaften in den kommunalen Bereich, durch eine Dezentralisierung, die einen besseren Kontakt zwischen Betriebsleitung und Belegschaft garantieren sollte. Man wollte die Werksverbundenheit der Belegschaften verbessern, um so die »Zerrissenheit des deutschen Volkes unter bewußter Unterstützung gleichartiger Bemühungen der Reichsregierung zu überwinden«.

d) Die Durchführung der Umstrukturierung und der Konzernaufbau zu Beginn des Jahres 1934

Die Umstrukturierung der VSt konnte nach Westphal nur zu einer Auflockerung des allgemein als überdimensioniert eingestuften Konzerns führen, zu einer Aufteilung in volks- und betriebswirtschaftlich wesentlich günstigere Betriebseinheiten[111]. Hierdurch wurde zwar der horizontal und vertikal ausgeprägte Konzerncharakter des Unternehmens nicht verändert, jedoch wurde aus dem Subordinationskonzern der Jahre 1926 bis 1933 ein Koordinationskonzern[112]. Rechtlich erlangte die VSt AG durch die Umstrukturierung den Charakter einer Holding-Gesellschaft, die als juristische Person ohne eigene Produktion den Effektenbestand selbständiger Konzernunternehmen kontrollierte[113].

Die Konzernumstrukturierung wurde dadurch eingeleitet, daß die 1926 gegründete Aktiengesellschaft Vereinigte Stahlwerke mit Sitz in Düsseldorf, die ebenfalls in Düsseldorf beheimatete Phoenix AG für Bergbau und Hüttenbetrieb sowie die Vereinigte Stahlwerke van der Zypen und Wissener Eisenhütten AG mit Sitz in Köln-Deutz im November 1933 im Rahmen einer Fusion unter Ausschluß der Liquidation ihr gesamtes Vermögen in die GBAG einbrachten, wodurch gleichzeitig zur Vermeidung

---

110 Vgl. RGBl 1934 I, S. 45 ff.
111 Vgl. *Westphal*, S. 1685.
112 Vgl. *Braun*, S. 10.
113 Ebd., S. 23.

einer Unterkapitalisierung eine Erhöhung des Aktienkapitals dieser Gesellschaft von 263 Mio. RM auf 560 Mio. RM notwendig wurde[114]. Die GBAG erhielt damit eine Doppelstellung als Betriebs- und Holdinggesellschaft, eine Funktionsverquickung, die nach dem deutschen Aktienrecht nur vorrübergehend zwecks Änderung der Gesellschaft oder des Gesellschaftsvertrages zulässig war[115]. Zur Vermeidung dieser nicht dem Aktienrecht entsprechenden Konfiguration hatte der Aufsichtsrat der GBAG bereits im Juli 1933 die Genehmigung zur Ausgliederung des gesamten Bergwerksbesitzes erteilt, die am 29. November dieses Jahres in Form einer Neugründung der Essener Steinkohlenbergwerke AG mit einem Grundkapital von 70 Mio. RM als Auffanggesellschaft für den Bergwerksbesitz der GBAG erfolgte[116].
Eine Umbenennung der GBAG – sie besaß nun keine Steinkohlenzechen mehr – in Vereinigte Stahlwerke Aktiengesellschaft unter gleichzeitiger Verlegung des Gesellschaftssitzes von Essen nach Düsseldorf wurde am gleichen Tag vollzogen[117].
Damit war eine Konstituierung der Holdinggesellschaft erfolgt, deren Funktionen sich innerhalb des zu schaffenden Koordinationskonzerns nach Vögler auf die Bearbeitung weniger Gemeinschaftsaufgaben zu beschränken hatte[118]. Die Gründung der einzelnen Konzerngesellschaften der VSt als selbständige Aktiengesellschaften, deren Aktienmajorität bei der Holdinggesellschaft lag, erfolgte im Dezember 1933. Diese Neugründung der Konzernunternehmen unter Verwendung der traditionellen, mit der VSt-Gründung des Jahres 1926 fortgefallenen Unternehmensbezeichnungen führte unter anderem am 8. Dezember 1933 zur Konstituierung des Bochumer Vereins für Gußstahlfabrikation AG und dessen handelsgerichtlicher Eintragung am 21. Dezember.
Gründer des nunmehr juristisch selbständigen Bochumer Vereins waren die VSt, die Eisenindustrie zu Menden und Schwerte AG, die Westfälischen Eisen- und Drahtwerke AG, das Eisenwerk Kraft sowie die Rheinisch-Westfälischen Stahl- und Walzwerke AG. Bei dem Gründungsvorgang traten sie aus formaljuristischen Gründen neben den VSt in Erscheinung, während ihre Beteiligung am Bochumer Verein in Form einer Aktie oder 0,01 % des Grundkapitals ohne jede wirtschaftliche Bedeutung blieb. Das Gros von 9996 Aktien im Nennwert von je 1000 RM erhielten die VSt für die Einbringungen von Vorräten gleichen Wertes in den Bo-

---

114 Vgl. »Der Umbau der Vereinigten Stahlwerke«, in: Stahl & Eisen 1933, S. 1147; *Faingar*, S. 46, nennt als Ausgangskapital 252 Mio. RM, das auf 564 Mio. RM erhöht wurde. Seine Zahlenangaben erweisen sich bei näherer Prüfung oft als unzuverlässig.
115 Vgl. »Umgruppierung bei den Vereinigten Stahlwerken«, in: Stahl & Eisen 1933, S. 1167.
116 Vgl. Jb. f. d. Ruhrkohlenbezirk 1936, S. 44, u. *Gebhardt*, S. 163 ff.
117 Vgl. Jb. f. d. Ruhrkohlenbezirk 1936, S. 265.
118 Vgl. Anm. 109.

chumer Verein, während weitere Vorräte im Werte von 2507 Mio. RM der neu gegründeten Gesellschaft auf der Basis eines Darlehens gleicher Höhe überlassen wurden.
Nicht in den Besitz der juristisch selbständigen Konzernwerke gelangten die Produktionsanlagen, so daß der Bochumer Verein zwar den Betrieb als eigenständige Aktiengesellschaft, jedoch für Rechnung der VSt am 1. Januar 1934 aufnehmen konnte. Aus dem Betriebsgewinn des Bochumer Vereins entrichteten die VSt die notwendigen Zinsen und Steuern und führten die Abschreibungen auf die Produktionsanlagen durch[119].
Ein diesen Vorgängen entsprechendes Verfahren kam bei der Neugründung der übrigen Unternehmensbereiche der Eisen- und Stahlerzeugung zur Anwendung, so daß mit dem 1. Januar 1934 drei große, zum Teil organisch gewachsenen Hüttengruppen der VSt bestanden:

(1) im Westen die August Thyssen-Hütte AG mit einer Jahreskapazität von 4 Mio. t Rohstahl;
(2) als zweiter Massenprodukte erzeugender Hüttenkomplex die Dortmund-Hoerder-Hüttenverein AG mit einer Kapazität von 2 Mio. jato;
(3) sowie der Bochumer Verein mit einer Kapazität von 1,2 Mio. jato Rohstahl, der wiederum die Rolle eines Qualitätsstahlwerkes übernahm und mehr als die übrigen Hütten auf Weiterverarbeitung angelegte Betriebsanlagen besaß.

Zur zentralen Versorgung der Gesamt-VSt mit Rohstoffen wurde die »Stahlunion« Erz- und Rohstoffbetriebsgesellschaft mbH mit Sitz in Dortmund gegründet, während der bis zur Konzernumstrukturierung im Besitz der VSt befindliche Bergwerkskomplex in eine ebenfalls im Zuge der Unternehmensneuorganisation gegründete GBAG (-neu) übertragen wurde[120].
Neben den bereits erwähnten drei Hüttenkomplexen, der GBAG und der Stahlunion GmbH wurden weitere acht selbständige Betriebsgesellschaften gegründet, in denen Weiterverarbeitungsbetriebe der VSt im Ruhrgebiet, den industriellen Randzonen und im Siegerland zusammengefaßt wurden und die den überwiegenden Abnehmerkreis für die in den drei Großhütten produzierten Roheisen- und Rohstahlmengen bildeten. Die zahlreichen Verkaufsgesellschaften der VSt behielten auch nach der Umstrukturierung ihre juristische Unabhängigkeit; sie waren in Handelsgesellschaften für Kohle und Eisenerzeugnisse sowie Werkswohnungsgesellschaften gegliedert[121].

---

119 Vgl. *Rinne,* S. 204.
120 Vgl. *Gebhardt,* S. 266 f., und *Gelsenkirchener Bergwerks AG,* S. 9 f.
121 Vgl. Anm. 109.

e) Finanzielle Transaktionen bis zur »lex Stahlverein«

Die VSt waren 1927 langfristig mit insgesamt etwa 528 Mio. RM in Form von Anleihen und Darlehen verschuldet, die, teils zur Abdeckung der laufenden Betriebskosten, teils zur Ablösung von Verbindlichkeiten den Holdinggesellschaften gegenüber, mit Zinssätzen zwischen 6,5 % und 7 % in den USA ausgegeben worden waren. Die Verbindlichkeiten der VSt in Form von Anleihen und Hypotheken waren bis 1930/31 nur unwesentlich auf etwa 493 Mio. RM reduziert worden, eine Summe, zu der bei einem Aktienkapital von 775 Mio. RM noch eine langfristige Verschuldung in Höhe von etwa 160 Mio. RM zu addieren war[122].

Die finanzielle Bindung an amerikanische Kreditgeber verhinderte zunächst aufgrund der hypothekarischen Anleihenabsicherung eine Übertragung der Betriebsanlagen auf die neu gegründeten Konzerngesellschaften, da nach deutschem Aktienrecht nur so eine Haftung der VSt als Holdinggesellschaft gegenüber den Gläubigern realisiert werden konnte[123]. Nach Ablösung des Fremdkapitals sollte eine Übereignung der Produktionsanlagen auf die Konzernunternehmen erfolgen, die erst dann in eigenem Namen *und* auf eigene Rechnung produzieren konnten.

Das VSt-Aktienkapital verteilte sich am Vorabend der Umstrukturierung auf vier Aktionärsgruppen:

(1) die Gruppe van der Zypen mit einem VSt-Aktienanteil von 2,6 %;
(2) die Phoenix-Gruppe mit einem Anteil von 24,9 % am VSt-Grundkapital von 774,163 Mio. RM;
(3) die Gelsenkirchener Bergwerks AG mit einem Anteil von 33,1 %;
(4) Fremdaktionäre, die 39,5 % des VSt-Aktienkapitals kontrollierten[124].

Eine Komplikation der Kapitalverteilung trat durch die Tatsache ein, daß der Aktienbesitz der Holdinggesellschaften van der Zypen, Phoenix und GBAG untereinander verschachtelt war, so daß nach Umrechnung der aktuellen Kapitalverteilung die GBAG-Aktionäre über ca. 46 %, die Gruppe der Fremdaktionäre über 39,5 % des VSt-Kapitals verfügten; das restliche Kapital von etwa 14,5 % verteilte sich zu 13,1 % auf den Phoenix-Konzern, während van der Zypen nach Umrechnung der Kapitalverschachtelung lediglich 1,4 % des VSt-Kapitals kontrollierte.

Da die GBAG als aufnehmende Gesellschaft für die zu fusionierenden Konzerne van der Zypen, Phoenix und VSt ausgewählt wurde, galt es nach Aufschlüsselung der Kapitalverschachtelung und der Bewertung der

---

122 Vgl. *Mund.*
123 Vgl. TO VSt-GV v. 29. 11. 1933, ArchBV 10202 Nr. 4.
124 Hierunter befand sich nach Rohland ein nicht unbeträchtlicher Teil an Splitterbesitz.

Die Umstrukturierung des VSt-Aktienbesitzes im Jahre 1933

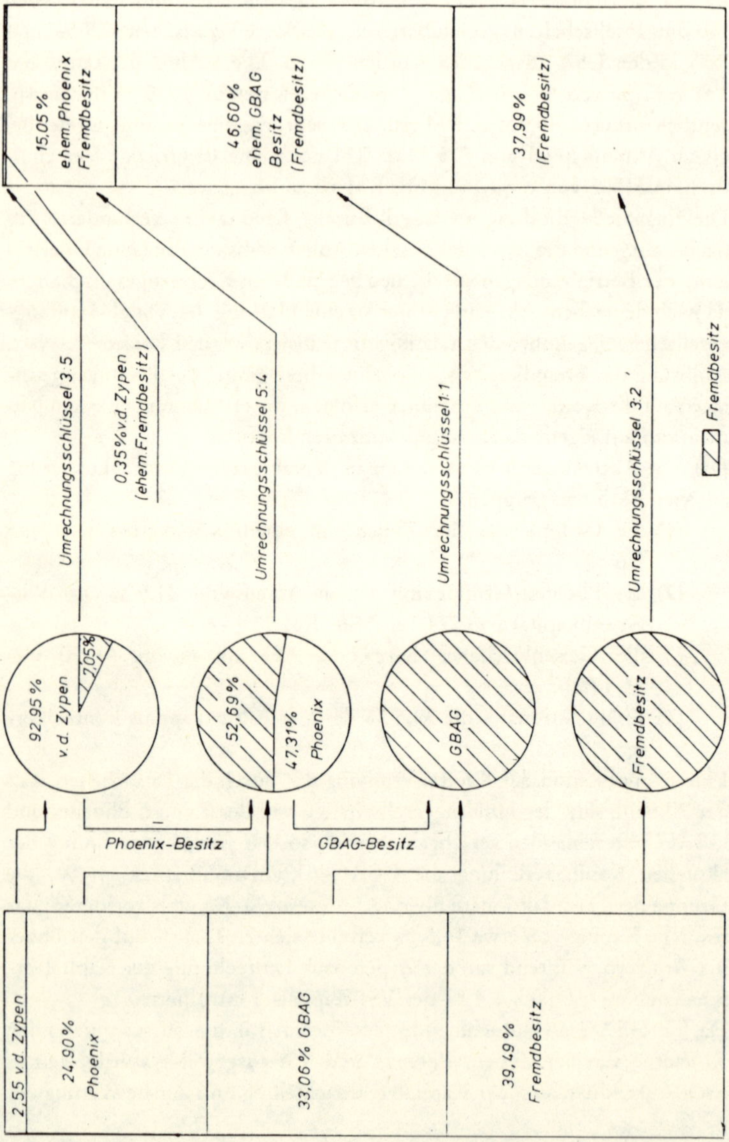

zu fusionierenden Gesellschaften einen Umtauschschlüssel für die Abgabe von Aktien der genannten Unternehmen gegen die Herausgabe von GBAG-Aktien zu errechnen, der für VSt-Aktien im Verhältnis zu GBAG-Aktien wie 3 : 2, für Phoenix-Aktien wie 5 : 4 und für van-der-Zypen-Aktien wie 3 : 5 fixiert wurde[125]. Hieraus ergaben sich nach Vögler folgende Kapitalverteilungen für die durch die Fusion erweiterte GBAG, die nach Umänderung der Unternehmensbezeichnung und Ausgliederung des der GBAG-Alt gehörenden Bergwerksbesitzes in die Essener Steinkohlenbergwerke AG die umstrukturierte VSt darstellte:

(1) Fremdaktionäre 203,817 Mio. RM;
(2) Fremdaktionäre van der Zypen 1,903 Mio. RM;
(3) Fremdaktionäre Phoenix 80,749 Mio. RM;
(4) Gelenkirchener Bergwerks AG 250 Mio. RM.

Im Rahmen dieser Transaktionen erfuhr nicht nur das Nominalkapital der VSt eine Zusammenlegung von 774 Mio. RM auf 560 Mio. RM, das Kapital aller an Fusion und Umstrukturierung beteiligter Firmengruppen, GBAG, VSt, Phoenix und van der Zypen, wurden von nominal etwa 1 232 Mio. RM auf rund 536 Mio. RM zusammengelegt.

Diese von Vögler während der Generalversammlung am 29. November 1933 als Ergebnis der Krise dargestellten Entwicklungen mußten zu ganz erheblichen Fusionsgewinnen führen. Sie sollten seinen Ausführungen zufolge als Abschreibungen, Wertberichtigungen sowie zur Rücklagenbildung verwendet werden.

Eine weitere vom Standpunkt der Unternehmer zu begrüßende Folge der VSt-Umstrukturierung bestand in der Zurückdrängung des staatlichen Einflusses auf die VSt, der trotz des von Rohland gelobten privatwirtschaftlichen Verständnisses und Interesses des Reichsvertreters von Flotow als äußerst unbefriedigend angesehen wurde. Finanztechnisch wurde diese Zurückdrängung durch die Fusion der Holdinggesellschaften in die VSt ermöglicht, wodurch das Reich über sein GBAG-Aktienpaket zur Direktaktionärin der VSt wurde. Hieraus folgte die Beseitigung der durch die Flick-Aktienkonstellation geschaffenen Möglichkeit der VSt-Majorisierung durch indirekte Beteiligungen. Das Reich begünstigte seinerseits die VSt-Umstrukturierung durch das »Gesetz über die Abgabenerhebung bei der Neuordnung des Stahlverein-Konzerns« vom 7. März 1934, indem es den Reichsminister der Finanzen ermächtigte, Pauschalsätze für die bei der Umstrukturierung der VSt einschließlich ihrer früheren Holdinggesellschaften fällig gewordenen Steuerschulden festzusetzen[126]. Das Gesetz nahm eine nähere Aufschlüsselung der Steuerschulden nach Fu-

---

125 Vgl. Anm. 123.
126 Vgl. RGBl. 1934 I, S. 177 f.

Die betriebsorganisatorische Umstrukturierung der Vereinigten Stahlwerke AG im Jahre 1933

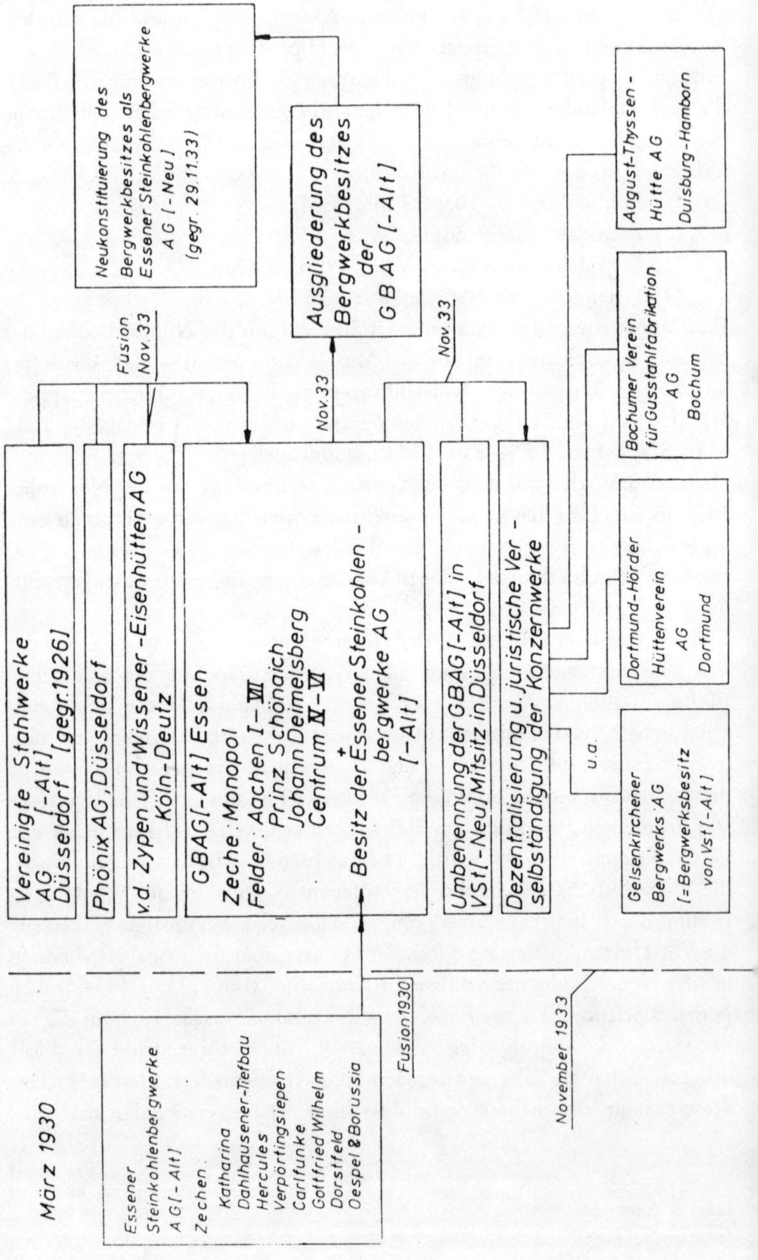

sionsgewinnen, Grunderwerbssteuern und anderen Abgaben nicht vor, sondern übertrug den gesamten Abgabenkomplex und die Festsetzung der Abgaben den zuständigen Steuerinstanzen von Reich, Ländern und Gemeinden und erteilte ihnen eine unbeschränkte Vollmacht zur Festsetzung der einzelnen Steuersummen. Dieses Vorgehen war der Sache nach nur dahingehend zu interpretieren, daß in diesem Falle der Privatindustrie im Hinblick auf eine gerade im Anschluß an eine Depression schlimmsten Ausmaßes einsetzende Konjunkturverbesserung Konzessionen gemacht wurden und die Reichsregierung bemüht war, den Prozeß der politischen Machtkonsolidierung durch eine wirtschaftsfreundliche Einstellung zu begünstigen[127]. Darüber hinaus mußte das NS-Regime im Rahmen der Bestrebungen zur Konsolidierung seiner politischen Machtstellung der Wirtschaft zunächst einen autonomen Freiraum zugestehen und konnte ihn erst mit dem Beginn des 2. Vierjahresplanes und der Gründung der Reichswerke Hermann Göring einschränken[128].
Die bei der Umstrukturierung erzielten Gewinne dürften sich auf über 86 Mio. RM belaufen haben, wobei ein Teil dieser Summe aufgrund einer für die deutsche Wirtschaft günstigen Verschiebung des Wechselkurses zwischen Reichsmark und US-Dollar erzielt werden konnte. 8,58 Mio. RM fielen in den Bereich der Fusionsgewinne, während 6,29 Mio. RM aus dem Gewinnvortrag der GBAG übernommen wurden[129].

f) Der Bochumer Verein innerhalb der umstrukturierten Vereinigten Stahlwerke

Betriebstechnisch gliederte sich der Bochumer Verein mit seiner ausschließlich auf Siemens-Martin-Stahl spezialisierten Rohstahlerzeugung organisch in das Hüttensystem der VSt ein, da in den beiden anderen Großhüttenwerken, der August Thyssen-Hütte AG und der Dortmund-Hoerder-Hüttenverein AG, überwiegend Thomasstahl produziert wurde. Die somit auf Qualitätsprodukte ausgerichtete Fertigung des Bochumer Vereins konnte vom 1. Geschäftshalbjahr 1931/32 mit einer Ausnutzung des Gesamtwerkes von 27,3 % bis zum 2. Geschäftshalbjahr 1932/33 eine Steigerung um etwa 51 auf 41,2 % erreichen und lag damit in der Kapazitätsausnutzung der drei VSt-Ruhrgebiets-Hüttenwerke an zweiter Stelle hinter dem DHHV[130]. Während die zum überwiegenden Teil Massen- und Baustähle aus Fe-armen Erzen erzeugenden Thomasstahlwerke der VSt keinen ausgedehnten Weiterverarbeitungsbereich in ihren Unternehmenskomplex integriert hatten, war die Unternehmensstruktur des Bo-

---

127 Durch die VSt-Umstrukturierung ging die beherrschende Stellung des Reiches auf die VSt über deren Holdinggesellschaft GBAG zurück.
128 Vgl. *Riedel; Petzina,* Autarkiepolitik; *Munk.*
129 Vgl. »Der Stahlverein nach der Neuordnung«, in: Braune Wirtschaftspost 1934, S. 189.
130 Errechnet nach Angaben aus der TO GV-VSt v. 29. 11. 1933.

chumer Vereins durch die Angliederung von Walz- und Preßwerken und Weiterverarbeitungswerkstätten charakterisiert. Im Verhältnis zu anderen VSt-Hütten wurden weniger industrielle Halbprodukte, sondern vielmehr Fertigprodukte in Form von Schienen aller Art, Radsätzen für den Bau von Lokomotiven und Waggons, Zubehör für die Eisenbahnfertigung, Schmiedestücke sowie als traditionelle Spezialität des Bochumer Vereins Stahlgußstücke produziert[131].

Mit dieser gewachsenen Konzeption wurde nicht nur ein auf zu starker horizontaler Konzernierung beruhender Konkurrenzkampf vermieden; der Bochumer Verein konnte darüber hinaus einen beträchtlichen Marktanteil im Bereich des rollenden Eisenbahnmaterials für die VSt sichern, der bei der im Juni 1934 gegründeten Übersee-Radreifen-Gemeinschaft immerhin rund 30 % der gesamten Syndikatskapazität betrug. In anderen Syndikaten lagen die VSt-Beteiligungsziffern wesentlich höher und erreichten nicht selten Monopolstellungen gegenüber den direkten Konkurrenten der VSt, der Fried. Krupp AG, der Mitteldeutsche Stahlweke AG, der Ruhrstahl AG sowie der GHH[132].

Der Bochumer Verein konnte bereits 1933 im Rahmen der staatlich geförderten Konjunktur eine Mehrerzeugung an Rohstahl von 42,8 % gegenüber dem Vorjahr, dem Tiefpunkt der Wirtschaftskrise, erreichen[133]; die Belegschaft, im Herbst 1932 auf einen Stand von rund 6300 Arbeitnehmern abgesunken, betrug zum 1. Oktober 1933 etwa 9000 Mann. Im Rahmen der Konjunkturförderungsmaßnahmen zeigten sich bereits im letzten Quartal des Kalenderjahres 1932 – und nicht erst nach Machtübernahme – ansteigende Tendenzen in den Produktionsbereichen industrielles Halbzeug, Eisenbahnoberbaumaterial, Federn und Weichen. Es waren Anzeichen eines Aufschwungs, der sich 1933, abgesehen von einem saisonalen Rückgang im Winter 1932/33, verstärkt fortsetzte, so daß eine geschickte Propaganda durchaus in der Lage war, dem Volk, das wirtschaftliche Zusammenhänge kaum analysieren konnte, aber mit Zuversicht einem weiteren Wirtschaftsaufschwung entgegensah, einen unmittelbaren Zusammenhang zwischen der wirtschaftlichen Krisenüberwindung und der Politik der Nationalsozialisten zu suggerieren[134].

Die Umstrukturierung des VSt-Konzerns hatte damit keine größeren Umstellungen im Bereich des Bochumer Vereins zur Folge; die gewachsene Struktur bestimmte weiterhin seine Stellung innerhalb des Koordinationskonzerns. Teilautonomie konnte im Zuge der Neuordnung lediglich im Bereich der Verwaltung realisiert werden, so daß es nur zu einer unerheblichen Reduzierung des Konzernierungsgrades kam.

---

131 Vgl. *Vereinigte Stahlwerke AG,* S. 93.

132 Vgl. ArchBV 61002 Nr. 2 – 6.

133 Vgl. ArchBV 15400 Nr. 2d–2e. Daraus auch die folgenden stat. Angaben.

134 Vgl. *Karstedt,* S. 8 ff.; *Holtz,* S. 6 ff. u. 44 ff.; *Gerhardt,* S. 185 ff.

g) Die politische Konstellation beim Bochumer Verein im Jahre 1933

Wurde im Bereich der Sozialpolitik und der Verwaltung durch die Umstrukturierung der VSt eine engere Anbindung des Bochumer Vereins an lokale Entwicklungen erreicht, so hatten die politischen Ereignisse eine solche Integration bereits in der ersten Jahreshälfte 1933 bewirkt. Die politische Konstellation innerhalb des Bochumer Vereins war durch die Stellung der Nationalsozialisten in der Gauhauptstadt Bochum sowie durch firmenspezifische Entwicklungen geprägt. In diesem Zusammenhang ist die Frage zu stellen, ob und in welchem Maße die Geschehnisse in der Stadt Bochum sich innerhalb des Bochumer Vereins auswirkten.

Die Stadt Bochum zählte im Juni 1933 etwa 315000 Einwohner; von den Erwerbstätigen waren 32,3 % im Bergbau und 13,4 % in der Eisen- und Metallgewinnung beschäftigt. Der Bochumer Verein seinerseits stellte mit etwa 9000 Beschäftigten das größte Werk im Bereich der Eisen- und Stahlerzeugung dar[135].

Die Linksparteien SPD und KPD erhielten in den letzten freien Reichstagswahlen vom 6. November 1932 einen dem Reichsdurchschnitt entsprechenden Stimmenanteil, während das Zentrum, gemessen am Reichsdurchschnitt, einen überproportional großen Stimmenanteil erzielen konnte, dem ein über 6 % unter dem Reichsergebnis liegender Stimmenanteil der Nationalsozialisten gegenüberstand[136].

Trotz der in der Hauptstadt des Gaues Westfalen-Süd der NSDAP betriebenen intensiven Propaganda, die von den verschiedensten Repressionsmaßnahmen begleitet war, gelang es den Nationalsozialisten bei den Reichtstagswahlen vom 5. März 1933 nicht, in der Stadt Bochum einen dem Reichsanteil entsprechenden Stimmenanteil zu erringen. Der Anteil der für die NSDAP abgegebenen Stimmen lag wiederum über 5 % unter dem Reichsergebnis. Bei dieser Wahl war eine erneute Überrepräsentation der für das Zentrum abgegebenen Stimmen von 33 % typisch; dieser Mehranteil dürfte nicht zuletzt auf in der Montanindustrie und besonders im Bergbau beschäftigte Arbeitnehmer zurückzuführen sein, bei denen die christlichen Gewerkschaften einen beträchtlichen Rückhalt hatten[137].

Neben der zielbewußten Eliminierung politischer Gegner waren die ersten Monate nach der Machtübernahme auch in Bochum durch eine Vielzahl wilder, kaum koordinierter Einzelaktionen von Nationalsozialisten und SA-Leuten gegen deren politische Gegner charakterisiert. Es waren Terrorakte, die nicht selten ihren Ursprung in persönlichen Antipathien, Machtstreben oder anderen niederen Beweggründen hatten[138].

135 Vgl. *Schnadt*, S. 187 f.

136 SPD und KPD erhielten zusammen 39,1 % der abgegebenen Stimmen; nach *Wagner*, S. 198 f.

137 Vgl. *Mommsen*, Ruhrbergbau.

138 Vgl. *Wagner*, 97 f und 104 ff.

Die Situation der Nationalsozialisten wurde noch dadurch begünstigt, daß hier eine scharfe und über das übliche Maß hinausgehende Kontroverse zwischen SPD und KPD bestand und damit eine Zusammenarbeit von linksorientierten Kräften in einer Aktionseinheit gegen die Nationalsozialisten unmöglich wurde[139].
Nur bedingt vergleichbar erscheinen die Ergebnisse der Reichstagswahl vom 5. März 1933 mit denen der Betriebsratswahlen vom 24. März 1933 beim Bochumer Verein, an der 5193 von insgesamt 5757 Stimmberechtigten teilnahmen. Die rechtsgerichteten Organisationen (NSBO, Deutscher Arbeiterbund und Deutsche Arbeitsgemeinschaft) erreichten bei dieser letzten Betriebsratswahl mit zusammen 2588 Stimmen 49,8 %, verfügten aber aufgrund der Stimmenkonstellation über 11 der insgesamt 21 Sitze im Arbeiterrat, während die Freien Gewerkschaften 6 Mandate, die Christlichen Gewerkschaften 3 und die RGO nur ein Mandat erhielten[140].
Noch eindeutiger zugunsten der nationalen und nationalsozialistischen Gruppen fiel das Ergebnis innerhalb der Gruppe der Angestellten aus. Dieses Resultat bestätigt bisherige Forschungsergebnisse, die den Mittelstand, dessen soziale und wirtschaftliche Stellung während der Weltwirtschaftskrise stark angegriffen worden war, als extrem nazifiziert ansehen und ihm besonders in städtisch-industriellen Bezirken die Rolle eines Protagonisten der NSDAP zuerkennen[141].
Parallel zu dieser Veränderung des Wahlverhaltens wurden die bereits erwähnten Indoktrinationsversuche durch die Werkzeitung offensichtlich mit wachsendem Erfolg weiterbetrieben. Die Leitung des Unternehmens als letztlich für den Inhalt der Zeitung verantwortliche Instanz ließ es sich nicht nehmen, anläßlich der Reichstagswahl vom 31. Juli 1932 offen für die Nationalsozialisten einzutreten, indem sie in einem Artikel zu den Wahlen die nationalsozialistischen Mehrheiten in den Länderparlamenten von Oldenburg und Mecklenburg begrüßte und den Lesern empfahl, national ausgerichtete Parteien zu wählen, wobei diese Aufforderung durch den Vergleich des Deutschen Reiches mit Italien eine unverhüllte Propaganda für die Nationalsozialisten darstellte. Die Unfähigkeit der amtierenden Regierung wurde dem Leser am Beispiel der Wirtschaftskrise veranschaulicht, die nach Ansicht der Autoren wegen einer falschen und den Siegern des 1. Weltkrieges gegenüber zu nachgiebigen Politik in Deutschland derartige Ausmaße angenommen hatte[142].
Verstärkte Forderungen nach einer national orientierten Regierung setzten 1933 ein, beginnend mit dem Grußwort des Generaldirektors Borbet,

139 Ebd., S. 93.
140 Vgl. ArchBV 15000 Nr. 2 und 26001 Nr. 1.
141 Vgl. *Schweitzer*, Nazifizierung; *Guerin*, S. 43 ff.; *Eichholtz*, Probleme, S. 126.
142 Vgl. Hüttenzeitung 1932, H. 12 und 14.

der zwar das Jahr 1932 als katastrophal für die deutsche Wirtschaft und damit für die Arbeitnehmer charakterisierte, aber andererseits das Vorhandensein von Anzeichen der Krisenüberwindung zugab, die seiner Ansicht gemäß lediglich von einem »starken nationalen Staat« ausgenutzt werden konnten[143].
Die Hüttenzeitung enthielt neben diesen ihre politische Ausrichtung und Intention in keiner Weise verhehlenden Leitartikeln von 1933 an in verstärktem Maße Beiträge zur Problematik eines ständischen Gesellschaftsaufbaus. Die Standeszugehörigkeit sollte durch gesellschaftlich-funktionale Kriterien determiniert werden und das Zusammenwirken aller Schichten eine »Überfremdung des deutschen Arbeiterstandes mit marxistischem Ideengut« verhindern. Hierbei handelte es sich offensichtlich um Ideologeme, die Turner treffend als utopisch-antimodernistisch kennzeichnet und die nach Überwindung der sozialrevolutionären Elemente innerhalb der NSDAP bis zum Frühjahr 1934 verschwanden.
Mit der Konzentrierung der den Arbeitnehmern gegenüber betriebenen Sozialpolitik auf eine klare Linie erhielt die DAF 1933 zunehmend Möglichkeiten zur Beeinflussung der Arbeitnehmerschaft, allerdings ohne tarif- und sozialpolitische Kompetenzen übertragen zu bekommen. Lediglich in Bildungs- und Freizeitprogrammen konnte die DAF nach Mommsen noch der Fiktion nach Aufhebung der Klassengesellschaft nachjagen[144].
Eine der Gelegenheiten zur Demonstration der Macht des Nationalsozialismus und seiner Organisationen bot der 1. Mai, der bereits 1933 als »Tag der Nationalen Arbeit« zum Wochenfeiertag bestimmt wurde. Während der Feierlichkeiten auf dem Betriebsgelände des Bochumer Vereins pries man die Idee der Volksgemeinschaft, und ihre Realisierung konnte nach Ansicht aller Redner erst eine Überwindung der Wirtschaftskrise herbeiführen. Gleichzeitig betonte man, daß die Grundlagen für den Ausbau der NS-Wirtschafts- und Sozialpolitik beim Bochumer Verein bereits gelegt seien. Die von den NS-Organen mit Perfektion veranstaltete Feier zum Tag der Nationalen Arbeit, die Außenstehenden eine Verbrüderung zwischen Arbeitnehmer und Arbeitgeber suggerieren und den Endpunkt des Klassenkampfes markieren sollte, war jedoch nur eine Fassade, hinter der die traditionellen Auseinandersetzungen der am Wirtschaftsleben beteiligten Gruppen fortgesetzt wurden.
Bereits am 25. April hatte im Gebäude der Bergbauhauptverwaltung der VSt in Essen eine Konferenz der Sozialreferenten der VSt-Konzernwerke

---

143 Vgl. Hüttenzeitung 1933, H. 1, S. 1.
144 Vgl. *Mommsen,* Struktur, S. 50. Er spricht von einer sozialpsychologischen Kompensationsrolle der DAF.

stattgefunden, auf der unter anderem Fragen über die Rechtsstellung der Betriebsräte und die Bezahlung der am 1. Mai 1933 ausfallenden Arbeitszeit diskutiert wurden. Im Rahmen dieser Zusammenkunft wies Busse, Leiter der sozialpolitischen Abteilung der VSt, auf die durch eine Verordnung der Regierungspräsidenten geschaffene Möglichkeit hin, Mitglieder von Betriebsvertretungen mit wirtschafts- und staatsfeindlicher Gesinnung, aus ihrem Amt zu entfernen. Sie konnten durch »geeignete« Kräfte ersetzt werden, deren Anerkennung als Mitglieder der Betriebsvertretung durch den zuständigen Regierungspräsidenten erfolgte. Busse ließ als Vertreter der Konzernleitung trotz des von den Vertretern einiger VSt-Unternehmen vorgeschlagenen abwartend-zögernden Taktierens keinen Zweifel an der Notwendigkeit, durch Eingreifen der Werksleitungen wirtschaftsfriedlich-national orientierte Betriebsvertretungen in den Einzelunternehmen einzusetzen. Sie sollten vor allem aus NSBO-Mitgliedern bestehen und waren nach Busse im Bedarfsfalle von der Werksleitung zu beraten und zu lenken[145].

In bezug auf die Bezahlung des 1. Mai als Wochenfeiertag führte er aus, daß die Arbeitnehmer infolge des Tages der Nationalen Arbeit keine finanziellen Einbußen erleiden dürften, daß andererseits aber eine über das Maß eventueller Kurz- und Feierschichtentlohnung hinausgehende finanzielle Entschädigung nicht zur Diskussion stehe. Damit bewegten sich die von den VSt für den Konzernbereich gewährten finanziellen Entschädigungen im Rahmen der gesetzlich vorgeschriebenen Mindestleistungen, da eine Gleichstellung des 1. Mai mit dem Neujahrstag vorgeschrieben war[146]. Trotz dieser bindenden Vorschrift lehnten es Busse sowie die Mehrzahl der Unternehmensvertreter ab, für die dem 1. Mai vorausgehende Nachtschicht eine Zulage von 100 % zum Bruttolohn zu zahlen, wie dies für den 31. Dezember festgelegt war[147].

Auch über die Art der Gestaltung des 1. Mai bestand 6 Tage vor dem Feiertag noch keine einheitliche Auffassung innerhalb des VSt-Konzerns; während sich einige Werke geschlossen an den offiziellen Veranstaltungen beteiligten wollten, dachten andere Konzernwerke lediglich an betriebsinterne Veranstaltungen. Als Ergebnis der Besprechung wurde eine geschlossene Beteiligung aller Werke an den öffentlichen Veranstaltungen in Zusammenarbeit mit den NS-Organisationen empfohlen[148]. Als Anwesenheitskontrolle für die gewerblichen Arbeitnehmer wurde die Abstempelung der Arbeitszeitkontrollkarten vorgeschrieben.

Dieses eher an die tarifpolitischen Auseinandersetzungen der späten zwanziger und frühen dreißiger Jahre denn an eine Einigung zwischen Ar-

145 Niederschrift über die Besprechung am 25. 4. 1933, ArchBV 14206 Nr. 3a.
146 Vgl. RGBl 1933 I, S. 191.
147 Vgl. Anm. 146.
148 Vgl. Anm. 145.

beitnehmer und Arbeitgeber unter dem Zeichen der nationalsozialistischen Idee erinnernde Verhalten, auch unter dem Vorzeichen eines kräftigen Wirtschaftsaufschwungs den Arbeitnehmern nur minimale, teilweise nicht einmal den gesetzlichen Auflagen genügende Zugeständnisse zu machen, fand seine Fortsetzung im Bereich der freiwilligen Sozialleistungen. Arbeitern und Angestellten war traditionell bis zur Zeit der Weltwirtschaftskrise eine Weihnachtsgratifikation gewährt worden, deren Höhe sich am jeweiligen Monatsverdienst orientierte. Analog zu der sich 1933 stark verbessernden Lage in der Montanindustrie richteten Arbeiter- und Angestelltenräte von VSt-Konzernunternehmen im Dezember 1933 die Bitte um Gewährung von Weihnachtsgratifikationen an die Betriebsleitungen der Werke und begründeten ihre Forderungen mit dem Konjunkturaufschwung. Die Werksleitungen lehnten die Forderungen allerdings mit dem Argument ab, daß die gesamtwirtschaftliche Lage die Gewährung derartiger Gratifikationen noch nicht erlaube[149]. Darüber hinaus hatte man sich auf der Ebene von Arbeitnordwest geeinigt, keine Gratifikation zu gewähren, und bei einem Verstoß gegen diese vertraglich fixierten Bestimmungen mußten die Mitgliedswerke empfindliche Vertragsbußen in Kauf nehmen. Bedeutungsvoll erscheint in diesem Zusammenhang die ablehnende Haltung Ernst Poensgens und Albert Vöglers, die als Vorstandsmitglieder der VSt einen nicht zu unterschätzenden Einfluß auf die Politik von Arbeitnordwest und damit auf die gesamte Eisen und Stahl erzeugenden Industrie des Ruhrgebiets hatten[150].

Auf seiten der Arbeitgeber wurde Sozialpolitik längst nicht mehr auf der Ebene der einzelnen Werke oder Konzerne betrieben. Die hochgradig konzernierte und syndizierte Montanindustrie Westdeutschlands hatte über alle Konkurrenzgedanken hinweg in Arbeitnordwest auf sozial- und wirtschaftspolitischem Gebiet eine Interessenvertretung gefunden, die in der ausgehenden Weimarer Republik und im ersten Jahr der NS-Herrschaft ausgezeichnet funktionierte und den Ruhrmontanindustriellen einen nicht zu unterschätzenden wirtschaftspolitischen Freiraum verschaffte.

Die neue Reichsregierung unterstützte die Wirtschaft zwar durch konjunkturfördernde Maßnahmen, sie war jedoch im Rahmen der Konsolidierung der politischen Macht kaum in der Lage, wirtschaftspolitische Ziele gegen die Interessen der Großindustrie durchzusetzen. Sie konnte somit ihre Selbstbestimmung bis zur Verkündung und Realisierung des 2. Vierjahresplanes weitgehend behaupten[151].

149 Vertr. Rundschreiben Nr. 234 d. Personalabt. d. VSt vom 20. 12. 1933, ArchTHAG, VSt-SW 120512.

150 Vgl. *Weisbrod*, S. 479 ff.

151 Die staatliche Einflußnahme war zumindest seit diesem Zeitpunkt durch Rohstoff- und Devisenkontrollen gegeben, die den freien Warenaustausch zugunsten eines Kontigentierungssystems verdrängten; vgl. *Petzina*, Autarkiepolitik, S. 30 ff. und 40 ff.

Demgegenüber waren die Rechte der Arbeitnehmer nicht nur durch die Zerschlagung der Gewerkschaften und der Parteien beschnitten, der Staat verschaffte sich darüber hinaus eine Eingriffsmöglichkeit in die Tarif- und Sozialpolitik durch das Gesetz über die Treuhänder der Arbeit vom 19. Mai 1933. Dieses Gesetz erlaubte mit seinen Ausführungsbestimmungen dem Staat zwar Eingriffe in die Wirtschaft, es wurde praktisch aber fast ausschließlich gegen Arbeitnehmer und Forderungen aus ihren Reihen eingesetzt, während Interventionen zugunsten der Arbeitsbedingungen der Arbeitnehmer zu den Ausnahmefällen zählten.

III. Die ökonomische Entwicklung des Bochumer Vereins seit 1933

Obwohl die Umstrukturierung der Vereinigten Stahlwerke AG den Syndizierungs- und Konzernierungsgrad in der westdeutschen Montanindustrie nicht veränderte, bewirkte dieser Vorgang, daß sich die Eigenständigkeit der Betriebsgesellschaften auf Kosten der Zentralverwaltung vergrößerte. Eine Umwandlung der VSt in eine Vielzahl selbständiger Firmen mit der Holding als Koordinations- und Finanzierungsgesellschaft war damit allerdings nicht vollzogen worden, da man nach 1934 versuchte, durch die Dachgesellschaft und durch die Zusammenarbeit der Werke in zahlreichen Zentralausschüssen eine durch die Umstrukturierung mögliche Zäsur in der wirtschaftlichen Entwicklung des Konzerns zu vermeiden. Eine dezentrale Betriebsführung und Entscheidungsfindung, wie sie einige VSt-Konzernbetriebe durchaus anstrebten, mußte im Gegensatz zur Organisationsstruktur der VSt und den gewachsenen Strukturen in der Ruhr-Montanindustrie stehen, die durch branchenspezifische Zusammenschlüsse und Vereinigungen geprägt waren.

Die Umwandlung des Bochumer Vereins in eine Aktiengesellschaft mit eigenen Leitungsgremien konnte für das Unternehmen daher nur eine bedingte Erweiterung des unternehmerischen Freiraumes zur Folge haben. Dennoch wird man, obwohl branchen- und regionalspezifischen Faktoren eine gewisse Gleichförmigkeit in der Wirtschaftsentwicklung mit sich bringen könnten, die Frage stellen müssen, inwieweit die Lage des Bochumer Vereins durch branchenspezifische Kriterien geprägt war oder in welchem Ausmaß unternehmensinterne Entwicklungen eine Sonderstellung dieses Hüttenwerkes innerhalb der deutschen Montanindustrie bewirkten.

1. Die juristische Selbständigkeit des Unternehmens

Mit Schreiben vom 21. Dezember 1933 teilte die Hauptrechtsabteilung der VSt dem Bochumer Verein die Übertragung der Geschäfts- und Betriebsführung vom 1. Januar 1934 an mit[1]. Dem Bochumer Verein wurden zunächst die Westfälischen Stahlwerke, die Kettenfabrik Schlieper und die Schraubenfabrik Steele als Angliederungen zugeteilt, während das Röh-

1 ArchTHAG, VSt T52, B45/46 Bd. 1, T. 1.

renwalzwerk Höntrop, die Versuchsschmelze sowie die bisher von der Eisenschwamm GmbH benutzten Werkanlagen des Bochumer Vereins zunächst von der Integration in den neuen Unternehmungskomplex »Bochumer Verein für Gußstahlfabrikanten AG« ausgeschlossen blieben[2].
Wurde der größte Teil der Hüttenerzeugnisse, überwiegend das syndizierte Material, über besondere Verkaufskontore an die Kunden weitergeleitet, so bildete der Dortmund-Hoerder Hüttenverein fortan die Verkaufsstelle für Qualitätsstabeisen, während die Spezialitäten des Bochumer Vereins in Stabeisenform, wie saure Stähle, Federstähle für den Eisenbahn- und Fahrzeugbau, Werkzeugstähle und andere hochwertige Qualitäten, durch das Unternehmen selbst vertrieben wurden. Die entsprechenden Abteilungen des Bochumer Vereins verkauften darüber hinaus die Ankerproduktion des Dortmund-Hoerder Hüttenvereins, die Gesamt-VSt-Produktion an Armco-Eisen mit Ausnahme von Blechen, Bandeisen und Stabeisen sowie die gesamte Rillenschienenproduktion.
Die Verbindungen des Bochumer Vereins zur Berliner Vertretung, die im wesentlichen für öffentliche Aufträge zuständig war, und der Stahlunion-Export GmbH in Düsseldorf, die den Großteil der Auslandsgeschäfte abwickelte, blieben von der juristischen Umstrukturierung unberührt. Seine Rohstoffe hatte der Bochumer Verein von der »Rohstoffhandel der Vereinigten Stahlwerke GmbH« in Dortmund zu beziehen, die über zahlreiche Erzgruben sowie Kalk-, Dolomit-, Ton- und Quarzitbetriebe im In- und Ausland verfügte[3].
Die Selbständigkeit der AG Bochumer Verein wurde durch eine Auflage eingeschränkt, mit der sich die VSt AG als Holdinggesellschaft sämtliche Weisungsbefugnisse vorbehielt und das Bestimmungsrecht über Art und Umfang der Erzeugung sowie deren Verwertung für sich in Anspruch nahm.
In der Geschäftsordnung des Aufsichtsrats, den die VSt ihrer Tochtergesellschaft Bochumer Verein zuordnete, erkennt man, wie wenig die juristische Unabhängigkeit des Bochumer Vereins die tatsächliche Abhängigkeit von der majorisierenden Holdinggesellschaft beeinflussen konnte[4].
Der Aufsichtsrat des neu gegründeten Bochumer Vereins bestand im Jahre 1934 lediglich aus acht Mitgliedern, von denen zwei, Ernst Poensgen und Albert Vögler, Management-Funktionen in der VSt-Holding innehatten, eines, Geheimrat Hans von Flotow, als Vertreter des Reiches in den Aufsichtsrat der VSt delegiert worden war, ein weiteres, Adam Schreiber, offensichtlich die Interessen des in der VSt als Anleihe investierten Kapitals

2 Das Röhrenwalzwerk Höntrop wurde im Februar 1934 in den BV integriert.
3 Vgl. Jb. f. d. Ruhrkohlenbezirk 1932, S. 161 ff., u. 1935, S. 282 ff.
4 Vgl. Geschäftsordnung des Aufsichtsrates der Bochumer Verein AG für Gußstahlfabrikation (undatiert), ArchTHAG, VSt T52 B. 45/46, Bd. 1, T. 1.

vertrat, während die restlichen vier Aufsichtsratsmitglieder (Bartscherer, Klingenberg, Tegtmeier und Wirtz) Vorstandsfunktionen in anderen VSt-Konzernwerken ausübten. Der Vorstand des Bochumer Vereins bestand aus dem langjährigen Generaldirektor Walter Borbet sowie aus den im Werk tätigen Direktoren Alfred Polscher und Eberhard Letixerant. Eine Kontrollfunktion von seiten der Holdinggesellschaft war offensichtlich durch die Zuwahl des Leiters der VSt-Bergbaubetriebe, Gustav Knepper, in den Vorstand des Bochumer Vereins vorgesehen[5].

Die Geschoßfabrik des Bochumer Vereins hatte bis Ende 1934 eine eigenartige juristische Stellung, da sie zwar auf dem Gelände des Bochumer Vereins lag, aber seit Gründung der VSt von der GBAG betrieben wurde und nach der VSt-Umstrukturierung zu einer der Holdinggesellschaft unterstehenden Firma wurde[6]. Mit Schreiben vom 28. Dezember 1933 übertrug die VSt Düsseldorf dem Bochumer Verein die Geschäfts- und Betriebsführung für diesen Werkkomplex, wobei er gleichzeitig für den Verkauf der dort erzeugten Produkte verantwortlich wurde[7].

Die juristische Selbständigkeit des Bochumer Vereins wurde nicht zuletzt im Bereich der Lokalpolitik begrüßt, wo man sich eine verstärkte Förderung der »heimischen Belange« versprach. Gefeiert wurde die jüngst zurückerhaltene Selbständigkeit des Bochumer Vereins durch das Hissen von Flaggen auf dem Betriebsgelände sowie durch Glockengeläut vom Glockenturm des Unternehmens am Dienstag, dem 2. Januar 1934, dem ersten Arbeitstag des Jahres[8].

2. *Der Bochumer Verein als Dachgesellschaft für industrielle Angliederungen*

Im Rahmen der Umstrukturierung der VSt hatten auch kleinere, zum weiterverarbeitenden Bereich gehörende Konzernfirmen ihre formale Selbständigkeit erhalten und waren als juristisch eigenständige Unternehmen aus einer unmittelbaren Konzerneinbindung ausgegliedert worden[9].

Bis Ende Januar 1934 blieben zwei weiterverarbeitende Betriebe, die Kettenwerke Schlieper und die Schraubenfabrik Steele, dem Unternehmenskomplex Bochumer Verein, selbst juristisch unselbständige Betriebsanlage des VSt-Konzerns, zugeordnet[10]. Sie wurden weitestgehend von Bochum aus verwaltet und gehörten zu den Abnehmern des dort erzeugten indu-

5 Listen der AR- und VS-Mitglieder des BV, ArchBV 12300 Nr. 3.
6 Vgl. ArchBV 42900 Nr. 3 und 5.
7 ArchTHAG, VSt T52, Bd. 1., T. 1.
8 »Bochumer Verein wieder selbständig«, in Bochumer Anzeiger v. 3. 1. 1934.
9 Vgl. Liste der VSt-Konzernwerke, in: Jb. f. d. Ruhrkohlenbezirk 1934, S. 277 ff.
10 Vgl. ArchBV 16100 Nr. 1.

striellen Halbzeugs. In beiden Fällen wählte man im Zuge der Verselbständigung angesichts der geringen Betriebsgröße und des zeitgenössischen Trends, nur Großfirmen als Aktiengesellschaften zu führen, sonst aber Personalgesellschaften zu gründen, als Unternehmensform die Gesellschaft mit beschränkter Haftung, wobei die VSt als alleinige Gesellschafterin auftrat und Direktoren anderer Konzerngesellschaften in den Beirat delegierte[11].

– Die Hannoversche Maschinenbau AG vormals Georg Egestorff in Hannover-Linden

Die bereits 1835 von Georg Egestorff gegründete und später in eine Aktiengesellschaft umgewandelte Hannoversche Maschinenbau AG (Hanomag) hatte während des 1. Weltkrieges neben ihrer traditionellen Fertigung, Kesselanlagen, Lokomotiven und Maschinen der verschiedensten Art, im Zuge des Hindenburg-Programmes auch die Produktion von Heeresartikeln in ihr Herstellungsprogramm aufgenommen und sich dabei auf die mechanische Bearbeitung von Geschützrohren spezialisiert[11a]. Umfangreiche Rationalisierungsmaßnahmen und die Aufnahme neuer Produktionsbereiche, der Schlepper- und Automobilbau, waren in der zweiten Hälfte der 20er Jahre jedoch so investitionsintensiv, daß die Hanomag, die bei Aufstellung der ersten Goldmarkbilanz im Jahre 1924 noch ein günstiges Geschäftsbild bot, zunehmende Unternehmensverluste in ihren Bilanzen auszuweisen hatte. Sie bedingten schließlich 1931 eine Zusammenlegung des Aktienkapitals im Verhältnis 3 zu 2. Trotz dieser einen Abschreibungsgewinn von 5,5 Mio. RM erbringenden Maßnahme und des Verkaufs der Lokomotivproduktion an die Kasseler Firma Henschel & Sohn für weitere 5,25 Mio. RM wies das Geschäftsjahr 1931 einen Verlustvortrag von 5,5 Mio. RM für das mit dem Kalenderjahr identische Geschäftsjahr 1932 aus. Da dieser hohen Verschuldung auf der Seite der Passiva nur einen Aktienkapital von nunmehr 14 Mio. RM gegenüberstand, war die Firma im Dezember 1931 aufgrund von Kapitalmangel zur Einstellung aller Zahlungen gezwungen[12]. Im Sommer 1932 verpachtete die illiquid gewordene Hanomag einen Teil der Betriebsanlagen an die neu gegründete »Hanomag Automobil- und Schlepperbau«, einer Gesellschaft mit beschränkter Haftung, die die Hauptproduktion der Hanomag fortführte und über deren Pachtzahlungen die Aktiengesellschaft ihre Schulden zu tilgen gedachte. Die Hanomag Automobil- und Schlepperbau GmbH konnte ihre Produktion bereits 1933 durch den Bau von Kraftfahrzeugen derart steigern, daß die Zahl der beschäftigten Arbeitnehmer

11 Vgl. die zeitgenössische Literatur über Fragen der verschiedenen Unternehmensformen, u. a.: *Klug*, S. 58 ff.; *Kinkel*, S. 2 ff.; *Lohmann*, S. 30 ff.

11a Zur Firmengeschichte der Hanomag siehe *Däbritz*, Hanomag.

12 Ebd., S. 152 ff.

bei einer Verdoppelung des Umsatzes gegenüber dem vorhergehenden Geschäftsjahr um 84 % vermehrt werden konnte[13].

Den VSt gelang es während des Sommers 1934 über den Bochumer Verein als ausführendem Unternehmen offensichtlich, die Aktienmehrheit der illiquiden Hanomag zu erwerben[14]; unter anderem in Form eines umfangreichen Aktienpaketes, das sich bis zu diesem Zeitpunkt im Besitz der in finanziellen Schwierigkeiten befindlichen Bergbau-AG Lothringen befand[15]. Etwa zur gleichen Zeit, Ende Juni 1934, hatte die Generalversammlung der Hanomag eine weitere Reduzierung des Aktienkapitals durch Zusammenlegung von 9 Mio. auf 900000 RM beschlossen. Diese Maßnahme erbrachte einen Buchgewinn von 8,1 Mio. RM zur Deckung von Verlusten und Abschreibungen. Eine Aktionärsversammlung vom 18. Oktober 1934, in der erstmals die Übernahme der Aktienmehrheit durch den Bochumer Verein für Außenstehende erkennbar wurde, beschloß eine Erhöhung des Aktienkapitals von 900000 auf 10 Mio. RM sowie einen Umtausch von jeweils 50 Vorzugsaktien im Nennwert von je 20 RM in eine Stammaktie von 1000 RM[16]. Gleichzeitig traten aufgrund der veränderten Besitzverhältnisse der bisherige Vorstand und Aufsichtsrat der Hanomag zurück. Die VSt manifestierten anschließend ihren neu gewonnenen Einfluß durch die Delegation Vöglers, Flotows, Poensgens und Thyssens in den Aufsichtsrat der Hanomag sowie durch die Zuwahl Walter Borbets in den Vorstand, dessen Sprecher er wurde[17].

Der wirtschaftspolitische Aspekt der Mehrheitsbeteiligung des Bochumer Vereins an der Hanomag wurde erst zu dem Zeitpunkt erkennbar, als es zu Verhandlungen zwischen diesem Unternehmen und der Hanomag-Automobil- und Schlepperbau GmbH über eine vorzeitige Auflösung des langjährigen Pachtvertrages kam, den diese Gesellschaft mit der Hanomag abgeschlossen hatte. Er stand nun den Absichten der neuen Besitzer entgegen, die Hanomag möglichst rasch in ihren eigenen Produktionsprozeß zu integrieren[18]. Erst das Eingreifen des zuständigen Treuhänders der Ar-

---

13 »Hanomag und Bochumer Verein«, in: Braune Wirtschaftspost 1935, S. 1568 f.

14 »Hanomag im Besitz der Vereinigten Stahlwerke«, in: Deutsche Bergwerks-Zeitung v. 19. 10. 1934.

15 *Däbritz,* Hanomag, S. 161.

16 Unklar ist, inwieweit die Kapitalherabsetzung vom Juni 1934 eine taktische, durch die VSt veranlaßte Maßnahme war, andere Aktionäre zum Verkauf ihrer Hanomag-Anteile zu bewegen. Diese Frage kann erst geklärt werden, wenn der Termin feststeht, zu dem der Bochumer Verein bzw. die VSt die Mehrheit der Aktien der Hanomag erworben hatten. In der Öffentlichkeit wurde erstmals am 11. 8. 1934 (vgl. Bochumer Anzeiger vom gleichen Tag) über den Ankauf der Hanomag-Aktienmehrheit durch den Bochumer Verein berichtet.

17 *Däbritz,* Hanomag, S. 165.

18 Der Bochumer Verein hatte offensichtlich nicht alle Hanomag-Aktien erwerben können. In der Generalversammlung vom 18. 10. 1934 gab es zahlreiche Gegenstimmten zur Heraufsetzung des Aktienkapitals von 900000 auf 10 Mio. RM.

beit ließ eine Übereinkunft zwischen dem Bochumer Verein und der Hanomag Automobil- und Schlepperbau GmbH zustande kommen, nach der diese Gesellschaft auf ihre Rechte an der Nutzung der Hanomag-Betriebsanlagen verzichtete und somit der Aktiengesellschaft, die hierfür offensichtlich eine Abstandssumme gezahlt hatte, die Übernahme der Werkanlagen zum 1. Januar 1935 ermöglichte.
Während offiziellen Versionen zufolge die Hanomag mit dem Jahrensbeginn 1935 den Automobilbau als Hauptproduktionsgebiet wieder aufnahm, hatte die Ungeduld, mit der die Mehrheitsaktionärin den Produktionsbeginn erwartete, wesentlich andere Gründe: Im Rahmen der Produktionsverteilung innerhalb des VSt-Konzerns war dem Bochumer Verein die Herstellung von Geschützen übertragen woren, auf die das Unternehmen im Bereich der mechanischen Bearbeitung kaum vorbereitet war[19]. Infolgedessen suchte der Vorstandsvorsitzende Borbet eine Majoritätsbeteiligung an einer für die Geschützherstellung geeigneten Maschinenbaufirma mit umfangreichen mechanischen Bearbeitungswerkstätten, die er schließlich in der Hanomag fand. Dieses Unternehmen hatte darüber hinaus bereits während des 1. Weltkrieges Geschütze hergestellt und konnte somit auf die notwendigen Erfahrungen verweisen. Nachdem sich der Bochumer Verein im November und Dezember 1934 offensichtlich mit Erfolg bemüht hatte, die noch nicht in seinem Besitz befindlichen Aktien der Hanomag anzukaufen, um eine totale Kontrolle des Unternehmens zu realisieren und um die Produktionszweige der Hanomag gegenüber der Öffentlichkeit geheimhalten zu können, begann bereits wenige Monate später die Produktion von Geschützen in den Betriebsanlagen der Hanomag, die daneben recht erfolgreiche Automobilmodelle herstellte[20].
Die Geschützfertigung bei der Hanomag basierte auf einem Vertrag zwischen dem Bochumer Verein und dem Reichswehrfiskus, vertreten durch den Reichswehrminister, in dem sich der Bochumer Verein verpflichtete, die Produktionsmöglichkeit einer genau festgelegten Zahl von Geschützen in Hannover bis zum 1. Januar 1936 zu schaffen und sie für Aufträge des Reichswehrministeriums bereit zu halten[21]. Die Tatsache, daß der Bochumer Verein diesen Vertragsbedingungen zustimmte, nach denen er die erforderlichen Produktionskapazitäten aus eigenen Mitteln zu finanzieren und die für die Produktion notwendigen qualifizierten Arbeitskräfte ohne

19 *Klass,* S. 262 f.

20 Brief Borbets an die Direktion der Hanomag vom 30. 11. 1934 (ArchBV 00507 Nr. 6). Borbet gibt in diesem Brief seiner Hoffnung Ausdruck, aufgrund der Kapitalveränderungen und der veränderten Besitzverhältnisse bei der Hanomag die noch in freiem Umlauf befindlichen Aktien dieser Gesellschaft aufkaufen zu können. Hierbei versuchte der Bochumer Verein den Kurs der ihm angebotenen Aktien durch Spekulation zu drücken.

21 Vgl. Vertrag zwischen dem Reichswehrfiskus und dem BV vom 19. 3. 1935 über die Fertigung der Geschütze vom Typ 8,8 cm Flak und s. F. H. 18 in den Werkanlagen der Firma Hanomag, ArchBV 00507 Nr. 6.

konkrete Aufträge einzustellen hatte, läßt auf eine enge Zusammenarbeit zwischen der Reichswehr und dem Unternehmen sowie auf ein enges Vertrauensverhältnis zwischen beiden Vertragspartnern schließen.
Entsprechend den aus dem Konjunkturaufschwung und der forcierten Aufrüstung resultierenden Erwartungen konnte der Geschäftsverlauf der Hanomag im ersten Jahr als günstig bezeichnet werden; der Gesamtumsatz betrug bereits 79,4 Mio. RM bei einem Anteil der Automobil- und Schlepperfertigung von 54,3 %, der Geschützproduktion von 18,4 % und der Geschoß-, Zünder- und Bombenfertigung von 27,3 %[22]. Wenn auch die für 1936 projektierte Zahl von 10000 Automobilen bei einer nur geringfügigen Steigerung gegenüber 1935 nicht erreicht werden konnte, so kam es auf der anderen Seite zu einer beträchtlichen Erweiterung der Rüstungsfabrikation, deren Anteil am Gesamtumsatz auf weit über 50 % anstieg. Im Jahre 1936 produzierte man 143 Stück s. F. H. 18 gegenüber 4 im Vorjahr, 366 Stück 8,8-cm-Flak-18 gegenüber 164 Einheiten im Jahre 1935. Der Gesamtumsatz der Hanomag belief sich damit im Geschäftsjahr 1936 auf 119,2 Mio. RM und erfuhr somit gegenüber dem Vorjahr eine Steigerung um rund 50 %[23].
Diese Entwicklung widersprach zumindest im Bereich der Produktionsmenge den Erwartungen des Hanomag-Vorstandes vom Jahresanfang 1936, der für dieses Jahr eine etwa gleich umfangreiche Rüstungsproduktion voraussagte, wie man sie im Vorjahr erzielt hatte. Richtig blieb jedoch die Voraussage sinkender Erlöse für Rüstungsgüter. Sie gingen zurück aufgrund einer Zunahme der Zahl Rüstungsgüter erzeugender Unternehmen sowie der Bemühungen des Reichswehrministeriums, die Gewinne der Rüstungsunternehmen, die in der Regel umfangreiche staatliche Subventionen zur Aufnahme ihrer Produktion erhalten hatten, auf ein vernünftiges Maß zu senken[24]. Die Gewinndivergenz zwischen der Rüstungsindustrie und der für die öffentliche Hand produzierenden Unternehmen einerseits und der Konsumgüterindustrie andererseits sollte darüber hinaus gering gehalten werden[25].
Da sich der Geschäftsgang der Hanomag zur vollen Zufriedenheit des Vorstandes und des Aufsichtsrates entwickelte, muß analog hierzu ein ähnlich günstiger Wirtschaftsaufschwung für ihre Holdinggesellschaft, den Bochumer Verein, angenommen werden. Die durch öffentliche Aufträge und Rüstungsbestellungen belebte Konjunktur mußte den Wirtschaftsverlauf des Hüttenwerkes positiv beeinflussen und eine mit Gewinnen verbundene Produktion ermöglichen.

---

22 Nach Bericht des Vorstandes über die Geschäftslage im Geschäftsjahr 1935 der Hanomag, ArchBV 00507 Nr. 3.
23 Zahlenangaben nach Statistiken in ArchBV 00507 Nr. 2.
24 Vgl. ArchBV 42900 Nr. 5.
25 Vgl. u. a. *Kroll*, S. 609 ff.; *Guerin*, S. 243; *Woolston*, S. 28.

3. *Die ökonomische Entwicklung in den Geschäftsjahren 1934/35 und 1935/36*

Der Bochumer Verein betrieb zwar vom 1. Januar 1934 an seine Geschäfte unter eigenem Namen, aber für Rechnung und in den Betriebsstätten der VSt, die im August 1934 nach endgültiger Abwicklung sämtlicher Fusionsgeschäfte einen starken Zuwachs des Inlandsabsatzes sowohl im Bereich des Steinkohlenbergbaus als auch in noch stärkerem Umfange bei den Eisen- und Stahlerzeugnissen verzeichnen konnten.

Trotz der in diesem Umfang nicht erwarteten Produktions- und Absatzsteigerungen war die Bilanz der VSt im Sommer 1934 kaum als entspannt oder ausgeglichen zu bezeichnen, da immer noch umfangreiche Auslandsanleihen sowie aus der Konzernumstrukturierung erwachsene Steuerforderungen die Debitorenseite des Konzernhaushaltes belasteten[26].

Für die Zeit von Juli bis September 1934 setzte sich der Aufwärtstrend im Umsatz der VSt fort; die Geschäftsleitung sprach von einem »recht freundlichen Bild«, zumal alle Produktionszweige mit Ausnahme des durch die Sommermonate saisonal bedingten Rückganges der Kohleförderung und der Koksproduktion steigende Umsätze zu verzeichnen hatten[27]. Dieser positiven Beurteilung der Geschäftslage entsprach ein Reingewinn der VSt von 23,774 Mio. RM, der im Zwischengeschäftsjahr vom 1. April 1934 bis zum 30. September 1934 erwirtschaftet werden konnte und als Gewinnvortrag Verwendung fand[28]. Der konjunkturelle Aufwärtstrend setzte sich auch über den Herbst 1934 hinweg fort und sicherte vor allem den Eisenhüttenbetrieben der VSt in dem vom 1. Oktober 1934 bis zum 30. September 1935 laufenden Geschäftsjahr eine über die Erwartungen hinausgehende Beschäftigungslage, die in diesen Ausmaßen von den übrigen Fertigungsbereichen des Konzerns nicht erreicht werden konnte. Ein verlangsamter Anstieg in der Erzeugung der Hütten-, Stahl- und Walzwerke gegenüber dem Jahr 1934 trat erst 1935 ein, dennoch blieb die Eisenindustrie im rheinisch-westfälischen Industriebezirk die vom Konjunkturaufschwung am meisten profitierende Branche, bedingt durch das aus dem Konjunkturcharakter resultierenden Übergewicht der Produktionsmittelindustrien über die Konsumgüterindustrien, die im Zeichen der Rüstungskonjunktur nur sekundäre Bedeutung besaßen[29].

Ein sowohl dem gesamtwirtschaftlichen als auch dem regionalen Trend im

---

26 Siehe hierzu Bilanz der VSt zum 31. 3. 1934, abgedr. in: Braune Wirtschaftspost 1934, S. 286.

27 Ebd., S. 470.

28 Vgl. Stahl & Eisen 1935, S. 529.

29 Vgl. Braune Wirtschaftspost 1935, S. 853 f. Zu den Rüstungsausgaben des NS-Regimes siehe *Castellan,* S. 67; *Kroll,* S. 570 ff.

rheinisch-westfälischen Industriegebiet entsprechender Konkunkturverlauf bestimmte das Kalenderjahr 1934 beim Bochumer Verein. Und es erscheint kaum verwunderlich, daß sich der Vorstandsvorsitzende dieses Werkes der allgemeinen optimistischen Beurteilung der Wirtschaftslage zum Jahresende 1934 anschloß, über eine erhöhte Auftragslage berichtete, die der Werksleitung eine Verdoppelung der Belegschaft ermöglicht habe, und gleichzeitig eine eindeutige Stellungnahme für den Nationalsozialismus einnahm, unter dessen Regie, der verbesserten Wirtschafts- und Sozialpolitik, ein derartiger Wirtschaftsaufschwung erst möglich geworden sei[30].

Borbet hatte sich bereits einige Monate zuvor, diesmal in der sachlichen Atmosphäre einer Aufsichtsratssitzung, über die Geschäftsentwicklung während der ersten sechs Monate der juristischen Selbständigkeit des Bochumer Vereins geäußert und dabei auf eine ständige Steigerung des Umsatzes und auf eine Einkommenssteigerung der Arbeiter und Angestellten hingewiesen[31]. Er verschwieg allerdings, daß die Lohnerhöhungen bei der Gruppe der gewerblichen Arbeitnehmer in erster Linie durch eine Verlängerung der Arbeitzeit aufgrund der besseren Unternehmensauslastung, weniger durch die nur geringfügige Anhebung der Stundenlöhne verursacht wurden.

Ähnlich günstige Wirtschaftsprognosen gab der Vorstand des Bochumer Vereins gegenüber dem Aufsichtsrat des Unternehmens in den gesetzlich vorgeshriebenen vierteljährlichen Geschäftsberichten während der Kalenderjahre 1934 und 1935 ab; demgegenüber lagen die Steigerungsraten des Jahres 1936 erheblich unter denen der ersten beiden Jahre nach der Machtergreifung und wurden als Anzeichen für eine erste Sättigung der Konjunktur angesehen[32].

Diese Wirtschaftsentwicklung spiegelte sich in der Bilanz des Bochumer Vereins wider, die unter den Erträgen bereits einen ausweispflichtigen Gewinn von etwa 29,4 Mio. RM auswies[33]. Der Ertrag wurde jedoch durch Aufwendungen der verschiedensten Art vermindert, von denen Lohn- und Gehaltskosten in Höhe von 18,6 Mio. RM sowie Abrechnungen mit den VSt, die im Rahmen der Überlassung der Werkanlagen an den Bochumer Verein und der Rechnungsführung für die VSt in Höhe von 4,446 Mio. RM fällig geworden waren, die Hauptposten bildeten[34]. Wichtig erscheint in diesem Zusammenhang die Tatsache, daß die freiwilligen

---

30 »Glückauf zum neuen Jahr!«, in: Hüttenzeitung 1934, H. 24 (Weihnachtsausgabe).

31 Niederschrift über die AR-Sitzung vom 21. 8. 1934, ArchBV 12300 Nr. 3.

32 Vgl. Niederschriften über die AR-Sitzungen des BV, ArchBV 12600 Nr. 4 und 15000 Nr. 2.

33 Vgl. die Bilanzen des BV in ArchBV 12600 Nr. 4.

34 Die VSt hatten die Abschreibungen für die in ihrem Besitz befindlichen Werkanlagen durchzuführen sowie die anteiligen Zinsen und Steuern aufzubringen.

Sozialabgaben nur etwa 20 % der Summe ausmachten, die vom Bochumer Verein als gesetzliche Sozialabgaben aufzubringen waren. Dieser geringe Anteil der freiwilligen Sozialabgaben während des ersten Geschäftsjahres des Bochumer Vereins wurde von den Verantwortlichen unter anderem dadurch erklärt, daß die Gesellschaft zunächst die vertraglichen Auflagen zu erfüllen hatte, die einen Großteil des Unternehmensgewinnes beanspruchten[35].

Die weitere Entwicklung des Geschäftsverlaufes zeigte einen dem Konjunkturverlauf entsprechenden Aufschwung in den folgenden beiden Geschäftsjahren, wobei die größte Ertragssteigerung vom Geschäftsjahr 1934 zum Geschäftsjahr 1934/35 realisiert werden konnte, während entsprechend der allgemeinen Konjunkturentwicklung der Zuwachs des Geschäftsjahres 1935/36 wesentlich unter der Zuwachsrate lag, die im Vorjahr erreicht wurde. Den Erträgen standen wachsende Aufwendungen gegenüber, von denen die Lohnkosten mit etwa 60 % im Geschäftsjahr 1934/35 den größten Posten bildeten, gefolgt von den Abgaben an die VSt-Holding.

Wie aus den Bilanzen der Geschäftsjahre bis 1936 ersichtlich, wurde das Anlagevermögen dem allgemeinen Gebrauch entsprechend bis auf 1,– RM angeschrieben; ein Verfahren, das der Unsicherheit dieses Bilanzpostens entsprach[36]. Dem geringen Anlagevermögen an Patenten und Lizenzen stand in der Zeit bis September 1936 eine wachsende Summe von Beteiligungen an fremden Firmen gegenüber, die von 566 300 RM im Geschäftsjahr 1934 auf rund 12,5 Mio. RM im Geschäftsjahr 1935/36 anstieg[37]. Offensichtlich wurde der Trend zur Angliederung weiterer selbständiger Unternehmen durch die Aktiengesetzgebung des Reiches forciert. Sie begrenzte die jährliche Dividendenzahlung von 1934 an auf 6 % und zwang die Unternehmer so, höhere Gewinne zu investieren, wollten sie sie nicht an den Reichsstock abführen.

Weitere Veränderungen auf der Aktiv-Seite der Bilanzen ergaben sich im Bereich des Umlaufvermögens. Während die Vorräte verschiedener Art im Zeitraum bis 1936 nur eine geringe bilanzmäßige Veränderung erfuhren, stiegen die Kreditoren, Wertpapiere, Aktivhypotheken, geleistete Anzahlungen, Forderungen aufgrund von Lieferungen und Forderungen an die Konzerngesellschaft, sehr stark an[38]. Diese Entwicklung wies nicht

35 U. a. mußten 5 % des Jahresreingewinnes an den gesetzlichen Reservefond abgeführt werden, solange dessen Höhe noch nicht den 10. Teil des Aktienkapitals erreicht hatte.

36 Vgl. *Porzig*, S. 53.

37 Siehe Anm. 33.

38 Der Bestand der Wertpapiere wurde auf 1,– RM abgeschrieben, was nach dem geltenden Aktienrecht möglich war, jedoch die Durchsichtigkeit der Bilanzen verschleierte (siehe *Passow*, S. 524). Der Aktienbesitz des BV an Fremdunternehmen dürfte nach Ansicht des Verf. mit der Beschränkung der Dividendenausschüttung stark angestiegen sein.

allein auf eine umfangreichere Investition von Unternehmensgewinnen in Fremdunternehmen hin, sondern sie war typisch für die mit dem Konjunkturanstieg verbundene höhere Unternehmensauslastung[39].
Die Passivseite der Bilanzen der Geschäftsjahre 1934 bis 1935/36 war durch ein starkes Anwachsen der Rückstellungen charakterisiert, die den Intentionen der Unternehmensleitung gemäß den Grundstock für ein großzügiges Neubau- und Investitionsprogramm beim Bochumer Verein bilden sollten. Die Stahlwerke und Weiterverarbeitungsbetriebe bedurften zum Teil dringend einer Modernisierung[40]. Entsprechend den kapitalintensiven und langfristig zu planenden Investitionen im Montanbereich wurden diese Rückstellungen vom 30. September 1934 bis zum 30. September 1936 von 210600 auf rund 2,88 Mio. RM erhöht.
Im Bereich der Verbindlichkeiten kam es aufgrund der konjunkturbedingten Mehrbeschäftigung und des höheren Warenumschlages zu einem Anschwellen der Debitorenkonten, die allerdings, ähnlich den Kreditorenkonten auf der Aktiv-Seite der Bilanz, nur eine beschränkte Aussagekraft haben, da sie lediglich einen stichtagbezogenen Wert angeben. Erwähnenswert erscheint jedoch das Ansteigen der Anzahlungen von Kunden für Warenlieferungen von etwa 10000 auf über 2 Mio. RM in den Geschäftsjahren 1934/35 und 1935/36[41]. Der Anstieg dieses Debitorenkontos ist ebenso wie das der Schulden des Unternehmens für Warenlieferungen und Leistungen proportional zur wachsenden Beschäftigung und zum höheren Auftragsbestand des Bochumer Vereins zu sehen, die zu einem erhöhten Warenumschlag führten und die entsprechenden Konten auf der Aktiv- und Passivseite der Bilanzen anschwellen ließen.
Während der Bochumer Verein am Ende des Geschäftsjahres 1932/33, also kurz vor seiner juristischen Verselbständigung, noch ein Defizit von 700548 RM aufzuweisen hatte, konnte während des Geschäftsjahres 1933/34 erstmals wieder ein Reingewinn, diesmal in Höhe von etwa 2,7 Mio. RM, erwirtschaftet werden[42]. Eine beachtliche Steigerung des Unternehmensgewinns war 1934/35 möglich, als das Ergebnis des vorhergehenden Geschäftsjahres um 177,8 % übertroffen wurde und der Reingewinn etwa 4,84 Mio. RM ausmachte. Im Zuge des geringeren Konjunkturwachstums im Geschäftsjahr 1935/36 blieb der Anstieg allerdings mit 103 % deutlich hinter den Werten zurück, die im vorhergehenden Geschäftsjahr erreicht werden konnten.

---

39 Die Summe der geleisteten Anzahlungen stieg von 1934 bis 1936 um den Faktor 5,5, die der Forderungen aufgrund von Warenlieferungen und Leistungen um den Faktor 3,4.

40 Siehe ArchBV 15000 Nr. 2.

41 Typisch für die u. U. stichtagbezogene Aussagekraft einzelner Bilanzkonten erscheint die Summe der Kundenanzahlungen in Höhe von 7,58 Mio. RM am 30. 9. 1935 und in Höhe von 2,48 Mio. RM am 30. 9. 1936. Jedoch sank auch in den folgenden Bilanzen die Summe der Kundenanzahlungen nie unter 2 Mio. RM.

42 Nach ArchBV 12300 Nr. 4a.

Eine merkwürdige umgekehrt proportionale Entwicklung ist bei dem prozentualen Anteil des Reingewinns am Nettoumsatz zu beobachten. Konnten 1933/34 noch 3,5 % des Nettoumsatzes als Reingewinn verbucht werden, so sank dieser Wert in den folgenden zwei Geschäftsjahren auf 3,4 bzw. 2,99 %. Diese regressive Entwicklung des umsatzorientierten Gewinnes dürfte verschiedene Ursachen gehabt haben, wobei allerdings die den prozentualen Umsatzquotienten am meisten beeinflussenden Faktoren im Bereich der Baumaßnahmen des Unternehmens sowie der Investitionsrückstellung zu suchen sind[43]. Daneben waren bereits im Geschäftsjahr 1934/35 Umsatzsteigerungen besonders im Bereich der Werkstättenerzeugnisse mit 51 % und bei den Walzwerkerzeugnissen mit 44 % gegenüber dem Vorjahr zu verzeichnen. Hierbei handelte es sich allerdings um kostenintensive Fertigungen, deren Endpreis zu einem nicht unerheblichen Teil von den anteiligen Lohnkosten bestimmt wurden, die bei den von Facharbeitern verrichteten Arbeiten die Gewinnspanne des Unternehmens reduzieren mußten.
Die Werke der Montanindustrie waren zusätzlich, der Bochumer Verein eingeschlossen, aufgrund der finanzpolitischen Situation des Reiches und der staatlich gelenkten Außenwirtschaft gezwungen, unter sich verschlechternden ökonomischen Bedingungen zu arbeiten, während andereseits die Anforderungen an die erzeugten Stahlqualitäten und den daraus hergestellten Fertigprodukten laufend anstiegen[44].
Im Rahmen der innovatorischen Bemühungen in der metallurgischen Forschung konnte der Bochumer Verein seiner Rolle als Qualitätsstahlwerk im VSt-Konzern gerecht werden und im Abschlußbericht des Geschäftsjahres 1934/35 auf die Entwicklung einer Anzahl von Sonderstählen für den Dampfturbinenbau sowie für den Elektromaschinenbau verweisen. Weitere Neuentwicklungen wurden im Bereich der Stähle für Rüstungsmaterial, für die Automobil- und Flugzeugindustrie vorgestellt, wobei man seitens des Vorstandes auf die Tatsache hinwies, daß die genannten neuen Stahlsorten unter vermehrter Einsparung der teuren und daher knappen ausländischen Legierungsmetalle hergestellt werden konnten[45].

– Das Hüttenwerk und die Ruhr-Montanindustrie von 1934 bis 1936

Nicht nur firmenspezifische Entwicklungen und die Einbindung des Bochumer Vereins in den Stahlvereinen als Montangroßkonzern bestimmten den Stellenwert des Unternehmens in der deutschen Schwerindustrie. Eine Vielzahl marktregelnder Verbände standen den firmen- und kon-

43 Die Berichte über die jeweiligen Geschäftsjahre des BV – und mit ihnen Aufstellungen über die Betriebsergebnisse – befinden sich in ArchBV 12300–12600.
44 Vgl. *Volkmann*, S. 88 ff.; *Erbe*, S. 69 ff.; *Fischer*, S. 71 ff. Die Entwicklung auf dem Hüttensektor ist dokumentiert bei *Johannsen*, S. 24, sowie bei *Springorum*, S. 15 f.
45 Vgl. Geschäftsbericht für das Geschäftsjahr 1934/35, ArchBV 12600 Nr. 4.

zernspezifischen Interessen gegenüber. Die traditionellen marktwirtschaftlichen Mechanismen wurden darüber hinaus seit 1933 partiell gestört, da die NSDAP auf allen Ebenen versuchte, Einfluß auf die Wirtschaft zu gewinnen. Sie wählte im Rahmen der Bemühungen nicht den Weg der Konfrontation mit der Wirtschaft, sondern sie versuchte vielmehr, über einzelne Branchen und Einzelfirmen in den privatwirtschaftlichen Bereich einzudringen. Der ökonomische und unternehmerische Freiraum wurde dabei durch die Bereitschaft der Firmen zur Kooperation mit den staatlichen Stellen und den Gliederungen der NSDAP bestimmt. Nach Mason wurde die deutsche Wirtschaftspolitik und zu einem nicht unerheblichen Teil auch die deutsche Sozialpolitik der Jahre 1933 bis 1936 von den besitzenden Klassen, also vorwiegend von großindustriellen Kreisen bestimmt[46]. Während die DDR-Hiostoriographie von einer Steuerung politischer Funktion durch Vertreter der großkapitalistischen Wirtschaft und ihrer Verbände ausgeht, weist Mason überzeugend eine Interessenidentität von Schwerindustrie, Militär, Partei und Ministerialbürokratie nach – ein sicherlich multikausal bedingtes Interessenbündnis, dessen Leitlinie eine Stärkung des Reiches und eine internationale Wiederanerkennung Deutschlands war[47].

Die Schwerindustriellen glaubten ihre Selbständigkeit durch die Repräsentanz national-konservativer Politiker im Kabinett Hitler gesichert, die dort zu Beginn des Jahres 1933 zweifelsohne ein Übergewicht darstellten, aber schon bald keinerlei Einfluß mehr auf die von den Nationalsozialisten gestaltete Politik hatten. Einen nicht zu unterschätzenden Faktor bildeten schließlich die schon vor 1933 initiierten Programme zur Wirtschaftsbelebung, die nach der nationalsozialistischen Machtergreifung drastisch erweitert wurden und eine grundlegende Verbesserung des Beschäftigungsstandes herbeiführen sollten. Außenpolitisch-expansionistische Ziele traten gegenüber diesen Maßnahmen zunächst in den Hintergrund[48].

Der ideologische Überbau, den die Reichsregierung zur Interpretation der wirtschaftlichen Entwicklung der ersten drei Jahre nach der Machtübernahme errichtete, konnte, obwohl er manche ausländischen Beobachter offensichtlich überzeugte, die wahen Verhältnisse im Reich kaum kaschieren. Zu offensichtlich war das Regime an der Niederringung politischer Gegner und kontroverser Strömungen innerhalb der eigenen Reihen engagiert, als daß parallel dazu eine effektive Lenkung der Wirtschaft möglich gewesen wäre. Hitler benötigte dringend eine Konsolidierungsphase, während der er sein System der Machtausübung aufbauen und praktizie-

---

46 *Mason,* Der Primat der Politik, S. 481.

47 *Czichon,* Primat, S. 171 ff.; sowie *ders.,* Hitler, S. 21 ff.

48 *Minden,* S. 12.

ren konnte[49]. Gleichzeitig war es ihm jedoch völlig unmöglich, die Interessenbereiche der Wirtschaft zu tangieren, ohne dort, insbesondere im Bereich der Schwerindustrie und ihrer fast schon institutionalisierten Interessenverbände, auf Widerstand zu treffen. Das Regime ging sogar dazu über, der Wirtschaft Zugeständnisse zu machen, die sich in ihren Auswirkungen gegen die Interessen der Arbeitnehmer richteten und einen Abbau ihrer Rechte darstellten[50]. Maßnahmen, deren Folgen sich nachteilig für die Schwerindustrie auswirkten, wurden durch wirtschaftsfreundliche Akte des Regimes in anderen Bereichen kompensiert[51].
Zu den das System der Volkswirtschaft beeinflussenden Maßnahmen zählten neben der Masse der von der öffentlichen Hand vergebenen Aufträge Einflußnahmen des Staates auf dem Gebiet der Devisenwirtschaft und des damit verbundenen Importes und Exportes von Rohstoffen und Industrieerzeugnissen. Die Reichsregierung hatte jedoch auf die wirtschaftliche Entwicklung zum Teil kaum Einfluß, da durch weltwirtschaftlich bedingte Veränderungen der »terms of trade« Deutschland als Rohstoff importierendes und Industriegüter exportierendes Land bei steigenden Rohstoffpreisen und sinkenden Erlösen für Fertigprodukte eine negative Veränderung der Handelsbilanz hinnehmen mußte[52]. Deutschland litt darüber hinaus unter einem extremen Devisenmangel, der die Rückzahlung zahlreicher in Deutschand investierter Auslandsgelder unvereinbar mit dem vom Staat geförderten Konkunkturaufschwung machte[53].
Während in der Weltwirtschaftskrise die Produktion von Konsumgütern keine so wesentliche Einschränkung erfahren hatte wie die Herstellung von Produktions- und Investitionsgütern, so charakterisierte der seit 1933 verstärkt einsetzende Aufschwung in der Produktionsgüterindustrie nicht nur eine Krisenüberwindung[54]. Der überaus starke Aufwärtstrend war auf die Aufrüstung zurückzuführen[55]. Hitlers vielfach geäußertes Ziel bestand in der Expansion des Reiches, die er mittelbar nur durch eine Zusammenarbeit mit der Schwerindustrie realisieren konnte. Der Bochumer Verein profitierte in diesem Zusammenhang ebenso wie die übrigen Waffen produzierenden Unternehmen im Reich nicht unerheblich von den Maßnahmen der Aufrüstung.

---

49 So neben anderen Autoren *Guillebaud*, S. 38 u. 74 ff; *Lauterbach*, S. 85 ff. *Mommsen*, Struktur, S. 38, charakterisiert den NS-Staat treffend als »institutionelle Anarchie« *Arendt*, S. 186, spricht von einer unendlichen Instanzmultiplikation zur Beherrschung des Volkes; *Broszat*, Soziale Motivation, S. 404, schließlich von einer charismatischen Stellung des Führers in einem oligarischen Verwaltungsstaat.
50 Hier sei nur an das Gesetz zur Ordnung der nationalen Arbeit vom Januar 1934 erinnert.
51 Vgl. die von *Woolston*, S. 16, erwähnten Steuersenkungen und Steuererleichterungen.
52 *Petzina*, Autarkiepolitik, S. 31.
53 *Gossweiler*, Weltwirtschaftskrise, S. 78 ff.
54 Vgl. *Mottek*, S. 281 ff.
55 *Blankenburg*, S. 138.

Im Rahmen des Bündnisses zwischen NS-Regime und Schwerindustrie, das sicherlich nicht ursprünglichen NS-Interessen entsprach, da eine autonome Wirtschaft nicht in das Modell eines totalitären Staates hineinpaßte, das andererseits aber sehr wohl den politisch-ökonomischen Intentionen der Schwerindustrie nahekam, verzeichnete die eisen- und stahlerzeugende Industrie 1933 eine Mehrerzeugung von 33,9 % im Roheisenbereich gegenüber 1932, während die Rohstahlerzeugung mit 31,9 % nur unwesentlich hinter diesem Ergebnis zurückblieb[56].

Dieser Aufwärtstrend in der Eisen- und Stahlindustrie setzte sich 1934 verstärkt fort. Die Steigerungsraten in der Roheisenproduktion von 66 % und in der Rohstahlerzeugung von 56,6 % übertrafen die Erwartungen der Industriellen offensichtlich bei weitem, obwohl nur 65,2 bzw. 73,4 % der Leistung des Jahres 1929 erreicht wurden. Bereits im Winter 1934/35 fanden sich in den Wirtschaftsnachrichten Formulierungen, die von einem anhaltenen Wirtschaftsaufstieg, einem mengen- und wertmäßig weiter gesteigertem Umsatz oder beträchtlich höheren Umsätzen sprachen[57].

Das rheinisch-westfälische Industriegebiet besaß infolge der Gebietsabtretungen nach dem 1. Weltkrieg größte Bedeutung im Bereich der Montanindustrie. Hier wurden rund 80 % der gesamten im Reich erzeugten Roheisen- und Rohstahlmenge produziert, während im oberschlesischen Industriegebiet nur etwa 10 % hergestellt wurden und die Restmenge sich auf das Sieg-, Lahn-, Dillrevier, Schlesien, Mitteldeutschland, Sachsen und Süddeutschland verteilte[58].

Die eminente Bedeutung als Lieferant von Ausgangsprodukten für die weiterverarbeitende Industrie behielt das Ruhrgebiet bis zum Jahresbeginn 1935, als durch die Rückgliederung des Saarlandes der Anteil des im Ruhrrevier erzeugten Roheisens und Rohstahls auf etwa 70 bzw. 69 % der Gesamtproduktion des Reiches fiel[59].

Die Statistik auf S. 86 zeigt die Bedeutung der Ruhrkonzerne innerhalb der deutschen Montanindustrie und gibt die Produktionsentwicklung von 1933 bis 1936 wieder (alle Mengenangaben in 1000 t)[60].

Die Monopolstellung des Ruhrgebietes bestimmte darüber hinaus vor der Rückgliederung des Saarlandes und der Gründung der Reichswerke Hermann Göring den Markt der Walzwerkerzeugnisse. Rund 89 % des Halbzeugs, 92,3 % des Bandeisens, des Walzdrahtes und der Röhren wurden in dieser Region produziert[61].

---

56 Vgl. *Swatek*, S. 44; *Petzina*, Hitler, S. 487; *Schweitzer*, Big Business, S. 287 ff.; *Broszat*, Hitler, S. 218 f.

57 Zahlenangaben nach Stat. Jb. Stahlind. 1934, S. 5 u. 9, u. 1938, S. 6 u. 10.

58 Mittelwerte nach Stat. Jb. Stahlind. 1932 ff.

59 Ebd. 1938, S. 6 u. 10.

60 Ebd., zusammengestellt aus div. Statistiken.

61 Die Prozentwerte beziehen sich jeweils auf das Jahr 1934.

	1933	1934	1935	1936
Roheisenproduktion	4426	7289	9086	10901
entspr. % der Reichsproduktion	83,8	83,4	70,8	71,2
Rohstahlproduktion	6062	9393	11318	13356
entspr. % der Reichs-Produktion	79,6	78,7	68,8	69,5
Walzwerkfertigerzeugung (ohne Halbzeug)	4119	6270	7417	8799
entspr. % der Reichsproduktion	75,4	74,6	65,0	65,6
Walzwerkbelegschaft (in 1000)		68,7	79,5	92,9
entspr. % der im Reich Beschäftigten		76,4	68,6	69,3

Erste staatliche Interventionen, wenn auch überwiegend indirekter Natur, mußte die rheinisch-westfälische Schwerindustrie durch die staatlichen Bemühungen zur verstärkten Förderung und zur Verhüttung inländischer Eisenerze hinnehmen, deren Abbau – gemessen am Fe-Gehalt – sich von 1933 bis 1936 um den Faktor 2,7 erhöhte und in denen der Staat einen Ersatz für teure, aber qualitativ bessere Auslandserze gefunden zu haben glaubte. Obwohl von technisch-ökonomischer Seite gesehen eine Verhüttung der Fe-armen Inlandserze, die teilweise vor dem Einsatz in den Hochofenwerken noch aufbearbeitet werden mußten, von führenden Vertretern der rheinisch-westfälischen Stahlindustrie als problematisch und wirtschaftlich uninteressant abgelehnt wurde, stieg der Anteil der verhütteten Inlandserze von 17,9 % des Gesamteisenerzeinsatzes in den rheinisch-westfälischen Hüttenwerken im Jahre 1933 auf 29,6 % im Jahre 1935[62].

4. Die Gründung der Reichswerke – Ende der Privatwirtschaft?

Der Bochumer Verein hatte, freilich im Rahmen seiner Einbindung in die VSt, auch nach der Machtübernahme eine weitreichende Autonomie von staatlichen Maßnahmen der Wirtschaftslenkung genossen. Eine wirtschaftspolitische Interessenparallelität zwischen dem Regime und einer Vielzahl von Unternehmen bedingte diesen ökonomischen Freiraum. Die Bereitschaft des Bochumer Vereins, dem Dinta, der DAF und der NSBO Einfluß auf die Sozialpolitik des Werkes zu gewähren, hatte die Beziehun-

62 Eine umfassende Darstellung der inländischen Erzvorkommen und ihrer chemischen Spezifikation gibt *Friedensburg,* S. 206 ff. Zahlenwerte nach Stat. Jb. Stahlind. 1938, S. 5.

gen zum Regime intensiviert und die wirtschaftliche Entwicklung des Unternehmens begünstigt.

Die Ereignisse des Jahres 1936 stellten allerdings eine Zäsur in den Beziehungen zwischen der Montanindustrie und dem Regime dar, da staatliche Interventionen den wirtschaftlichen Entscheidungsraum der Unternehmen zusammenschrumpfen ließen[63].

Diese Maßnahmen wirkten sich mittelbar auf die Beziehungen von Staat und Wirtschaft aus und trugen damit zu einer partiellen Veränderung des gesamtwirtschaftlichen Systems bei, die den Widerstand auch des Bochumer Vereins hervorrief. Letztlich stellten sie aber eine Fortsetzung der nationalsozialistischen Wirtschaftspolitik dar.

Im Rahmen der Bemühungen des NS-Regimes, Deutschland vom Import ausländischer Rohstoffe unabhängig zu machen, deren Kauf nach 1933 durch eine Veränderung der »terms of trade« eine zusätzliche starke Belastung für die deutsche Handelsbilanz darstellte, war von 1934 bis 1935 eine Steigerung der deutschen Erzförderung um 39,3 % erfolgt[64]. Diese Steigerung war um so notwendiger geworden, als infolge der katastrophalen Devisenlage des Reiches der Erzimport stark gekürzt wurde und die Eisenerzvorräte der deutschen Hüttenwerke im Sommer 1935 auf durchschnittlich einen Monatsbedarf abgesunken waren[65].

Bereits zu diesem Zeitpunkt, etwa ein Jahr vor Verkündigung des Vierjahresplanes, forcierten NS-Wirtschaftspolitiker nicht nur eine verstärkte Förderung deutscher Eisenerze, sondern auch den systematischen Aufschluß bereits bekannter, aber bis zu diesem Zeitpunkt noch unverritzter Erzlagerstätten, um so den Anteil ausländischer Eisenerze am deutschen Gesamtverbrauch auf etwa 30 % zu senken[66]. Während man bereits in den 20er Jahren im Gebiet um Salzgitter größere Erzlagerstätten vermutete, deuteten nach 1933 vorgenommene geologische Untersuchungen auf einen Erzvorrat von einer Milliarde Tonnen Fe-armen Eisenerzes hin. Der Aufschluß dieser Lagerstätten konnte so beschleunigt werden, daß der Erzabbau 1938 bereits 2 Mio. t betrug[67].

Unberücksichtigt blieben bei der verstärkten Förderung und bei dem höheren Einsatz der Fe-armen und sehr kieselsäurehaltigen Salzgitter-Erze Proteste führender Ruhr-Industrieller, die Bedenken gegen einen höheren Einsatz dieser Erze im Hochofenprozeß geäußert hatten und diese mit technischen Schwierigkeiten sowie einem sehr viel höheren Kokseinsatz

---

63 Vgl. *Petzina*, Zwischenkriegszeit, S. 140; *Mason*, Der Primat der Politik, S. 437 ff.; *ders.*, Primat der Industrie, S. 194 ff.

64 Vgl. *Hessenland*, S. 76. Die Steigerung wurde vom Verf. auf den Fe-Gehalt des geförderten Erzes berechnet.

65 Vgl. *Riedel*, S. 52

66 Vgl. *Rheinländer*, S. 15.

67 Vgl. *Gerhardt*, S. 258 ff.

beim Verhüttungsprozeß begründeten[68]. Wenn auch bedeutende Industrielle wie Hermann Röchling und Ernst Poensgen die Leistungen der deutschen Montanindustrie bei der Verhüttung der inländischen Erze in offiziellen Stellungnahmen hervorhoben, so konnten Hinweise auf Schwierigkeiten bei der Aufbereitung der Erze sowie deren Unergiebigkeit bei der Verhüttung nur als Kritik dieses von ihnen als betriebswirtschaftlich unsinnig betrachteten Verfahrens gewertet werden[69]. Betriebsinterne Studien der VSt hatten schon 1928 die Rentabilität der Salzgitter-Erze und die Möglichkeit ihrer Verhüttung unter marktwirtschaftlichen Aspekten in Frage gestellt und lediglich ihre Verwendung im Falle militärischer Krisen angeregt[70]. Die Privatindustrie zeigte daher keinerlei Initiativen zum Aufschluß und zur Ausbeutung der überwiegend im Besitz der Ruhr-Industrie befindlichen Erzlagerstätten um Salzgitter. Mit den führenden Ruhrmanagern argumentierte auch Reichswirtschaftsminister Schacht gegen eine Verwendung des Inlandserzes, dessen gesteigerter Einsatz seines Erachtens zu einer weiteren Verschlechterung der Devisenlage führen mußte[71]. Da Schachts Einwände mittelbar eine Kritik der Hitlerschen Aufrüstungspolitik darstellten, wurden die Kompetenzen des Reichswirtschaftsministers durch die Ernennung Görings zum Beauftragten für die Besserung der Rohstoff- und Devisenlage entscheident eingeschränkt[72].

Göring erhielt weitere Kompetenzen durch die Verordnung zur Durchführung des Vierjahresplanes vom Oktober 1936, die ihn zum Führer der Rüstungsindustrie machte und die Einflußmöglichkeiten anderer Ministerien und Institutionen auf dem Verordnungswege drastisch beschnitt[73]. Damit besaß Göring die Möglichkeit, Einfluß auf die deutsche eisenschaffende Industrie auszuüben, die in einen Interessenantagonismus mit Göring geriet, der eine verstärkte Verwendung deutscher Erze durchzusetzen gedachte[74]. Er gründete trotz der Bedenken zahlreicher Montanindustrieller am 15. Juli 1937 die Aktiengesellschaft für Erzbergbau und Eisenhütten Herman Göring mit einem Kapital von 5 Mio. RM, deren Unternehmenszweck zunächst in einer Ausbeutung der deutschen Erzlagerstätten und der anschließenden Weiterverarbeitung dieser Rohstoffe lag[75].

Die propagandistische Rechtfertigung dieses Schrittes geschah am 23. Juli,

---

68 Vgl. *Rheinländer*, S. 15. *Gerhardt*, S. 272, gibt den Koksbedarf je Tonne Roheisen mit 1050–1300 kg an bei Verwendung deutscher Erze. Bei Auslandserzen lag der Kokseinsatz, je nach Erzqualität zwischen 840 und ca. 950 kg pro Tonne erzeugtem Roheisen.

69 Vgl. Der Vierjahresplan 1938, S. 395, u. 1939, S. 4 ff.

70 Vgl. *Riedel*, S. 29.

71 Ebd., S. 69 f. u. 108 ff.

72 Vgl. *Petzina*, Autarkiepolitik, S. 35 u. 40.

73 Vgl. RGBl 1936 I, S. 887

74 Vgl. *Petzina*, Autarkiepolitik, S. 103.

75 Vgl. *Riedel*, S. 177 ff.

als sämtliche einflußreiche Tageszeitungen ihre Leserschaft davon zu überzeugen suchten, daß es sich bei der Gründung der Reichswerke keinesfalls um den ersten Schritt zur Sozialisierung der Wirtschaft, sondern lediglich um einen Einzelfall handelte, da der Privatwirtschaft eine Zusammenfassung des zersplitterten Erzfelderbesitzes im Salzgittergebiet nicht möglich gewesen sei[76]. Doch allen Kennern der Situation schien die Bedeutung dieses Ereignisses bewußt zu sein, zumal viele Kommentatoren sich offensichtlich vergeblich bemühten, den Charakter dieses Vorganges herunterzuspielen, wie das Beispiel der Frankfurter Zeitung beweist: »Hier springt also die neue Wirtschaftspolitik, die sich ja nie an Prinzipien klammert, obgleich sie keineswegs grundsatzlos ist, mit einer neuen Methode ein, ohne aber in der Verstaatlichung mehr sehen zu wollen als eine Aushilfsmaßnahme für eine bestimmte Situation«[77].
Daneben wurde in allen Kommentaren betont, daß es der Privatindustrie möglich sei, sich durch Einbringung von Erzfelderbesitz, Schürfrechten und Mutungen an den Reichswerken zu beteiligen.
Zur detaillierten Unterrichtung über die Absichten des Reiches in bezug auf die Reichswerke empfing Göring am 12. August 1937 Ernst Poensgen und Albert Vögler von den VSt zu einer vierstündigen Unterredung in Berlin[78]. Göring wies während dieser Besprechung darauf hin, daß vor allem Eisenmangel in der weiterverarbeitenden Industrie das Reich zur Gründung des Werkes gezwungen habe, das zudem noch eine nicht zu unterschätzende strategische Bedeutung besitze. Der Privatindustrie habe man, so Göring, den Bau eines Hüttenwerkes, das vielleicht nur wenig oder gar nicht betrieben werde, nicht zumuten können. Er beklagte sich darüber hinaus an dieser Stelle erneut über die mangelnde Bereitschaft der deutschen Montanindustrie, einen stärkeren Einsatz deutscher Erze anzustreben. Die Vertreter der VSt schwächten die Göringschen Argumente dahingehend ab, daß bereits deutsches Erz in den rheinisch-westfälischen Hüttenwerken eingesetzt werde, ein höherer Anteil von Inlandserzen aber die Selbstkosten der Stahlwerke über ein vertretbares Maß ansteigen lasse. Die größten Befürchtungen der VSt lagen jedoch in den Kapazitätsausweitungen begründet, die durch den Bau eines umfangreichen Hütten- und Stahlwerkkomplexes im Salzgitterrevier entstehen würden. Den Argu-

76 Vgl. u. a. »Das Reich ergreift die Führung«, in: Frankfurter Zeitung v. 25. Juli 1937; »Keine Sozialisierung. Erläuterungen zu der Göringschen Anordnung«, in: Rheinisch-Westfälische Zeitung v. 26. 7. 1937; »Deutsches Eisenerz: ›Glück auf‹. Die Initiative des Reiches im Rahmen des Vierjahresplanes«, in: Bochumer Anzeiger v. 28. 7. 1937.
77 »Das Reich ergreift die Führung«, in: Frankfurter Zeitung v. 25. 7. 1937.
78 Vgl. ArchBV 00800 Nr. 1. An der Besprechung nahmen teil: Göring, Körner, Neumann, Poensgen und Vögler; eine Abschrift des von Vögler verfaßten Gedächtnisprotokolls erhielten: Ernst Poensgen, Hermann Wenzel (Rohstoffbetriebe der VSt), Walter Borbet (BV), Erwin Daub (Prokurist der VSt Holding).

menten, die Hüttenanlagen der Reichswerke sollten nur einen akuten Stahlmangel decken, hielten Vögler und Poensgen noch vorhandene, bislang nicht genutzte freie Stahlkapazitäten der VSt von 1 Mio. jato entgegen. Die Montanindustriellen erörterten darüber hinaus Fragen der Kapazitäten im weiterverarbeitenden Bereich der Hüttenwerke und deuteten die Möglichkeit einer Verbundwirtschaft mit den Reichswerken in der Art an, daß die in Salzgitter gewonnenen Roheisenmengen zur Weiterverarbeitung an die Ruhr versandt werden sollten.

Die Frage, ob die beabsichtigte Errichtung eines Hütten- und Walzwerkes durch die Reichswerke AG nicht zu einer starken Überkapazität und einem dadurch bedingten ruinösen Konkurrenzkampf führen würde, wurde im zweiten Halbjahr 1937 von weiten Kreisen diskutiert, zumal die Reichswerke die deutsche Rohstahlkapazität in ihrer Endausbaustufe um 125 % erweitern sollten[79].

In der Folgezeit kam es zu wiederholten Auseinandersetzungen zwischen den Reichswerken und der Privatindustrie, die in den Reichswerken eine unerwünschte Konkurrentin sah. Die Privatindustrie vermied dabei jedoch, offen gegen die Reichswerke aufzutreten, und berichtete in verschiedenen Presseartikeln über eigene Versuche zur Verhüttung Fe-armen Inlanderzes, jeweils unter Hinweis auf die äußerst hohen Betriebskosten. Derartige Veröffentlichungen waren offensichtlich dazu bestimmt, weitere staatliche Initiativen und lenkende Eingriffe in die Privatindustrie abzuwenden[80].

Der sich um die VSt, die GHH und Schacht konzentrierende Widerstand gegen die Reichswerke, der von anderen Montanindustriellen wie Stumm und Röchling nicht geteilt wurde, war nicht nur durch die Befürchtung begründet, das Reich könne in Zukunft weitere autokratische Eingriffe in das privatkapitalistische System vornehmen, es waren zum Teil pragmatische Gründe der Konkurrenzfertigung gegenüber den Reichswerken, die diese ablehnende Haltung hervorriefen[81].

Eine von den VSt gegen die Reichswerke geplante Denkschrift sollte den Vorstellungen Vöglers und Poensgens zufolge von anderen Ruhrindustriellen unterzeichnet werden. Ihre Publikation konnte offensichtlich in letzter Minute durch massive Interventionen Görings verhindert werden.

---

79 Vgl. u. a. »Der Ausbau der deutschen Eisenindutrie. Zukunftspläne und Kapazitätsreserven«, in: Frankfurter Zeitung v. 31. 10. 1937.

80 In der Deutschen Bergwerks-Zeitung vom 23. 1. 1938 berichtete z. B. die GHH über die Verhüttung von süddeutschen Doggererzen, die mit einem Fe-Gehalt von 20–28 % noch ärmer als die Salzgittererze waren. Ergebnis der Großversuche war ein deutlich angestiegener Koksverbrauch bei der ausschließlichen Verhüttung dieser Fe-armen Inlandserze.

81 Vgl. *Riedel*, S. 193 ff.; siehe auch Rundschreiben Poensgens an die Vorstandsvorsitzenden den der VSt-Konzernfirmen v. 9. 2. 1938, in dem Poensgen die Konkurrenzfertigung von Form- und Stabeisen sowie Walzdraht für die Heeresverwaltung durch die Reichswerke anspricht, ArchBV 00800 Nr. 1.

In diesem Zusammenhang kam es jedoch zu einem erneuten Treffen zwischen Göring und den Managern des VSt-Konzerns. Er warf während dieses Gespräches den anwesenden Managern der VSt vor, die Anstrengungen der Reichsregierung zum Ausbau der deutschen Erzversorgung zu boykottieren und wies darauf hin, daß die Reichsregierung »eine Sammlung von Äußerungen leitender Führer der deutschen Wirtschaft angelegt habe, die sich gegen eine Verhüttung inländischer Erze aussprächen«[82]. Göring warf den Industriellen darüber hinaus vor, nach Verlust der lothringischen Erzvorkommen kaum Anstrengungen zum Aufschluß inländischer Erzfelder unternommen zu haben und aktuelle Forderungen des Generalstabes nach einer monatlichen Rohstahlerzeugung von 1,5 Mio. t aus inländischen Erzen einfach zu ignorieren. Die Unterredung endete mit dem Desiderat Görings, die Privatindustrie möge, ähnlich den Reichswerken, eine verstärkte Verhüttung inländischer Erze anstreben.

Infolge massiven Druckes von offizieller Seite wurden im März 1938 Verhandlungen zwischen den Vereinigten Stahlwerken und den Reichswerken Hermann Göring über eine über die Einbringung der VSt-eigenen Erzlagerstätten im Salzgitterrevier hinausgehende finanzielle Beteiligung an den Reichswerken geführt[83]. Die zu einer in ihrer Höhe nicht bekannten, aber doch umfangreichen finanziellen Beteiligung gezwungenen VSt lehnten aber kategorisch eine zusätzliche Beteiligung der Konzernfirmen an den Reichswerken ab, die die Fachgruppen der Reichsgruppe Industrie ihnen nahelegte[84].

Wurden im offiziellen Rahmen die Reichswerke immer wieder als eine Pioniertat gepriesen und forderte selbst Hitler vor dem Reichstag eine über das bisherige Maß hinausgehende Förderung und Verhüttung einheimischer Erze, so konnte die propagandistisch hochgespielte Bedeutung der Reichswerke nicht darüber hinwegtäuschen, daß bei ihrer Gründung erstmals in das überwiegend privatkapitalistisch orientierte Wirtschaftssystem eingegriffen wurde, indem auf Verordnungswege Eigentümer von Erzfeldern, Schürfrechten und Mutungen enteignet und ihr Besitz in eine privatrechtlich konstituierte Aktiengesellschaft eingebracht wurden[85]. Daneben benutzte das NS-Regime seinen Einfluß auf das industrielle Verbandswesen, um den Firmen offensichtlich unter Androhung von Zwangsmaßnahmen finanzielle Beteiligungen an den Reichswerken aufzuzwingen.

---

82 Vgl. Anm. 78.

83 Vgl. Schreiben der VSt-Holding an die Hanomag vom 28. 3. 1938, in dem eine mögliche finanzielle Beteiligung der VSt angesprochen wird, ArchBV 00800 Nr. 1.

84 Vgl. Schreiben der Hanomag an W. Borbet v. 14. 4. 1938, in dem die Hanomag-Geschäftsleitung darüber berichtet, daß sie von der Wirtschaftsgruppe Fahrzeugindustrie zur Aktienzeichnung für die Reichswerke aufgefordert worden sei, mit der Bitte, für jedes Belegschaftsmitglied eine Summe von 50 RM zu zeichnen, ArchBV 00800 Nr.1.

85 Vgl. VO über den Zusammenschluß von Bergbauberechtigten, RGBl 1937 I, S. 883.

Die VSt hatten mit ihrem Widerstand gegen die Göring-Werke allerdings erreicht, daß die zunächst projektierte, technisch-ökonomisch jedoch weitgehend unrealistische Umstellung der Hüttenwerke auf Inlandserze nur einen Teil der Fertigung betraf. Sie verhinderten eine langfristige Umstellung ihrer Hütten- und Stahlwerksproduktion auf Thomas-Stahl, die auch den Bochumer Verein betroffen hätte.

5. *Die ökonomische Entwicklung vom Beginn des 2. Vierjahresplanes bis zum Ausbruch des Krieges*

Der Eingriff in das Wirtschaftssystem, der durch die Schaffung der Reichswerke realisiert wurde, besaß zwar nur einen beschränkten Umfang, eine Signalwirkung ging von ihm jedoch derart aus, daß mit dem 2. Vierteljahresplan, der in unmittelbarer Verbindung zur Gründung der Reichswerke stand, staatlich-interventionistische Lenkungsmaßnahmen in der Privatindustrie möglich wurden.

Maßnahmen dieser Art, gelangten sie in vollem Umfang zur Anwendung, mußten sich auf die ökonomische Entwicklung des Bochumer Vereins auswirken. Im Rahmen einer autonomen Wirtschaft wäre es dem Unternehmen kaum möglich geworden, seine Stellung als Qualitätsstahlwerk innerhalb der VSt auszubauen.

Kenner der Wirtschaftslage prognostizierten im Juni 1936 eine Fortsetzung der für den Bochumer Verein und die VSt günstigen Konjunktur, in deren bisherigen Verlauf die VSt den Konzernaufbau konsolidiert und den Stahlverein durch weitere Angliederungen ausgebaut hatten[86]. Daß diese Prognose des Frühsommers 1936 in keiner Weise eine zu optimistische Wirtschaftsentwicklung für die weiteren Jahre voraussagte, zeigt die Selbstdarstellung der Vereinigten Stahlwerke aus dem Jahre 1939, in der die VSt sich rühmen konnten, 1938 mit einer Produktion von 7 Mio. t Roheisen und 7,7 Mio. t Rohstahl einen Anteil von rund 40 bzw. 33 % der deutschen Roheisen- und Rohstahlerzeugung erreicht zu haben[87]. Die VSt verwiesen bereits im Bericht über das erste Geschäftsjahr nach Verkündung des Vierteljahresplanes auf eine Steigerung der Produktionen gemäß den Forderungen des neuen Wirtschaftssystems, die ihren Ausdruck in einer Erhöhung der inländischen Erzförderung um 33,7 % fand, in der Anwendung neuer Werkstoffe und Fertigungsverfahren sowie in der Ent-

---

86 Erinnert sei hier u. a. an die Übernahme der Hanomag-Majorität durch den BV. Daneben gab es im Jahre 1935 vom Reich initiierte Verhandlungen über den Verkauf eines Aktienpaketes der bis zu diesem Zeitpunkt im Reichsbesitz befindlichen Junkers-Flugzeugwerke an die VSt. Vgl. IMT–NI 10114, Aktennotiz v. 2. 5. 1935.

87 *Vereinigte Stahlwerke AG*, S. 14.

wicklung neuer Stähle, die gemäß den Forderungen des Vierjahresplanes unter möglichst geringer Verwendung von aus dem Ausland zu beziehenden Legierungsmetallen dargestellt wurden, gleichzeitig aber höchsten Qualitätsansprüchen wie Korrosions- und Hitzebeständigkeit entsprachen[88]. Die Produktion der VSt-Betriebsgesellschaften blieb über das gesamte Geschäftsjahr hinweg gesichert, da eine ausreichende Versorgung der VSt-Hüttenbetriebe mit Erz und Schrott trotz der äußerst angespannten Lage auf dem inländischen Rohstoffmarkt durchgeführt werden konnte.

Neben der im Geschäftsbericht angemerkten allgemeinen Kostensteigerung, die zu einer relativen Verringerung des Unternehmensgewinnes führte, wurde in der Bilanz 1936/37 ein Gesamtgewinn von 50,853 Mio. RM ausgewiesen, einschließlich eines Gewinnvortrages aus dem vorhergehenden Geschäftsjahr in Höhe von 23,837 Mio. RM. Von dieser Summe wurden rund 23 Mio. RM als Dividende an die Aktieninhaber ausgezahlt; ein Betrag, der einer Dividende von 5 % auf das Nominalkapital der Gesellschaft entsprach. 102214 RM gelangten als satzungsmäßige Tantiemen an die Mitglieder des Aufsichtsrates, während 25,752 Mio. RM als Gewinnvortrag in das Geschäftsjahr 1937/38 mit der Auflage übernommen wurden, diese Gelder als »Rücklage zur Ausbildung des Nachwuchses« zu verwenden[89].

Die VSt-Holding nahm zwar im Geschäftsjahr 1937/38 mit 202,745 Mio. RM eine um 11,98 % höhere Summe von ihren Betriebsgesellschaften ein, jedoch stieg der Reingewinn nur um 2,2 % an und wurde in Form einer Dividende von 6 % in vollem Umfang an die Aktieninhaber weitergeleitet, nachdem zuvor ausreichende Abschreibungen und eine Stärkung der Rücklagen über den gesetzlich vorgeschriebenen Rahmen hinaus durchgeführt worden waren[90]. Überaus günstige Betriebsergebnisse erzielten die VSt 1937/38 im Bereich der Rohstahlerzeugung und der Produktion von Walzeisen, wo gegenüber dem vorhergehenden Geschäftsjahr eine Steigerung der Erzeugung um 18,7 und 15,9 % erreicht werden konnte.

Die weitere wirtschaftliche Entwicklung der VSt über das Geschäftsjahr 1937/38 hinaus bis zum Ausbruch des 2. Weltkrieges war durch eine bis an die Kapazitätsgrenze reichende Auslastung der Betriebe im eisenschaffenden und -verarbeitenden Bereich gekennzeichnet, die einen erhöhten Verschleiß der Betriebsanlagen und dadurch bedingte höhere Abschreibungen sowie erhöhte Aufwendungen für Löhne und soziale Abgaben

---

88 Vgl. Wirtschaftsbericht der VSt, in: Stahl & Eisen. 1938, S. 332 ff.

89 Bei einer Zahl von 28 Aufsichtsratsmitgliedern entspricht diese Summe einer Einzeltantieme von 3650,50 RM pro Mitglied des Aufsichtsrates.

90 Vgl. Wirtschaftsbericht der VSt, in: Stahl & Eisen 1939, S. 318 ff.

verursachten[91]. Trotz eines verringerten Exportanteils war die Auftragslage 1938/39 derart gespannt, daß es zu einem Anstieg des Auftragsbestandes und einer Verlängerung der Lieferfristen kam. Die Bilanz dieses Geschäftsjahres weist wiederum einen Reingewinn von 27,6 Mio. RM aus, eine Summe, deren Festsetzung entsprechend den gesetzlichen Vorschriften über die Auszahlung von Dividenden vorgenommen wurde, während der um ein Vielfaches höhere Reingewinn verschiedenen Reservekonten und Rückstellungen zugewiesen wurde, um eine Gewinnabschöpfung durch das Reich zu unterbinden[92].

Im Rahmen des Vierjahresplanes stieg die Bedeutung des Bochumer Vereins entsprechend der Nachfrage nach qualitativ hochwertigen Produkten für den Aufbau chemischer Großanlagen und für den Rüstungsbereich. Das Unternehmen konnte so seine Stellung innerhalb der VSt durch einen von 8,1 % im Jahre 1936/37 auf 10,8 % im folgenden Geschäftsjahr gestiegenen Anteil an den Einnahmen der VSt konsolidieren.

Die Bilanzsumme des Bochumer Vereins stieg analog zu dieser Entwicklung von 1936/37 mit rund 62,8 Mio. RM um 56 % auf 98 Mio. RM zum Ende des Geschäftsjahres 1938/39, wobei der Unternehmensgewinn nicht zuletzt im Bilanzposten der Rückstellung erkennbar wurde, die im gleichen Zeitraum von 5,19 Mio. auf 13,16 Mio. RM anstiegen und zusammen mit den Zuwendungen an die »Walter Borbet-Stiftung«, einem Sozialwerk für die Belegschaftsmitglieder des Bochumer Vereins, zur Abschreibung des die 6-%-Grenze überschreitenden Unternehmensgewinnes diente[93].

Sehr viel aussagekräftiger als die Bilanzen und die Gewinn- und Verlustrechnungen erscheinen die von den VSt veröffentlichten Berichte über die einzelnen Geschäftsjahre, in denen unter anderem auch über die wirtschaftliche Lage des Konzernunternehmens Bochumer Verein berichtet wurde. Entsprechend den gesamtwirtschaftlichen Entwicklungstendenzen und in verstärktem Maße bedingt durch seine Stellung als Qualitätsstahlwerk innerhalb des VSt-Konzerns veränderte sich die Produktionspalette des Bochumer Vereins mit Beginn des 2. Vierjahresplanes hin zu einem noch größeren Anteil hochwertiger Stähle, insbesondere im Bereich des Stahlgusses, bei einem gleichzeitigen Rückgang der Walzwerkerzeugung[94].

---

91 Hierbei ist zu beachten, daß der im März 1940 veröffentlichte Bericht über das Geschäftsjahr 1938/39 (in: Stahl & Eisen 1940, S. 216 ff.) aus Gründen der kriegsbedingten Geheimhaltung nur noch verminderte Informationen über die Unternehmensergebnisse der VSt enthält.

92 Für Rückstellungen zur Erneuerung von Betriebseinrichtungen wurden rund 144 Mio. RM, für Wertberichtigungen 670 Mio. RM einbehalten.

93 Vgl. Bilanzen des BV 1936/37 bis 1938/39, ArchBV 12600 Nr. 5.

94 Vgl. Bericht über das Geschäftsjahr 1936/37 der VSt, ebd.

Der Gesamtumsatz des Bochumer Vereins stieg von 1936/37 mit rund 176 Mio. RM um 32,7 % auf 233 Mio. RM im Geschäftsjahr 1938/39, dessen letztes Monatsergebnis allerdings durch den Ausbruch des 2. Weltkrieges und der dadurch bedingten Unruhe im gesamtwirtschaftlichen Bereich wesentlich verschlechtert wurde[95]. Die Rohstahlerzeugung des Bochumer Vereins wies einen ähnlich starken Anstieg auf und erzielte im gleichen Zeitraum einen Zuwachs von 31,9 %. Mit einer Erzeugung von 1,205 Mio. t wurde die Kapazitätsgrenze der SM- und Elektrostahlwerke erreicht.

Während die Herstellung von rollendem Eisenbahnmaterial 1936/37 bis 1938/39 von 7,7 auf rund 10 % der Gesamtproduktion anstieg, ist eine derartig kontinuierliche Produktionszunahme bei den übrigen Artikeln, die vom Bochumer Verein gefertigt wurden, weder der Menge nach noch dem Anteil am Gesamtumsatz nach feststellbar[96]. Selbst im Bereich der Wehrmachtsfertigung und in den Abteilungen, die überwiegend für den Bedarf des Vierjahresplanes produzierten, ist kein kontinuierlicher Anstieg des mengen- und wertmäßigen Anteils dieser Produktgruppen am Gesamtumsatz festzustellen. Betrug der Anteil des unmittelbaren Rüstungsmaterials dem Wert nach im Jahre 1936/37 32,4 %, so fiel er 1937/38 auf 26,8 % ab, um im darauffolgenden Geschäftsjahr wieder einen Anteil von fast 32 % zu erreichen. Der wertmäßige Anteil der Schmiedestücke stieg von 1936/37 mit 7,9 auf 9,6 % im Geschäftsjahr 1937/38, um im darauffolgenden Geschäftsjahr wieder auf einen wertmäßigen Anteil von 8,6 % abzufallen[97].

Der für diesen Zeitraum mit einem Zuwachs von 24,3 % um 8,4 % hinter der Wertsteigerung des Gesamtumsatzes zurückliegende Umsatztonnage entsprach der Trend hin zu qualitätsmäßig höherstehenden Produkten mit kostenintensiven Bearbeitungsvorgängen. Einer optimalen Ausnutzung aller Betriebe des Bochumer Vereins stand jedoch eine wechselnde, nicht immer die Kapazitätsgrenze erreichende Auftragslage entgegen. Da Hüttenwerke mit weitestgehend spezialisierten und auf eine Produktgruppe eingestellten Einrichtungen und Maschinen kaum zu einer flexiblen, keine große Kosten verursachenden Umstellung der Produktion in der Lage sind und die Neueinrichtung von Produktionsbereichen oft hohe Investitionen und langfristige Bauprogramme erfordert, muß man davon ausgehen, daß keine einheitliche Wirtschaftslenkung bestand. Die Ursachen dieser betriebswirtschaftlichen Mängel sind eher im Bereich der Wirtschaftsführung zu finden als in der Betriebsorganisation und Aufgaben-

95 Errechnet nach den differenzierten Betriebsergebnissen, ArchBV 15400 Nr. 2d.

96 Jeweils, falls nicht anders vermerkt, prozentualer Wertanteil einzelner Produkte an der Gesamtproduktion bzw. am Gesamtumsatz des BV.

97 Zahlen nach ArchBV 15400 Nr. 2d.

verteilung innerhalb des VSt-Gesamtkonzerns. Eine von einer Vielzahl von Behörden und Institutionen durchgeführte Vergabe von öffentlichen Aufträgen und ihre fehlende Koordinierung verhinderte auch im Bereich der VSt-Hüttenwerke die betriebsorganisatorisch optimale Konzentration einzelner Konzerngesellschaften auf bestimmte Produkte[98]. Der dauernde, diesen primären Organisationsfehler in seinen Auswirkungen verstärkende Wechsel in den Produktionsprioritäten und die dadurch bedingte unterschiedliche und wechselnde Auslastung einzelner Abteilungen und Unternehmensbereiche läßt offensichtlich eine Übertragung der von Mommsen für den Bereich der Binnenverwaltung formulierten These des »organisierten Chaos« auch auf den wirtschaftlichen Lenkungsbereich zu[99].

Dementsprechend war der Wirtschaftslenkungsprozeß mehr durch das Nebeneinander von auf die Gesamtwirtschaft einwirkenden Institutionen mit oft gegensätzlicher Interessenlage bestimmt als durch eine sich günstig auf die Wirtschaftsentwicklung auswirkende Koordinierung. Diese nicht nur die Leistungen des Bochumer Vereins, sondern die gesamtwirtschaftliche Leistungsfähigkeit schmälernde Fehlentwicklung innerhalb der staatlichen Wirtschaftslenkung bedingte im Rahmen des Vierjahresplanes eine Ausweitung der gesamten Erzeugungskapazität des Bochumer Vereins und der Rohstahlerzeugung dieses Unternehmens um 44,3 % im Kalenderjahr 1939 gegenüber dem Hochkonjunkturjahr 1927. Dennoch konnte dieses Ergebnis nur unter betriebswirtschaftlich ungünstigen Bedingungen erreicht werden, da der vom Bochumer Verein pro beschäftigtem Arbeiter erreichte Umsatz von rund 1200 RM im Kalenderjahr 1927 auf etwa 965 RM im Geschäftsjahr 1938/39 sank, während der Umsatz je Tonne Rohstahlerzeugung von 161 RM im Jahre 1926/27 auf 184 RM anstieg[100].

Zusammenfassend muß man für den Zeitraum von der Verkündung des Vierjahresplanes bis zum Ausbruch des 2. Weltkrieges in bezug auf den Bochumer Verein von einer Periode der ausgesprochenen Mengenkonjunktur sprechen, die nunmehr dieses Qualitätsstahlwerk erfaßte und oft bis an die Grenzen seiner Kapazität auslastete. Eine ungünstige Arbeitsmarktlage sowie als gravierender Faktor die Mängel innerhalb der Wirtschaftslenkung verhinderten jedoch eine betriebswirtschaftlich optimale Auslastung des Werkes.

Wenn auch in den Geschäftsberichten der VSt wiederholt eine günstige

---

98 Vgl. Verhandlungen des BV über Munitionslieferungen mit dem OKW bzw. OKH, ArchBV 42900 Nr. 5. Daneben sei erwähnt, daß auch der BV ein eigenes Verkaufsbüro in Berlin unterhielt.

99 *Mommsen,* Beamtentum, S. 123.

100 Zahlen aus ArchBV 15400 Nr. 2c. Diese Fehlentwicklung ist unter anderem bedingt durch eine Knappheit an Arbeitskräften, die die Unternehmen zwang, branchenfremde, weniger leistungsfähige und geringer qualifizierte Kräfte einzustellen.

Konjunktur und eine bis zur Kapazitätsgrenze reichende Auslastung des Bochumer Vereins sowie der übrigen Betriebsgesellschaften erwähnt wird, so darf dies nicht als bedingungslose und absolute Zustimmung der VSt zur NS-Wirtschaftspolitik gewertet werden. Infolge eines nach 1933 veränderten Sprachgebrauches sind die ebenfalls in den Berichten über die Geschäftsjahre des Bochumer Vereins und der VSt nach 1936 enthaltenen Bemerkungen über erhöhte Investitionen, technische Schwierigkeiten und höhere Abnutzung der Betriebsanlagen als kritische Äußerungen gegenüber der NS-Wirtschaftspolitik zu werten. Diese Kritik hätte unter den gegebenen Umständen wohl kaum prononcierter geäußert werden können[101].

Der Grund für das Fehlen einer planmäßig durchorganisierten Wirtschaftspolitik und -lenkung, dessen Auswirkungen bis hinein in das mikroökonomische System des Einzelunternehmens nachweisbar bleiben, dürfte in der Hauptsache auf drei verschiedene Faktoren zurückzuführen sein:

(1) Die Stellung der Wirtschaft im gesamtpolitischen System und der Zwang zur Unterdrückung antinationalsozialistischer Bestrebungen in den ersten Jahren nach der Machtübernahme verhinderten einen autoritativen Zugriff auf die Wirtschaft.

(2) Eine extreme Theorienfeindlichkeit und die Zugrundelegung taktisch-situativer Entscheidungen bei der Wirtschaftsplanung ließen eine Vielzahl von Institutionen entstehen, die zumindest die mikroökonomische Entwicklung, wie am Beispiel des Bochumer Vereins aufgezeigt, maßgeblich durch die Art der Auftragsvergabe beeinflussen konnten[102]. Diese Institutionen kooperierten jedoch nicht miteinander.

(3) Die schon vor dem Kriege – zu einer Zeit, als die überwiegende Zahl der Wirtschaftswissenschaftler außerhalb Deutschlands die deutsche Rüstungswirtschaft als optimal organisiert ansahen[103] – von Guillebaud kritisierte deutsche Wirtschaftsorganisation hatte die Herausbildung von Subsystemen mit unterschiedlichen Lenkungskompetenzen gefördert und zugelassen[104].

Und es waren diese Subsysteme, die nach 1936 verstärkt in den mikroökonomischen Bereich hineinwirkten, die Produktion der Industrie bestimmten und nicht zuletzt durch Umfang und Art der vergebenen Aufträge In-

101 Vgl. Bericht über das Geschäftsjahr 1937/38 der VSt, S. 22, u. Bericht über das Geschäftsjahr 1938/39, S. 9, ArchBV 12600 Nr. 5.

102 Vgl. *Nonnenbruch*, Politik, S. 103; sowie *ders.*, Wirtschaft, S. 80 ff.

103 Vgl. *Nathan*, S. 7 ff.

104 Vgl. *Guillebaud*,S. 220. Dort heißt es u. a.: »Indeed, to image that the German economic system works with a precise clockworth efficiency would imply a very false picture of the reality.« Siehe auch *Hamburger*, S. 11 ff., u. *Herbst*, S. 372 ff.

vestitionen und Neubauten insbesondere bei den Montanunternehmen notwendig machten.

– Die wirtschaftspolitischen Ereignisse im Reich als Determinanten des mikroökonomischen Wirtschaftsverlaufes

Die ökonomische Entwicklung beim Bochumer Verein wurde zweifelsohne durch die im Rahmen des 2. Vierjahresplanes getroffenen Maßnahmen entscheidend geprägt. Der unternehmerische Freiraum, der bis zu diesem Zeitpunkt eine aus der Sicht des Managements kontinuierliche Entwicklung des Unternehmens ermöglicht hatte, wich einem Staatsinterventionismus, der aufgrund seiner Struktur allerdings kaum den Aufgabenstellungen einer sinnvollen Wirtschaftslenkung gerecht werden konnte. Die ökonomische Situation des Bochumer Vereins in den Jahren 1936 bis 1939 stellt ein typisches Bild für die Lage der Gesamtbranche dar. Ausschließlich Thomasstahl produzierende Hüttenwerke waren von den Lenkungsmaßnahmen allerdings in größerem Umfang betroffen als der Bochumer Verein, der seine Qualitätsstahlproduktion bei ausschließlicher Verwendung von Inlandserzen kaum hätte fortführen können.

Eine strukturelle Krise hatte sich, wie Petzina richtig erkennt[105], als Folge des binnenwirtschaftlichen Rüstungsbooms und des gleichzeitigen Zwangs zum Import lebenswichtiger Rohstoffe bei der schon erwähnten Veränderung der »terms of trade« zuungunsten des Reiches eingestellt. Diese Entwicklung hatte sich selbst durch die Bilaterialisierung des Handelns mit wenigen, zum größten Teil südosteuropäischen Ländern und der daraus resultierenden weitgehenden Abschließung des Reiches gegenüber dem Weltmarkt nicht vermeiden lassen[106].

Im Rahmen dieser von Devisen- und Rohstoffmangel begleiteten innen- und wirtschaftspolitischen Krise hatte Göring umfassende Kompetenzen zur Besserung der Situation erhalten, die jedoch im wesentlichen auf einer Minderung der Kompetenzen einiger Reichsministerien basierten[107].

Mehr noch als mit der Organisation der gewerblichen Wirtschaft, in der Bäumer schon das Instrument zur Realisierung der wirtschaftspolitischen Grundsätze des NS-Regimes sah, führte die Verkündung des Vierjahresplanes auf dem Parteitag des Jahres 1936 zu Veränderungen innerhalb der

---

105 *Petzina,* Autarkiepolitik, S. 30 ff. Bei einer Verteuerung industrieller Rohstoffe auf dem Weltmarkt, auf deren Import das Reich angewiesen war und bei einer gleichzeitigen Verbilligung der industriellen Fertigprodukte, die Deutschland als Gegenwert anzubieten hatte, mußte sich allein in diesem Bereich eine Verringerung der Importkapazität zwingend ergeben.

106 Vgl. *Köhler,* Arbeitsschlacht, S. 19; sowie *Volkmann,* S. 89f.

107 Vgl. *Petzina,* Autarkiepolitik, S. 40 ff. Petzina gibt wohl die beste Dartellung der wirtschaftspolitischen und innenpolitischen Situation des Jahres 1936.

Montanindustrie[108]. Einerseits produzierte der Staat selbst über die Reichswerke Eisen und Stahl, er wurde somit zum Konkurrenten der Privatwirtschaft, andererseits wurden die schon seit längerer Zeit bestehenden Import- und Devisenbestimmungen nunmehr sehr viel restriktiver angewendet und führten zu betriebswirtschaftlichen Veränderungen durch Anwendung eines politischen Instrumentariums[109].
Aufgrund der Aufrüstung und des nunmehr auch steigenden Verbrauchs von Eisen und Stahl in der für den Privatbedarf produzierenden Industrie kam es seit 1936 zu einem derartigen Mangel an Stahl, der durch Lagerkäufe des privaten Eisenhandels noch wesentlich verstärkt wurde, daß im Vierjahresplan umfangreiche Kapazitätserweiterungen im Bereich der eisenschaffenden Industrie vorgesehen wurden[110]. Sie sollten die jährliche Produktionsmöglichkeit auf 19,5 Mio. t Roheisen und 24 Mio. t Rohstahl erhöhen[111].
Eine wesentliche Kapazitätsausweitung des Erzbergbaus und der eisenschaffenden Industrie wurde erst durch die Angliederung Österreichs an das Deutsche Reich im März 1938 und die Errichtung des »Reichsprotektorates Böhmen und Mähren« im März des folgenden Jahres realisiert. Damit erhöhte sich bereits 1938 die deutsche Roheisenkapazität um 551 000 jato und die Rohstahlkapazität um 673 000 jato[112].
Das Ziel des Vierjahresplanes war eine größtmögliche Autarkie der deutschen Wirtschaft von ausländischen Rohstoffen; in diesem Zusammenhang hatten führende Wirtschaftler und Industrielle jedoch die Unmöglichkeit einer vollständigen Selbstversorgung des Reiches mit Eisenerz erkannt, da dieses Ziel eine Verdreifachung der Erzförderleistung vorausgesetzt hätte[113]. Diese Fördermenge konnte selbst nach dem Anschluß Österreichs in keiner Weise erreicht werden[114]. Sprechen zeitgenössische Autoren von den Bemühungen des NS-Regimes, eine vollständige und umfassende Autarkie zu errichten, so beruhen diese Aussagen auf einer

108 Vgl. *Bäumer*, S. 16.

109 Inländische Erze konnten im Gegensatz zu Fe-reichen Auslandserzen nicht ohne Vorbehandlung verhüttet werden. Erinnert sei in diesem Zusammenhang an die Verfahren der Firmen Krupp und Lurgi sowie an die Methode der Clausthalter Wissenschaftler Paschke und Peetz.

110 Vgl. die monatlichen Berichte der IHK-Bochum an die Wirtschaftskammer für Westfalen und Lippe in Dortmund, in denen für diesen Zeitraum über eine gespannte Lage im Eisenhandel und über zu geringe Kontingente für den Privatverbrauch gesprochen wird, WWA K2, 1304, Bd. 6.

111 Vgl. *Bäumer*, S. 20.

112 Vgl. Stat. Jb. Stahlind. 1948, S. 182.

113 Vgl. *Dietze*, S. 664. Bezeichnenderweise veröffentlichte Dietze diesen Aufsatz in der 1937 vom Deutschen Institut für Bankwissenschaft und Bankwesen herausgegebenen Festschrift für H. Schacht.

114 Vgl. *Jäger*, S. 58 ff.

Unkenntnis der Voraussetzungen und Möglichkeiten des Reiches in bezug auf eine Selbstversorgung im Bereich der Montanindustrie[115].

Trotz der Konkurrenzproduktion der Reichswerke Hermann Göring und der im Zuge der territorialen Ausweitung des Reiches bis zum Ausbruch des 2. Weltkrieges erfolgten Angliederung von Industriegebieten stellte der rheinisch-westfälische Industriebezirk das Zentrum der deutschen Montanindustrie dar. Der Anteil der Ruhrreviers blieb, obwohl man u. a. aus militärgeographischen Gesichtspunkten heraus die Montanindustrie in anderen Gebieten des Altreiches besonders förderte, mit 70 bis 71 % der deutschen Roheisenerzeugung in den Jahren 1936 bis 1938 fast konstant, wobei die Produktion in Rheinland und Westfalen in diesem Zeitraum von 10,895 Mio. auf 12,902 Mio. jato anstieg. Das Ruhrgebiet nahm eine ähnlich hegemoniale Stellung im Bereich der Rohstahlerzeugung ein, wo die Produktion von 13,350 Mio. auf 16,009 Mio. jato stieg. Wiederum bewegte sich der Anteil der Ruhrproduktion bei etwa 70 % der Produktion des Altreiches[116].

Diese Produktionen wurden zu einem kontinuierlich wachsendem Anteil für die Rüstung benötigt. Es kam von 1936 an zu einer ausgesprochenen Mengenkonjunktur im Bereich der Rüstungsfertigung, deren wirtschaftliche Organisation sicher nicht mehr den Zielvorstellungen der traditionell privatkapitalistisch eingestellten Montanindustriellen entsprach[117].

6. Die politischen und ökonomischen Folgen des Kriegsausbruchs

Der deutsche Angriff gegen Polen am 1. September 1939 stellte für weite Kreise der deutschen Bevölkerung eine Überraschung dar. Der Vorstand des Bochumer Vereins mußte jedoch von diesem Ereignis, das eine weitere Zäsur in der ökonomischen Entwicklung darstellte, weniger überrascht sein, da er über die VSt-Konzernverwaltung Kenntnis von den Maßnahmen erhalten hatte, mit deren Hilfe beim Ausbruch eines Krieges eine verschärfte Wirtschaftslenkung durchgeführt werden sollte. Dieser im Frühjahr 1939 den Rüstungsbetrieben der VSt in Form eines geheimen Rundschreibens der Konzernleitung übermittelte Maßnahmenkatalog ließ gleichzeitig die konkrete Gefahr eines Krieges erkennen.

Erste Informationen waren im Zuge von Studien der Wehrmacht an die

115 So *Lauterbach*, S. 85. Dort heißt es u. a.: »The chief purposes of the Second Four Year Plan were the following: To secure Germany's self sufficiency in all essential foodstuffs and raw materials regardless of the costs.«

116 Zahlen nach Stat. Jb. Stahlind. 1938 u. 1948. Sie beziehen sich auf das Altreich einschl. des Saargebietes.

117 Vgl. *Ludwig*, Strukturmerkmale, S. 62.

Wirtschaft gelangt, die als Vorbereitung auf künftige Auseinandersetzungen die Möglichkeit eines reibungslosen Übergangs in die Kriegswirtschaft untersuchten. In diesem Zusammenhang hatte die VSt-Konzernleitung die Konzernbetriebe bereits zu Jahresanfang 1939 in einem geheimen Rundschreiben aufgefordert, die betriebstechnischen Konsequenzen für den Fall einer Einberufung aller wehrpflichtigen Männer des Geburtsjahrganges 1906 zu einer vierwöchigen Wehrübung zu überprüfen, die für Oktober 1939 geplant war[118]. Die Betriebe sollten herausfinden, ob durch den vorübergehenden Abzug eines ganzen Geburtsjahrganges größere Produktionsausfälle oder durch den Ausfall von Fachkräften gar die Einstellung spezieller Fertigungen zu erwarten waren. Knapp sechs Monate später, im Juni 1939, machte das VSt-Generalsekretariat die Produktionsbetriebe, soweit dies noch nicht durch vorherige Einzelunterrichtung geschehen war, auf die »Richtlinien für die Beschäftigung von Frauen im Mob-Fall« aufmerksam, die vom RAM als Geheimerlaß im September 1938 ausgearbeitet worden waren[119]. Darin wurde die Notwendigkeit einer weitgehenden Ersetzung der männlichen Arbeitskräfte durch Frauen als dringendste Maßnahme im Mobilmachungsfall angekündigt und auf die notwendige Zusammenarbeit zwischen Betrieben, Arbeitsämtern und Gewerbeaufsichtsämtern hingewiesen.

Der Ausbruch des 2. Weltkrieges stellte trotz der Tatsache, daß die deutsche Wirtschaft bereits vor dem 1. September 1939 in jeder Form der Aufsicht und der Lenkung durch das Regime unterstand, einen Einschnitt in den Wirtschaftsablauf dar. Er führte aufgrund der kriegsbedingten Fluktuationen zunächst zu einem erheblichen Arbeitskräftemangel und verschlechterte die schon angespannte Situation in der Montanindustrie über den aktuellen Stand hinaus. Neben diesen durch die Mobilmachung bedingten ökonomischen Umstellungsschwierigkeiten bedeutete der Kriegsausbruch für die weiterhin in der Wirtschaft tätigen Arbeitnehmer eine Verschlechterung ihrer materiellen und sozialen Lage.

Zwei Tage nach Erlaß der KWVO trat der Sachverständigenausschuß beim Reichstreuhänder der Arbeit für das Wirtschaftsgebiet Westfalen-Niederrhein zusammen – unter ihnen Herr Dohme vom Bochumer Verein – um die sich aus der KWVO ergebenden Maßnahmen auf regionaler Ebene zu diskutieren[120]. Vertreter der DAF nahmen an dieser Sitzung, zu der auch der Reichstreuhänder Hahn erschien, nicht teil; und Arbeitnordwest

---

118 Vgl. Rundschreiben des Generalsekretariats der VSt v. 28. 1. 1939, ArchTHAG, VSt-SW 302115.

119 Vgl. Rundschreiben des Generalsekretariats der VSt v. 29. 6. 1939, ArchTHAG, VSt-SW 102115.

120 Vgl. Protokoll einer Sitzung des Sachverständigenausschusses beim Reichstreuhänder der Arbeit v. 6. 9. 1939, ArchTHAG, VSt-SW 30099.

entsandte drei Vertreter zu diesem Treffen. Während der Sitzung wurde das Problem der Eingruppierung der gewerblichen Arbeitnehmer in verschiedene Qualifikations- und Lohngruppen diskutiert, da sich das bisherige, in der Tarifordnung von 1937 festgelegte Schema der Klassifizierung in Hilfsarbeiter, angelernte Arbeiter und Facharbeiter nur wenig bewährt hatte und immer wieder Anlaß zur Kritik gab[121]. Ihre geringen Lohndifferenzierungsmöglichkeiten hatten gerade bei den hochqualifizierten Arbeitnehmern Unzufriedenheit ausgelöst. Das bisherige Klassifikationsschema sollte einer Einteilung in sechs Lohn- und Qualifikationsgruppen weichen, wobei das Wirtschaftsgebiet Westfalen-Niederrhein zusätzlich noch in drei Ortsklassen mit unterschiedlichem Lohnniveau eingeteilt werden sollte[122].

Die Diskussion über Umstellungen auf regionaler und mikroökonomischer Ebene fand allerdings zu einem Zeitpunkt statt, zu dem man Vereinfachungen in der Verwaltung und innerbetrieblichen Rechnungsführung erwartete, nicht jedoch eine Mehrbelastung der schon mit äußerster Kraft arbeitenden Industrie durch neue Lohnrahmenrichtlinien, die das betriebliche Rechnungswesen nicht unerheblich komplizierten. Die Tatsache, daß der Bochumer Verein im ersten Halbjahr 1939 konkrete Hinweise auf einen bevorstehenden Krieg erhalten hatte und nach Ausbruch des Krieges Vertreter des Managements an Verhandlungen über eine Neuordnung des industriellen Lohnsystems teilnahmen, demonstriert die Inkonsequenz der Wirtschaftslenkung, in die auch der Bochumer Verein eingebunden war. Da diese Situation als Folge einer unzureichenden Umstellung der Wirtschaft auf die Kriegsbedürfnisse interpretiert werden muß und auch der Bochumer Verein kaum Initiativen erkennen ließ, diesen Schritt zu vollziehen, mußte sich die mangelnde Koordinierung und Lenkung der Wirtschaft auf die Rüstungsproduktion der folgenden Jahre negativ auswirken.

7. Der Bochumer Verein während der ersten zwei Kriegsjahre

Bereits Anfang September 1939 erschien eine Sonderausgabe der Hüttenzeitung, in der Borbet der Belegschaft seines Unternehmens die Gründe

121 Vgl. Tarifordnung für die Eisen, Metall- und Elektroindustrie des Wirtschaftsgebiets Westfalen v. 28. 5. 1937, RABl 1937 VI, S. 589 ff.

122 Die auf der Sitzung vom 6. 9. 1939 vorgeschlagene Neueinteilung differenzierte sich wie folgt: (1) Hilfsarbeiter; (2) angelernte Arbeiter mit praktischer Zweckausbildung, Hilfsarbeiter in Warmbetrieben; (3) angelernte Arbeiter mit schwieriger und verantwortlicher Tätigket; (4) Facharbeiter, angelernte Arbeiter mit facharbeiterähnlichen Qualifikationen; (5) qualifizierte Facharbeiter mit besonderer Verantwortung, gleichgestellte Arbeiter in Hüttenbetrieben; (6) höchstqualifizierte, selbständig arbeitende Facharbeiter, gleichgestellte Hüttenarbeiter.

für den Ausbruch des Krieges darlegte, die seiner Meinung nach nicht durch den Eroberungswillen des Reiches geprägt waren, sondern durch die Absicht, das »Unrecht von Versailles« zu korrigieren und die Sicherheit Deutschlands zu garantieren. Borbet betonte gleichzeitig die ungleich bessere Ausgangslage Deutschlands im Vergleich zu 1914, er akzentuierte die langjährige Vorbereitung der Wirtschaft auf eine mögliche Auseinandersetzung. Sie, die Wirtschaft, bildete die Grundlage des militärischen Potentials, und es sei, so Borbet, die Aufgabe eines jeden in der Wirtschaft Tätigen, seine Pflicht bis zum äußersten zu erfüllen. Aufgrund der von ihm skizzierten Situation machte Borbet den Arbeitnehmern des Bochumer Vereins glauben, eine Blockade Deutschlands von seiten der Kriegsgegner werde völlig unwirksam sein und ohne die geringste Auswirkung auf die Situation der deutschen Industrie bleiben[123].

Tatsächlich hatten Berichte über die Leistungsfähigkeit der deutschen Kriegswirtschaft, wie sie Borbet hier seiner Belegschaft gegenüber veröffentlichte, nicht nur das Vertrauen der Deutschen in ihre eigene Industrie gestärkt, sie führten, nicht zuletzt nach der überraschend schnellen Niederlage Polens, zugleich zu einer Überschätzung der militärischen Möglichkeiten und des Wirtschaftspotentials auf seiten der deutschen Kriegsgegner[124]. Diese Falschbeurteilung, die unter anderem die operativen Planungen der Alliierten im Jahre 1939/40 grundlegend beeinflußte, basierte auf einer Fehleinschätzung des deutschen Rüstungspotentials. Die auf dem System der Breitenrüstung basierende Rüstungsindustrie war zwar im Rahmen der bis 1942 vergleichsweise geringen Anforderungen durchaus in der Lage, ausreichende Mengen an Waffen, Munition und Ausrüstungsgegenständen zu liefern, mit denen Hitler seine Blitzkriege zu gewinnen in der Lage war. Die Industrie produzierte zwar alle in einer modernen Armee benötigten Waffentypen und Rüstungsgüter, jedoch reichten die Mengen jeweils nur für zeitlich begrenzte Auseinandersetzungen, wie die Blitzkriege sie darstellten. Die Breite der Rüstungspalette wurde jedoch nicht durch die Möglichkeit ergänzt, bei längeren Auseinandersetzungen und entsprechend höheren Verlusten an Material genügende Mengen an Rüstungsgütern zu produzieren. Diese fehlende Tiefengliederung und strategische Vorbereitung der Wirtschaft, nach Milward die »Tiefenrüstung«, mußten sich bei einer längeren Kriegsdauer negativ auswirken[125].

---

123 Vgl. *Borbet,* »Werkskameraden«, in: Hüttenzeitung 1939, Sonderausgabe zum 1. September. Dort heißt es u. a.: »*Als Kameraden der Arbeit wollen wir gerade in schweren Zeiten stets entschlossen und opferwillig treu zusammenstehen, bis der deutsche Friede erkämpft ist.* Zeigt euch *der Tradition unseres Werkes* würdig und beweist, daß der Bochumer Verein auch *jetzt ein wahrhafter nationalsozialistischer Musterbetrieb* ist.« (Hervorhebung im Orig.)

124 Vgl. *Milward,* Hitlers Konzept, S. 19.

125 *Milward,* Kriegswirtschaft, S. 14 f.

a) Die Produktion

Die Produktion von Rohstahl und Roheisen als den Ausgangsprodukten für die nachgeschalteten Werkstätten und Abteilungen des Bochumer Vereins war seit 1933 durch einen kontinuierlichen Anstieg der Erzeugungsziffern gekennzeichnet. Diese Leistungssteigerung war durch eine Vielzahl betriebswirtschaftlich-technischer Faktoren bedingt, von denen die Inbetriebnahme größerer Produktionseinrichtungen, die Vermehrung der unter einem dauernden Leistungsdruck stehenden Belegschaft, die Durchführung zahlreicher Rationalisierungsmaßnahmen sowie die Einführung des kontinuierlichen Betriebes in den meisten Werkstätten und Abteilungen des Unternehmens die wesentlichsten Gründe darstellten[126].

Im Bereich der Roheisenerzeugung erreichte der Bochumer Verein 1938 eine Gesamtproduktion von 759500 t, eine Leistung, die im Jahre 1939 mit 773800 t noch um 1,9 % übertroffen wurde. Der höhere Wert des Jahres 1939 ist jedoch durch eine Steigerung des Hochofenoutputs von 10,4 % im ersten Halbjahr gegenüber dem Jahresmittel des vorhergehenden Kalenderjahres bedingt, denn bereits im dritten Quartal 1939 ist ein Absinken der Roheisenproduktion auf 188300 t gegenüber 214500 t in der Zeit von April bis Juni dieses Jahres festzustellen. Diese Erzeugung sank aufgrund des Kriegsausbruches und der notwendigen Umstellungen im vierten Quartal 1939 auf 166400 t. Trotz aller Bemühungen zur Steigerung der Erzeugung von Roheisen während des Krieges sollte diese Produktionsmenge lediglich im 3. Quartal 1940, einer Zeit der relativen Ruhe auf den europäischen Kriegsschauplätzen, mit einem Ausstoß von 167300 t noch einmal geringfügig überschritten werden.

Bis zum Ende des 2. Quartals 1941, dessen Ausgang fast unmittelbar mit dem Angriff auf die Sowjetunion am 22. Juni 1941 zusammenfiel, war die Roheisenerzeugung des Bochumer Vereins um nicht weniger als 24,7 % gegenüber der Höchstleistung von 214500 t in den Monaten April bis Juni 1939 gefallen. Eine für den außenstehenden Betrachter zunächst erstaunliche Entwicklung, da die Auseinandersetzungen mit der Sowjetunion als einer Macht mit einem umfangreichen Militärpotential von Hitler zwar wiederum in der Form eines Blitzkrieges konzipiert worden war, dieser Feldzug andererseits stärkere Militäreinheiten mit umfangreicher Ausrüstung band, deren Verlust und anschließende Ersetzung bei der Bedarfsplanung zu berücksichtigen waren[127].

---

126 In diesem Zusammenhang hatte das Preuß. Gewerbeaufsichtsamt in Dortmund auf Antrag des BV bereits gegen Jahresende 1938 die Arbeitsschutzbestimmungen für weibliche Arbeitnehmerinnen weitgehend aufgehoben und ihre Beschäftigung im 3-Schicht-Betrieb genehmigt. Vgl. Schreiben Tagebuch-Nr. 18 G. II 39 v. 31. 12. 38 an den BV, ArchBV 14206 Nr. 3a.

127 Zahlen nach USSBS-Report No. 76 BV. Die dortgenannten Werte sind offensichtlich den Statistiken des Unternehmens entnommen. Vgl. ArchBV 15000 Nr. 2 . . . 15400 Nr. 30.

Der Bochumer Verein war als gemischtes Hüttenwerk während der Rüstungskonjunktur und nach Ausbruch des Krieges von zwei volkswirtschaftlichen Komponenten abhängig:

(1) von der Belieferung mit ausreichenden Mengen an Rohstoffen, Betriebsstoffen und Energie,

(2) von der Bereitstellung einer genügenden Anzahl von Arbeitskräften mit den erwünschten Qualifikationen.

Die dritte wirtschaftliche Komponente – das Vorhandensein einer Nachfrage – hatte im Zuge der Wirtschaftslenkung ihre Bedeutung verloren. Unmittelbar nach Ausbruch des Krieges war ein Rückgang in der Rohstahlproduktion des Hüttenwerkes zu beobachten. Er war durch zwei Faktoren bedingt. Einmal veränderte sich nach September 1939 der Altersaufbau der Belegschaft infolge der Einberufung jüngerer Belegschaftsmitglieder zur Wehrmacht[128]. Diese Maßnahme wirkte sich nachteilig auf die Produktivität der Belegschaft aus. Der durch die Einberufung entstehende Mangel an Arbeitskräften konnte durch die Beschäftigung von Kriegsgefangenen, Fremdarbeitern und Frauen nur unzureichend kompensiert werden.

Zum anderen mußten aufgrund der Kriegsereignisse größere Mengen an Fe-armen inländischen Erzen zur Roheisenerzeugung eingesetzt werden, deren geringe Qualität einen mengenmäßigen Rückgang der Erzeugung zur Folge hatte. Die Verringerung der zur Verfügung stehenden Gesamterzmenge trug neben den qualitativen Verschlechterungen zu einer weiteren Senkung der Roheisenerzeugung bei.

Erzverbrauch der Hochofen- und Sinteranlagen pro Kalenderjahr
(alle Angaben in t)

	1938	1939	1940	1941
skandinavische Erze	346930	419680	452184	429276
inländische Fe-reiche Erze	6866	30296	38158	56571
inländische Fe-arme Erze	14900	13650	31301	103917
ausländische Erze ausschl. Minette einschl. österreich. Erze	887587	792336	569265	453281
Gesamtverbrauch	1256283	1255962	1090908	1043045

128 Der Altersaufbau der Belegschaft ist in ArchBV 15000 Nr. 2 dokumentiert.

Grundlage der Roheisenerzeugung bildeten neben Schrott und anderen innerbetrieblichen Umlaufmaterialien, die dem Hochofenmöller zugemischt wurden, in der Vorkriegsphase ausländische Erze – ausschließlich der phosphorreichen Minette – mit relativ hohem Fe-Gehalt, die zum Teil aus Südwesteuropa und Skandinavien, zum Teil aus Übersee importiert werden mußten. Diese Lieferungen wurden nach Ausbruch des 2. Weltkrieges entweder von den Exportländern reduziert oder mußten von deutscher Seite aufgrund der Seekriegshandlungen weitgehend eingeschränkt werden. Ein Ausgleich für den Rückgang der Belieferung mit südwesteuropäischen und überseeischen Fe-Erzen bot sich dem Bochumer Verein in einem erhöhten Import von hochwertigem skandinavischem Eisenerz, dessen Verbrauch in Hochöfen und Sinteranlagen des Unternehmens von 1938 bis 1941 immerhin um 30,3 % gesteigert werden konnte. Aufgrund der veränderten militärischen Konstellation mußte 1942 allerdings ein Rückgang der Zulieferung von skandinavischen Erzen um rund 5,1 % in Kauf genommen werden.
Der Produktionsrückgang wurde jedoch nicht durch eine Umstellung von südwesteuropäischen und überseeischen Erzen auf skandinavische Rohstoffe bedingt, deren Qualität und Fe-Gehalt vergleichbar waren. Vielmehr war es der steigende Anteil an inländischen Erzen, ihre Menge stieg von 1938 bis 1941 um das Siebenfache, die durch einen geringeren Fe-Gehalt die Gesamtproduktion an Roheisen um 19,2 % verringerten. Die Menge des eingesetzten Erzes – das Fe-arme Erz wurde, soweit es die Kapazitäten der Sinteranlage erlaubten, vor dem Einsatz im Hochofen von einem Teil seiner Ballaststoffe befreit – ging während dieses Zeitraumes nur um rund 17 % zurück. Parallel zu dieser Qualitätsverschlechterung des eingesetzten Erzes stieg der Koksverbrauch von exakt 900 kg pro ausgebrachter Tonne Roheisen im Jahre 1938 auf über 980 kg in den Jahren 1940 und 1941. Ein weiterer Indikator deutete ebenfalls auf eine Verschlechterung des Hochofeneinsatzes hin: Während 1938 lediglich 364 kg Schlacken pro Tonne erzeugtem Roheisen anfielen, stieg der Anteil dieses unerwünschten Nebenproduktes bis 1941 auf 537 kg pro ausgebrachter Tonne Roheisen.
Obwohl im Bereich der Roheisenerzeugung nach Ausbruch des 2. Weltkrieges ein signifikanter Produktionsrückgang, bedingt durch den Arbeitskräftemangel und die Verschlechterung des eingesetzten Rohmaterials, zu beobachten war, kann eine derartige Entwicklung im Bereich der SM-Stahl- und der Elektrostahlerzeugung nicht nachgewiesen werden. Die vier SM-Stahlwerke und das im Unternehmensbereich der Gußstahlfabrik gelegene hochmoderne Elektrostahlwerk hatten 1938 rund 1,148 Mio. t Rohstahl erzeugt. Das Unternehmen konnte diesen Output im Jahre 1939 trotz leichter Produktionsrückgänge in den letzten beiden Quartalen noch um rund 3 800 t steigern, während allerdings 1940 gegen-

Die Rohstahlproduktion des Bochumer Vereins 1926–1946
(alle Angaben in t)[128a]

Jahr	Stahlwerk 1	Stahlwerk 2	Stahlwerk 3	Stahlwerk 4	E-Stahl	Gesamtmenge
1926	121819	217262	156057	21433	–	516571
1927	152713	272734	282809	115027	–	822283
1928	134372	198439	270018	7701	–	610530
1929	131394	211648	318328	–	–	661370
1930	94435	59740	246256	–	–	400431
1931	87888	130265	117565	–	–	335718
1932	68710	192193	20160	–	–	281063
1933	85669	190777	124922	–	–	401368
1934	130824	253948	249677	–	–	634449
1935	145020	269609	319632	61704	10257	806222
1936	113062	324032	315650	123792	13157	889693
1937	130389	359689	303458	146269	12557	952362
1938	163879	392042	324953	230901	36429	1148204
1939	173257	373993	332035	236344	71108	1186737
1940	161108	353291	315405	230741	68720	1129265
1941	160066	363876	339840	249760	72738	1186280
1942	152100	299600	309900	196800	78403	1036803
1943	101300	195920	220038	170900	76373	764531
1944	100177	203153	220555	133514	71792	729191
1945	280	10934	2380	8453	2223	24270
1946	28399	–	101099	348	889	130735

128a Nach ArchBV 15400 Nr. 2a.

über dem Vorjahr ein Rückgang von 4,8 % in der Rohstahlerzeugung zu verzeichnen war[129]. Verstärkte Produktionsanstrengungen und die Konzentration des Unternehmens auf die Rohstahlerzeugung ermöglichten 1941 einen Rohstahlausstoß, der mit 1 186 280 t nur geringfügig unter der Produktion des Jahres 1939 lag. Die vom Bereich der Roheisenfabrikation stark abweichenden Ergebnisse der Rohstahlproduktion lagen in einer ausreichenden Versorgung der Stahlwerke mit Arbeitskräften begründet[130]. Zwar seien nach Kriegsausbruch viele Stammarbeiter zur Wehrmacht eingezogen worden, diese Kräfte habe man jedoch umgehend durch Arbeitnehmer aus anderen Bereichen ersetzen können, zumal viele Arbeiten im Stahlwerk keine besonderen Qualifikationen voraussetzen und die neu eingestellten Arbeiter durch besonders qualifizierte Stammarbeiter, deren Einberufung zurückgestellt werden konnte, in ihr Arbeitsgebiet eingeführt wurden.

Bis zum Jahre 1941 kam es im Bereich der Stahlwerke des Bochumer Vereins zu keinerlei nennenswerten Versorgungsschwierigkeiten. Engpässe, die sich schon bald nach Kriegsbeginn bei der Versorgung mit Stahllegierern einstellten, konnten durch Veränderungen der Stahlanalysevorschriften sowie durch den Austausch von reichlich vorhandenen Legierungen gegen knappe Legierungserze überwunden werden, ohne daß größere Qualitätseinbußen hingenommen werden mußten[131]. Einsparungen von Legierungsmetallen wurden darüber hinaus durch Umschmelzverfahren in den Elektroöfen und Rückgewinnungs- und Reduktionsverfahren in den SM-Stahlwerken realisiert[132].

Eine weitere Schwierigkeit ergab sich durch das zunächst angeordnete Verbot, die Stahlöfen während Luftwarnungen abzustechen, da der bei diesem Vorgang entstehende Lichtschein feindlichen Flugzeugen als Orientierungshilfe dienen konnte. Die Ingenieure des Bochumer Vereins beseitigten jedoch die durch Nachverbrennung von Kohlenmonoxid auf den Kaminen des Stahlwerkes II entstehende Flammenbildung dadurch, daß das heiße Gas durch Besprühen mit Wasser unter Zündtemperatur abgekühlt wurde und anschließend in unverbranntem Zustand in die Atmosphäre abgelassen werden konnte. Diese Vorsichtsmaßnahme war sicherlich mit verantwortlich für einen relativ kontinuierlichen Betrieb, der bis zum Jahresende 1941 nur durch drei Angriffe englischer Bomber auf das Werk gestört wurde. Sie verursachten außer Gebäudeschäden lediglich im November 1940 eine Produktionseinbuße von 10 % für die Dauer von 7

---

129 Das waren immerhin 5,07 % der deutschen Gesamtstahlerzeugung; nach Stat. Jb. Stahlind. 1948, S. 14.

130 Nach Auskunft eines ehem. Mitarbeiters des BV.

131 Es sei in diesem Zusammenhang an die Ersetzung von Nickel durch Molybdän erinnert.

132 Vgl. Die Stahlwerke des Bochumer Vereins (unveröffentlichte Zusammenstellung), S. 17, ArchBV 41200 Nr. 1

Tagen in der Abteilung Weichenbau[133]. Von größerer Bedeutung waren in diesem Zusammenhang allerdings Produktionsausfälle, die durch Fliegeralarm verursacht wurden und 1940 immerhin 0,2 % und 1942 0,6 % der Gesamtarbeitsstunden ausmachten.

Allerdings bedingte der Rückgang der Roheisenerzeugung des Bochumer Vereins Umstellungen im Betrieb der Stahlwerke, in denen der Einsatz von Schrott zur Kompensation des fehlenden Roheisens erhöht werden mußte. Diese Maßnahme ermöglichte Einsparungen im Bereich der Legierungsmetalle. Im Zuge der Umstellungsmaßnahmen wurde der Einsatz von Schrott, der im Gegensatz zu Friedenszeiten nun in ausreichender Menge zur Verfügung stand, von 539300 t im Jahre 1939 um 14,6 % auf 617848 t im Jahre 1941 gesteigert; daneben erhöhte sich der Einsatz von hochwertigen skandinavischen Erzen in den Stahlwerken von 1940 bis 1941 um 4,7 %. Diese die Produktion der Stahlwerke steigernden Maßnahmen trugen dazu bei, daß trotz der Verdunklungsvorschriften und des Verbotes, bei Luftgefahr oder Fliegeralarm Abstiche der Stahlöfen vorzunehmen, die Rohstahlerzeugung des Geschäftsjahres 1940/41 ein Ergebnis erreichte, das in der Unternehmensgeschichte bis zu diesem Zeitpunkt noch nicht erbracht worden war und auch während des weiteren Kriegsverlaufes nicht mehr erreicht werden sollte. Bei einer durchschnittlichen Monatserzeugung von 100428 t konnten in der Zeit von Oktober 1940 bis September 1941 1205136 t Rohstahl in den Stahlwerken des Bochumer Vereins erzeugt werden, von denen rund 6 % in den Elektroöfen hergestellt wurden und somit zu den qualitativ höchstwertigen Stählen zählten[134].

Die Eroberungen des Jahres 1940 in Westeuropa erschlossen dem Reich die umfangreichen Erzvorkommen in Luxemburg und Frankreich, die im Anschluß an den 1. Weltkrieg an diese Länder abgetreten worden waren[135]. Die unzerstört eroberten Stahlwerke in Frankreich, Luxemburg, Belgien und Holland erhöhten gleichzeitig die deutsche Rohstahlkapazität um rund 12 Mio. jato, so daß mit Hilfe dieser Werke eine ausreichende Bedarfsdeckung ermöglicht wurde[136]. Der Bochumer Verein profitierte allerdings ausschließlich von dem erhöhten Schrottaufkommen, da die SM- und Elektrostahlproduktion den Einsatz phosphorreicher Fe-Erze verbot. Die gestiegene Rohstahlkapazität beeinträchtigte den Stellenwert des Bochumer Vereins innerhalb der Montanindustrie nicht, da der Anteil an

---

133 Vgl. USSBS-Report Nr. 76 BV.

134 Wie Anm. 132.

135 Vgl. *USSBS*, S. 104.

136 Die vom USSBS genannte Kapazitätserhöhung durch die Eroberung Westeuropas in Höhe von 17 Mio. jato (*USSBS*, S. 104) erscheint überhöht. Die Zahl von 12 Mio. jato beruht auf verschiedenen statistischen Angaben über die Vorkriegsproduktion dieser Länder im Stat. Jb. Stahlind.

Thomasstahl über 90 % der Gesamtproduktion ausmachte und die Nachfrage nach Qualitätsstählen auch durch die leicht erhöhte Kapazität nicht gedeckt wurde.

b) Das Gesamtunternehmen als Rüstungsbetrieb bis zum Ende des Geschäftsjahres 1940/41

Die Situation des Bochumer Vereins während der ersten zwei Kriegsjahre war betriebswirtschaftlich gekennzeichnet durch eine weitgehende Reduzierung des bisherigen Produktionsumfanges für den Zivilbereich und einer dazu umgekehrt verlaufenden Entwicklung im Bereich der Rüstungsfertigung. Diese Umstellungen wurden durch bedeutende Darlehen und Zuschüsse von seiten des Reiches wesentlich erleichtert. Sie lassen andererseits aber auch eine mangelnde Kriegsvorbereitung unter dem Aspekt der Tiefenrüstung im mikroökonomischen Bereich des Bochumer Vereins erkennen.

Die Tatsache, daß der Bochumer Verein zusammen mit anderen Konzernunternehmen der VSt schon im Jahre 1943 die nicht unerheblichen Darlehenssummen zurückzahlen konnte und damit die in der Regel zehnjährige Rückzahlungsfrist für die zinslosen Reichsdarlehen erheblich unterschritt, läßt auf einen vom unternehmerischen Standpunkt günstigen Geschäftsverlauf in den ersten Kriegsjahren schließen. Die Produktion von Kriegsgerät mußte trotz zahlreicher Unstimmigkeiten zwischen dem Unternehmen und den zuständigen Wehrmachtsstellen hohe Gewinne einbringen. Mit dem Kriegsausbruch im September 1939 kam es im vierten Quartal des Geschäftsjahres 1938/39 erstmals zu einer Stagnation in der von 1933 an kontinuierlichen wirtschaftlichen Aufwärtsentwicklung. Die Trendwende war nach Aussagen der Werksleitung nicht nur durch den Wegfall eines Großteils der Exportgeschäfte bedingt, die trotz politischer Hemmnisse vor 1939 gerade im Bereich des Eisenbahnmaterials für das Unternehmen einen wichtigen Bilanzpunkt bildeten, sondern in stärkerem Maße durch die Einberufung von rund 9 % der männlichen Belegschaft zum Kriegsdienst sowie durch Erzeugungsumstellungen und die Ausrichtung des Unternehmens auf die im Mobilmachungsplan genannten Ziele[137].
Diese Entwicklung setzte sich auch im ersten Quartal des Geschäftsjahres 1939/40 fort, das durch eine optimale Auslastung der Hammer-, Schmiede- und Preßwerke des Bochumer Vereins charakterisiert war; Unternehmensbereiche, die in der überwiegenden Zahl Produkte für die Wehrmacht herstellten. Daneben verlagerte sich der Auslandsabsatz von überseeischen und mit dem Reich im Kriegszustand befindlichen Länder auf süd- und südosteuropäische Märkte. Trotz des Kriegszustandes mit den

137 Vgl. Bericht über das Geschäftsjahr 1938/39, ArchBV 12300 Nr. 3a.

westeuropäischen Mächten stieg der Auftragseingang für südost- und südwesteuropäische Staaten nach Beendigung des Polenfeldzuges in einem Maße an, daß die Unternehmensleitung für die Erledigung von Auslandsaufträgen längere Lieferzeiten festsetzen mußte[138].

Eine Besserung der wirtschaftlichen Situation des Unternehmens setzte bereits im dritten Quartal des Geschäftsjahres 1939/40 durch eine Steigerung der Umsatzmenge und des Umsatzwertes ein. Einige Unternehmensbereiche, so die Stahlgießerei, waren im Frühjahr 1940 bereits in einem solchen Umfang ausgelastet, daß keine weiteren Aufträge angenommen werden konnten. Die Geschäftsleitung beklagte allerdings im Juli 1940 einen Rückgang der Rohstoffvorräte um mehr als 10 % im Vergleich zur Vorratshaltung des Vorjahres; besonders im Bereich der Erzversorgung befürchtete der Vorstand des Unternehmens bei unveränderten Lieferbedingungen Engpässe im weiteren Verlauf des Geschäftsjahres[139]. Borbet und Polscher, Vorstandsmitglieder des Bochumer Vereins, betonten in der Gesamtübersicht über den Zeitraum von Oktober 1939 bis September 1940 die Bemühungen des Unternehmens, die Produktion vollständig auf die Erfordernisse der Wehrmacht zu verlagern. Diese Maßnahme mußte sich zwangsläufig zum direkten Nachteil der zivilen Auftraggeber auswirken, und dieser Abnehmerkreis erteilte dem Bochumer Verein aufgrund langer Lieferzeiten nur noch zögernd Aufträge. Nachteilig erwies sich für das Unternehmen die Rücknahme von Aufträgen sowie die Drosselung der laufenden Kriegsproduktion durch das OKH unmittelbar nach Beendigung des Westfeldzuges im vierten Quartal des Geschäftsjahres 1939/40. Dieser Rückgang konnte jedoch durch eine verstärkte Produktion für zivile Auftraggeber weitgehend kompensiert werden[140].

Glaubte die Unternehmensleitung des Bochumer Vereins im Juli 1941 noch, im laufenden Geschäftsjahr die Betriebsergebnisse des Geschäftsjahres 1938/39 übertreffen zu können, so scheiterte dieser Plan durch den Beginn des Rußlandfeldzuges, der erhebliche Störungen im Betriebsablauf und damit Produktionsrückgänge verursachte. Neben einem erneuten Mangel an Arbeitskräften zwangen eine unzureichende Stellung von Güterwagen durch die Reichsbahn und ein temporärer Gasmangel die Werksleitung, einzelne Produktionsbereiche vorübergehend stillzulegen. Weitere Produktionseinschränkungen waren nach Aussagen des Vorstandes auf Versorgungsschwierigkeiten mit Kohle und Koks zurückzuführen[141].

---

138 Vgl. Bericht über das 1. Quartal des Geschäftsjahres 1939/40, ebd. Der Anteil des Exports in außereuropäische Länder betrug 23 %, 77 % der Exporte blieben innerhalb Europas.

139 Vgl. Bericht über das 3. Quartal des Geschäftsjahres 1939/40, ebd.

140 Vgl. Bericht über das Geschäftsjahr 1939/40, ebd.

141 Vgl. Bericht über das Geschäftsjahr 1940/41, ebd.

Die Auslastung des Werkes wird allgemein charakterisiert durch den seit Kriegsausbruch kontinuierlich angestiegenen Auftragsbestand, der sich von 277894 t im Werte von rund 89 Mio. RM am 1. Januar 1940 über 363600 t am 1. Januar 1941 auf insgesamt 380919 t im Werte von etwa 114,2 Mio. RM zum Jahresbeginn 1942 vermehrte und somit eine Steigerung von 37,1 % erfuhr. Der Wert pro Tonne Auftragsbestand fiel allerdings im gleichen Zeitraum von 320,38 auf 299,78 RM; eine Reduzierung, die zurückzuführen ist auf Verlagerungen von Produktionsschwerpunkten und dem Übergang zur Massenfabrikation bestimmter Rüstungsartikel, besonders von Geschossen und Bomben. Sie erzielten einen geringeren Warenwert als die Fertigung von Einzelstücken und Kleinserien[142].

Ein weiteres Indiz für die die Kapazitätsgrenze unter den gegebenen Bedingungen erreichende Auslastung des Bochumer Vereins liefern die Bilanzen des Unternehmens für die Geschäftsjahre 1938/39 bis 1940/41. Sie lassen für diesen zweijährigen Zeitraum ein Ansteigen der Bilanzsumme von rund 98,0 Mio. auf etwa 126,8 Mio. RM erkennen. Auf der Seite der Aktiva war dieser Anstieg bedingt durch eine rapide Zunahme der im Rahmen des Umlaufvermögens bilanzierten Konten für Fertigerzeugnisse und für Forderungen gegenüber Dritten aufgrund bereits erfolgter Warenlieferungen und Leistungen. Im Bereich der Passiva ergab sich aufgrund der Zeitumstände die Notwendigkeit, die Rückstellung für ungewisse Schulden und Eventualereignisse von rund 13,2 Mio. RM im Geschäftsjahr 1938/39 auf über 26 Mio. RM im Geschäftsjahr 1940/41 zu erhöhen. Die Verbindlichkeiten des Unternehmens für Warenlieferungen und Leistungen fremder Firmen stiegen im gleichen Zeitraum um 30,5 % und trugen so zum Ausgleich der Bilanz gegenüber den höheren Aktivposten bei.

Auf seiten der Erträge stieg der Rohgewinn des Bochumer Vereins von 71 Mio. RM zum Bilanzierungstermin 30. September 1939 über 82,2 Mio. RM gegen Ende des Geschäftsjahres 1939/40 auf rund 86,9 Mio. RM zum 30. September 1941. Die Steigerung des Bruttogewinnes während der ersten beiden Jahre der Kriegswirtschaft betrug somit nicht weniger als 22,4 %[143].

Diesem Rohüberschuß standen Aufwendungen gegenüber, die sich seit 1939 nicht unwesentlich erhöht hatten. Allein die Lohn- und Gehaltssumme war von rund 55,5 Mio. RM im Geschäftsjahr 1938/39 auf über 65 Mio. RM während des Geschäftsjahres 1940/41 angestiegen.

Daneben nahmen die Sozialausgaben, verglichen mit der Lohn- und Gehaltssumme während dieses zweijährigen Zeitraumes, überproportional zu. Ihre Steigerungsrate lag bei 42,3 %, gegenüber einer Erhöhung der

142 Nach ArchBV 54307 Nr. 2.
143 Bilanzwerte nach ArchBV 12600 Nr. 5 u. Nr. 6

Lohn- und Gehaltssumme um 17,1 %. Die gerade im Bereich der freiwilligen Sozialaufwendungen höheren Ausgaben sind einerseits auf die Zahlung von Unterstützungen und Beihilfen an eingezogene Belegschaftsmitglieder und deren Familien sowie auf eine verstärkte Sozialbetreuung dieser Personengruppe zurückzuführen. Andererseits wurde die Höhe dieser Summe vom Bau zusätzlicher betriebsinterner Sozialeinrichtungen beeinflußt, die im Rahmen der Beschäftigung von Frauen und Kriegsgefangenen notwendig wurden, nicht aber im Bereich der gesetzlichen Sozialaufwendungen zu bilanzieren waren.

Die vom Bochumer Verein aufzubringende Steuersumme stieg von etwa 6,1 Mio. RM im Geschäftsjahr 1938/39 um 95,1 % auf 11,9 Mio. RM im folgenden Geschäftsjahr. Diese Steigerung beruht auf dem Versuch, durch eine Erhöhung der Gewinn-, Körperschafts- und Besitzsteuern die Unternehmensgewinne auf einem unveränderten Niveau zu fixieren, um so ein allzu starkes Divergieren zwischen dem Einkommen der Unternehmer und dem der Arbeitnehmer zu verhindern. Diese Maßnahme der Gewinnabschöpfung zeigte allerdings 1940/41 einen nur geringen Erfolg, als trotz eines um 5,7 % gestiegenen Rohüberschusses die Summe der vom Bochumer Verein aufgebrachten Steuern von 11,9 Mio. auf etwa 10 Mio. RM fiel.

Zusammenfassend muß festgestellt werden, daß nach Ausbruch des Krieges das Management des Bochumer Vereins weitere Produktionskapazitäten für die Rüstungsfertigung zur Verfügung stellte. Die Herstellung von Gütern für die Wehrmacht sicherte dem Unternehmen einen ausreichenden Auftragsbestand und Beschäftigungsgrad. Die geringe Konkurrenz im Bereich der SM- und Elektrostahlerzeugung einerseits und eine steigende Nachfrage nach Qualitätsstählen andererseits erhöhten den Stellenwert des Unternehmens in der deutschen Rüstungswirtschaft. Wiederholte Produktionsumstellungen und veränderte Fertigungsprioritäten führten allerdings zu einem nicht immer optimalen Betriebsergebnis und stellten einen Grund für die rückläufigen Erzeugungsziffern dar. Weitere, jedoch kaum als gravierend zu bezeichnende Produktionshemmnisse ergaben sich aus einer unzureichenden Wagenstellung durch die Reichsbahn, einem zeitweiligen Mangel an Energie sowie den Ausfallzeiten während der Luftalarme.

Die Einberufung vieler Belegschaftsmitglieder und deren betriebswirtschaftlich problematische Ersetzung durch Frauen, Kriegsgefangene und Fremdarbeiter dürfte allerdings in erster Linie für die sinkende Produktion verantwortlich sein.

8. Der Bochumer Verein und die Neuordnung der Kriegswirtschaft unter Speer

Ohne die Stufe der Wehrwirtschaft zu verlassen, hatte Deutschland in den ersten beiden Kriegsjahren seine Gegner in Europa ausschalten oder weitgehend zurückdrängen können. Nach kürzeren Feldzügen, für die im Rahmen von Produktionsumstellungen die notwendige militärische Ausrüstung von der Industrie bereitgestellt wurde, war es wieder zu einer relativen Normalisierung im wirtschaftlichen Bereich gekommen[144]. Die deutsche Bevölkerung, soweit sie nicht an der unmittelbaren Kriegsführung beteiligt war, erlebte die Kriegsauswirkungen nur indirekt durch eine Verschlechterung der Arbeitsbedingungen, und die Versorgung der deutschen Zivilbevölkerung erfuhr nach Ausbruch des Krieges nur in einigen Teilbereichen eine Verschlechterung[145].

Die Intensivierung des Krieges nach dem Angriff auf die Sowjetunion bedingte Maßnahmen, wie sie Wirtschaftswissenschaftler sowohl in Deutschland als auch auf seiten der Gegner Deutschlands vorausgesagt hatten, indem sie den Krieg als eine den Verlauf der Wirtschaft bestimmende Erscheinung ansahen. Er war damit nach Neal zu einer Plattform geworden, auf der nicht allein die militärischen Potentiale der kriegführenden Mächte aufeinandertrafen, sondern auf der die Streitkräfte lediglich das Wirtschaftspotential und die wirtschaftlichen Möglichkeiten der Kriegsgegner repräsentierten[146].

Aufgrund der höheren Anforderungen der Wehrmacht wurde es notwendig, die Wirtschaft stärker auf die Bedürfnisse des Krieges auszurichten. Der Intensivierung der Kriegshandlungen im Sinne eines »totalen Krieges« mußten entsprechende Maßnahmen im rüstungswirtschaftlichen Bereich folgen. Die veränderte Lage des Jahres 1941/42 hob die noch vorhandene unternehmerische Dispositionsfähigkeit auf und ersetzte sie durch den Versuch einer zentralistisch-pragmatischen Wirtschaftslenkung. Damit wurden politische Faktoren in einem weitaus größeren Umfang als bislang Determinanten der mikroökonomischen Prozesse. Von diesen Maßnahmen war nicht zuletzt der Bochumer Verein als bedeutender Hersteller von Geschossen, Geschützen, Panzerplatten, Panzerguß und mittelbaren Rüstungsgütern wie Spezialstählen für die Zünderfertigung und Kurbelwellen für Flugzeugmotore betroffen.

Die Zäsur des Jahres 1941/42 war politisch und ökonomisch charakterisiert durch die Neubesetzung des Ministeriums für Bewaffnung und Munition mit Albert Speer im Februar 1942 und den mit seinem Amtsantritt

---

144 Vgl. *Milward*, Kriegswirtschaft, S. 31 ff.
145 Vgl. *Burchardt*, S. 80 ff.
146 Vgl. *Neal*, S. 1.

einsetzenden Veränderungen in der Organisation der deutschen Kriegswirtschaft[147]. Ziel der Bemühungen Speers war es, bürokratische Hemmnisse der Produktion abzubauen und Leistungssteigerungen im Rahmen einer engen Zusammenarbeit zwischen Wirtschaft und Wehrmacht und durch die Zentralisierung von Fertigungen zu realisieren. Aufträge waren nicht mehr wie bisher von den einzelnen Wehrmachtsteilen getrennt an die Industrie zu vergeben, sondern sie waren über eine Koordinierungsinstanz des RMfBuM den Industriebetrieben nach deren Leistungsfähigkeit zuzuteilen[148]. Wenige Monate nach der Übernahme des RMfBuM durch Speer erteilte Hitler die Genehmigung zur Bildung der »Zentralen Planung«, einem Ausschuß, der die Rohstoffzuteilung für alle Wirtschaftsbereiche übernahm und gegen dessen Beschlüsse es keinerlei Einspruchsmöglichkeiten gab. Dem bisherigen Kampf um Kontingente und Zuteilungen von Rohstoffen und knappen Materialien folgten eine zentrale Verwaltung und Verteilung dieser Produkte, die nicht unerheblich zur Steigerung und Effizienz des gesamten ökonomischen Systems beitrugen[149].

Ein weiterer Schritt im Rahmen der Bemühungen, die Leistungen der Rüstungswirtschaft zu steigern, stellte die Gründung der Reichsvereinigung Eisen dar, die die bis zu diesem Zeitpunkt tätige Reichsstelle für Eisen und Stahl der gewerblichen Wirtschaft ersetzte[150]. Nach Aussagen ihres Leiters, des Industriellen Hermann Röchling, wurde mit der Reichsvereinigung Eisen eine notwendige Angleichung des Organisationsprinzipes der eisen- und stahlerzeugenden Industrie an das staatliche Führersystem realisiert. Die Reichsvereinigung sollte unter möglichster Einsparung von Material und einer Reduzierung bürokratischer Einrichtungen eine effiziente Verwaltung dieses Industriezweiges ermöglichen. Der zentralen Auftrags- und Rohstoffvergabe unter der Kontrolle des Speer-Ministeriums stand im mikroökonomischen Bereich die Bildung von Ausschüssen und Ringen als Versuch eines industriellen Selbstverantwortungssystems gegenüber[151]. Während die Ausschüsse – für die Produktion der verschiedenen Waffenarten waren insgesamt 13 eingerichtet worden – eine vertikale Konzentration im Bereich der Endfertigung bildeten und durch sie die Produktion der Rüstungsgüter in den einzelnen Werken aufeinander abgestimmt wurde, waren die Ringe für die Bereitstellung von Produkten verantwortlich, die in der Endfertigung benötigt wurden[152]. Ringe und

---

147 Vgl. *Janssen,* S. 38 ff.
148 Ebd., S. 43 f.
149 Vgl. *Milward,* Kriegswirtschaft, S. 77.
150 Vgl. *Homan,*S. 26 f.
151 Vgl. *Boelcke,* Rüstung, S. 9
152 Vgl. *Esenwein,* S. 129 f.

Ausschüsse waren damit Zusammenschlüsse von Firmen mit gleichen Produktionsbereichen. Die VSt als größter deutscher Rüstungskonzern waren unter anderem durch Arthur Tix, Direktor beim Bochumer Verein, in dieser Organisation der Rüstungswirtschaft vertreten. Tix gehörte dem Sonderausschuß 10 (Waffen) an und leitete die Hauptgruppe für Vormaterial, ein Produkt, das der Bochumer Verein in der Form von industriellem Halbzeug herstellte und an eine Vielzahl von Rüstungsfirmen lieferte[153].
Im Selbstverständnis Speers waren die politisch-ökonomischen Bemühungen seines Ministeriums und der übrigen Institutionen, die wirtschaftliche Aufgaben wahrzunehmen hatte, bestimmt durch das Streben nach Leistungssteigerung einerseits und der Einsparung von Arbeitskräften andererseits[154]. Seinem Anspruch, die Rüstungswirtschaft zentral zu steuern, stand der Wunsch der Ruhr-Industrie nach wirtschaftlicher Selbständigkeit und Autonomie gegenüber. Speer kam diesen Forderungen sogar unter den gegebenen Zeitumständen nach, indem er einen Teil der wirtschaftlichen Entscheidungsmöglichkeiten auf die mikroökonomische Ebene zurückverlagerte. Diese Kompetenzübertragung stellte eine Konzession an die Industrie dar, da Speer in anderen Bereichen Eingriffe für unvermeidbar hielt.
Die Bereitschaft, verstärkt im Bereich der Rüstung zu produzieren und die mit der aktuellen Situation, der Intensivierung und Totalisierung des Krieges, gegebenen Umständen zu akzeptieren, war nach Speer nicht bei allen Unternehmen gleich groß. Während die Firma Krupp ein weitgehendes Engagement im Bereich der Rüstungswirtschaft vermeiden wollte, arbeiteten die Konzernwerke der VSt mit großem Enthusiasmus in der Rüstungsproduktion. Führende Mitarbeiter dieses Konzerns waren nach Speer in den Selbstverwaltungsorganen der Wirtschaft sehr viel häufiger vertreten als Mitarbeiter der Firma Krupp[155].
Speers Maßnahmen in den ersten beiden Jahren seiner Tätigkeit als RMfBuM waren durch eine Rationalisierung der rüstungswirtschaftlichen Instanzen und durch eine steigende Selbstverantwortung auf mikroökonomischer Ebene geprägt. Er konnte so die Rüstungsproduktion während des ›totalen Krieges‹ bei gleichzeitigen Einschränkungen im Bereich der zivilen Konsumgüterproduktion wesentlich steigern.
Das RMfBuM wurde infolge der Intensivierung des Bombenkrieges gegen die Montanindustrie und gegen die Chemiewerke an der Ruhr gezwungen, zur Beseitigung der aus den Luftangriffen resultierenden Schäden im rheinisch-westfälischen Industriegebiet den sogenannten »Ruhrstab« in

---

153 Vgl. *Ludwig*, Technik, S. 368.
154 Vgl. *Speer, A.*, Selbstverantwortung in der Rüstungsindustrie, in: Der Vierjahresplan 1943, S. 242.
155 Vgl. Protokoll einer Unterredung mit Albert Speer am 5. 1. 1978.

Kettwig einzurichten. Er versuchte auf regionaler Ebene unter Mitwirkung der Organisation Todt und von Instandsetzungseinheiten der Wehrmacht die durch Luftangriffe lahmgelegten Rüstungsbetriebe und zerstörten Transportwege in möglichst kurzer Zeit zu reparieren. Rüstungswirtschaftliche Überlegungen standen hierbei gegenüber militärisch-strategischen Fragen eindeutig im Vordergrund; ihre Priorität zeigte sich in der Besetzung des Ruhrstabes mit führenden Montanindustriellen wie Vögler und Rohland[156]. Seine Tätigkeit bestand aus einer Summe von Ad-hoc-Maßnahmen, die in ihrer Gesamtheit dazu bestimmt waren, die Rüstungsproduktion und die Erzeugung besonders dringlich benötigter Artikel auf einem möglichst hohen Niveau zu halten.

Die Tatsache, daß die Ruhrindustrie unter Speer trotz vielfältiger Maßnahmen zur zentralen Produktionsleitung einen Entscheidungsraum auf mikroökonomischer Ebene beibehalten konnte, läßt auf die Bedeutung dieser Region in der deutschen Rüstungswirtschaft schließen. Es bleibt die Frage zu beantworten, in welchem Maße die nach 1942 getroffenen Entscheidungen die Stellung des Bochumer Vereins in der deutschen Rüstungswirtschaft verändert und die ökonomische Entwicklung dieses Hüttenwerkes beeinflußt haben?

Die Annahme, die ökonomische Entwicklung des Bochumer Vereins nach 1942 sei ausschließlich durch makroökonomische Lenkungsmaßnahmen bestimmt worden, wird der Vielfalt der Faktoren, die den Gang der Unternehmensgeschichte beeinflußten, kaum gerecht. Monokausale Modelle werden nicht ausreichen, um firmenspezifische Prozesse hinreichend zu erklären. In der zweiten Kriegshälfte wurde die ökonomische Situation des Bochumer Vereins vor allem von drei Faktoren bestimmt:

(1) Anforderungen an den Bochumer Verein von seiten der Wehrmacht und den mit der Wirtschaftslenkung beauftragten Instanzen.

(2) Beeinträchtigungen des Produktionsverlaufs durch die von 1943 an verstärkt einsetzenden Luftangriffe. Die Alliierten erkannten zwar erst nach Kriegsende in vollem Umfang die strategische Bedeutung des Bochumer Vereins, das Werk wurde jedoch im Zuge der Angriffe auf das Ruhrgebiet immer wieder bombardiert.

(3) »Exogene« Faktoren bestimmten in weiten Bereichen die Produktion und die Möglichkeit, ob überhaupt produziert werden konnte. So hatte das Unternehmen gegen einen permanenten Arbeitskräftemangel und mit Schwierigkeiten in der Versorgung mit Rohstoffen und Energie zu kämpfen.

Die Maßnahmen zur Wirtschaftslenkung, die eine Anpassung der Wirt-

---

156 Vgl. *Janssen,* S. 147; *Webster,* Bd. 2, S. 258.

schaft an den »totalen Krieg« ermöglichen sollten, konnten nur in bedingtem Umfang zur Anwendung gelangen, da sie durch andere Ereignisse gestört und zum Teil ihrer Wirksamkeit beraubt wurden. In diesem Zusammenhang erscheint es nicht verwunderlich, daß aufgrund der Vielfalt der Ereignisse die Faktoren, die die ökonomische Entwicklung des Bochumer Vereins in der zweiten Kriegshälfte bestimmten, in ihrer Vielschichtigkeit kaum rekonstruiert werden können. Makroökonomische Leitlinien haben dennoch offensichtlich über weite Strecken hinweg die Unternehmensgeschichte des Bochumer Vereins beeinflußt. Wichtige Entscheidungen wurden – mit Ausnahme des Bereichs der industriellen Selbstverantwortung unter Speer – zentral getroffen.
Die Bombenangriffe hatten allerdings bis zum Jahre 1944 in keinem Fall die von den Alliierten erhofften Wirkungen, da es dem Bochumer Verein fast immer gelang, die aus den Angriffen resultierenden Schäden innerhalb weniger Tage auszubessern und damit den Produktionsausfall gering zu halten.

IV. Die technische Entwicklung des Bochumer Vereins und Veränderungen im Fertigungsbereich

Eine Rationalisierungskonjunktur hatte während der 20er Jahre gezeigt, wie eng die ökonomische Stellung eines Hüttenbetriebes von der technischen Ausstattung abhing. Lediglich Unternehmen mit modernsten technischen Einrichtungen waren in der Lage, ihre Marktstellung zu behaupten, während Hüttenbetriebe mit veralteten Produktionseinrichtungen kaum mehr mit Gewinnen produzieren konnten.

1. Der Hüttenbereich des Bochumer Vereins

Die Geschäftsleitung des Bochumer Vereins hatte im Anschluß an den 1. Weltkrieg die Notwendigkeit von Rationalisierungsmaßnahmen erkannt und einen Investitionsplan entwickelt, mit dessen Hilfe eine kontinuierliche Erneuerung der Produktionsanlagen durchgeführt werden sollte. Den Umbau der zum Teil über 40 Jahre alten Hochöfen nahm man als erstes in Angriff, und nach einer siebenjährigen Bauzeit konnte man die Arbeiten 1929 weitgehend abschließen. Vier Öfen mit einem Inhalt von je 520 bis 540 m^3 standen seit dieser Zeit zur Verfügung. Die damit geschaffene Roheisenkapazität überstieg bereits zum Zeitpunkt der Fertigstellung des letzten Ofens die Absatz- und Weiterverarbeitungsmöglichkeiten des Unternehmens, so daß in den folgenden Jahren höchstens drei Öfen parallel betrieben wurden, während der vierte Ofen neu zugestellt oder als Reserveofen in Bereitschaft gehalten wurde.
Weitere Neubauten wurden angesichts der modernen, leistungsfähigen Anlagen auch im Zuge des Wirtschftsaufschwunges nach 1933 im Hüttenbereich des Bochumer Vereins nicht notwendig; lediglich einzelne Verbesserungen wurden vorgenommen, die eine Angleichung der vorhandenen Einrichtungen an den Stand der technischen Entwicklungen ermöglichten. Zu den Neuerungen im Eisenhüttenbereich zählten die Neuzustellungen und der damit verbundene Umbau des Hochofens II, der bereits 1876 als erster Hochofen des Unternehmens angeblasen worden war und nach seinem Umbau im Jahre 1922 mit einem Inhalt von 525 m^3 eine um rund 74 % höhere Roheisenerzeugung gegenüber den Vorjahren erreichte[1]. Der gesamte Gestell- und Rastpanzer des Ofens wurden bei dem Umbau

1 Vgl. *Schaar,* stat. Anhang.

erstmals in der Hochofentechnik geschweißt, während bislang Schwierigkeiten bei der Haltbarkeit von stumpf geschweißten Blechpanzern ein derartiges Verfahren als unmöglich hatten erscheinen lassen. Dieses 1936 beim Bochumer Verein als erstem Werk durchgeführte Verfahren ersetzte den Zusammenbau des Hochofenpanzers durch schwere Stahlgußplatten, die mit Schrauben, Schrumpfringen und -bändern zusammengehalten wurden. Eine dünnwandige Ausmauerung des Ofens mit feuerfestem Material sowie der Einbau neu entwickelter Kühlkästen führten daneben nicht nur zu einer erhöhten Wirtschaftlichkeit gegenüber den konventionellen Konstruktionen, sondern darüber hinaus zu einer verringerten Unfallgefahr durch eine besondere Anordnung des Stichloches, der Kipprinne für den Roheisenabstich sowie durch eine Neukonstruktion der Schlackenpfanne[2].

Trotz dieser technischen Neuerungen im Hochofenbereich, bei deren Bau eine für den gesamten Hochofenkomplex arbeitende Gichtgasreinigungsanlage errichtet wurde, blieb der von den Behörden des Vierjahresplanes geforderte höhere Einsatz von Fe-armen Inlandserzen beim Bochumer Verein aus. Er hatte sich aufgrund metallurgischer Voraussetzungen lediglich bei der Erzeugung von Thomas-Roheisen als sinnvoll erwiesen, während das für die SM-Stahlerzeugung benötigte Hämatit-Roheisen und Stahleisen aus hochwertigen inländischen und ausländischen Erzen erschmolzen werden mußte[3]. Unter diesen Voraussetzungen betrug der Anteil ausländischer Erze am Gesamtverbrauch des Bochumer Vereins im Kalenderjahr 1938 noch 98,4 %, während lediglich 23768 t inländischen Erzes bei einem Gesamtumsatz von 1444848 t zur Verhüttung kamen[4]. Dabei konnten immerhin noch rund 37 % des verhütteten Inlanderzes als Fe-reich bezeichnet werden, die Restmenge wurde bis auf einen Anteil von 1,4 %, der dem Hochofenmöller direkt zugesetzt wurde, in der Sinteranlage des Bochumer Vereins für den Hochofeneinsatz angereichert.

2. *Der Stahlwerkskomplex*

Während die wichtigsten Investitionen und Neubauten im Hüttenbereich des Bochumer Vereins bis zum Beginn der Weltwirtschaftskrise abgeschlossen werden konnten, wurde eine kontinuierliche Weiterführung des Investitionsprogrammes durch die Wirtschaftsbaisse verhindert. Aus die-

---

2 Vgl. *Stoecker, L.*, Bemerkenswerte Neuerungen bei einer Hochofenzustellung, in: Stahl & Eisen 1938, S. 965 ff.

3 Hier kamen besonders manganreiche Erze des Siegerländer Spateisensteinreviers sowie des nassauisch-oberhessischen Eisenerzreviers zur Verhüttung.

4 Nach USSBS-Report No. 76 BV. Die Statistiken wurden im Mai 1945 vom BV angefertigt.

sem Grunde konnten die Neu- und Umbaumaßnahmen im Stahlwerkbereich erst vorgenommen werden, als die Auslastung des Werkes eine mit Gewinnen verbundene Produktion ermöglichte und die Werksleitung erkannte, daß im Zuge der weiteren Konjunkturentwicklung die Stahlerzeugungskapazitäten nicht ausreichen würden.
Im Rahmen des Wirtschaftsaufschwunges nach 1933 zeigte sich, daß vor allem das Stahlwerk I des Bochumer Vereins, in dem überwiegend hochwertige Stähle für die Schmiedebetriebe, die Walzwerke und für den Stahlformguß produziert wurden, weder qualitäts- noch mengenmäßig den gestellten Anforderungen gewachsen war und daß der Umbau oder Neubau dieses Werksbereiches höchste Priorität besaß[5]. Nachdem sich die Werksleitung und die zentralen Ausschüsse der VSt für einen Abbruch des Stahlwerkes I und die Neuerrichtung eines Stahlwerkes an gleicher Stelle entschieden hatten, bestand die Schwierigkeit, dieses Bauvorhaben unter möglichst geringen Produktionsausfällen auszuführen. Im Rahmen des Investitionsvorhabens war geplant, ein neues Stahlwerk mit sechs Siemens-Martin-Öfen von je 35 t Chargenkapazität zu errichten, die mit saurem Einsatz qualitativ hochwertigen SM-Stahl erzeugen sollten.
Nach dem Umbau der Hallen des Stahlwerkes I, die gegenüber den alten Betriebsanlagen eine wesentliche Vergrößerung erfuhren, und dem Einbau der technischen Einrichtungen konnten von März bis September 1936 die ersten drei SM-Öfen in Betrieb genommen werden[6]. Hierbei handelte es sich um von der Demag konstruierte Kaltgasöfen der Bauart Hoesch mit einer aus Qualitätsgründen sehr niedrig gehaltenen mittleren Badtiefe von 210 mm, die bei basischem Betrieb 5,93 t Rohstahl pro Stunde, bei saurem Einsatz 5,17 t Rohstahl produzierten[7]. Mit Abschluß dieses Bauabschnittes gegen Ende des Geschäftsjahres 1935/36 waren die für den Umbau des Stahlwerkes I zur Verfügung gestellten Mittel in Höhe von 10 Mio. RM bereits vor Abschluß des Gesamtbauvorhabens verbraucht. Der weitere Ausbau verzögerte sich daher zunächst um einige Monate, in denen allerdings auch entscheidende Veränderungen gegenüber den ursprünglichen Bauplänen beschlossen wurden. Hatte man bis Ende des Geschäftsjahres 1935/36 im Stahlwerk I drei der geplanten sechs SM-Öfen in Betrieb nehmen können, so entschied sich die Unternehmensleitung bei Abschluß dieses Bauabschnittes aufgrund veränderter Qualitätsansprüche der Abnehmer, insbesondere bei Spitzenerzeugnissen aus schweren Schmiedeblöcken, die mit dem herkömmlichen, in sauerer Zustellung erzeugten SM-Stahl nicht mehr erreicht werden konnten, nur noch einen

5 Vgl. Die Stahlwerke des BV 1933–1965, ArchBV 41200 Nr. 1.
6 Im Verlauf der Umbauarbeiten war es lediglich zu einer Produktionseinschränkung von 22 % im Stahlwerk I gekommen.
7 Vgl. Die Stahlwerke des BV 1933–1965, S. 6, ArchBV 41200 Nr. 1.

weiteren SM-Ofen im Stahlwerk I aufzustellen, die restlichen Kapazitäten jedoch in Form von Elektro-Öfen zu erstellen[8]. Beide Öfen, sowohl der Elektro-Ofen I als auch der Elektro-Ofen II, konnten bereits im Jahre 1938 den Betrieb aufnehmen und ergänzten sinnvoll das Produktionsprogramm des Bochumer Vereins an hochlegierten Stählen für extrem hohe Beanspruchungen.

Das im Jahre 1912 errichtete, nach dem Roheisenerzverfahren arbeitende Stahlwerk II wurde 1935 um einen Vorfrischmischer erweitert, die Krananlagen wurden ergänzt, so daß die Produktion um 18,8 % gesteigert werden konnte. Das Stahlwerk II belieferte auch das Stahlwerk I und goß mit diesem und dem Elektrostahlwerk zusammen schwere Schmiedeblökke. Im Stahlwerk II wurden infolge des »jungfräulichen Einsatzes« Tiefzieh-, unlegierte Werkzeug- und Kugellagerstähle von besonderer Qualität hergestellt[9].

Das Stahlwerk IV des Bochumer Vereins war im Rahmen der VSt-Gründung 1926 aus dem Stumm-Besitz in den Werksbereich des Bochumer Vereins integriert worden, mußte jedoch bereits 1928 aufgrund zu hoher Stahlerzeugungskapazitäten stillgelegt werden. Dieser Unternehmensbereich konnte erst 1935 wieder die Produktion aufnehmen, als umfangreiche Aufträge zur Herstellung schwerer Panzerkuppeln für die Westwall-Befestigungsanlagen beim Bochumer Verein eingingen. Im Zuge der Wiederinbetriebnahme des Stahlwerkes IV wurden von Juni 1935 an zunächst drei mit Generatorgas beheizte SM-Öfen in Betrieb genommen, während vier weitere Öfen technisch veralteter Bauweise nacheinander abgerissen und bis 1938 durch drei 70-t-Ferngasöfen ersetzt wurden[10]. Die Aufträge zur Herstellung von Panzerkuppeln, die 1935/36 dem Wert nach immerhin 0,5 % des gesamten Umsatzes ausmachten, bedingten darüber hinaus eine Erweiterung der Gieß- und Ofenhalle des Stahlwerkes IV um 96 m sowie den Einbau von drei neuen Krananlagen[11].

Da die beim Bochumer Verein erzeugten SM-Stähle trotz eines hohen Qualitätsstandards für einzelne Produkte nicht verwendet werden konnten, das SM-Verfahren den Einsatz von Legierungsmetallen nicht in beliebiger Höhe zuläßt und die Tiegelstahlproduktion aus ökonomischen Gesichtspunkten bereits 1925 eingestellt worden war, mußten neue Stahlgewinnungstechnologien eingeführt werden, um die Herstellung legierter Stähle für höchste Beanspruchung zu ermöglichen. Als praktikabel erwies

8 Hier ist eine Veränderung des Kundenkreises zu berücksichtigen. Der BV stellte nach 1936 eine Vielzahl von Schmiedeerzeugnissen für die petrochemische Industrie in Form von hitze-, druck- und korrisionsbeständigen Kesseln und Reduktionsbehältern her.

9 Vgl. Die Stahlwerke des BV 1933–1965, S. 5 ff., ArchBV 412200 Nr. 1.

10 Ebd., S. 14.

11 Berechnet nach den Betriebsergebnissen in ArchBV 15400 Nr. 2b.

sich unter diesen Bedingungen lediglich das Elektrostahlverfahren, das nach dem 1. Weltkrieg bereits eine weite Verbreitung gefunden hatte.
Der Bochumer Verein entschied sich im Jahre 1934 für den Bau eines Lichtbogen-Elektrostahlofens der Bauart Demag-AEG mit einer Kapazität von 12 t Abstichgewicht und nahm diesen Ofen am 19. Februar 1935 in Betrieb[12]. Zum Produktionsprogramm des Elektrostahlofens, zu dem bis 1942 zwei weitere Elektroöfen mit einem Chargengewicht von 35 und 6 t hinzugebaut wurden, gehörten nichtrostende Stähle, Transformatorenstähle mit besonderen magnetischen Eigenschaften, Kugellager- und Geschützrohrstähle, höher legierte Einsatz- und Vergütungsstähle sowie Qualitätsstähle für den Stahlformguß und für schwere Bauteile für den Großmaschinenbau, für die Elektro- und die chemische Industrie[13].
Der schon erwähnte Trend zu hochlegierten Qualitätsstählen zeigte sich in der Produktionssteigerung des Elektrostahlwerkes, das 1935 mit etwa 10000 t die Produktion aufnahm, 1938 etwa 36400 t Rohstahl produzierte und im Kalenderjahr 1939 mit 71100 t die Grenzen seiner Leistungsfähigkeit erreichte. Damit stammten bereits 1939 6 % der beim Bochumer Verein erzeugten Gesamtrohstahlmenge aus Elektrolichtbogenöfen. Die Herstellungskosten dieser Rohstahlqualität lagen durchschnittlich um 101,4 % über den Herstellungskosten des in den Stahlwerken II bis IV erzeugten SM-Stahls[14].
Nach diesen erst 1939 vollendeten Umbauarbeiten standen dem Bochumer Verein auf dem Gelände der Gußstahlfabrik an der Allee-Straße zwei im Verbund arbeitende Stahlwerke mit drei Vorfrischmischern mit 300 t Chargenkapazität und einem Vorfrischmischer mit 350 t Kapazität zur Verfügung, denen 6 SM-Öfen à 60 t, 4 SM-Öfen à 35 t, 2 Elektro-Öfen à 35 t und je ein Elektro-Ofen mit 12 und 6 t Kapazität nachgeschaltet waren. Zum Abgießen des Rohstahls waren eine 320 m lange Hauptgießhalle sowie drei kleinere, parallel dazu verlaufende Gießhallen vorhanden; sie entsprachen aufgrund ihrer Ausstattung mit modernsten Kran- und anderen Hilfseinrichtungen dem internationalen Standard. In den den Stahlwerken I und II angegliederten Gießhallen waren Blockgüsse von 110 kg bis 140 t möglich, für die insgesamt 116 verschiedenen Kokillenformate zur Verfügung standen[15]. Hier war unter anderem die Herstellung von Verbundstahl möglich[16].
Im Stahlerk III, im 1925 errichteten Unternehmenskomplex Höntrop ge-

12 Zu den verschiedenen Systemen der Elektrostahlöfen siehe: *VDEH*, S. 123 ff.
13 Die Aufstellung des Produktionsprogrammes wurde übernommen aus: Die Stahlwerke des BV 1933–1965, S. 7, ArchBV 42100 Nr. 1.
14 Vgl. hierzu: Rohstahlerzeugung des BV, ArchBV 15400 Nr. 2d.
15 Vgl. Die Stahlwerke des BV 1933–1965, S. 12, ArchBV 42100 Nr. 1.
16 Hierbei handelt es sich um Stähle für Vignol- oder Rillenschienen, die aus verschleißfestem Chrom-Hartstahl sowie unlegiertem Stahl einer Festigkeit von 50–60 kg/mm² bestanden.

legen, verfügte der Bochumer Verein über zwei SM-Öfen mit 125 t und zwei weitere SM-Öfen mit 180 t Kapazität, die alle mit Mischgas beheizt wurden und kippar waren. Sie übertrafen somit sowohl von ihrer Konstruktion als auch von ihrer Kapazität den damaligen Standard. Diese vier Öfen erreichten bei Parallelbetrieb und einer für diesen Ofentyp maximalen Leistung von etwa 3 Chargen pro Tag eine Monatskapazität von rund 29000 t Rohstahl.

3. Die Roheisen- und Rohstahlproduktion

Dem Konjunkturaufschwung nach 1933 folgte ein Anstieg der Roheisenproduktion des Bochumer Vereins von 391 440 t im Geschäftsjahr 1933/34 über 494964 auf 658452 t im Geschäftsjahr 1935/36. Der Anstieg der Roheisenerzeugung des Bochumer Vereins betrug 1935 gegenüber dem Vorjahr 21,2 % und im folgenden Jahr 27,1 % gegenüber 1935[17].
Der Bochumer Verein stand mit diesen Betriebsergebnissen zwar weit hinter der Steigerung der Reichsproduktion 1935 von 47,4 %, aber nur unwesentlich hinter dem Ergebnis des rheinisch-westfälischen Industriereviers mit einer Steigerung der Roheisenproduktion von 24,7 % zurück. Die Steigerung vom Kalenderjahr 1935 zum Kalenderjahr 1936 lag beim Bochumer Verein mit 27,1 % allerdings signifikant über den Werten, die im gleichen Zeitraum im Reich und in Rheinland-Westfalen mit jeweils etwa 20 % erreicht wurden[18]. Dieser im Vergleich mit dem Reich und dem Ruhrgebiet retardierte Konjunktur- und Produktionsanstieg im Roheisenbereich des Bochumer Vereins ist weder auf mangelnde Hochofenkapazitäten – seit 1930 stand eine Kapazität von mindestens 700000 jato zur Verfügung – noch auf den Einsatz Fe-ärmerer Erze zurückzuführen, da die für die Jahre 1927 bis 1929 typischen Werte für den Verbrauch von Koks je Tonne erzeugtem Roheisen eingehalten werden konnten[19]. Da darüber hinaus der Versand von Roheisen an dritte Werke nur einen relativ geringen Teil der Erzeugung ausmachte, ist der Grund für diesen verzögerten Produktionsanstieg entweder im Bereich der Auftragslage des Bochumer Vereins oder im Bereich der dem Hüttenkomplex nachgeschalteten Stahlerzeugungs- und Weiterverarbeitungsbetriebe zu suchen[20]. Die Rohstahlerzeugung des Bochumer Vereins kann daher allerdings aufgrund der nach 1934 erfolgten Neu- und Umbauten der einzelnen Stahlwerke nur

17 Nach Zahlenangaben in ArchBV 17100 Nr. 2.
18 Nach Stat. Jb. Stahlind. 1938, S. 5.
19 Vgl. *Schaar*, stat. Anh.
20 Der Roheisenversand schwankte in den Geschäftsjahren 1933/34 bis 1935/36 zwischen 0,91 % und 2,14 % der Gesamterzeugung.

bedingt Auskunft über Kapazität und Auslastung im Stahlerzeugungsbereich geben.

Die Erzeugung von Rohstahl stieg von 1934 mit einer Jahresproduktion von 634449 t über 806 222 t im Jahre 1935 auf 889693 t in 1936 an. Die Zunahme der Rohstahlproduktion um 27,1 % von 1934 bis 1935 verlangsamte sich also auf 10,4 % im folgenden Kalenderjahr. Der Grund für diese dem Trend der Roheisenproduktion entgegenlaufende Entwicklung der Rohstahlproduktion ist offensichtlich in einem höheren Auftragsbestand zu suchen, der eine stärkere Ausnutzung der Stahlwerke erlaubte. 1936 kam es zu einer sehr geringen Steigerung der Rohstahlerzeugung wegen der Um- und Ausbauarbeiten im Bereich der Stahlwerke I und II. Diese Maßnahmen bedingten im Stahlwerk I eine Produktionsrückgang von 22 %, während das Stahlwerk II trotz der Umbauten einen Produktionsanstieg von 20,2 %, das erst 1935 wieder in Betrieb genommene Stahlwerk IV einen Anstieg von 100,6 % und das Elektrostahlwerk eine Produktionserhöhung von 28,3 % erreichen konnten[21]. Erstaunlich erscheint in diesem Zusammenhang ein Rückgang der Erzeugungsmenge des Stahlwerkes III, in dessen Bereich bis 1939 keine größeren Veränderungen vorgenommen wurden, um 1,3 % von 319632 jato in 1935 auf 315650 jato in 1936, obwohl das Martinstahlwerk III die günstigsten Selbstkostenwerte innerhalb des Bochumer Vereins erreichte und aufgrund der modernen technischen Ausstattung zu den konkurrenzfähigsten Martinwerken im Reich gehörte.

Mit diesen beim Bochumer Verein erzeugten Rohstahlmengen war das Unternehmen der drittgrößte Stahlerzeuger innerhalb der VSt nach der August-Thyssen-Hütte, die etwa 50 % der Gesamtrohstahlmenge, und dem Dortmund-Hoerder-Hüttenverein, der etwa 30 % des im VSt-Konzern produzierten Rohstahls erzeugte[22]. Die Rohstahlmenge des Bochumer-Vereins machte von 1934 bis 1936 zwischen 14 und 15 % der Konzernmenge aus, während die restlichen Rohstahlmengen auf die kleineren Stahlerzeuger innerhalb der VSt, die DEW, die Hüttenwerke Siegerland AG oder die Concordiahütte GmbH, entfielen.

Damit ergaben sich für den Bochumer Verein, verglichen mit der SM-Stahlerzeugung des Ruhrgebietes und des Reiches, folgende Beteiligungen[23] (siehe Tabelle auf S. 126).

Der Bochumer Verein produzierte somit zwar nur einen geringen Teil des im Reich erzeugten Martinstahls, seine besondere Bedeutung resultierte jedoch aus der hohen Qualität seiner Stähle sowie aus den Weiterverarbei-

21 Errechnet nach ArchBV 17100 Nr. 2 u. 15400 Nr. 2a.
22 Nach ArchBV 15400 Nr. 2d.
23 Nach ArchBV 15400 Nr. 2 a für die Werte des BV; für übrige Werte Stat. Jb. Stahlind. 1938, S. 11.

Kal. Jahr	Reichsprod. in t	≙ %	Ruhrprod. in t	≙ % d. Reichsprod.	BV-Prod. in t	≙ % d. Reichsprod.
1934	7266818	100	5532425	76,13	634449	8,73
1935	9386250	100	6689863	71,27	806222	8,59
1936	10836379	100	7763492	71,64	889693	8,21

tungskapazitäten im Bereich des Stahlgusses und des Schmiederessorts. Aufgrund der technischen Einrichtungen des Bochumer Vereins als SM- und Elektro-Stahlwerk blieb auch in den ersten drei Quartalen des Kalenderjahres 1939 die Menge des verhütteten Fe-armen deutschen Erzes mit rund 1 % Anteil am Gesamt-Hütteneinsatz äußerst gering. Während der Einsatz hochwertiger inländischer Erze etwa 1,5 % betrug, blieb der Verbrauch ausländischer Erze mit 97,5 % oder 1,132 Mio. t nur um 0,8 % hinter den Werten für 1938 zurück.
Schwierigkeiten bei der Versorgung mit den Stahllegierungsmetallen Chrom, Wolfram und Molybdän traten jedoch bereits vor Ausbruch des 2. Weltkrieges auf und führten teilweise zu Produktionsengpässen[24]. Die Unternehmensleitung versuchte dem Mangel durch Herabsetzung der Anteile von Legierungsmetallen bei den einzelnen Stahlsorten sowie durch die Entwicklung niedrig legierter Stähle mit gleichen qualitativen Eigenschaften zu begegnen[25].
Diese Versorgungsschwierigkeiten entstanden, obwohl das Reich bereits 1937/38 bemüht gewesen war, die langfristige Versorgung der Montanindustrie mit Chrom sicherzustellen, indem Lieferverträge mit der Türkei abgeschlossen wurden[26]. Als Gegenleistung für den Import der im Reich benötigten großen Mengen an hochwertigen Chrom-Erzen forderte und erhielt die Türkei umfangreiche Lieferungen deutscher Rüstungsgüter. Der Bochumer Verein verpflichtete sich im Rahmen dieser bilateralen Handelsabkommen, im Dezember 1938 zur Herstellung von 64 Infanterie-Gebirgs-Geschützen für die Türkei im Gesamtwert von rund 3,4 Mio. RM. Ein Drittel dieser Summe war in Raten bis Juli 1942 zu zahlen, während der Bochumer Verein den restlichen Betrag mit Zahlungsschwerpunkten in den Jahren 1943 bis 1945 bei einer 6prozentigen Verzinsung bis Juli 1947 erhalten sollte[27].

a) Die Hochöfen- und Stahlwerke während des Krieges

Die strategische Bedeutung des Bochumer Vereins als Roheisen und SM-Stahl erzeugendes Hüttenwerk hatten die Alliierten im Rahmen ihrer in-

24 Vgl. Bericht des BV für die Sitzung des VSt-Hüttenausschusses am 16. 1. 1940, ArchBV 17100 Nr. 2.
25 Vgl. Bericht der VSt über das Geschäftsjahr 1938/39, in: Stahl & Eisen 1940, S. 217.
26 Vgl. *Jäger*, S. 244 ff.
27 Vgl. ArchBV 54308 Nr. 1.

tensiven Luftaufklärung spätestens gegen Ende des Jahres 1943 erkannt. Die Priorität der Luftangriffe hatte von 1941 bis 1943 auf anderen Industriebranchen gelegen, so daß kaum Luftangriffe gegen Bochum geflogen wurden. Der Luftkrieg wurde von den Engländern in der Zeit von April bis September des Jahres 1943 jedoch mit der Absicht intensiviert, das Ruhrgebiet mit seinen Rüstungsunternehmen für die weitere Kriegsproduktion auszuschalten. Die Ziele des englischen Bomberkommandos konnten im Zuge der »Battle of the Ruhr« nicht erreicht werden, obwohl in konzentrierten Angriffen mit Hunderten von Flugzeugen auch die Werkanlagen des Bochumer Vereins bombardiert wurden. Als Ergebnis dieser Offensive zeigte sich, daß Zerstörungen im Bereich der Gas-, Wasser- und Elektrizitätsversorgung sowie des Verkehrsnetzes zwar zu vorübergehenden Produktionsausfällen führten, eine längerfristige Lähmung der Produktion jedoch nicht erreicht wurde, da spezielle Reparaturkolonnen des Bochumer Vereins derartige Schäden binnen kurzer Zeit beseitigen konnten. Die Verwundbarkeit des Unternehmens beschränkte sich weitgehend auf eine Zerstörung der Kühleinrichtungen der Hochöfen sowie auf die Beschädigung der Stahlwerke durch Präzisionsbombardements.

Da es im Herbst 1943 zu einer neuen Festsetzung der Bombenzielprioritäten kam, waren die Alliierten nicht mehr in der Lage, diese durch die Aufklärung gewonnenen Einsichten in eine neue Angriffswelle umzusetzen[28]. Bis zum Herbst 1944 war folglich, die Zeit der massierten Angriffe auf die Ruhrindustrie im Jahre 1943 ausgenommen, eine von Luftangriffen relativ ungestörte Produktion im Unternehmensbereich Bochumer Verein der VSt möglich. Der Betriebsablauf war durch häufigere Alarmzeiten als durch größere Produktionsausfälle infolge von Bombenschäden geprägt. Im Hochofenbereich war 1943 bei einer noch als ausreichend zu kennzeichnenden Versorgung mit Erzen bis Ende September eine Roheisenproduktion erreicht worden, die im Monatsdurchschnitt trotz einer Luftoffensive gegen die Ruhrindustrie im Mai und August noch über 42000 t betrug und erst im letzten Quartal des Jahres, bedingt durch effektivere Einzelangriffe, auf 19100 moto sank. Dieser Produktionsrückgang war unter anderem auf die Zerstörung von 3 Kühltürmen für den werksinternen Kühlwasserkreislauf im Bereich des Werkes Weitmar und der anschließenden Zerstörung von Hochofenwindformen infolge Kühlwassermangels zurückzuführen[29]. Die durch diesen am 25. September 1943 erfolgten Luftangriff, an dem sich 316 Flugzeuge der RAF beteiligten und insgesamt rund 652 t Sprengbomben und rund 715 t Brandbomben abwar-

28 Vgl. USSBS-Report No. 76 BV.
29 Vgl. ArchBV 40000 Nr. 3.

fen, verursachten Schäden bedingten immerhin eine Reparaturdauer von 8 Wochen und einen Ausfall der Roheisenproduktion von rund 55000 t. Während der ersten 10 Monate des Jahres 1944 normalisierte sich die Roheisenprouktion und erfuhr lediglich durch den Angriff vom 9. 10. 1944 eine Unterbrechung durch die Zerstörung einer Kühlwasserleitung. Dieser Schaden konnte binnen 3 Tagen repariert werden und verursachte eine Produktionsminderung von nur 1500 t[30].

Der monatliche Output der Hochofenbetriebe lag daher in der Zeit von Januar bis Oktober 1944 mit über 46600 t signifikant über dem Ergebnis, das in den ersten neun Monaten des Vorjahres erzielt werden konnte[31]. Das Betriebsergebnis wurde trotz des im Frühjahr 1944 einsetzenden Manganmangels erreicht, der die Umstellung eines Hochofens von Stahleisen- auf Spiegeleisenproduktion erforderlich machte. Die Zuteilung von Siegerländer Spiegeleisen und Siegerländer Rostspaterzen an den Bochumer Verein wurde im Zuge dieser vom Hauptring Eisenerzerzeugung angeordneten Umstellung erhöht, so daß der Manganmangel durch den in diesen Ausgangstoffen vorhandenen hohen Mangananteil ausgeglichen und der mit rund 7000 t angegebene Fehlbestand der nachgeschalteten Stahlwerke an diesem Legierungsmetall kompensiert werden konnte. Gleichzeitig war ein scharfer Rückgang der für den Hochofenbetrieb innerhalb des Unternehmens eingelagerten Erzsorten von rund 215000 t am 1. November 1943 über 162000 t am 1. März 1944 auf 90758 t am 1. September dieses Jahres zu verzeichnen.

Mehr als die Hochofenwerke des Bochumer Vereins waren die Stahlwerke auf hochwertige Ausgangstoffe für den zu produzierenden SM- oder Elektrostahl angewiesen. Sie wurden vor Ausbruch des Weltkrieges zum Teil aus Übersee eingeführt und mußten nach Kriegsausbruch durch eine Veränderung der Stahlanalysevorschriften eingespart oder durch andere Stahllegierer eretzt werden, ohne daß größere Qualitätseinbußen in Kauf genommen werden durften[32].

Die Stahlwerke des Bochumer Vereins blieben ebenso wie die übrigen Abteilungen von Zerstörungen bis zum Luftangriff des 13. Mai 1943 weitgehend verschont, bei dem das Bomberkommando der RAF von 298 Flugzeugen rund 586 t Spreng- und 500 t Brandbomben über das Werksgelände des Bochumer Vereins und die umliegenden Wohngebiete abwerfen ließ. Dennoch war die Gesamterzeugung der Stahlwerke 1942/43 gegenüber dem vorhergehenden Geschäftsjahr bereits um 11,5 % gefallen. Dieser Produktionsrückgang war sowohl auf eine unzureichende Versorgung

30 Vgl. Anm. 28.
31 Zahlen nach Stat. Jb. Stahlind. 1948, S. 20.
32 Vgl. Die Stahlwerke des BV 1933–1965, S. 16 f., ArchBV 41200 Nr. 1.

mit Kokereigas zurückzuführen als auch auf das Verbot, während der Luftalarme Abstiche der SM- und Elektroöfen vorzunehmen, da man feindliche Flugzeuge durch den damit verbundenen Feuerschein keine Orientierungshilfe leisten wollte.
Der Luftangriff des 13. Mai verursachte infolge von Rohrleitungs- und Kabelschäden einen Totalausfall der Stahlwerke I und II sowie des Elektrostahlwerkes. Der erste Stillstand von Stahlerzeugungsbetrieben des Bochumer Vereins war mit einem Produktionsausfall von rund 15000 t Rohstahl verbunden und legte die SM-Stahlerzeugung im Unternehmensbereich Gußstahlfabrik für acht Tage still, während die Kabelschäden im Elektrostahlwerk eine Reparaturdauer von drei Wochen erforderlich machten. Ein vier Wochen später von 454 Flugzeugen durchgeführter Luftangriff hatte für die Rohstahlerzeugung des Bochumer Vereins geringere Auswirkungen, da die Gebäude- und Kranschäden im Stahlwerk III binnen drei Tagen repariert werden konnten und die Schäden an der Ferngasversorgung der Stahlwerke Höntrop und Weitmar nach einer Woche vollständig beseitigt waren. Der Produktionsausfall betrug insgesamt rund 9000 t[33].
Die weiteren Luftangriffe des Jahres 1943 verursachten im Bereich der SM-Stahlwerke des Bochumer Vereins einen Gesamt-Produktionsausfall von rund 66500 t, der ausnahmslos auf Unterbrechungen in der Gasversorgung der SM-Stahlwerke mit Kokereigas der Zechen Nordstern, Alma, Carolinenglück und Bruchstraße zurückzuführen war. Die Stahlwerke des Bochumer Vereins waren mit den Kokereien dieser Zechen durch Ferngasleitungen verbunden. Sie erwiesen sich als äußerst verwundbar durch Bombentreffer und Splitter und waren auf ihrer Gesamtlänge nach Bombenangriffen an zahlreichen Stellen vollständig zerstört. Höhere Ausfallzeiten infolge von Fliegeralarm sowie die Zerstörung von Kokereien beschleunigten in der Folgezeit den Produktionsrückgang. Die Kokereien waren nach umfangreichen Zerstörungen der eigenen Betriebsanlagen kaum noch in der Lage, die von den SM-Stahlwerken des Bochumer Vereins benötigten Gasmengen zu liefern. Diese Schwierigkeiten dürften zusammen mit den durch Neuzustellungen der SM-Öfen bedingten Betriebsstillständen für einen Rückgang der monatlichen Rohstahlerzeugung von 76712 t im Geschäftsjahr 1942/43 auf 65600 t im Geschäftsjahr 1943/44 verantwortlich sein[34].
Die Elektrostahlöfen des Unternehmens wurden in geringerem Maße von den Zerstörungen durch direkte Bombeneinwirkung und durch Störungen in der Energieversorgung betroffen. Ihr Rohstahloutput blieb im 2. und 3. Quartal 1943 nur um 14,1 bzw. 13,1 % hinter der projektierten Lei-

33 Zahlen nach USSBS-Report No. 76 BV.
34 Vgl. Die Stahlwerke des BV 1933–1965, S. 18., ArchBV 41200 Nr. 1.

stung zurück, während die SM-Stahlwerke im gleichen Zeitraum eine Minderproduktion von 27,3 bzw. 40,3 % gegenüber den erwarteten Erzeugungsmengen aufzuweisen hatten. Das Elektrostahlwerk erhielt jedoch infolge des Luftangriffes vom 29. September 1943 schwere Gebäudetreffer und einen durch einen Transformatorenbrand an Ofen 3 bedingten Schaden, der wegen Lieferschwierigkeiten der Elektroindustrie erst nach 6 Monaten repariert werden konnte. Während dieser Zeit mußte ein 20prozentiger Produktionsausfall in der Elektrostahlerzeugung hingenommen werden[35].

Nach der im ersten Quartal 1944 erfolgten Reparatur des Elektroofens 3 stieg die Produktion während der von Luftangriffen ungestörten Zeit von April bis September dieses Jahres mit 46400 t um 5,2 % über die von der Unternehmens- und Konzernleitung für diesen Zeitraum projektierte Menge an Edelstahl. Erst infolge des Luftangriffes der RAF vom 9. Oktober 1944 kam es zu einem weiteren Produktionsausfall von rund 1000 t, der auf einen Kabelschaden im Elektrostahlwerk zurückzuführen war, eine eingeschränkte Produktion notwendig machte, aber binnen einer Woche repariert werden konnte.

Um die Produktionsausfälle nach Bombenangriffen möglichst gering zu halten, setzte das Unternehmen alle verfügbaren Kräfte, gewerbliche Arbeitnehmer wie Angestellte, für Aufräumungs- und Reparaturarbeiten ein, soweit diese Personen in der laufenden Produktion und Verwaltung nicht dringend benötigt wurden. Zusammen mit Abteilungen der OT gelang es bis Herbst 1944 immer wieder, falls Materialien zur Reparatur und Ersatzteile beschaffbar waren, die Bombenschäden binnen kurzer Zeit zu beseitigen und die Produktion wieder aufzunehmen[36].

Zusammenfassend muß betont werden, daß der Bochumer Verein bis in die zweite Jahreshälfte 1944 hinein umfangreiche Kapazitäten im Bereich der Roheisen- und Rohstahlproduktion besaß. Während die Produktionseinrichtungen bis zu diesem Zeitpunkt weitgehend unzerstört blieben, bedingten Störungen in der Infrastruktur des Hüttenwerkes, in der Belieferung mit Energie und Kühlwasser zeitweilige Einschränkungen in der Erzeugung und Weiterverarbeitung von Roheisen und Rohstahl. Das generelle Absinken des Produktionsniveaus dürfte allerdings sowohl auf Hemmnisse in der Wirtschaftslenkung als auch auf einen permanenten Mangel an Arbeitskräften zurückzuführen sein.

---

35 Nach Angaben des BV, die sich im USSBS-Report No. 76 BV befinden.
36 Vgl. ArchBV 94500 Nr. 2.

4. *Die Walzwerke*

Die größte Bedeutung der dem Hütten- und Stahlwerkskomplex nachgeordneten Betriebe besaßen die Walzwerke des Bochumer Vereins, die rund 60 % der Rohstahlerzeugung des Werkes weiterverarbeiteten und somit eine Schlüsselstellung zwischen dem eigentlichen Hüttenkomplex und den mechanischen Bearbeitungswerkstätten einnahmen[37]. Der Bochumer Verein verfügte im Jahre 1934 über insgesamt 11 Walzwerke in den Unternehmensbereichen Gußstahlfabrik, Stahlindustrie und Weitmar. Obwohl das älteste Walzwerk des Bochumer Vereins ein 540er Trio-Walzwerk mit 2 Gerüsten bereits 1857/58 erbaut und trotz einiger technischer Verbesserungen als Halbzeugstraße im Bereich der Gußstahlfabrik immer noch in Betrieb war und das jüngste Walzwerk, die auf Bandstahl eingerichtete Walzstraße 4 mit einer 360er Vorstraße und einer 425er Fertigstraße mit je 5 bzw. 4 Gerüsten im Unternehmensbereich Stahlindustrie bereits 1920/1921 in Dienst gestellt worden war, bestand trotz der relativ alten maschinellen Ausstattung im Walzwerkbereich des Bochumer Vereins kaum ein Rückstand gegenüber anderen Unternehmen der VSt und der deutschen Montanindustrie.

Nicht vergleichbar waren jedoch die Walzwerke des Bochumer Vereins und anderer VSt-Betriebe mit großen amerikanischen Anlagen, zumal beim Bochumer Verein einige Straßen noch mit Dampf angetrieben wurden, während sich in den USA der Elektroantrieb längst durchgesetzt hatte[38].

Zu den Walzwerken, die 1934 einen Gesamtdurchsatz von etwa 390000 t verbuchen konnten, gehörten zahlreiche Öfen, die für die notwendige Erwärmung des nicht in einer Hitze verarbeiteten Walzgutes unabdingbar waren. Die im Unternehmenskomplex Gußstahlfabrik befindliche Walzstraße 1, eine 1908/09 erbaute dreigerüstige 750er Triostraße mit Elektroantrieb, die zum überwiegenden Teil Halbzeug zur Weiterverarbeitung produzierte, erbrachte von 1934 bis 1936 den größten Durchsatz. Betrug ihre Produktion 1934 noch knapp 164000 t, so konnte bis zum Jahre 1936 eine Steigerung um etwa 26000 auf 190334 t realisiert werden.

Die Walzstraße 7 im Unternehmenskomplex Weitmar, eine 850er Schienenstraße, auf der überwiegend Eisen- und Straßenbahnoberbaumaterial gewalzt wurde, erreichte in den Jahren 1934 bis 1936 den zweitgrößten Durchsatz. Der Bochumer Verein hatte in diesem Produktionsbereich eine führende Stellung innerhalb des Reiches, da er doch nicht weniger als 80 verschiedene Schienenprofile anbot. Der verstärkten Nachfrage nach Eisenbahnschienen seit 1934 – sie fanden überwiegend für den Aus- und

37 Zur Werksgeschichte der Warmwalzwerke siehe ArchBV 42500 Nr. 4.

38 Zum Entwicklungsstand der Walzwerkstechnik in den 30er Jahren siehe *VDEH*, S. 157 ff.

Neubau von strategisch wichtigen Eisenbahnlinien Verwendung – folgte beim Bochumer Verein jedoch keine Produktionsvermehrung in der Herstellung von Eisenbahnoberbaumaterialien in den Geschäftsjahren 1933/34 bis 1935/36[39]. Die Produktion blieb mit 75000 t im Jahre 1933/34 und etwa 76000 t im Jahre 1935/36 relativ konstant und hatte 1934/35 sogar einen Rückgang auf 73500 t zu verzeichnen[40].
Ein Grund dafür, daß der Bochumer Verein die Bedürfnisse des Marktes trotz seiner führenden Stellung in der Schienenherstellung nicht in eine höhere Produktion von Eisenbahnoberbaumaterial umsetzte, ist in der während der 30er Jahre erfolgten langsamen Umstellung der Walzstraße 7 auf Halbzeugproduktion zu sehen. Diese Veränderung der Produktionspalette war offensichtlich auf den steigenden Anteil von Rüstungsmaterial am gesamten Auftragsbestand des Werkes zurückzuführen.
Die Produktion von Halbzeug nahm entsprechend dieser Entwicklung vom Geschäftsjahr 1933/34 bis 1935/36 um 73,5 % zu, während die Produktion von Bandstahl um 16,7 % und die von Stabstahl und Draht bei der schon erwähnten Stagnation im Bereich des Oberbaus um 72,3 % anstieg. Insgesamt stieg der Gesamtdurchsatz aller Walzstraßen des Bochumer Vereins von 390000 t im Kalenderjahr 1934 um nicht weniger als 38 % auf 539868 t im Kalenderjahr 1936.
Im Bereich der Warmwalzwerke des Bochumer Vereins waren Neubauten und Kapazitätserweiterungen der alten, zum überwiegenden Teil aus der Zeit vor dem 1. Weltkrieg stammenden Walzeinrichtungen zwar dringend notwendig, um die Konkurrenzfähigkeit des Werkes auf dem internationalen Markt sicherzustellen, jedoch konnte das Stadium der Planung eines neuen Walzwerkkomplexes nicht überschritten werden, da nach Abschluß der Erweiterung im Stahlwerksbereich und dem Ausbruch des 2. Weltkrieges keine Zeit für derart umfangreiche Um- und Neubauten blieb[41].
Um die geforderten Mengen an Walzmaterial liefern zu können, führte man 1937/38 die Zehnstundenschicht ein. Damit war bei einer Verlängerung der Arbeitszeit um zwei Stunden eine Produktionssteigerung von theoretisch 25 % möglich geworden. Obwohl der Durchsatz von 1936/37 bis zum Geschäftsjahr 1937/38 um 21,3 % stieg und damit offensichtlich unter den gegebenen Voraussetzungen eine optimale Erhöhung der Produktion erzielt wurde, stellten die Kapazitäten der Warmwalzwerke des Bochumer Vereins weiterhin einen Engpaß zwischen den eisen- und stahlerzeugenden Betrieben einerseits und den weiterverarbeitenden Betrieben

39 *Rohde*, S. 141.
40 Vgl. Statistiken in ArchBV 42500 Nr. 4.
41 Nur 3 der insgesamt 10 Straßen waren unmittelbar nach dem 1. Weltkrieg erbaut worden.

andererseits dar. Letztere, zum Teil erst nach 1933 ausgebaut oder errichtet, arbeiteten auf dem neuesten Stand der Technik[42].
Eine weitere Steigerung der Walzproduktion wurden von 1937/38 bis 1938/39 mit einer Erhöhung der Gesamtwalzerzeugung um 13,3 % von 519301 auf 588153 t realisiert. Die Einführung des Dreischichtsystems in einigen Walzbetrieben und der damit verbundene kontinuierliche Betrieb dieser Anlagen ermöglichten diese erneute Produktionssteigerung. Das Unternehmen war darüber hinaus in der Lage, durch Teilmodernisierung der Walzanlagen, wie dem Umbau der Walzgerüste von Dampf- auf Elektroantrieb ebenfalls eine geringfügige Erhöhung des Walzwerkdurchsatzes zu erreichen. Er betrug 1938/39 über 700000 t bei einer Fertigproduktion der Warmwalzwerke von 588153 t. Mit den zu dieser Zeit verfügbaren Kapazitäten konnten lediglich 60 % der beim Bochumer Verein erzeugten Rohstahlmenge in Höhe von 1,205 Mio. t verwalzt werden[43]. Während rund 5 % dieser Menge in den Stahlgießereien des Unternehmens benötigt wurden, machte die Abgabe von Rohstahlblöcken an Konzernbetriebe und Fremdfirmen mit 173676 t in diesem Geschäftsjahr rund 14,4 % des Gesamtrohstahloutputs aus[44].
Von den rund 590000 t Walzproduktion des Bochumer Vereins im Kalenderjahr 1939 wurden ca. 240000 t als industrielles Halbzeug an dritte Firmen innerhalb und außerhalb des VSt-Konzerns geliefert, 78000 t standen als Halbzeug für die unternehmenseigenen Schmieden und Gesenkschmieden zur Verfügung, 60000 t gelangten als Bandeisen und Bandstahl zur Weiterverarbeitung. Die restliche Produktion zerfiel in rund 118000 t Stabstahl und Walzdraht sowie 94000 t Eisen- und Straßenbahnoberbaumaterial[45].
Ein weiterer, mit 0,3 % der Menge nach unbedeutender Anteil der Rohstahlerzeugung gelangte nach dem Auswalzen in den Bereich der Stahlverfeinerung, in der Stähle produziert wurden, die höchsten qualitativen Ansprüchen standhielten und unter anderem in der Luftfahrtindustrie Verwendung fanden. Der Bochumer Verein offerierte diese Sonderstähle als einziger Hersteller im Reich[46]. Entsprechend der gestiegenen Nachfrage konnte diese Abteilung die Produktion von 2772 t im Geschäftsjahr 1935/36 um rund 48 % auf etwa 4100 t im Geschäftsjahr 1938/39 steigern[47].

42 Hierzu heißt es u. a. im USSBS-Report No. 76 BV: »Under the Versailles Treaty, most of armament equipment of the plant was destroyed by order of the Inter-Allied Commission, but a small controlled portion was permitted to be retained. Unter Hitler it secretly exceeded the amount of equipment and equipped itself for the war program.«

43 Vgl. ArchBV 15400 Nr. 2d u. 45200 Nr. 4.

44 Der restliche Rohstahl wurde, nachdem er in Kokillen gegossen worden war, in den Schmiedebetrieben weiterverarbeitet.

45 Vgl. Zusammenstellung zur Geschichte der Warmwalzwerke des BV, ArchBV 52500 Nr. 4.

46 Vgl. Bericht über die Stahlverfeinerung beim BV, ArchBV 42500 Nr. 4.

47 Errechnet nach ArchBV 15400 Nr. 2d.

Obwohl umfangreichere Investitionen im Walzwerkbereich nach Ausbruch des Krieges nicht mehr durchgeführt werden konnten, sah sich die Werksleitung dennoch gezwungen, Teilmodernisierungen an den Walzanlagen durchzuführen. Der durch eine hohe Walzleistung bedingte Verschleiß der überalteten Anlagen machte zudem laufende Reparaturen notwendig und führte nicht nur zu einer Verringerung des Outputs, sondern verhinderten wahrscheinlich auch die Einführung des dreischichtigen Betriebes in einigen Walzbetrieben.
Die unterkapazitäre Ausnutzung der Anlagen ging offensichtlich nicht auf einen Mangel an Arbeitskräften zurück. Im Walzwerkbereich wurden zwar sehr viele Kräfte benötigt, die Ansprüche an die Qualifikation waren aber vergleichsweise gering, da es sich um einfache, allerdings körperlich schwere Arbeit handelte. Die Ersetzung einberufener Arbeiter erfolgte einmal durch die Dienstverpflichtung von bislang in anderen Branchen tätigen Personen, zum anderen erhielt der Bochumer Verein nach Abschluß des Westfeldzuges sehr viele französische Kriegsgefangene zugeteilt – bis Ende 1941 erreichte ihre Zahl 960 – die überwiegend in der Gußstahlfabrik eingesetzt wurden und gute Leistungen zeigten, indem sie sich in die in Walzwerken zwingend notwendige Teamarbeit einpaßten[48].
Trotz einer relativen Produktionskontinuität ging der Gesamtdurchsatz aller Walzwerke des Bochumer Vereins 1940 mit 653046 t um 7,7 % gegenüber dem Vorjahr zurück, und er sank 1941 um weitere 2,1 %. Produktionseinbußen in dieser Größenordnung waren durch kriegswirtschaftliche Einflüsse bedingt und stellten keinen überraschend hohen Rückgang dar.
Mit dem Wegfall der in der Vorkriegszeit bedeutenden Exportaufträge für Eisenbahnoberbaumaterial und dem Rückgang der Bestellungen der Reichsbahn war eine Umstellung des überwiegenden Teils dieser Kapazitäten auf andere Produkte erforderlich geworden. Bei einer Gesamtreduzierung der Walzwerkerzeugung von 1939/40 bis zum Geschäftsjahr 1941/42 in Höhe von 17,8 % – der Rückgang dürfte sowohl in einem temporären Mangel an gut eingearbeiteten Arbeitskräften als auch in der Tatsache begründet liegen, daß die Walzwerke des Bochumer Vereins aufgrund von Reparaturen ihre Kapazitätsgrenzen selten erreichten – betrug der Rückgang in der Produktion von Eisenbahnoberbaumaterial immerhin 34,3 %. Die Produktion von Halbzeug verringerte sich demgegenüber etwa analog zum Gesamtdurchsatz der Walzwerke von rund 309000 auf 252000 t, während der Erzeugungsrückgang von Stabstahl und Draht sowie von Bandstahl mit 13,8 % bzw. 0,4 % den Erfordernissen der Wei-

48 Nach USSBS-Report No. 76 BV.

terverarbeitung und deren Umstellung auf eine vermehrte Rüstungsproduktion entsprach[49].

Die Situation der Walzwerke des Bochumer Vereins war geprägt durch einen alten Maschinenpark und durch die Anforderungen der totalen Kriegswirtschaft. Diese Widersprüche führten zwar zu einer stärkeren Auslastung der Walzbetriebe im kontinuierlichen Betrieb, verursachten andererseits aber einen raschen Produktionsrückgang, da weder die Produktivität der Arbeiter trotz laufender Forderungen nach Leistungssteigerung auf einem gleichbleibend hohen Niveau erhalten werden konnten, noch die maschinellen Einrichtungen der Dauerbelastung ohne Schäden standhielten. Im Rahmen der kriegsbedingten Störungen in der Versorgung mit Ersatzteilen mußten die Schäden an den Walzstraßen zu erheblichen Produktionseinschränkungen und vorübergehenden Betriebsstillegungen führen.

Die Walzwerke des Bochumer Vereins blieben seit 1943 von Zerstörungen infolge alliierter Luftangriffe nicht verschont, wobei bis zum September 1944 die Angriffe nur relativ geringe direkte Schäden an den Betriebseinrichtungen verursachten. Sie schränkten vielmehr die Energieversorgung mit Kokereigas ein. Den ersten Totalausfall mußte das Unternehmen mit der Zerstörung der Straßen 8/9, Walzeinrichtungen mit einem großen Durchsatz, im Werk Weitmar infolge des Angriffes vom 23. September 1944 hinnehmen. Der durch die Zerstörung dieser Walzstraßen verursachte Produktionsausfall betrug rund 5000 moto.

Im Gesamtbereich der Erzeugung von Halbfabrikaten war 1942 ein Produktionsrückgang gegenüber dem Vorjahr in Höhe von 13,7 % festzustellen, der sich 1943 auf 24,6 % erhöhte[50]. Dem Bochumer Verein gelang es jedoch, die Halbzeugproduktion 1944 im Vergleich zu 1943 leicht zu steigern, obwohl die Erzeugung im letzten Quartal 1944 infolge der Luftangriffe stark zurückging. Bei einer gleichzeitigen Verminderung der Walzerzeugung muß der 1943 und 1944 in etwa gleich bleibende Output an industriellem Halbzeug auf eine Verlagerung der Produktionsschwerpunkte in die Bereiche Stahlgießerei und Schleudergußanlagen zurückzuführen sein.

5. *Die Stahlgießereien und die Betriebe des Schmiederessorts*

Wird der Gründer des Bochumer Vereins, Jacob Mayer, allgemein als Erfinder des Stahlformgusses angesehen und hatte der Stahlformguß seit Be-

---

49 Nach ArchBV 42500 Nr. 4.

50 Für die Berechnungen gilt das Kalenderjahr 1941 mit einer Produktion von 436045 t industriellem Halbzeug als Indexbasis.

stehen des Unternehmens zu den Spezialprodukten des Bochumer Vereins gezählt, so war seine quantitative Bedeutung seit den 20er Jahren zum Teil durch eine Verlagerung der Produktionsschwerpunkte zurückgedrängt worden[51]. Einzelaufträge boten zwar immer wieder die Möglichkeit, die Leistungsfähigkeit der Stahlgießereien und der ihnen angeschlossenen Betriebe unter Beweis zu stellen, doch zeigte die Betriebsbilanz einen sowohl wert- als auch mengenmäßigen Rückgang der Bedeutung der Stahlgießereien. Ihr quantitativer Anteil an der Gesamtproduktion hatte im Geschäftsjahr 1932/33 noch 2,4 % bei einem wertmäßigen Anteil von 4,2 % am Gesamtumsatz betragen; er fiel im Zuge der Produktionsumstellungen bis zum Septembert 1936 auf 1,2 % und einen Wertanteil von 2,2 %.
Diese Entwicklung war auch nicht durch die Bestellung von schweren Festungskuppeln aufzuhalten, die der Bochumer Verein schon frühzeitig für den Einbau in ortsfeste Verteidigungsanlagen für die Reichswehr zu liefern hatte[52]. Die Stahlkuppeln hatten den Anforderungen der Reichswehr zufolge dem Beschuß durch schwerste Geschütze standzuhalten, während von den Herstellwerken die sparsamste Verwendung von nur durch Import beziehbaren Legierungsmetallen gefordert wurde. Im Rahmen dieser Entwicklung hatten sich Stahlgießereien schon um 1935 zu einer Arbeitsgemeinschaft zusammengeschlossen, um die bei der Produktion dieser Panzerkuppeln auftretenden technischen Schwierigkeiten gemeinsam zu lösen. Ihr gehörten neben dem Bochumer Verein der DHHV, Krupp und die Bergische Stahlindustrie an.
Eine besondere Bedeutung besaß seit der Mitte des 19. Jh. der Glockenguß des Bochumer Vereins, der, wenn auch von geringem quantitativen Umfang, den Namen des Werkes populär gemacht hatte. Das Unternehmen hatte 1935 den Auftrag erhalten, eine Glocke für den Turm des Berliner Olympia-Stadions zu gießen. Der Auftrag brachte zwar infolge der Größe der Glocke technische Schwierigkeiten mit sich, wurde jedoch vom Bochumer Verein zur Zufriedenheit der Besteller ausgeführt, wobei das Unternehmen die dadurch gegebenen Möglichkeiten zur Öffentlichkeitsarbeit ausnutzte[53].
Einen Anteil von etwa 10 % am quantitativen Gesamtumsatz des Unternehmens erreichten zwischen 1933/34 und 1935/36 die Erzeugnisse der in den Preß- und Hammerwerken des Bochumer Vereins zusammengefaßten Betriebe, zu denen auch die rollendes Eisenbahnmaterial herstellenden Radscheiben- und Radreifenwalzwerke gehörten. Im Zuge der technischen Entwicklung wurden die Hammerwerke, die überwiegend für das Freiformschmieden Verwendung fanden, durch hydraulische Schmiede-

---

51 Vgl. *Trommer,* S. 39.
52 Vgl. ArchBV 14206 Nr. 1.
53 Vgl. ArchBV 46100 Nr. 9. und 54322 Nr. 1–2.

pressen und Gesenkschmiedeanlagen ersetzt. Sie hatten neben technischen Vorzügen einen erheblich größeren Durchsatz zu verzeichnen[54].
In den Hammerwerken wurden nach 1933 zunächst noch Artikel für die Automobil- und Eisenbahnindustrie – in der überwiegenden Zahl Achsen – hergestellt, jedoch verlagerte sich die Produktion bereits 1934 in den Rüstungsbereich. Die dadurch notwendige betriebstechnische Umstellung von Achsen auf Futter-, Seelen- und Mantelrohre für die Geschützfertigung gestaltete sich einfach und führte zu einem Rückgang der Produktion von rollendem Eisenbahnmaterial um 18,7 % von 1933/34 bis 1935/36, während gleichzeitig der Anteil der Schmiedestücke am mengenmäßigen Gesamtumsatz um 20 % anstieg[55].
Trotz dieser im Vergleich zur Gesamtproduktion sinkenden Bedeutung von rollendem Eisenbahnmaterial, das zwar im Rahmen des allgemeinen Aufschwungs eine nominale Produktionserhöhung zu verzeichnen hatte, sah sich die Unternehmensleitung 1935 gezwungen, neue Radscheibenwalzwerke aufzustellen, da mit dem zu diesem Zeitpunkt bereits veralteten und abgenutzten Maschinenpark die Produktion verschiedener Typen nicht mehr möglich war[56].
Im Zuge der wachsenden Bedeutung der Preßbearbeitung von Werkstücken war von 1926 bis 1930 bereits ein neues Preßwerk geplant und gebaut worden, in dem eine 4000-t-Presse und eine 1500-t-Presse aufgestellt wurden, die die bisherigen, veralteten Preßeinrichtungen des Bochumer Vereins wesentlich entlasteten. Die Pläne zum Neubau eines Preßwerkes und zur Modernisierung der Warmbearbeitungsbetriebe wurden von 1934 bis 1936 ausgeführt und erbrachten eine derartige Erweiterung der Produktionskapazität, daß bis 1937 bei ein- oder zweischichtigem Betrieb die großzügig ausgelegten Anlagen nur zu einem Teil ausgelastet werden konnten[57].
Die Weiterverarbeitung von geschmiedeten oder gepreßten Werkstücken erlangte nach 1936 eine größere Bedeutung, da der Bochumer Verein entsprechend den gestiegenen Qualitätsansprüchen der Kunden bei möglichst sparsamer Verwendung von Stahllegierern Werkstücke wie Regeneratorenmäntel, Geschützrohre für größte Kaliber und Turbinenläufer produzierte, die neben der mechanischen Bearbeitung einer besonderen Oberflächen- und Gefügebehandlung bedurften. Neben der Aufstellung zahlreicher kleinerer Härteöfen für die Massenproduktion von Teilen für das 8,8-cm-Fla-Geschütz wurde 1937 ein Schachtofen von 32 m Tiefe erbaut,

54 Vgl. den historischen Überblick über die Betriebe des Schmiederessorts des BV, ArchBV 41700 Nr. 4.
55 Vgl. statistische Angaben in ArchBV 15400 Nr. 1d u. 2d.
56 Vgl. ArchBV 41700 Nr. 4.
57 Ebd.

der für die Beschickung von Werkstücken mit einem Gewicht bis zu 75 t und einer Gesamtlänge von 30 m eingerichtet war[58]. Die Hammer- und Radreifenwalzwerke des Bochumer Vereins stellten aufgrund ihrer technischen Einrichtung überwiegend rollendes Eisenbahnmaterial her und bekamen aus diesem Grunde nach Kriegsausbruch eine steigende Bedeutung, da man offensichtlich bemüht war, eine Vermehrung der Transportmittel zu erreichen, während ein Ausbau und eine Erweiterung des vorhandenen Schienennetzes zunächst nicht geplant war. Entsprechend dieser Prioritätsfestlegung stieg der mengenmäßige Produktionsanteil des rollenden Bahnmaterials von 7,8 % im Geschäftsjahr 1939/40 auf 11,9 % im Geschäftsjahr 1941/42; die Erzeugung vermehrte sich entsprechend von 69945 t auf 86024 t. Allerdings mußte die Unternehmensleitung nach Kriegsausbruch leichte Rückgänge in der Produktivität dieser Betriebe hinnehmen, die im Bereich des Hammerwerkes I rund 4,5 % und im Hammerwerk II etwa 1,7 % ausmachten. Ausfälle dieser Art konnten selbst durch die Einführung der 10-Stunden-Schicht und den Betrieb an jedem zweiten Sonntag nicht ausgeglichen werden[59].
Die Produktion von Rohren für das 8,8-cm-Flugabwehrgeschütz in seinen verschiedenen Ausführungen blieb von September 1939 bis Dezember 1940 mit durchschnittlich 100 Einheiten pro Monat etwa konstant[60]. Die Herstellung von Geschützrohren im Kaliber 10,5 cm schwankte in diesem Zeitraum allerdings stark zwischen 100 und etwa 250 Einheiten pro Monat[61]. Ein im 3. Quartal 1940 beginnender Rückgang der Gesamtproduktion an Geschützrohren setzte sich bis zum März 1941 fort. Die Produktionsziffern stiegen anschließend leicht an, erreichten im Mai das Niveau des Vorjahres und übertrafen es gegen Ende des Jahres deutlich. Eine Umstellung der Produktion wurde jedoch dahingehend vorgenommen, daß die Produktion von Geschützrohren im Kaliber 10,5 cm reduziert wurde, während die Zahl der beim Bochumer Verein hergestellten 8,8-cm-Geschützrohre bereits im April 1941 die Zahl von 200 und im August des gleichen Jahres von 300 Einheiten pro Monat überschritt. Diese 1942 weiter steigenden Produktionsziffern machten eine sehr enge Zusammenarbeit zwischen den Schmiedebetrieben, den Bearbeitungswerkstätten und den Werkstätten für die Endmontage erforderlich.
Im Bereich der Vergütungsanlagen bedingte die Umstellung auf eine verstärkte Fertigung von Rüstungsgütern die Anpassung der vorhandenen Einrichtungen an den Umfang der neuen Produktion und nicht zuletzt

58 Vgl. ArchBV 41700 Nr. 1.
59 Zahlenwerte nach ArchBV 15400 Nr. 2d u. 41700 Nr. 4.
60 An Rohstoffen wurden für ein komplettes 8,8-cm-Rohr benötigt: 5501 kg Fe, 5,97 kg Ni und 39,43 kg Cr.
61 Fertigungsmengen nach USSBS-Report No. 76 BV.

auch an die spezifischen Eigenschaften von Bomben und Geschützrohren, auf deren Produktion sich der Bochumer Verein neben der Herstellung von Granaten der verschiedensten Kaliber konzentrierte. So waren für die Warmbehandlung der 250-kg-Panzerbomben ebenso neue Härteöfen zu errichten wie für die Fertigung von Einzelteilen der Flugabwehrgeschütze[62].

Es zeigte sich im Verlaufe des Krieges, daß die in den Preß- und Schmiedewerkstätten des Bochumer Vereins vorhandenen Kapazitäten für die Produktion einer so großen Zahl von Geschützen nicht ausreichten, wie sie von seiten der Wehrmacht angefordert wurden. Die Unternehmensleitung versuchte, diesem Kapazitätsmangel durch die Einführung einer neuen Technologie, des Stahlschleudergußverfahrens, zu begegnen. Sie erhoffte sich von diesem in den USA schon seit dem Anfang der 30er Jahre praktizierten Verfahren eine wesentliche Entlastung der Schmiede- und Preßanlagen. Man hatte 1941 mit der Installation von vier Schleudergußanlagen begonnen, konnte aber infolge der Versuchsproduktion und einzelner Umbauten lediglich in den Monaten November und Dezember 1941 273 Rohrmäntel für das 8,8-cm-Fla-Geschütz schleudern[63]. Wegen der vermehrten Anforderung von Geschützen durch alle Wehrmachtteile wurden von 1942 an auch Seelen- und Vollrohre für Kanonen bis zu einem Kaliber von 10,5 cm, seit 1944 bis zu einem Kaliber von 15 cm, in den Schleudergußanlagen des Unternehmens produziert, deren Output sich von rund 200 moto im Jahre 1941 auf über 576 moto im Jahre 1942 erhöhte. Eine weitere Steigerung der Produktion, verbunden mit einer Verlagerung des Schwerpunktes auf größere Kaliber, fand 1944 statt[64]. Die monatliche Durchschnittserzeugung lag zu diesem Zeitpunkt mit 1 056 t um 83,0 % über den Leistungen des Jahres 1943. Neben der Geschützrohrproduktion im Schleudergußverfahren nahm das Unternehmen die Schleuderung von Periskoprohren und Auspuffanlagen aus Edelstahl für U-Boote auf; es mußte allerdings aufgrund von Produktanalysen gegen Ende des Krieges erkennen, daß dafür kein Edelstahl eingesetzt zu werden brauchte[65].

In den Schmiedebetrieben wurden außer Geschützrohren für schwerste Kaliber die Zubehörteile zur Geschützproduktion hergestellt, die aufgrund ihrer nichtzylindrischen Form im Schleudergußverfahren nicht produziert werden konnten. Es handelte sich dabei unter anderem um Bodenstücke und Lafettenteile für Flugabwehrgeschütze. Die durchschnittliche Leistung konnte zwar im Rahmen des totalen Kriegseinsatzes in den

---

62 Vgl. ArchBV 41700 Nr. 1.
63 Vgl. *Colclough,* Appendix 15, S. 5.
64 Vgl. Statistiken in ArchBV 94400 Nr. 9.
65 Vgl. Anm. 63.

Betrieben des Schmiederessorts geringfügig gesteigert werden, jedoch war der Output der Werkstätten rückläufig, da Ausfälle durch Luftangriffe und durch Beschädigungen der Betriebseinrichtungen wiederholt zur Produktionsstillständen führten. In der Regel wurden weniger die Gebäude und maschinellen Einrichtungen des Werkes zerstört als die für die Produktion in den Schmiedebetrieben notwendigen Gaszuleitungen (Kokerei- und Gichtgas diente zur Beheizung der Öfen, in denen die Werkstükke vor der Bearbeitung erwärmt wurden) sowie die Versorgungseinrichtungen mit Preßluft und elektrischer Energie. Die Reparaturtrupps waren jedoch in der Lage, Schäden dieser Art binnen kurzer Zeit wieder zu beheben[66].

6. *Die Geschoßwerkstatt*

Die dem Bochumer Verein als einzigem deutschen Unternehmen durch die Versailler Verträge übertragene Genehmigung zur Herstellung von Geschossen für Geschütze hatte zu einer Monopolstellung des Werkes geführt, soweit es sich um Neukonstruktionen von Granaten handelte. Diese Ausgangslage führte zu einer engen Zusammenarbeit zwischen dem Unternehmen und dem Reichswehrministerium. Der Anteil der Entwicklungskosten von rund 4 % am Gesamtumsatz der Abteilung Wg im Jahre 1934/35 war dementsprechend relativ hoch. Er fiel 1935/36 bereits auf etwa 3 % und betrug schließlich 1936/37 nur noch 1,1 %[67].
Die forcierten Aufrüstungsbestrebungen hatten offensichtlich zu einer verstärkten Serienproduktion von Geschossen geführt, während der prozentuale Anteil der Entwicklungsausgaben bei nominal steigenden Mitteln für diesen Bereich stark zurückgedrängt wurde. Dieser Rückgang wurde unter anderem durch die Wiederaufnahme der Fertigung von Geschoßtypen ermöglicht, die bereits während des 1. Weltkriegs produziert worden waren. Tendenziell erschien den verantwortlichen Stellen eine schnelle Aufrüstung mit hohen Produktionsziffern an Geschützen und Geschossen, auch wenn diese, wie der 2. Weltkrieg zeigen sollte, nicht mehr dem neuesten technischen Entwicklungsstand entsprachen, wichtiger als eine durch Neuentwicklung und Neukonstruktionen verzögerte Aufrüstung[68].
Da das Reich mit zum Teil veralteten Waffensystemen in den Krieg eintrat, wurde es während des Krieges aufgrund aktueller Erfordernisse zur

66 Vgl. den historischen Abriß über das Schmiederessort des BV, ArchBV 41700 Nr. 4.
67 Vgl. ArchBV 42900 Nr. 5.
68 So wurde während des Krieges die Umstellung auf halb- bzw. vollautomatische Handfeuerwaffen versucht, es wurden Panzerabwehr- und Flugabwehrgeschütze größerer Kaliber und Wirkung eingeführt.

Neuentwicklung von Waffensystemen und deren Einführung bei der Truppe gezwungen.
Bei einem Auftragsvolumen von insgesamt 30,0 Mio. RM im Etatjahr 1934/35 und einem um 70,4 % auf über 51 Mio. RM gestiegenen Umsatz der Abteilung Wg für alle drei Waffengattungen im folgenden Jahr lag der Fertigungsschwerpunkt auf Granaten der verschiedensten Baumuster und -reihen der Kaliber von 3,7 cm bis 21 cm[69]. Während Granaten größeren Kalibers in geringen Stückzahlen überwiegend an die Marine geliefert wurden, erreichten die Bestellungen von Granaten kleinerer Kaliber Auftragszahlen bis über 400000 Stück eines Baumusters. Die Bestellungen von Granaten der mittleren Kaliber von 7,5 cm bis 10 cm nahmen allerdings bis 1936 zu. Obwohl die Fertigung von Geschossen in den Geschäftsjahren 1934/35 und 1935/36 mengenmäßig nur jeweils 4,9 % und 3,8 % des Gesamtumsatzes des Bochumer Vereins ausmachte, lag der wertmäßige Anteil dieser Produktion bei 32,7 % bzw. 28,7 % des Gesamtumsatzes[70]. Diese Disproportionalität zwischen der Umsatztonnage im Geschoßbau einerseits und dem Erlös dieser Produktion andererseits ist sicherlich zu einem Teil durch die lohnintensive Herstellungsweise von Geschossen und Granaten bedingt, die nach dem Pressen bzw. Schmieden noch einer umfangreichen mechanischen Bearbeitung bedurften[71]. Eine weitere Ursache für dieses Ungleichgewicht dürfte in den enormen Gewinnspannen für Rüstungsmaterial zu suchen sein. In dem Bestreben, die Aufrüstung in möglichst kurzer Zeit durchzuführen, war das Heereswaffenamt sogar bereit, den einzelnen Geschoßlieferanten verschiedene Preise für ihre Produktion zu gewähren. Sie differierten teilweise um 10 % bis 15 %, falls die Unternehmen in ihren dem Heereswaffenamt vorzulegenden Selbstkostenberechnungen diese Verkaufspreise rechtfertigen konnten[72].
Die Vergrößerung der Abteilung Geschoßbau von etwa 1500 gewerblichen Arbeitnehmern im Januar 1934 auf über 3350 Belegschaftsmitglieder am 1. Dezember 1936 entsprach dieser Entwicklung[73]. Damit waren bereits 20 % der Belegschaft direkt mit der Fertigung von Geschossen beschäftigt. Die Zahl der über diese Abteilung hinaus in der Produktion von Rüstungsartikeln eingesetzten Arbeiter ist allerdings ebensowenig bekannt wie der Umfang und die personelle Besetzung der Produktionsbe-

69 Die Priorität lag auf Heeresaufträgen mit 53 % bzw. 61 % des Umsatzes in den Etatjahren 1934/35 und 1935/36, es folgten Aufträge für die Luftwaffe mit 27 % bzw. 22 % und Marineaufträge mit 20 % bzw. 17 % (nach ArchBV 42900 Nr. 4).

70 Vgl. ArchBV 15400 Nr. 2d.

71 Der Erlös der Abt. Wg lag zwischen 1500 RM/t und 1700 RM/t im Gegensatz zu ca. 140 RM/t bei den übrigen Produktionsgruppen.

72 Siehe Brief der Berliner Verkaufsvertretung des BV an das Stammwerk v. 9. 1. 1937, ArchBV 42900 Nr. 5.

73 Vgl. entsprechende Statistiken in ArchBV 15000 Nr. 2.

reiche, die indirekt im Rahmen der Aufrüstung Produkte für öffentliche Auftraggeber lieferten.

Der Stellenwert des Bochumer Vereins in der 1934 einsetzenden Aufrüstungsphase war durch den Anteil von Rüstungsgütern an der Gesamtproduktion bestimmt, der in den Geschäftsjahren 1934/35 bis 1936/37 im Durchschnitt mehr als 37 % des Gesamtumsatzes dem Werte nach ausmachte[74]. Die kontinuierliche, schrittweise Umstellung auf Rüstungsprodukte fiel dem Unternehmen um so leichter, als das Reich nicht nur als Besteller und Abnehmer des Rüstungsmaterials auftrat und dabei dem Werk gute Konditionen offerierte, sondern sich darüber hinaus an den bei der Firma notwendig werdenden Investitionen zur Umstellung auf Rüstungsmaterial beteiligte.

Der Bochumer Verein schloß 1936, nachdem zwischen dem Unternehmen und dem Heereswaffenamt ein sechsjähriger Lieferungsvertrag über ortsfest einzubauende und für Kampfwagen bestimmte Panzerkuppeln mit einem jährlichen Auftragsvolumen von 50–60 Mio. RM und einer in Aussicht genommenen Erhöhung der jährlichen Bestellmenge ab 1938 vereinbart worden war, einen Mantelvertrag mit dem durch das OKH vertretenen Wehrmachtsfiskus ab, in dem sich das Unternehmen verpflichtete, Produktionskapazitäten für die Aufträge an Panzermaterial zur Verfügung zu stellen und eingehende Bestellungen unverzüglich auszuführen[75]. Um diesen Anforderungen zu genügen, war nicht nur die Kapazität an Stahlformguß zu erweitern, es waren darüber hinaus zahlreiche apparative Einrichtungen und Maschinen zu beschaffen. Die notwendigen Investitionen stellten gemäß den Berechnungen des Bochumer Vereins einen Gesamtwert von 21076000 RM dar. Angesichts dieses Investitionsumfanges und der langfristigen Bindung des Werkes als Lieferant für das OKH stellte das Reich einen Kredit in Höhe von 21 Mio. RM zur Verfügung und gestattete im Falle einer Nichtauslastung der neu geschaffenen Einrichtungen durch OKH-Aufträge, die Anlagen für Bestellungen dritter Kunden zu benutzen.

Neben diesem von 1943 an jährlich kündbaren Mantelvertrag wurde ein separater Darlehensvertrag zwischen den beiden Parteien abgeschlossen, in dessen Rahmen dem Bochumer Verein für das Rechnungsjahr 1936 14 Mio. RM und für 1937 weitere 7 Mio. RM zur Verfügung gestellt wurden. Dieser zinslose Kredit war vom 1. April 1938 an in Raten von mindestens 2,1 Mio. RM zu tilgen. Der Darlehensvertrag enthielt daneben eine Eventualitätsklausel, die dem Unternehmen neue Verhandlungen über den Rückzahlungsmodus zusicherte, falls unvorhersehbare Ereignisse die

74 Errechnet nach ArchBV 15400 Nr. 2d.

75 Vertragstext des Abkommens vom 12. 5. 1936, ArchBV 94000 Nr. 1.

Rückzahlung von 1943 an zu einer untragbaren Härte für den Bochumer Verein werden lassen sollten.
Die Rüstungsaufwendungen des Reiches stiegen bis 1939 in einem solchen Maße, daß das Unternehmen nicht mehr länger in der Lage war, mit den vorhandenen Anlagen und Maschinen die Bestellungen des OKH auszuführen. Aus diesem Grund wurde ein zweiter Darlehensvertrag zwischen dem Bochumer Verein und dem Wehrmachtsfiskus abgeschlossen, der für zusätzliche Investitionen und Neuanschaffungen weitere 19 Mio. RM zu Bedingungen, wie sie bereits im ersten Darlehensvertrag fixiert worden waren, vorsah und dem Unternehmen bei einem Selbstkostenanteil von 2,64 Mio. RM eine Tilgungsfrist bis zum 31. 3. 1953 einräumte[76]. Als sich im Juli 1940 die für den Ausbau berechnete Bausumme als zu gering erwies, fand sich das Reich über das OKH bereit, erneut Mittel zur Verfügung zu stellen, die jetzt nicht nur als zinslose Darlehen, sondern auch in Form nicht rückzahlbarer Zuschüsse vergeben wurden.
Dem ursprünglichen Vertragsabschluß zwischen dem Bochumer Verein und dem OKH war ein Besuch des Reichswehrministers v. Blomberg sowie von Rüstungsexperten seines Ministeriums im rheinisch-westfälischen Industriegebiet am 19. und 20. Februar 1935 vorausgegangen, in dessen Verlauf neben der Firma Krupp auch der Bochumer Verein am Vormittag des 20. Februar besichtigt wurde. Blomberg hatte bereits am Vorabend im Rahmen eines vom Bochumer Verein veranstalteten Essens Gelegenheit gehabt, führende Persönlichkeiten der rheinisch-westfälischen Montanindustrie kennenzulernen[77]. Von den insgesamt 37 eingeladenen Montanindustriellen, Sprengstoffproduzenten und Managern anderer Werke hatten lediglich vier, Ernst Brandi, Gustav Krupp, Paul Goerens und Paul Reusch, eine definitive Absage erteilt, während die übrigen Wirtschaftler entweder ihre Teilnahme zugesagt hatten, so alle zu diesem Arbeitsessen geladenen VSt-Vertreter, oder die Einladung des Bochumer Vereins nicht beantworteten.
Dem gleichen Zweck wie die Informationsreise des Reichswehrministers diente ein Besuch der Marineleitung unter dem Oberbefehlshaber Raeder am 27. November 1935. In dem für diesen Besuch von der Unternehmensleitung verfaßten Besichtigungsprogramm wurde unter anderem darauf hingewiesen, daß es sich bei dem Höntroper Martinstahlwerk um das modernste seiner Art auf dem europäischen Kontinent handelte und daß das Röhrenwalzwerk dieses Werkes nach umfangreichen Umbauarbeiten nunmehr ausschließlich der Bombenproduktion diente. Das sich an den Besuch anschließende Abendessen im Gesellschaftshaus des Bochumer

76 Die im Juli 1940 aufgelaufene Summe an Zuschüssen betrug bereits 23,775 Mio. RM.
77 Vgl. ArchBV 56500 Nr. 8.

Vereins fand dieses Mal allerdings in einem wesentlich kleineren Kreis statt. Von der Konzernleitung der VSt waren der Aufsichtsratsvorsitzende Fritz Thyssen und sein Stellvertreter Albert Vögler nach Bochum gekommen, von seiten des Bochumer Vereins nahm der gesamte Vorstand an dem Essen teil.

Sehr viel spektakulärer erschien diesen Arbeitsbesuchen gegenüber die Besichtigung des Bochumer Vereins durch Adolf Hitler, der am 14. April 1935, einem Sonntag, angeblich völlig unerwartet gegen 10 Uhr im Werk Höntrop des Unternehmens eintraf, wo er von Fritz Thyssen, Albert Vögler, vom Vorstandsvorsitzenden des Bochumer Vereins, Walter Borbet, und den Direktoren des Werkes empfangen wurde[78]. Hitler interessierte sich bei diesem Besuch – er fiel zeitlich eng mit der Wiedereinführung der allgemeinen Wehrpflicht im März 1935 zusammen – seinen persönlichen Interessensgebieten entsprechend lediglich für die Rüstungs- und Waffenproduktion des Werkes und war von der Leistungsfähigkeit der Bombenproduktion im Werk Höntrop offensichtlich ebenso beeindruckt wie von der Herstellung von Geschützverschlüssen in der mechanischen Werkstatt. Er besichtigte daneben die Geschoßfabrik sowie die Werkstätten zur Herstellung von Geschützrohren, wobei er der Produktion von Rohren für 8,8-cm-Flugabwehrgeschützen besondere Beachtung schenkte.

Die allgemeine Aufrüstung im Reich führte nach 1936 dazu, daß immer mehr Unternehmen die Produktion von Kriegsmaterial aufnahmen und bei den notwendigen betriebstechnischen Umstellungen Unterstützung durch die Wehrmacht erhielten. Das erhöhte Angebot an Rüstungsmaterial führte andererseits zu einer verstärkten Konkurrenzsituation, wodurch die Lukrativität der Rüstungsfertigung weitgehende Einbußen erlitt.

Der Auszug aus einem Schreiben des Bochumer Vereins an das OKH gewährt nicht nur einen Einblick in die soziale und beschäftigungsbedingte Situation der Belegshaft in den Werkstätten des Geschoßbaus, es verweist darüber hinaus auf eine Auseinandersetzung zwischen dem Unternehmen und dem OKH über die Höhe der Geschoßpreise: ». . . Wenn wir in den letzten Jahren die Selbstkosten und damit die Preise für fast sämtliche Geschoßarten erheblich senken konnte, so war uns das nur dadurch möglich, daß wir nicht nur die Einrichtungen unserer Geschoßabteilungen wesentlich verbessert haben, sondern auch im guten Einvernehmen mit Vertrauensrat und Gefolgschaft höhere Leistungen erzielen und dadurch die Fer-

78 Bericht über den Besuch des Führers beim BV (diente offensichtlich gleichzeitig als Presseinformation), ArchBV 56500 Nr. 8. Vgl. auch Berichte in den Lokal- und Regionalzeitungen sowie in der Hüttenzeitung des BV.

tigungslöhne für viele Arbeitsvorgänge wiederholt herabsetzen konnten; damit sind wir aber jetzt an der Grenze des Möglichen angelangt.«[79]
Das Preisniveau wurde über lange Zeit hinweg dadurch bestimmt, daß der Bochumer Verein umfangreiche Versuchsfertigungen für sämtliche Waffengattungen durchzuführen hatte, jedoch erfolgte von 1937 an eine Verschiebung der Produktionsprioritäten dahingehend, daß er nunmehr in einer Phase der verstärkten, offenen Aufrüstung Massenfertigungen der verschiedensten Geschoßarten für Heer, Marine und Luftwaffe durchzuführen hatte. Nicht zu Unrecht erhob der Bochumer Verein in diesem Zusammenhang den Vorwurf, das OKH habe durch die Art der Vergabe von Versuchs- und Produktionsaufträgen eine Spezialisierung des Werkes und damit auch anderer Munitionshersteller auf bestimmte Geschoßarten verhindert und somit die einzige Möglichkeit einer preisgünstigen Serienfertigung endgültig verpaßt[80]. Das Schreiben enthielt zugleich einen Hinweis darauf, daß der Bochumer Verein nicht bereit war, zu dem vom OKH zugebilligten Preisniveau Munitionsaufträge zu übernehmen, zumal eine weitere Leistungssteigerung der Belegschaft und eine damit verbundene Reduzierung der Selbstkosten in keiner Weise realisiert werden könnten. Dieser Umstand sei, so der Vorstand, unter anderem auf zahlreiche kleinere Marineaufträge zurückzuführen, die aufgrund der geringen Stückzahl dauernde Produktionsumstellungen erforderlich machten. Hieran schloß sich die Bitte an, die vom Bochumer Verein angebotenen Preise als Richtpreise zu bewilligen[81].
Die Verhandlungen über die Munitionspreise, die für kleinere Kaliber bis etwa 7,5 cm über den Preisen der Konkurrenzfirmen lagen, diese bei größeren Kalibern, bei deren Herstellung der BV auf einschlägige Erfahrungen zurückgreifen konnte, aber durchweg unterboten, zogen sich über mehr als ein Jahr hinweg[82]. Der Bochumer Verein mußte im Laufe der Verhandlungen den Wehrmachtsstellen Konzessionen in der Art machen, daß er im Juli 1939 die seit 1938 festgelegten Richtpreise als Festpreis für einen Großteil der bei der Hanomag und in den Bochumer Werkstätten gefertigten Geschoßarten akzeptierte[83]. Der Wunsch des Unternehmens, die Selbstkostenpreise zuzüglich einer differenzierten Gewinnspanne in Anrechnung bringen zu dürfen, fand demgegenüber keine Berücksichtigung.

---

79 Auszug aus einem Brief des BV an das OKH v. 10. 6. 1938, ArchBV 42900 Nr. 5.
80 Vgl. Anm. 79.
81 Vgl. 2. Brief des BV an das OKH (betr. Geschoßpreise) v. 10. 6. 1938, ArchBV 42900 Nr. 5.
82 Vgl. Brief der Berliner Vertretung des BV an das Stammwerk v. 9. 1. 1937, ebd.
83 Vgl. Brief des BV an das OKH v. 13. 7. 1939, ebd.

Diese Preisgestaltungspolitik der Wehrmachtsstellen wurde zu Beginn des Jahres 1939 durch einen Preisstopp für öffentliche Aufträge konsolidiert[84]. Man strebte damit einen Mechanismus der Preisgestaltung und Marktordnung an, der theoretisch und praktisch jedoch nur dann funktionieren konnte, wenn das Angebot größer als die Nachfrage war. Da diese Situation 1939 jedoch nicht gegeben war, bedingte der Preisstopp für öffentliche Aufträge eine weitergehende Militarisierung der Wirtschaft, eine Degradierung der Unternehmen zu Auftragsempfängern war unabwendbar. Der Bochumer Verein war aufgrund der allgemeinen wirtschaftlichen und konjunkturellen Entwicklung hin zur Rüstungs- und Kriegswirtschaft gezwungen, sich diesen Bedingungen zu unterwerfen, da er aus ökonomischen Gründen und nicht zuletzt als Mittel der Krisenüberwindung seit 1934 eine konsequente Ausweitung der Rüstungsproduktion betrieben hatte, die teils durch Darlehen und Zuschüsse des Reiches, teils aber auch durch eigene Mittel finanziert worden war.
So arbeiteten bereits im Juli 1936 bei einer Gesamtbelegschaft von fast 16100 gewerblichen Arbeitnehmern 4140 Arbeiter in der Geschoßpresserei und den mechanischen Bearbeitungswerkstätten der Geschoßfertigung[85]. Diese Zahl sank bis April 1938 fast kontinuierlich auf rund 3000 Mitarbeiter, stieg aber in der Folgezeit bis Dezember 1938 auf fast 4400 Arbeitnehmer, unter denen sich 862 Frauen befanden. Die seit den Sommermonaten 1938 stark ansteigende Produktion von Geschossen für die Wehrmacht bedingte nicht nur eine rasche Zunahme der Belegschaft – ihre Zahl scheint bis Ausbruch des 2. Weltkrieges allerdings wieder leicht rückläufig gewesen zu sein – sondern auch umfangreiche Investitionen und Instandhaltungsarbeiten. Die dafür aufgewendete Summe betrug rund 1,3 Mio. RM zuzüglich 10571 RM für die Adolf-Hitler-Spende der deutschen Wirtschaft[86].
Die Produktion von Geschossen und Granaten für die Wehrmacht war auch im Herbst 1939 noch durch eine Vielzahl von Kalibern und Typen charakterisiert. Anstelle einer frühzeitigen Spezialisierung auf einzelne Kaliber fertigte der Bochumer Verein ebenso wie Krupp und andere Rüstungs-Großproduzenten fast alle in der Wehrmacht benötigten Geschoßtypen. Eine rationelle Rüstungsfertigung war im Rahmen eines derartigen Konzeptes, das unter zusätzlicher Berücksichtigung zahlreicher Dringlichkeitsstufen dauernde Umstellungen der Bearbeitungsmaschinen in der laufenden Produktion erforderlich machte, unmöglich. Die Selbstkosten des Bochumer Vereins lagen daher in der Regel deutlich über den von offizieller Seite nach betriebswirtschaftlichen Gesichtspunkten errechneten

84 Vgl. *Mason,* Der Primat der Politik, S. 484; *Woolston,* S. 25 f.
85 Nach Statistiken in ArchBV 15000 Nr. 2.
86 Vgl. ArchBV 42900 Nr. 5.

Richt- und Festpreisen[87]. Neben diesen die Preisgestaltung wie auch die Fertigungsmenge negativ beeinflussenden Produktionsbedingungen hatte der Bochumer Verein mit dem Ausbau des Werkes Langendreer eine hochmoderne Fertigungsstätte für die Produktion von Bomben errichtet. Dort konnte durch eine rationelle und kontinuierliche Produktionsgestaltung der offizielle vom OKH festgesetzte Richtpreis von den Selbstkosten geringfügig unterboten werden[88].

Erst 1942 kam es aus Rationalisierungsgründen zu einer Abgrenzung des Produktionsprogrammes, indem lediglich Geschosse und Granaten vom Kaliber 7,62 cm und größer gefertigt wurden, während die Produktion kleinkalibriger Geschützmunition gänzlich eingestellt wurde.

Neben der Fertigung von Serienaufträgen verschiedensten Umfanges für den unmittelbaren Kriegsbedarf – hierbei handelte es sich vielfach um die Produktion von Sprengmunition mit Kopfzündern – blieb der Bochumer Verein auch nach Kriegsbeginn ein Versuchs- und Produktionswerk für die Herstellung von panzerbrechender Munition mit Bodenzündern. Diese Granaten bedurften besonderer Techniken bei der Bearbeitung und Warmbehandlung, dennoch wurden nach der Abnahme durch militärische Prüfungsstellen vom Bochumer Verein größere Mengen dieser Munition während des Krieges geliefert. Die Fertigung von Panzergranaten größerer Kaliber für die Marine machte dabei besonders aufwendige und arbeitsintensive Herstellungsverfahren erforderlich, da man mit diesen Granaten schwere Schiffspanzerungen durchschlagen und anschließend die in der Granate befindliche Sprengstoffmenge zur Explosion bringen mußte. Aufgrund dieser Anforderungen waren die Prüf- und Abnahmevorschriften des OKM besonders streng und erforderten die Einhaltung zahlreicher Material- und Fertigungsvorschriften[89]. Als eigenartig kann im Zusammenhang mit der Produktion von panzerbrechender Munition die Tatsache gewertet werden, daß der Elektrostahl für die Herstellung der 7,62-cm-Panzergranaten nicht vom Elektrostahlwerk des Bochumer Vereins geliefert wurde, sondern vom Stahlwerk »Mark« in Wetter-Wengern[90].

Unter betriebs- und produktionstechnischen Gesichtspunkten war die Geschoßfertigung des Bochumer Vereins 1939 auf eine Kriegsproduktion nur unzureichend vorbereitet. Zwar war sie mit rund 3500 Mitarbeitern im Jahresdurchschnitt die größte Einzelabteilung des Werkes, andererseits

87 Zum Problemkreis der Preisgestaltung von Rüstungsgütern siehe *Thomas*, S. 134 ff.

88 Bei dem Gerät S. C. 250 j (250-kg-Bombe) lag der Selbstkostenpreis des BV im Jahre 1939 bei 193,70 RM, während der offizielle Richtpreis, der als Grundlage der Preisverhandlungen mit dem OKW diente, 200,– RM betrug.

89 Vgl. *Wagenknecht, W.*, Die Fertigung von Panzergeschossen, in: Deutsches Waffen Journal 1977, S. 712–718 u. 863–866.

90 Ebd., S. 715.

waren langfristige Neubau- und Investitionsvorhaben bis 1941 noch nicht abgeschlossen, so daß die Produktion von Granaten nicht das angestrebte Niveau erreichte. Im Rahmen einer unverständlichen, offensichtlich auf die rasch wechselnden Bedürfnisse der Blitzkriegsführung ausgerichteten Produktion war die Zahl der Mitarbeiter in der Geschoßfertigung nach Kriegsausbruch leicht rückläufig und erreichte im Jahresdurchschnitt 1940 2516 Arbeitnehmer und 946 Arbeitnehmerinnen; auch 1941 blieb der Mitarbeiterstab mit durchschnittlich 3462 gewerblichen Arbeitnehmerinnen und Arbeitnehmern relativ konstant. Diese Zahl erhöhte sich selbst im Dezember 1941 trotz des im Zuge des Rußlandfeldzuges gestiegenen Materialbedarfs gegenüber den Werten des Monats August lediglich um 62 Arbeitskräfte, unter denen sich allein 17 Kriegsgefangene befanden.

Während die Auslastung der Abteilung Wg offenbar weitgehend durch die aktuelle Lage auf den Kriegsschauplätzen bestimmt wurde und eine strategisch-langfristige Rahmenplanung für die Erzeugung von Rüstungsgütern zumindest während der erten zwei Kriegsjahre fehlte, bedingte die militärische Lage im Spätsommer und Frühherbst 1941 einen Abgang von dem bisherigen Produktionschaos[91].

Der Bochumer Verein schloß im Oktober 1941 einen Rahmenvertrag mit dem OKM ab, in dem sich das Unternehmen verpflichtete, eine monatliche Produktion von 1540 fertigbearbeiteten Panzergranaten des Kalibers 28 cm sicherzustellen sowie 750 Rohlinge des gleichen Typs für die Weiterverarbeitung in anderen Unternehmen zu liefern[92]. Gleichzeitig sollte die seit der Mobilmachung dem OKM zur Verfügung gestellte Kapazität in der Munitionsfertigung nicht gekürzt werden; die Belieferung der Kriegsmarine mit Geschossen mittlerer und kleiner Kaliber mußte auch weiterhin gesichert bleiben. Zum Ausbau der Produktionskapazitäten für die 28-cm-Granaten stellte das Reich einen zinslosen Kredit in Höhe von 25,9 Mio. RM zur Verfügung, der bei einer zehnjährigen Laufzeit in jährlich gleichen Raten zu tilgen war. Der Bochumer Verein hatte an Eigenmitteln lediglich 5,446 Mio. RM aufzubringen. Die im Rahmen dieses Ausbauprogrammes zu tätigenden Investitionen konnten nur in Abstimmung mit dem OKM vorgenommen werden und waren darüber hinaus in jedem Quartal abzurechnen. Der Bochumer Verein benötigte für den Ausbau der geforderten Produktionskapazitäten rund 22 Mio. RM und konnte die Bautätigkeit im Juli 1943 erfolgreich abschließen. Das Unternehmen war anschließend in der Lage, binnen 3 Monaten einen Betrag

91 Viele Angaben aus dem Bereich der Rüstungsfertigung waren streng geheim und wurden nicht in das Archiv übernommen. Einige statistische Unterlagen über Auftragsbestand, Produktion etc. befinden sich in ArchBV 15400 Nr. 2d u. 54307 Nr. 2.

92 Vertrag des Deutschen Reiches (vertreten durch das OKM) mit dem BV v. 3./15. 10. 1941 über die Fertigung von 28-cm-Panzergranaten für die Kriegsmarine. Der Vertragstext befindet sich in ArchBV 94000 Nr. 1.

von rund 18,5 Mio. RM an das OKM zurückzuzahlen, wobei dem Werk die Differenz zwischen der in Anspruch genommenen Darlehenssumme und den Rückforderungen in Höhe von rund 3,5 Mio. RM in Form eines Rediskontes erlassen wurde[93].

Daneben überließ das OKH dem Bochumer Verein im Herbst 1941 zahlreiche Maschinen aufgrund eines Leihvertrages, um eine monatliche Produktion von 20000 Geräten SC 50 JA und etwa 18000 Geräten des Typs SC 250 L sicherzustellen[94]. Diese beim Bochumer Verein aufgestellten Maschinen waren vorrangig für die Fertigung von Lieferungen an das OKH zu benutzen, konnten allerdings auch für Aufträge Dritter Verwendung fingen. Der Bochumer Verein machte von der Möglichkeit eines Ankaufes der reichseigenen Maschinen bereits zwei Jahre später Gebrauch, als er in enger Abstimmung mit der VSt-Konzernleitung im Dezember 1943 sämtliche Darlehen und Investitionskredite des Reiches zurückzahlte und dabei nicht unerhebliche Gewinne durch die Gewährung von Rediskonten realisieren konnte[95].

Ebenfalls zur Rückzahlung gelangten Mittel in Höhe von rund 8,7 Mio. RM, die Anfang 1942 dem Unternehmen zur Ausweitung der Produktion von Granaten für Ferngeschütze und schwere Artilleriegeschütze gewährt worden waren. Das OKH hatte in diesem Zusammenhang mit dem Bochumer Verein eine monatliche Fertigung von 200 Granaten für das Geschütz K 5 (E) sowie von 13000 Geschossen des Kalibers 21 cm in den verschiedensten Ausführungen vereinbart[96].

Mit einer Gesamtbelegschaft von über 3500 Mitarbeitern blieb die Geschoßfabrik bis zum Ende des Weltkrieges die größte Abteilung des Bochumer Vereins, und sie bestimmte seine strategische Bedeutung in der deutschen Rüstungswirtschaft als eines der wichtigsten Unternehmen zur Versorgung der Wehrmacht mit Geschützgranaten und Bomben.

Trotz des im Rahmen der Ausweitung des Krieges enorm gestiegenen Bedarfs an Bomben, vor allem aber an Granaten für Artillerie- und Fla-Geschütze, wurde der im Frühjahr 1940 mit über 9000 moto erreichte Output an Bombenhüllen und Granaten während der folgenden Jahre des 2. Weltkrieges nicht mehr erreicht[97]. Ein wesentlicher, den Produktionsrückgang zum überwiegenden Teil bedingender Faktor ist allerdings in der Tatsache zu sehen, daß bereits 1938 beim Bochumer Verein eine Ver-

93 Vgl. Vertrag über die Ablösung der Reichsmittel für den Ausbau der Geschoßfabrik (OKM) v. 28. 6. 1943, ebd.

94 Vgl. Maschinen-Leihvertrag zwischen dem OKH und dem BV v. 18. 9./6. 11. 1941, ebd.

95 Vgl. Rahmenvertrag betr. Ablösung der Reichsmittel v. 27. 9./6. 12. 1943 zwischen dem Deutschen Reich und den VSt, ebd.

96 Vgl. Vertrag zwischen dem OKH und dem BV über die Produktion von schweren Geschossen v. 30. 1./12. 3. 1942, ebd.

97 Vgl. statistische Angaben des USSBS-Report No. 76 BV.

suchsanstalt für die Munitionsentwicklung aller Wehrmachtsteile eingerichtet wurde. Gegen Jahresende 1939 wurde der Schwerpunkt der Abteilung Wg von der Versuchs- auf eine Massenproduktion verlegt, erkennbar an den hohen Produktionsziffern des Jahres 1940. Nach Abschluß des Westfeldzuges ging der Bedarf an Munition drastisch zurück, und das Unternehmen verlegte den Schwerpunkt wiederum auf die Versuchsfertigung. Diese im Zusammenhang mit den militärischen Operativplanungen der Jahre 1940/41 erklärbare, langfristig jedoch falsche Entscheidung wurde nach 1942 in ihrer Realisierung durch eine starke Fluktuation der Belegschaft behindert, die den Bereich der Versuchsfertigung nicht verschonte und einen permanenten Mangel an qualifizierten Mitarbeitern, Konstrukteuren und Technikern zur Folge hatte. Daneben häuften sich bereits 1942 Klagen über Schwierigkeiten bei der Beschaffung von Rohstoffen und Werkzeugen[98].

Die Verlagerung des Produktionsschwerpunktes und eine relativ umfangreiche Fertigung indirekter Rüstungsgüter dürften mehr als die in ihrer Intensität zunehmenden Bombenangriffe für den Produktionsrückgang dieser Abteilung von rund 7350 moto im Jahre 1940 über 5650 moto und 3600 moto im Mittel der folgenden Jahre auf 2700 moto im Jahre 1943 verantwortlich sein. Der Unternehmensleitung gelang es erst 1944, zwei Jahre nach dem Amtsantritt Speers, die Produktion entscheidend zu steigern und in den ersten acht Monaten dieses Jahres einen durchschnittlichen Output von rund 4700 moto zu erzielen. Diese Produktionsmenge lag allerdings noch um 2650 moto unter dem Erzeugungsmittel des Jahres 1940. Der offensichtlich unternehmensspezifische Produktionsrückgang verhält sich gegensätzlich zur allgemeinen Entwicklung der Herstellung von Artilleriemunition bis zum Jahre 1944[99]. Bei einer genaueren Untersuchung wird man allerdings feststellen müssen, daß die Rekordproduktion des Jahres 1944 nicht auf Höchstleistungen einzelner Firmen zurückzuführen ist, sondern unter dem generellen Aspekt einer weiteren Eingliederung von Gewerbebetrieben in die Kriegsproduktion betrachtet werden muß, die bislang noch für den zivilen Markt produzierten. Der Rückgang der Produktion einzelner Unternehmen wurde erfolgreich durch die Einbeziehung weiterer Betriebe in die Kriegswirtschaft ausgeglichen. Diese von Speer betriebene Entwicklung war zweifelsohne unter militärischen Aspekten eine dringende Notwendigkeit, unter Berücksichtigung der Gesamtsituation des Reiches stellten die Produktionserhöhungen des Bochumer Vereins und anderer Rüstungsunternehmen während der ersten acht

---

98 Vgl. Brief des BV an den Leiter des Heereswaffenamtes v. 12. 1. 1942, ArchBV 54316 Nr. 1.

99 Vgl. *Wagenführ,* S. 68 f.

Monate des Jahres 1944 lediglich einen letzten aber zum Scheitern verurteilten Versuch dar, eine Veränderung der militärischen Lage herbeizuführen[100].

Die erhöhte Produktion wurde jedoch beim Bochumer Verein durch das strategische Bombardement der RAF auf die eisen- und stahlerzeugende Industrie an Rhein und Ruhr im Herbst dieses Jahres abrupt unterbrochen. Die im Rahmen dieser Offensive am 4. November erzielten Zerstörungen führten zu einem vierwöchigen Totalausfall der Geschoßpresserei, einem Ausfall von rund 8000 t an gepreßten Rohlingen und einer bis Kriegsende nicht behebbaren kontinuierlichen Produktionseinbuße von rund 60 %. Demgegenüber war die Kapazität der mechanischen Bearbeitung von Geschossen durch den Angriff weniger in Mitleidenschaft gezogen worden und konnte nach einem auf Energiemangel beruhenden Totalausfall vom 15. Dezember an mit rund 70 % der erwarteten Kapazität produzieren.

Dennoch bildete die mechanische Geschoßbearbeitung, die unverzüglich nach Beendigung der vorläufigen Reparaturarbeiten wieder anlief, einen Engpaß in der Munitionsferigung des Bochumer Vereins, da zahlreiche Vordrehmaschinen durch den Luftangriff des 4. November zerstört worden waren und die Vordrehkapazität zum Jahresbeginn 1945 mit 5000 Geschossen nur etwa 50 % der täglichen Endfertigungskapazitäten ausmachten. Dieser zu einer Zunahme des Lagerbestandes an gepreßten Rohlingen führende Engpaß war selbst durch die Umstellung der Kapazitäten für die Fertigung von 15-cm-Granaten auf kleinkalibrige Geschosse nicht zu kompensieren[101].

In der Retrospektive ist erkennbar, daß die Fertigung von Geschossen für die Wehrmacht durch zahlreiche Änderungs- und Umstellungsvorschriften des OKH seit 1942 kaum beschleunigt wurde und feste Monatskontingente nur einen Teil der Kapazitäten beanspruchten. Die Waffenämter hatten sich jedoch den veränderten Bedingungen des totalen Krieges, dem Mangel an qualifizierten Arbeitskräften sowie der Verschlechterung des Produktionspotentials infolge kontinuierlicher Überbeanspruchung dadurch angepaßt, daß Produktionsvereinfachungen durch eine generelle Erhöhung der Maßtoleranzen, einen einfacheren Anstrich und eine vereinfachten Kennzeichnung der Granaten eingeführt wurden[102]. Im Rahmen eines 1944 stark angestiegenen Bedarfs an Granaten für Artillerie- und Fla-Geschütze wurden ab November auch solche Geschosse von der Wehrmacht als »minderbrauchbare Munition« angenommen, die zuvor

---

100 Vgl. Verfügung des OKH, Ch. H. Rüst und B. d. E. v. 27. 6. 1944, betr. Umstellung der schweren Flaksprenggranaten auf weichen Thomasstahl (Th 30), ArchBV 54316 Nr. 1.

101 Vgl. Brief des BV an das OKH v. 27. 2. 1945, ebd.

102 Vgl. Angaben hierzu in ArchBV 54316 Nr. 1.

im Zuge strengerer Produktionsbestimmungen verschrottet werden mußten. Granaten größerer Kaliber, die den vereinfachten Abnahmebestimmungen nicht entsprachen und deren Verwendung in Geschützen wahrscheinlich Schäden verursacht hätte, wurden als Abwurfmunition an die Luftwaffe geliefert. Diese Maßnahme stellte eine der zahlreichen Initiativen dar, mit allen zur Verfügung stehenden, wenn auch letztlich ungeeigneten Mitteln die überlegenen alliierten Truppen aufzuhalten. Die Wehrmacht mußte erst im März 1945 von der Abnahme weiterer für die eigentliche Nutzung unbrauchbarer Granaten absehen, als fehlende Transportkapazitäten die Laborierung der Geschosse und die anschließende Auslieferung an die Truppe unmöglich machten[103]. Parallel zur Massenfertigung von 7,5-cm-, 8,8-cm-, 10,5-cm- und 12,8-cm-Granaten und Fla-Munition lief die Produktion von Sondergeschossen bis zum Ende des 2. Weltkrieges weiter, und diese Produkte wie Treibspiegel-, Röchling- und Pfeilgeschosse sowie Minengranaten bewiesen die Leistungsfähigkeit der Abteilung Geschoßbau des Bochumer Vereins bei der Produktion von technisch-innovatorischen Rüstungsgütern.
Zusammenfassend muß allerdings festgestellt werden, daß die Munitionsfertigung beim Bochumer Verein durch häufige Umstellungen in Form bürokratischer Eingriffe in Fertigungsprogramme und Produktionspalette nachhaltig gestört wurde, so daß der reale Output weit unter den Produktionsmengen lag, die bei einem kontinuierlichen Betrieb und der Spezialisierung der Fertigung auf bestimmte Baumuster hätte erreicht werden können. Der hohe Ausstoß des Jahres 1944 beruhte auf einer Produktionsdrosselung bei anderen Erzeugnissen des Bochumer Vereins.

103 Vgl. Allg. VO des OKH, betr. beschleunigte Auslieferung kriegsbrauchbarer Waffen und Munition, ebd.

V. Die Belegschaft

Die Zeit des Nationalsozialismus war durch drei Phasen der betriebswirtschaftlichen Entwicklung charakterisiert:

(1) Während der Weltwirtschaftskrise kam es aufgrund einer außerordentlich geringen Auslastung der Produktionskapazitäten zu einer in diesen Ausmaßen bislang unbekannten Massenarbeitslosigkeit. Obwohl seit Mitte 1932 ein Aufschwung in der gesamtwirtschaftlichen Entwicklung erkennbar war, mußte die Arbeitslosigkeit auch in der Folgezeit noch durch Konjunkturförderungsmaßnahmen des Staates bekämpft werden.

(2) Die staatlich geförderten Maßnahmen zur Krisenüberwindung führten zusammen mit der Aufrüstung zu einer raschen Vollauslastung der Montanindustrie, so daß nach einer kurzen Phase der Sättigung ein Mangel an Arbeitskräften entstand. Dieser Mangel beschränkte sich zunächst auf qualifizierte Facharbeiter, und man versuchte von seiten des Staates ihm durch eine Vielzahl von Reglementierungsmaßnahmen zu begegnen. Das Fortschreiten der Aufrüstung stand jedoch in keinem Verhältnis zu dem verfügbaren Potential an Arbeitskräften. Der Facharbeitermangel mußte so zu einem allgemeinen Mangel an Arbeitskräften ausufern.

(3) Nach Ausbruch des Weltkrieges verschärfte sich die Lage auf dem Arbeitsmarkt zusehends, da sehr viele deutsche Arbeitnehmer zur Wehrmacht eingezogen wurden und nur in unzureichendem Maße ersetzt werden konnten. Während des Krieges wurden Frauen, ausländische Zivil- und Zwangsarbeiter, Kriegsgefangene und KZ-Häftlinge in der Produktion eingesetzt, um die Herstellung sogenannter wehrwirtschaftlich wichtiger Erzeugnisse zu garantieren.

Eine Analyse der Entwicklung der Belegschaft beim Bochumer Verein in der Zeit von 1933 bis 1945 kann erst Aufschluß darüber geben, in welchem Maße dieses Rüstungsgüter produzierende Unternehmen von dem Arbeitskräftemangel bedroht war und inwieweit eventuelle Mangelsituationen durch staatliche Initiativen überwunden wurden. Eine Untersuchung der Belegschaftsentwicklung auf der Ebene des Einzelunternehmens wird dabei unter Umständen wesentliche Erkenntnisse über die gesamte Arbeitskräftebewirtschaftung während des Krieges erlauben.

1. *Die Entwicklung von 1933 bis zum Kriegsausbruch*

Mit einer Zahl von 6065 Belegschaftsmitgliedern zum 1. Juli 1932 war ein Belegschaftsstand erreicht, der ein absolutes Minimum für die ersten drei Dekaden des 20. Jahrhunderts darstellte[1]. Der jedoch schon im Herbst 1932 einsetzende Konjunkturaufschwung ließ die Belegschaftszahl bis Januar 1933 auf rund 6900 Mitarbeiter ansteigen, eine Zahl, die erst im zweiten Halbjahr 1933 wesentlich überschritten wurde und damit das Wirksamwerden der staatlich initiierten Maßnahmen zur Wirtschaftsbelebung auf die Zeit nach Juli/August 1933 datiert. Eine hierzu proportional verlaufende Entwicklung zeigte sich im Bereich der Produktion, in dem ein starker Anstieg der erzeugten Roheisen- und Rohstahlmenge erst gegen Ende des Kalenderjahres 1933 nachweisbar ist.

Mit Beginn des Jahres 1934 setzte eine überaus starke Zunahme der Belegschaft ein, sie führte binnen eines Zeitraumes von zwei Jahren zu einer Verdoppelung der Beschäfigungszahl. Eine relative Sättigung des Arbeitskräftebedarfs des Bochumer Vereins wurde 1936 erreicht, so daß sich die Zahl der beschäftigten Arbeitnehmer bei rund 16000 stabilisierte. Diese Sättigung war von einem Mangel an qualifizierten Arbeitskräften begleitet, der sich im Bereich der Eisen- und Stahlerzeugung sowie der den Hüttenwerken nachgeschalteten Abteilungen als einer der ersten Branchen überhaupt zeigte und bereits kurze Zeit darauf solche Formen annahm, daß im Rahmen der staatlichen Wirtschaftslenkung auch Maßnahmen zur Lenkung des Arbeitskräftemarktes ergriffen werden mußten, wollte man die im Rahmen des Vierjahresplanes angestrebten Ziele nicht gefährden[2].

Neben das Recht auf Arbeit trat jetzt das von den Nationalsozialisten verbreitete Ideologem der »Pflicht eines jeden Volksgenossen zur Arbeit«. Nationalsozialistischer Ideologie zufolge »arbeitete der Mensch nicht um zu leben, sondern er lebte, um zu arbeiten«[3]. Die Ursachen des Arbeiter- und besonders des Facharbeitermangels waren nach offiziellen Stellungnahmen in den Nachwirkungen des kapitalistischen Wirtschaftssystems zu suchen, in dem aus Gründen des privatwirtschaftlichen Gewinnstrebens weitestgehend auf eine Ausbildung von Lehrlingen verzichtet worden sei.

Die Lenkungsmaßnahmen im Bereich des Arbeitskräftemarktes realisierte der Beauftragte für den Vierjahresplan, der preußische Ministerpräsident Göring, mit Hilfe von Durchführungsanordnungen, die, bereits im Jahre

---

1 Die Angaben zur Belegschaftszahl entstammen diversen Statistiken des Bestandes ArchBV 15000 Nr. 2.

2 Vgl. zu dieser Thematik *Mason,* Sozialpolitik, S. 215 ff.

3 *Holtz,* S. 30.

1936 verfügt, den Bedarf an Metallarbeitern für staats- und wirtschaftspolitisch bedeutsame Aufträge der Eisen- und Metallindustrie sowie an Facharbeiternachwuchs in diesen Branchen sichern sollten. Sie führten andererseits aber unverkennbar zu einer Militarisierung der gesamten Arbeitswelt[4]. Dieser in seinen rechtlichen Konsequenzen auf eine zunehmende Unselbständigkeit und Immobilität der Arbeitnehmer hinauslaufende, in seinen sozialen Auswirkungen kaum überschaubare Prozeß wurde von NS-Ideologen in keiner Weise verkannt. Sie begrüßten eine »soldatische Haltung« der Arbeitnehmer in den Betrieben und verglichen die Arbeit in den Betrieben mit der soldatischen Erziehung innerhalb der Wehrmacht[5].

Bis zum Jahre 1938 verschärfte sich der Arbeitskräftemangel aus den verschiedensten Gründen derart, daß der Arbeitsmarkt keinerlei Reserven, nicht einmal an ungelernten oder weniger qualifizierten Kräften, mehr besaß[6]. Man mußte zu umfassenderen dirigistischen Maßnahmen greifen, die zu einer weiteren Militarisierung des Arbeitsverhältnisses und zu einem zunehmenden Verlust der geringen Rechte führten, die den Arbeitnehmern bis zu diesem Zeitpunkt verblieben waren. Im Verlauf dieser Entwicklung auf dem Arbeitskräftemarkt, die für den Bereich der Industrie- und Handelskammer Bochum bereits im Frühjahr 1937 eine Vollbeschäftigung der Industrie bei einem weiteren starken Rückgang der Arbeitslosigkeit bedeutete, stabilisierte sich die Zahl der beim Bochumer Verein beschäftigten Arbeitnehmer im Verlauf des Jahres 1936[7]. Die Stagnation in der Entwicklung der Belegschaftszahl beim Bochumer Verein stand im Widerspruch zu dem vom Vierjahresplan geforderten Wirtschaftswachstum im Eisenhüttenbereich. Sie war nicht nur bedingt durch einen extremen Mangel an für die eisengewinnende und -verarbeitende Industrie geeigneten Fachkräften, sondern auch durch die Unmöglichkeit, Kapazitätserweiterungen binnen kürzester Zeit vorzunehmen[8]. Produktionssteigerungen des Unternehmens nach 1936 wurden ausschließlich durch die Inbetriebnahme langfristig geplanter und über eine Bauzeit von einem oder mehreren Jahren hinweg errichteter Betriebsanlagen in der Eisen- und Stahlerzeugung sowie durch eine Erhöhung der Produktivität ermöglicht. Diese wiederum wurde durch eine Verschlechterung der Arbeitsbedin-

4 2. AO zur DV des Vierjahresplanes über die Sicherstellung des Bedarfs an Metallarbeitern für staats- und wirtschaftspolitisch bedeutsame Aufträge der Eisen- und Metallwirtschaft v. 7. 11. 1936, RABl 1936, 1, S. 293.

5 *Arnold,* Wehrhafte Arbeit, S. 10.

6 Vgl. *Seldte,* S. 66.

7 Bericht der IHK-Bochum über die wirtschaftliche Lage im Kammerbezirk für den Monat Mai 1937 vom 31. 5. 1937, WWA K 2, Nr. 1304 Bd. 6.

8 Bericht der IHK-Bochum über die wirtschaftliche Lage im Kammerbezirk für den Monat März 1938 vom 31. 3. 1938, WWA K 2, Nr. 459.

gungen, durch eine »Verschärfung des Arbeitseinsatzes« erreicht[9]. Staatliche Maßnahmen wurden in diesem Zusammenhang notwendig, um die Priorität der Rüstungsindustrie gegenüber anderen Branchen zu sichern. Eine Möglichkeit, den Bedarf an Arbeitskräften in der eisenschaffenden und -verarbeitenden Industrie zu decken, wurde durch die Dienstverpflichtung geschaffen, die es erlaubte, Arbeitskräfte auch gegen deren ausdrücklichen Willen in andere Betriebe zu versetzen.

Bedingt durch den Arbeitskräftemangel, die Auftragslage und die Arbeitsbedingungen der Belegschaftsmitglieder wandten sich die Konzernbetriebe der VSt unmittelbar nach der Veröffentlichung der Dienstverpflichtungs-Verordnung an die zuständigen Arbeitsämter und forderten große Zahlen von Arbeitskräften an, während nur einzelne gewerbliche Arbeitnehmer, meist Baufacharbeiter, die in den VSt-Betrieben als Hilfsarbeiter beschäftigt wurden, im Rahmen der Dienstverpflichtung für Westwallarbeiten abgestellt werden mußten[10]. Der Bochumer Verein hatte bereits im Juli 1938 rund 1000 Arbeitskräfte angefordert, die nach Aussagen der Geschäftsleitung in diesem Rüstungsunternehmen dringend benötigt wurden. Trotz der angespannten Lage auf dem Arbeitskräftemarkt – voll einsatzfähige Arbeiter für den eisenschaffenden und -verarbeitenden Bereich konnten kaum noch vermittelt werden – gelang es dem Unternehmen, die Zahl der beschäftigten gewerblichen Arbeitnehmer, die Mitte 1938 noch rund 17600 betragen hatte, binnen eines Jahres auf etwa 19100 Belegschaftsmitglieder zu erhöhen[11]. Man mußte dabei allerdings in Kauf nehmen, daß in der Zeit vom Jahresbeginn 1938 bis Mitte Juli 1939 153 landwirtschaftliche Arbeitskräfte, darunter 2 Frauen, eine Beschäftigung beim Bochumer Verein annahmen und für die Anforderungen ihrer neuen Tätigkeit auszubilden waren[12].

Eine gewisse, wenn auch in der Retrospektive nur sehr kurzfristige Entlastung erfuhr der Arbeitskräftemarkt in den Monaten Juni bis August 1939, als von seiten der NSDAP der deutschen Industrie die Vermittlung »reichsdeutscher Facharbeiter« angeboten wurde, die bislang in Holland, Belgien, Frankreich oder anderen europäischen oder außereuropäischen Ländern tätig gewesen waren. Sie suchten nun, weniger als 3 Monate vor Ausbruch des 2. Weltkrieges, offensichtlich im Rahmen von Rückführungsmaßnahmen der NSDAP-Auslands-Organisation eine Beschäftigung in der reichsdeutschen Industrie. Die VSt zeigten ein starkes Interesse an diesen Arbeitskräften und fragten in einem vertraulichen Rundschreiben über die Zentralabteilung Sozialwirtschaft bei den Konzernwer-

---

9 Vgl. hierzu u. a. *Beyer* u. *Vollmann*.

10 Angaben nach ArchTHAG, VSt-SW 302110.

11 Nach ArchBV 15000 Nr. 2.

12 Schreiben des BV an die VSt-Abt. SW v. 20. 6. 1939, ArchTHAG, VSt-SW 302110.

ken nach, welche Berufsgruppen in den Betrieben benötigt wurden[13]. Daneben sollten die Unternehmen Angaben über die Höhe der für diese Arbeiter zu erwartenden Löhne, über Unterbringungsmöglichkeiten sowie über die Möglichkeit der Übernahme von Übersiedlungskosten machen. Der Bochumer Verein reagierte überraschend schnell auf dieses Rundschreiben der Holdinggesellschaft und meldete nach einer betriebsinternen Prüfung des Arbeitskräftebedarfs bereits 5 Tage später, am 15. Juni 1939, einen Bedarf von 500 Arbeitern an, von denen 400 als Hilfsarbeiter für die Kalt- und Warmbetriebe, 20 als angelernte Maschinenarbeiter und die restlichen 80 Arbeiter mit Facharbeiterqualifikation als Dreher, Schlosser, Stahlgußformer oder Maurer bei einer täglichen Arbeitszeit von 8 bis 9 Stunden beschäftigt werden sollten[14].

Gegen diese von der Partei eingeleitete Aktion, in deren Verlauf auch deutsche Flüchtlinge aus Polen von Juli 1939 an auf den oberschlesischen Gruben der VSt beschäftigt wurden, deren Erfolg für den Bochumer Verein jedoch nicht nachgewiesen werden kann, riefen die staatlichen Stellen für die Vermittlung von Arbeitskräften zum Boykott auf, da sie in ihr das Monopol des Reichsarbeitsministeriums und der nachgeordneten Behörden, der Landesarbeitsämter und der Arbeitsämter, im Bereich der Vermittlung von Arbeitskräften verletzt sahen. Sie befürchteten darüber hinaus im Vordringen der Institutionen des Vierjahresplanes eine Beschneidung der eigenen Kompetenzen, da Göring diese Aktion zur Unterbringung reichsdeutscher Facharbeiter offensichtlich unterstützte. Aus diesem Grunde baten Vertreter des RAM, unter ihnen Friedrich Syrup, die Industrie, die Anfragen der NSDAP zunächst dilatorisch zu behandeln und weder konkrete Maßnahmen einzuleiten noch verbindliche Zusagen zu machen. Das RAM werde sich dieser Angelegenheit annehmen und in Zusammenarbeit mit den Parteidienststellen einheitliche Richtlinien für die Rückwanderervermittlung erlassen. Bevor dieser der Reichsgruppe Industrie am 3. Juli 1939 mitgeteilte Tatbestand durch ein Rundschreiben dieser Arbeitgeberorganisation am 3. August dieses Jahres den Mitgliedswerken zur Kenntnis gebracht wurde, hatten die Hüttenwerke der VSt den ermittelten Arbeitskräftebedarf längst über die Abteilung Sozialwirtschaft an die Auslands-Organisation der NSDAP gemeldet[15]. Die Bemühungen des RAM zur Aufrechterhaltung des diesem Ministerium übertragenen Kompetenzkomplexes wurden sowohl von seiten der Reichsgruppe Industrie wie von seiten der rheinisch-westfälischen Montanindustrie ignoriert;

13 Rundschreiben 16/39 der VSt-Abt. SW v. 10. 6. 1939 (vertraulich), ArchTHAG, VSt-SW 300124.

14 Schreiben des BV an die VSt-Abt. SW v. 15. 6. 1939, ebd.

15 Vgl. Schreiben der Reichsgruppe Industrie an Arbeitnordwest v. 3. 8. 1939, ArchTHAG, VSt-SW 300124.

eine zögernde und geschickt initiierte Politik der Informationsweiterleitung verhinderte einen Erfolg der Bemühungen des RAM zugunsten einer unbürokratisch-raschen Zuteilung weiterer Arbeitskräfte an die Rüstungsindustrie.

Der Arbeitskräftemangel der Industrie hatte zur Folge, daß die Kompetenzen des RAM und der Arbeitsämter bei der Vermittlung von Arbeitnehmern zugunsten einer offensichtlich planlosen Ad-hoc-Vermittlung von Arbeitern übergangen wurden. Neben den staatlichen Stellen, die bislang ein Monopol bei der Vermittlung innehatten, mischten sich nunmehr Dienststellen der Partei in die Lenkung des Arbeitskräftebedarfs. Aufgrund der Form dieser Vermittlung kann allerdings angenommen werden, daß diese Maßnahme keinen optimalen Wirkungsgrad erreichte und weitere Kompetenzstreitigkeiten den Erfolg der Dienststellen des RAM bei der Vermittlung von Arbeitskräften beeinträchtigten.

Bis zum Jahre 1938 wurden nur wenige Frauen als gewerbliche Arbeitnehmerinnen beim Bochumer Verein beschäftigt[16]; die Verschärfung bedingte jedoch im Jahre 1938 erstmals seit dem 1. Weltkrieg eine Beschäftigung von Frauen außerhalb des hauswirtschaftlichen und verwaltungstechnischen Bereiches. Die ersten gewerblichen Arbeitnehmerinnen wurden in der zweiten Jahreshälfte 1938 in der mechanischen Fertigung Geschoßfabrik eingestellt. Bereits wenige Monate später, zum 1. Januar 1939, hatte sich die Zahl der beim Bochumer Verein beschäftigten Frauen fast versechsfacht, ihr Anteil an der Gesamtzahl der gewerblichen Arbeitnehmer war damit innerhalb kürzester Zeit von 0,7 auf insgesamt 5,5 % angestiegen[17].

Die Zahl der männlichen Arbeitskräfte hatte sich 1938 parallel zur Anstellung gewerblicher Arbeitnehmerinnen leicht erhöht, bedingt durch die Einstellung meist jüngerer Hilfskräfte mit geringer Qualifikation.

Die Zahl der Angestellten war von 1140 im Geschäftsjahr 1933/34 auf 1911 im Geschäftsjahr 1938/39 angestiegen. Ihr Anteil an der Gesamtbelegschaft betrug damit rund 8,5 % im arithmetischen Mittel der Jahre 1933/34 bis 1938/39. Dieser Wert lag tendenziell leicht unterhalb der Zahlen, die für den Bereich der Thyssen-Hütte zu berechnen sind, grenzte sich jedoch deutlich von dem Anteil der Angestellten an der Gesamtbelegschaft des Dortmund-Hoerder-Hüttenvereins mit 9,98 % ab.

Der Bochumer Verein hatte vom Geschäftsjahr 1933/34 bis zum Geschäftsjahr 1938/39 nach dem Dortmund-Hoerder-Hüttenverein innerhalb des VSt-Hüttenkomplexes mit 60,7 % die zweithöchste Zuwachsrate der Belegschaft zu verzeichnen und rangierte somit eindeutig vor der

---

16 Ihr Anteil (Büroangestellte ausgenommen) betrug bis Ende 1937 max. 0,7 %. Die Frauen wurden ausschließlich im Kosthaus des BV beschäftigt.

17 Incl. die im hauswirtschaftlichen Bereich des BV beschäftigten weiblichen Arbeitskräfte.

Thyssen-Hütte, die für den gleichen Zeitraum einen Belegschaftszuwachs von lediglich 44,5 % zu verzeichnen hatte[18].
Wenn auch die Rohstahlerzeugung des Bochumer Vereins als Qualitätsstahlwerk deutlich unter den Produktionsziffern des Dortmund-Hoerder-Hüttenvereins und der August-Thyssen-Hütte lag, so ist es dennoch möglich, vom Standpunkt der Belegschaftszahlen aus von drei etwa gleich großen Hüttenkomplexen zu sprechen. Innerhalb des Bochumer Vereins wurde ein größerer Anteil der Arbeitnehmer im Bereich der Weiterverarbeitung und Bearbeitung beschäftigt, als dies bei den anderen Hüttenwerken der Fall war.
Der Bochumer Verein hatte bekanntlich von 1936 an einen ungedeckten Bedarf an qualifizierten Arbeitskräften, der in der Folgezeit durch die Einstellung von wenig qualifizierten Arbeitskräften und Frauen nur unvollkommen ausgeglichen werden konnte. Bestrebungen zur Erhaltung einer Stammbelegschaft von Facharbeitern standen dem Zeittrend nach hohen Produktionsleistungen zwar entgegen, sie ließen andererseits eine langfristige Personalpolitik des Unternehmens erkennen, da gerade im Bearbeitungsbereich Facharbeiter beschäftigt werden mußten.

2. *Die Entwicklung nach Kriegsausbruch*

Der Bochumer Verein war im Rahmen der Mobilmachung und des deutschen Angriffes auf Polen ebenso wie alle übrigen Wirtschaftsbetriebe gezwungen, einen Teil seiner männlichen Belegschaft für den Kriegsdienst freizugeben. Etwa 8,6 % der männlichen Beschäftigten waren vom Mobilmachungstag bis zum 30. September 1939 aus dem Produktionsprozeß ausgeschieden und mußten durch andere Arbeitskräfte ersetzt werden. Selbst in einem überwiegend auf dem Rüstungssektor tätigen Unternehmen konnten die Einberufenen kaum durch andere männliche Arbeitskräfte ersetzt werden[19]. Die Werksleitung war folglich gezwungen, in verstärktem Umfang Arbeitnehmerinnen einzustellen, und setzte sie, falls durch innerbetriebliche Umstellung in den Bearbeitungs- und Montagewerkstätten keine Arbeitsplätze zur Verfügung gestellt werden konnten, auch in solchen Produktionsbereichen ein, in denen nach den gesetzlichen Bestimmungen und den Anordnungen der Berufsgenossenschaften nur männliche Arbeitnehmer beschäftigt werden durften. Die beim Einsatz

18 Errechnet nach den veröffentlichten Geschäftsberichten der VSt der Geschäftsjahre 1933/34 bis 1938/39.
19 Die Summe des 1939/40 gefertigten Rüstungsmaterials (indirektes Rüstungsmaterial wie Bandeisen, Röhren, Schrauben und dgl. ausgeschlossen) machte allein 51,6 % des Gesamtumsatzwertes aus (nach ArchBV 15400 Nr. 2 d).

von Arbeitnehmerinnen in Warmbetrieben und für die Beschäftigung im Dreischichtsystem benötigten Sonder- und Ausnahmegenehmigungen wurden dem Unternehmen bereits von der untersten staatlichen Instanz, dem preußischen Gewerbeaufsichtsamt in Dortmund, in aller Regel ohne längeren Schriftwechsel erteilt.

Der Bochumer Verein stellte in der Zeit vom 30. Juni bis 31. Dezember 1939 insgesamt 677 deutsche Arbeitnehmerinnen und im ersten Halbjahr 1940 weitere 1416 Arbeiterinnen ein, so daß sich damit die Zahl der innerhalb des Unternehmens beschäftigten gewerblichen Arbeitnehmerinnen innerhalb eines Jahres um rund 139 % erhöhte. Die Beschäftigung von Frauen beim Bochumer Verein richtete sich offensichtlich nach der jeweiligen Lage auf den Kriegsschauplätzen und der damit in engem Zusammenhang stehenden Verfügbarkeit männlicher Arbeitskräfte. Sowohl nach Abschluß des Polenfeldzuges als auch nach Beendigung der Kämpfe im Westen stieg aufgrund von sofort angeordneten Truppenreduzierungen und Beurlaubungen von Rüstungsarbeitern durch die Wehrmacht die Zahl der beim Bochumer Verein beschäftigten Arbeitnehmer. Gleichzeitig sank nach Beendigung der Kriegshandlungen in Westeuropa im Sommer 1940 die Zahl der Arbeitnehmerinnen von etwa 3600 am 30. Juni dieses Jahres binnen 3 Monaten auf rund 3100[20].

Frauen waren im Selbstverständnis des Unternehmens lediglich »Ersatz-Arbeitskräfte« mit einer relativ hohen Fluktuationsrate, deren Beschäftigungsdauer von der Möglichkeit abhing, während des 2. Weltkrieges männliche Arbeitnehmer einzustellen. Das Unternehmen war bei einem akuten Mangel an Arbeitskräften, wie er zweifelsohne im Frühsommer des Jahres 1942 bestand, gezwungen und bereit, sich an Aktionen wie dem vom Reichsministerium für Bewaffnung und Munition durchgeführten Kriegseinsatz von Studenten und Studentinnen zu beteiligen. Die Werksleitung des Bochumer Vereins beschäftigte in diesem Zusammenhang in der Zeit vom 28. Juli bis zum 30. September 1941 insgesamt 80 Studenten und 120 Studentinnen, die überwiegend in den mechanischen Werkstätten eingesetzt und in Gasthaussälen der näheren Umgebung untergebracht wurden[21]. Die Entlohnung dieser Zeitarbeitskräfte, andere Werke der Rüstungsindustrie beschäftigten während der Semesterferien ebenfalls Studenten, richtete sich nach den tariflichen Lohnbestimmungen, wobei von seiten der Studenten pro Tag 0,75 RM für die Unterkunft und ein vom Werk angebotenes Mittagessen aufgebracht werden mußten, während sie für die übrigen Mahlzeiten selbst zu sorgen hatten[22].

---

20 Nach USSBS-Report No. 76 BV.

21 »Vom Hörsaal zum Bochumer Verein«, in: Hüttenzeitung 1941, H. 17, S. 2 ff. In diesem Artikel berichten einzelne Studenten über die Arbeit beim BV.

22 Vgl. Rundschreiben des Sekretariats A an die einzelnen Werksabteilungen über den Einsatz von Studenten (undat., 2. Monatshälfte Juli 1941), ArchBV 14206 Nr. 3 a.

Die Arbeitsbedingungen der Frauen entsprachen der allgemeinen Einstellung der Unternehmensleitung gegenüber der Belegschaft; sie unterschieden sich nur unwesentlich von denen der männlichen Belegschaftsmitglieder. Das Unternehmen war zwar einigen Aussagen zufolge gehalten, der »besonderen sozialen Stellung der Frau und deren Belange Rechnung zu tragen«, jedoch beschränkte sich diese unternehmerische Fürsorgepflicht offensichtlich darauf, besondere Wasch- und Umkleideräume für die Frauen bereitzustellen[23]. Im Rahmen der bestehenden arbeitsrechtlichen Bestimmungen war die 48-Stunden-Woche grundsätzlich noch als Normalarbeitszeit vorgesehen. Diese Bestimmungen räumten dem Unternehmen allerdings auch die Möglichkeit ein, ohne Genehmigung des Reichsarbeitsministers die wöchentliche Arbeitszeit auf 56 Stunden auszudehnen, wobei die aktuellen Arbeitszeitverordnungen keine Beschränkung der Dauer dieser Arbeitszeitverlängerung enthielten.
Von dieser Möglichkeit machte das Unternehmen zweifelsohne Gebrauch, indem die Arbeitsbedingungen der Frauen denen der männlichen Belegschaftsmitglieder angepaßt wurden und unterschiedliche Arbeitszeiten von seiten der Werksleitung abgelehnt wurden. Die diese Regelung angeblich bedingenden betriebstechnischen Gründe und die Ansicht, eine 5- bis 6stündige Beschäftigung pro Tag sei für Frauen aus finanziellen Gründen nicht attraktiv, bestärkten die für den Arbeitseinsatz zuständige Abteilung des Bochumer Vereins darin, keinerlei Teilzeitbeschäftigung für Frauen anzubieten.
Entscheidend für den Charakter des Beschäftigungsverhältnisses von Frauen war, daß sie, sobald sie sich zu einer Tätigkeit beim Bochumer Verein entschlossen hatten, das Arbeitsverhältnis nicht aus eigener Entscheidung heraus kündigen konnten. Sie hatten dazu die Einwilligung des Arbeitsamtes einzuholen. Diese Genehmigung wurde vom zuständigen Arbeitsamt, dem laufend Arbeitskräfteanforderungen von seiten der Industrie vorlagen, von 1942 an nur dann erteilt, wenn zwingende Gründe nachgewiesen werden konnten, da es weder im Sinne des Unternehmens noch der gesamten Rüstungsindustrie lag, die Fluktuationsrate für Arbeitnehmerinnen ansteigen zu lassen. Aufgrund dieser Arbeitsbedingungen erscheint es in der Retrospektive keinesfalls erstaunlich, daß viele Frauen unentschuldigt und ohne ärztliche Arbeitsunfähigkeitsbescheinigung fehlten, wie es die Geschäftsleitung des Bochumer Vereins bereits im Juli 1940 anmerkte.

23 Vgl. »Betr.: Lohn- und Arbeitsbedingungen der Frauen beim Bochumer Verein« (Aktennotiz des Werkstättenburos v. 3. 7. 1940), ArchBV 14206 Nr. 3 a.

War der Arbeitskräftemangel beim Bochumer Verein ebenso wie im gesamten Bereich der Rüstungswirtschaft bereits zu Beginn des Jahres 1942 derart angestiegen, daß neben einer großen Zahl deutscher Frauen französische und sowjetische Kriegsgefangene eingesetzt werden mußten, so kam es im ersten Halbjahr 1942 zu einer weiteren Verschärfung der Lage auf dem Arbeitskräftemarkt, als im Zusammenhang mit der deutschen Sommeroffensive die Einberufung einer größeren Zahl deutscher Männer erforderlich wurde. Die Dienststellen der Wehrmacht waren bei der Einberufung des Geburtsjahrganges 1908 zwar verpflichtet, zuerst auf solche Arbeitnehmer zurückzugreifen, die nicht in der Rüstungsfertigung beschäftigt waren, der Bedarf der Wehrmacht an Rekruten war jedoch nach Ansicht der VSt-Konzernleitung derart groß, daß sie die Konzernbetriebe am 11. Juni 1942 über die zu erwartende Einziehung aller Fachkräfte des Geburtsjahrganges 1908 unterrichtete[24]. Lediglich die in Rüstungsbetrieben beschäftigten »Schlüsselkräfte« seien von einer Einberufung ausgenommen. Dieser Abzug von Arbeitnehmern aus der Rüstungsproduktion, der Bochumer Verein beschäftigte über 700 Arbeitnehmer des Geburtsjahrganges 1908, führte im Zusammenhang mit der erhöhten Fertigung von Munition und Panzerfahrzeugen zu Engpässen in den Betrieben, die im August 1942 offensichtlich nach massiven Protesten von seiten der Industrie durch die Möglichkeit einer vorübergehenden Beurlaubung bestimmter Fachkräfte aus dem Ersatzheer für den Arbeitseinsatz in der Rüstungsindustrie ausgeglichen werden sollten[25]. Die VSt-Konzernleitung hatte die Betriebe bereits am 8. August 1942 auf diese Möglichkeit hingewiesen und den örtlichen Unternehmensleitungen nahegelegt, eine derartige Beurlaubung von qualifizierten Belegschaftsmitgliedern aus dem Ersatzheer zu beantragen[26]. Aufgrund des Erfolges dieser Aktion und der damit verbundenen, zumindest vorübergehenden Verminderung des Mangels an Fachkräften wurde kurze Zeit später die für Zwecke der Munitions- und Panzerfertigung zu beurlaubende Facharbeitergruppe um 10 zusätzliche Berufe und Tätigkeitsbereiche erweitert[27].

Maßnahmen dieser Art erlaubten zwar die vorübergehende Bereitstellung von Facharbeitern für die Rüstungsfertigung des Bochumer Vereins, sie verursachten andererseits eine Fluktuation innerhalb des Unternehmens, die sich betriebswirtschaftlich nur negativ auswirkte und damit die Produktivität verminderte.

---

24 Vgl. hierzu Rundschreiben 49/42 (geh.) der VSt v. 11. 6. 1942, ArchTHAG, VSt-SW 302115.

25 Diese Beurlaubungsaktion von Facharbeitern in Betriebe der Munitions- und Panzerfertigung führte die Bezeichnung »Mun 42«.

26 Rundschreiben 71/42 (geh.) der VSt vom 8. 8. 1942, ArchTHAG, VSt-SW 302115.

27 Rundschreiben 74/42 (geh.) der VSt vom 25. 8. 1942, ebd.

In einem über diesen Aspekt hinausgehenden Sachzusammenhang beklagte sich die Unternehmensleitung des Bochumer Vereins bei der VSt-Konzernleitung über die ausgesprochen hohe Fluktuation von Arbeitskräften während der ersten 5 Monate des Jahres 1943[28]. Einberufungen zur Wehrmacht bildeten dabei mit 443 Fällen lediglich die zweithäufigste Fluktuationsursache. Sehr viel bedeutender war die Tatsache, daß während dieses Zeitraumes immerhin 854 Personen von der Werksleitung entlassen werden mußten, weil sie den an sie gestellten Ansprüchen nicht gerecht werden konnten, eine sehr schlechte Arbeitsmoral zeigten oder den Arbeitsplatz ohne Angabe von Gründen verließen. Die Werksleitung führte die hohe Fluktuationsrate neben der fehlenden Arbeitsbereitschaft vieler Belegschaftsmitglieder, über 4 % der durchschnittlichen Gesamtbelegschaft von über 21 000 Arbeitnehmern während der ersten fünf Monate des Jahres 1943, auf die Luftangriffe zurück, die ihrer Ansicht nach eine demoralisierende Wirkung auf die Belegschaft ausübten und einen Teil der Arbeiter offensichtlich bewegt hatten, die angriffsgefährdeten Städte des Ruhrgebietes zu verlassen. 196 Arbeitnehmer schieden darüber hinaus infolge einer Dienstverpflichtung, 129 Männer und 2 Frauen durch Invalidität oder Tod aus ihrem Arbeitsverhältnis beim Bochumer Verein aus.
Aufgrund dieser hohen Fluktuationsraten, sie sind eher branchen- als unternehmensspezifisch und hatten einen nicht unwesentlichen Einfluß auf die Rüstungsfertigung, bemühte sich die Kriegsmaterial produzierende Industrie in enger Zusammenarbeit mit dem Reichsministerium für Rüstung und Kriegsproduktion, die Zahl der Einberufungen und Dienstverpflichtungen möglichst gering zu halten. So wurde unter anderem eine Liste von »geschützten Qualitätsstahlwerken und Stahlformgießereien« aufgestellt, in die für die Kriegsproduktion wichtige Betriebe aufgenommen wurden, um die dort beschäftigten Arbeitskräfte vor einer Einberufung zu schützen. Obwohl die Stahlwerke des Bochumer Vereins ebenso wie die Stahlformgießerei als »geschützte Betriebe« eingestuft wurden, traf diese Maßnahme dennoch auf die Kritik des Unternehmens, da es den Vorstellungen des Managements zufolge unsinnig war, einzelne Abteilungen eines Werkes als »geschützte Betriebe« zu bezeichnen und ihnen im Rahmen der Kriegswirtschaft neben der Freistellung von Arbeitskräften von der Einberufung zur Wehrmacht eine besondere Rechtsstellung zuzubilligen, während die vor- und nachgeschalteten Abteilungen, die in der Regel ebenso für eine reibungslose Funktion des Gesamtbetriebes notwendig waren, eine derartige Sonderstellung nicht besaßen[29]. Dieser aus der praktischen Arbeit in einem Hüttenwerk erwachsenen, letztlich nicht unbegründeten und auch von der VSt-Konzernverwaltung vertretenen Forde-

28 Brief des BV an die VSt-Abt. SW v. 9. 8. 1943, ArchTHAG, VSt-SW 30212.
29 Rundschreiben 93/43 (geh.) der VSt vom 22. 11. 1943, ArchTHAG, VSt-SW 302115.

rung stand die Praxis vieler Unternehmen gegenüber, einen möglichst großen Anteil der Stammbelegschaft vom Kriegsdienst freistellen zu lassen, um durch eine verminderte Fluktuationsrate Störungen in der Produktion weitgehend zu vermeiden. Diese Unternehmenspolitik bedingte nicht zuletzt beim Bochumer Verein einen zumindest zeitweisen Einsatz von Facharbeitern in Tätigkeitsbereichen, in denen auch weniger qualifizierte Arbeitskräfte beschäftigt werden konnten.

a) Die deutschen Arbeitnehmer

Zur Vermeidung der Fluktuation infolge von Einberufungen, aufgrund des allgemeinen Arbeitskräftemangels und der diesen Erscheinungen gegenüberstehenden Forderung eines »totalen Kriegseinsatzes« plante das NS-Regime zu Anfang 1943 den verstärkten »Arbeitseinsatz« von Frauen, die in fast allen Bereichen männliche Arbeitskräfte ersetzen sollten[30]. Der Bochumer Verein unternahm analog zu der auf Reichsebene eingeführten und mit einer Propagandaaktion verbundenen Arbeitspflicht für Frauen in der Hüttenzeitung den Versuch, durch Aufrufe und Berichte weitere Frauen für eine Beschäftigung innerhalb des Werkes zu interessieren. Hierbei unterschied sich die in den Artikeln des Vorstandsvorsitzenden Alberts und des Betriebsobmannes Hönig benutzte Terminologie nur unwesentlich von der offiziellen NS-Sprachregelung. Die Autoren gingen neben der besonderen Bedeutung und Stellung der Frauen in der Kriegswirtschaft besonders auf die Verhältnisse beim Bochumer Verein ein und forderten die männlichen Belegschaftsmitglieder zu einer kollegialen Zusammenarbeit mit den im Frühjahr 1943 neu eingestellten Frauen auf[31]. Eine schnelle Eingliederung der bislang in ihrer überwiegenden Zahl nicht in Industriebetrieben tätig gewesenen weiblichen Belegschaftsmitglieder und eine niedrige Fluktuationsrate lagen nicht nur im Interesse der Kriegswirtschaft, sie waren ebenso aus der Sicht der Unternehmensleitung dringend notwendig, da die Einstellung neuer Arbeitskräfte immer eine Anlern- und Einführungszeit mit sich brachte, während der ein Einsatz in der Produktion nur bedingt möglich war. Trotz der die Produktionssituation beim Bochumer Verein bestimmenden militärisch-wirtschaftlichen Lage und der Tatsache, daß die Rüstungsindustrie nach wie vor gewinnorientiert zu fertigen versuchte, war die Unternehmensleitung gezwungen, etwa vierwöchige Einführungskurse für die Frauen zu veranstalten, in denen sie in der Lehrwerkstatt auf die Tätigkeit in einem gemischten Hüttenwerk überwiegend praktisch, aber auch in einem acht- bis zehnstündi-

30 Vgl. VO über die Meldung von Männern und Frauen für Aufgaben der Reichsverteidigung v. 27. 1. 1943, RGBl 1943 I, S. 67 f.

31 Vgl. *Alberts, W.*, Aufruf zum Fraueneinsatz, und *Hönig, W.*, Die deutsche Rüstungsarbeiterin, beide Artikel in: Hüttenzeitung 1943, H. 4, S. 2.

gen theoretischen Unterricht vorbereitet wurden. Die Ausbildungsleiter konnten während dieser Zeit die speziellen Kenntnisse und Fähigkeiten der Frauen erkennen, und entsprechend diesen Eigenschaften erfolgte die anschließende Zuteilung in die Abteilungen des Werkes.
Bei einer Befragung durch einen Redakteur der Hüttenzeitung nach den Motiven, die drei Frauen veranlaßten, aufgrund der Arbeitspflicht eine Beschäftigung beim Bochumer Verein aufzunehmen, antworteten diese Arbeitnehmerinnen sinngemäß, es sei ihre Pflicht, in der deutschen Rüstungswirtschaft zu arbeiten und den an der Front kämpfenden Männern in jeder Weise eine Unterstützung zu bieten. Sie betrachteten dabei gerade die körperlich schwere Arbeit in einem Rüstungsbetrieb als eine Herausforderung an die eigene Person[32]. Mit dieser Auffassung und Arbeitseinstellung erfüllten die Frauen exemplarisch die Forderung nach einer möglichst vollständigen Ersetzung deutscher Arbeiter durch Frauen, »sie hatten ihren Platz eingenommen« – wie von Ley gefordert –, »um Waffen für die an der Front kämpfenden Männer zu produzieren«[33]. Mit Hilfe dieser Propaganda und aufgrund der aktuellen Beschäftigungssituation war eine Totalisierung des Krieges beim Bochumer Verein realisiert worden. Ein Einsatz der Arbeiterinnen nach geschlechtsspezifisch-physiologischen Bedingungen, wie er 1943 noch in der Literatur gefordert wurde, konnte unter diesen Umständen und im Hinblick auf die der Rüstungswirtschaft gestellten Aufgaben nicht mehr durchgeführt werden und wurde vom Bochumer Verein in keiner Weise angestrebt. Die Frauen übernahmen, von wenigen Ausnahmen abgesehen, die Arbeitsplätze der männlichen Belegschaftsmitglieder.
Diese Entwicklung, die höchste Anforderungen an die Leistungsfähigkeit der Frauen stellte – sie hatten neben ihrer Arbeit in der Industrie oft einen Haushalt mit Kindern zu versorgen –, fand in den weiblichen Bevölkerungskreisen im allgemeinen kein positives Echo. Man versuchte, sich einer Arbeitsverpflichtung, wenn irgend möglich, zu entziehen, bei der fehlenden Registrierung aller deutschen Frauen war dies keineswegs unmöglich, oder ein Scheinarbeitsverhältnis abzuschließen, das formal eine Beschäftigung der Frau in der gewerblichen Wirtschaft nachwies, faktisch aber deren Stellung unverändert ließ. Die Abneigung deutscher Frauen gegen eine Beschäftigung in der Rüstungsindustrie wurde bestärkt durch Ideologeme der NSDAP, mit deren Hilfe sie in der Frühphase des Regimes die Rolle der deutschen Frau völlig anders charaktersiert hatte, und, soweit es sich um verheiratete Frauen handelte, durch ausreichende Unterstützung von seiten des Staates, die oft durch freiwillige Leistungen der

---

32 »Warum wollen Sie gerade zum Bochumer Verein?«, in: Hüttenzeitung 1943, H. 4, S. 6 f.
33 Vgl. hierzu Aufruf Leys zur Arbeitspflicht der deutschen Frauen, ebd., S. 7.

Unternehmen für die einberufenen Ehemänner noch aufgebessert wurden[34]. Unter diesen die allgemeine Einstellung der Frauen zur Arbeitspflicht kennzeichnenden Trends dürften die von der Unternehmensleitung des Bochumer Vereins publizierten Interviews eher in den Bereich der propagandistischen Beeinflussung fallen, als im Rahmen einer objektiven Berichterstattung zu sehen sein. Die Hüttenzeitung wurde auch Familienangehörigen eingezogener Belegschaftsmitglieder zugestellt, und ihr erklärtes Ziel war es, die Frauen von Mitarbeitern zur Arbeit beim Bochumer Verein aufzufordern, die im April 1943 entweder noch beschäftigungslos waren oder bereits eine Tätigkeit in anderen Betrieben angenommen hatten.

Die Realität war so allgemein durch eine ablehnende Haltung der Frauen gegenüber einer Beschäftigung in der gewerblichen Wirtschaft charakterisiert[35]. Häufige Krankmeldungen und eine hohe Fluktuationsrate waren die Auswirkungen dieser Einstellung beim Bochumer Verein. Dennoch stellte die im Januar 1943 verkündete Melde- und Arbeitspflicht für Frauen den auslösenden Faktor einer strukturellen Veränderung in der Zusammensetzung der deutschen Belegschaft des Bochumer Vereins dar.

Die Zahl der beschäftigten deutschen Frauen stieg innerhalb von fünf Monaten von rund 2150 auf über 3400 am 31. März 1943 an. Diesem Zuwachs der weiblichen Belegschaftsmitglieder um 58,7 % stand im gleichen Zeitraum lediglich ein Rückgang der deutschen Arbeitnehmer um 2,8 % auf 14080 gegenüber, der in dieser Form bewußt gesteuert wurde, da es doch zunächst galt, die mit der industriellen Produktionsweise nicht vertrauten Frauen in die Betriebe zu integrieren und ihre Produktivität zu steigern, bevor die für 1943 vorgesehenen Einberufungen von rund 1,5 Mio. Deutschen zur Wehrmacht erfolgen konnten. Dieser Abzug von Arbeitnehmern aus den Betrieben des Bochumer Vereins bedingte während des Kalenderjahres 1943 einen Rückgang der Zahl der gewerblichen Arbeitnehmer um 15 % auf 12459 deutsche Arbeiter am 31. Dezember 1943. Im Rahmen der geschilderten Bestrebungen zur stärkeren Integration der deutschen Frauen in den Arbeitsprozeß konnte der Anteil der weiblichen Belegschaftsmitglieder von 12,9 % zu Anfang des Jahres 1943 auf 20,1 % der deutschen Gesamtbelegschaft zum 31. Dezember 1943 gesteigert werden. Dieser Wert blieb bis zur Jahresmitte 1944 tendenziell unverändert. Dem Bochumer Verein gelang es, im Zusammenhang mit der Ausdehnung der Melde- und Arbeitspflicht für Frauen vom 45. auf das vollendete 50. Lebensjahr in Kooperation mit dem zuständigen Arbeitsamt und den Dienststellen der Partei den Anteil der Frauen an der Zahl der deutschen Belegschaftsmitglieder um weitere 7 auf insgesamt

34 *Gersdorff*, S. 56 ff.
35 Ebd., S. 53.

26,7 % im November 1944 zu steigern. Infolge der Zerstörung des Bochumer Vereins durch den englischen Luftangriff vom 4. November 1944 und den folgenden Störangriffen, die ein Anlaufen der Produktion immer wieder verzögerten, ging der Anteil der Frauen auf 21,7 % am 31. Januar 1945 zurück, da viele Arbeitnehmerinnen wegen des Produktionsstillstandes entlassen wurden und in anderen Industriebetrieben arbeiten mußten, soweit eine Überwachung der Melde- und Arbeitspflicht in der zerbombten Stadt Bochum überhaupt möglich war.
Die Zusammensetzung der deutschen Belegschaft des Unternehmens erfuhr eine weitere strukturelle Veränderung durch kontinuierliche Einberufungen zur Wehrmacht, durch die die Zahl der bis 40 Jahre alten beim Bochumer Verein beschäftigten Arbeitnehmer von 9506 am 1. Februar 1943 auf 3339 am 13. März des folgenden Jahres zurückging. Analog zu dieser durch Einberufungen bedingten Veränderung der Zahl junger Belegschaftsmitglieder mußte das durchschnittliche Alter der gewerblichen Arbeitnehmer ansteigen. Diese Entwicklung führte zwangsweise zu einer Reduzierung der Unternehmensproduktivität. Hatte der Anteil der bis 40jährigen Belegschaftsmitglieder im Februar 1943 noch 49,4 % betragen, so ging er während der nächsten 13 Monate auf rund 29 % zurück. Das Reservoir des Bochumer Vereins an deutschen Arbeitnehmern, die kriegsverwendungsfähig waren, im Unternehmen keine Schlüsselstellung innehatten und aufgrund dieser Tatsache freigestellt wurden, war damit weitestgehend erschöpft. Diese Entwicklung war an dem bis zur Jahresmitte 1944 mit 28,3 % gleichbleibenden Anteil der unter 40jährigen Arbeitnehmer erkennbar. Ein weiterer signifikanter Rückgang der Zahl der deutschen Arbeitnehmer konnte erst in der Zeit von Oktober 1944 bis Januar 1945 beobachtet werden; während dieses Zeitraumes ging ihre Zahl um 1298 auf 9884 zurück.
Die Verminderung der Zahl der deutschen Arbeitnehmer lag ebenso wie die der deutschen Arbeitnehmerinnen in dem weitgehenden Zerstörungsgrad des Unternehmens nach November 1944 und der technisch wie betriebswirtschaftlichen Unmöglichkeit begründet, für die Restproduktion und für Aufräumungsarbeiten eine derart große Zahl von Arbeitskräften zu beschäftigen. Der Bochumer Verein war wie andere Unternehmen gezwungen, nicht benötigte Arbeitskräfte dem zuständigen Arbeitsamt zu melden, das die Vermittlung in andere Betriebe der Rüstungswirtschaft übernahm. Daneben wurden zum Jahresende 1944 für Schanzarbeiten an der Westfront viele Arbeitskräfte benötigt. Sie wurden aus den Betrieben entlassen, um im Rahmen der sogenannten »Maulwurfaktion« dienstverpflichtet zu werden[36].

---

36 Vgl. Bericht über den Besuch bei den Einheiten der Maulwurfaktion am 29. 10. 1944 (6 S. maschinenschriftl., offensichtlich zur Unterrichtung der Gauleitung Westfalen-Süd) sowie

Die Belegschaft des Bochumer Vereins hatte während des Krieges eine Verstärkung durch Angehörige der Wehrmacht erfahren, die von der zuständigen Rüstungsinspektion VI in Münster dem Unternehmen überstellt worden waren und dort von 1939 bis zum Ende des Jahres 1941 in einer Zahl von etwa 300 tätig waren. Die Hauptaufgabe dieser Soldaten bestand in der Abnahme von Rüstungs- und Kriegsmaterial für die Wehrmacht. Eine Verdreifachung der Zahl der Wehrmachtsangehörigen auf über 900 im Jahre 1943 läßt jedoch vermuten, daß die Soldaten infolge des allgemeinen Mangels an Fachkräften auch in der Produktion von Kriegsmaterial eingesetzt wurden.

b) Die ausländischen Arbeitnehmer

Im Zuge der beschriebenen Totalisierung des Krieges und den dadurch bedingten laufenden Einberufungen großer Zahlen deutscher Männer kam es in der Rüstungswirtschaft des Reiches zu einem erheblichen Mangel an Arbeitskräften, den der Bochumer Verein durch den Einsatz von Kriegsgefangenen aus dem Westfeldzug seit dem 2. Halbjahr 1940 teilweise ausgleichen konnte, zumal es sich bei ihnen zum Teil um hochqualifizierte Facharbeiter handelte, die ohne Einarbeitungszeit in die Produktion eingereiht werden konnten. Gab es von parteioffizieller Seite im Jahre 1942 noch Bedenken gegen die Beschäftigung von Ausländern und Kriegsgefangenen – sie lagen in der Bevölkerungs-, Volkstums- und Rassenpolitik begründet –, so hatten kriegswirtschaftliche Gesichtspunkte bereits eine größere Bedeutung erlangt, und die guten Erfolge des Bochumer Vereins mit der Beschäftigung französischer Kriegsgefangener rechtfertigten nachträglich diese unter wirtschaftspolitischen Aspekten notwendige Entscheidung[37].

Die Zahl der französischen Kriegsgefangenen, die beim Bochumer Verein beschäftigt waren, betrug am 30. Juni 1940 bereits 813 und erhöhte sich im Jahresmittel 1941 auf rund 950. Diese Gruppe war im folgenden Kalenderjahr größeren Fluktationen unterworfen, und ihre Zahl erreichte im Jahresmittel einen Wert von etwa 830. Im weiteren Verlauf des Krieges kam es zu einem Rückgang der Zahl der beim Bochumer Verein arbeitenden französischen Kriegsgefangenen, der jedoch nicht durch eine hohe Mortalität dieser Personengruppe bedingt war, sondern durch die den Franzosen eingeräumte Möglichkeit, auf die ihnen im Genfer Kriegsgefangenenabkommen von 1929 zugestandenen Rechte zu verzichten und damit vom Status eines Kriegsgefangenen in den eines französischen Zivil-

---

Rundschreiben Bormanns v. 25. 11. 1944, betr. Drosselung der Transporte von Schanzarbeitern in der Zeit vom 18. 12. 1944 bis 8. 1. 1945. Beide Aktenstücke in StA Münster, Gauleitung Westfalen-Süd Nr. 2.

37 Nach *Syrup,* Arbeitseinsatz, S. 15.

arbeiters überzuwechseln. Sauckel hatte daneben in seiner Funktion als GBA 1942 ein Programm initiiert, um französische Kriegsgefangene gegen in Frankreich angeworbene »Zivilarbeiter« auszutauschen. Durch diese Maßnahmen und durch eine nicht mehr zu ermittelnde Fluktuation erfuhren die Zahlen der beim Bochumer Verein beschäftigten französischen Kriegsgefangenen laufende Veränderungen. Sie waren bis August 1944 stark rückläufig, stiegen aber im folgenden Monat signifikant von rund 700 auf etwa 1200, bedingt durch die Gefangennahme alliierter Soldaten nach der Invasion in der Normandie am 6. Juni 1944. Diese Personengruppe wurde in der Endphase des Krieges unter der Rubrik »französische Kriegsgefangene« summarisch erfaßt.

Der GBA bemühte sich, parallel zur Beschäftigung französischer Kriegsgefangener Arbeiter und Arbeiterinnen im besetzten Frankreich sowie in Belgien und Holland anzuwerben. Diese Aktionen zeigten zunächst aufgrund der in den besetzten Gebieten herrschenden Arbeitslosigkeit gewisse Erfolge, und Sauckel konnte bis zur Jahresmitte 1942 auf Zwangsrekrutierungen und Verschleppungen verzichten. Bis zu diesem Zeitpunkt stellte der Bochumer Verein 254 männliche Arbeitnehmer und 31 Frauen aus den westlichen Besatzungsgebieten sowie aus Italien ein. Die Zahl der angeworbenen Arbeitskräfte entsprach jedoch weder den Erwartungen, noch konnten die dem Bochumer Verein zur Verfügung gestellten »Zivilarbeiter« wesentlich zur Reduzierung des Arbeitskräftemangels beitragen. Daher ergab sich die Notwendigkeit, die Zahl der beim Bochumer Verein beschäftigten »ausländischen Zivilarbeiter« von rund 920 im Januar 1943 auf über 2000 im August des gleichen Jahres zu steigern[38]; diese Zunahme ist in enger Korrelation zu sehen mit den von Sauckel durchgeführten Zwangsrekrutierungen in den westeuropäischen, von deutschen Truppen besetzten Ländern[39].

Der weitere Einsatz von Zivilarbeitern beim Bochumer Verein scheint durch eine außerordentlich hohe Fluktation bestimmt gewesen zu sein. Die Zahl dieser Personen sank im April 1944 auf 1040 und ging bis Ende Juli auf 960 zurück; bereits zwei Monate später, Ende September 1944, waren über 2200 Zivilarbeiter beim Bochumer Verein beschäftigt. Diese extreme Fluktation war offensichtlich durch verschiedene Faktoren bedingt, sie wurde unter anderem beeinflußt durch die Entwicklung der militärischen Lage an der Westfront sowie durch die Bedürfnisse der Arbeitseinsatzplanung, die diese Arbeiter gemäß den rüstungswirtschaftlichen Erfordernissen einsetzte und bei einer Änderung der Produktionsprioritäten deren Versetzung zu anderen Firmen der Rüstungswirtschaft verfügte.

---

38 In diesen Zahlen ist die Anzahl der weiblichen Zivilarbeiter jeweils eingeschlossen.
39 Vgl. *Homze*, S. 171.

Eine neue Kategorie von Zwangsarbeitern traf in den Monaten November und Dezember 1943 beim Bochumer Verein in mehreren Transporten ein, und bis zum Ende des Jahres erreichte ihre Zahl rund 590[40]. Hierbei handelte es sich um sogenanne italienische Militärinternierte (IMIs), Soldaten, die bis zum Zusammenbruch des Mussolini-Regimes als Verbündete Deutschlands gekämpft hatten, die nun aber, nachdem die Badoglio-Regierung aus dem Bündnis mit Hitler ausgeschieden war, interniert und zum Arbeitseinsatz in der Rüstungsindustrie nach Deutschland gebracht wurden. Aufgrund der Ereignisse in Italien im 2. Halbjahr 1943 war die den italienischen Internierten entgegengebrachte Achtung und Behandlung überaus schlecht und unterschied sich nur geringfügig von der Behandlung sowjetischer Kriegsgefangener[41].

Der Arbeitskräftebedarf des Bochumer Vereins wurde selbst durch die betriebswirtschaftlich sehr fragwürdige Beschäftigung der Militärinternierten keinesfalls gedeckt.

Da ein akuter Arbeitskräftemangel nicht erst seit dem Jahre 1943 bestand, war der Bochumer Verein bereits zuvor bemüht gewesen, diese Situation gemäß den Forderungen der Wirtschaftslenkung zu verändern, um eine möglichst hohe Rüstungsfertigung zu erzielen. Die Unternehmensleitung forderte in diesem Zusammenhang im Herbst 1941 sowjetische Kriegsgefangene zum Arbeitseinsatz an.

Ende Dezember 1941 waren dort 482 sowjetische Kriegsgefangene beschäftigt, die allerdings aufgrund ihres äußerst schlechten Gesundheits- und Ernährungszustandes in den Betrieben dieses Unternehmens nur bedingt einsetzbar waren und lediglich eine geringe Arbeitsleitung vollbringen konnten. Trotz dieser Bedingungen, die für die während des weiteren Kriegsverlaufes zum Arbeitseinsatz beim Bochumer Verein bestimmten sowjetischen Kriegsgefangenen fast ausnahmslos zutrafen, hatten sie oft schwere und schwerste körperliche Arbeit zu verrichten, die, in ihren Auswirkungen durch eine unzureichende Ernährung und Unterbringung verstärkt, zu einer hohen Mortalitätsrate innerhalb dieser Personengruppe führte und damit eine stark variierende Zahl der beim Bochumer Verein beschäftigten sowjetischen Kriegsgefangenen bedingte. Wurden im Jahresdurchschnitt 1943 in den Werkstätten des Unternehmens noch 630 Kriegsgefangene aus der Sowjetunion beschäftigt, so wurde ihre Zahl mit Beginn des Jahres 1944 etwa verdoppelt und während des weiteren Verlaufs kontinuierlich erhöht, so daß 1944 durchschnittlich 1670 Kriegsgefangene beim Bochumer Verein beschäftigt waren.

Die Zwangsrekrutierung und der Einsatz von Arbeitern und Arbeiterinnen aus Osteuropa in der Ruhrmontanindustrie begann im zweiten Quar-

40 Diese Zahl blieb bis zum Ende des 2. Weltkrieges relativ konstant.
41 Vgl. hierzu *Streit*, S. 404, Anm. 32.

tal 1942, an dessen Ende bereits 393 männliche und 386 weibliche Ostarbeiter beim Bochumer Verein beschäftigt waren, eine Zahl, die gegen Ende dieses Kalenderjahres auf 2200 gesteigert werden konnte, damit einen Maximalwert erreicht und während des folgenden Kalenderjahres mit 2039 Ostarbeitern im Jahresmittel relativ konstant blieb[42]. Dabei lag der Anteil der Frauen an der Gesamtzahl der Ostarbeiter mit 1103 deutlich über dem Anteil der Männer mit 936. Viele Männer waren zum Kriegsdienst in die Rote Armee einberufen worden oder hatten sich Partisaneneinheiten angeschlossen, nachdem die deutsche Besatzungspolitik in diesen Gebieten allgemein erkennbar wurde. Da die Mortalitätsrate der Ostarbeiter beim Bochumer Verein nur geringfügig unter der sowjetischer Kriegsgefangener lag und die Zahl der verfügbaren und zwangsrekrutierbaren Menschen in den besetzten Ostgebieten 1944 infolge des Rückzuges der Wehrmacht laufend abnahm, mußte sich die Zahl der beim Bochumer Verein beschäftigten Ostarbeiter reduzieren. Sie ging von 2039 im Jahresmittel 1943 auf 1846 im Durchschnitt des Jahres 1944 zurück; diese Gruppe setzte sich aus 830 Männern und 1016 Frauen zusammen. Der weitere Rückgang von 1782 Ostarbeitern am 31. 12. 1944 auf 1703 Ostarbeiter gegen Ende Februar 1945 dürfte sowohl auf den Tod als auch auf die Flucht von Ostarbeitern in der Endphase des Krieges zurückzuführen sein.

Das Schicksal der Ostarbeiter unterschied sich nur geringfügig von dem der sowjetischen Kriegsgefangenen, da für sie ähnliche ethnisch-diskriminierende Bestimmungen wie für die Kriegsgefangenen aus der Sowjetunion existierten. In diesem Zusammenhang war die Tatsache, daß im Gegensatz zu den von der Wehrmacht verwalteten und bewachten Kriegsgefangenenlager die Unterkünfte für die Ostarbeiter von der Industrie bereitgestellt und beaufsichtigt wurden, von sekundärer Bedeutung, denn zwischen beiden Arten der Unterbringung und Verpflegung bestand oft keinerlei Unterschied, und Ostarbeiter erfuhren eine mit der der russischen Kriegsgefangenen vergleichbaren Behandlung durch die Industrie[43]. Sie widersprach allen humanitären Gesichtspunkten. »Ostarbeiter« und »sowjetische Kriegsgefangene« wurden allein aufgrund ethnisch-rassischer Vorurteile mißachtet, ihnen wurde zusätzlich eine verminderte körperliche und intellektuelle Leistungsfähigkeit nachgesagt[44]. Nach Beendigung des Polenfeldzuges wurde eine Beschäftigung von Polen, Zivilisten oder Kriegsgefangenen zunächst nicht in Betracht gezogen. Deutschland benötigte, so Hitler, keine »minderwertigen Rassen«, um den Krieg zu

42 Alle Zahlen nach (soweit nicht anders vermerkt) werksinterner Aufstellung über die Zusammensetzung der Belegschaft, in USSBS-Report No. 76 BV.
43 Vgl. *Seeber*, S. 176 ff.
44 Vgl. *Munk*, S. 68.

gewinnen. Wo Polen in Industriebetrieben außerhalb der Grenzen Deutschlands für die Rüstung des Reiches arbeiteten, unterschied sich ihre arbeitsrechtliche Stellung signifikant von der deutscher Arbeitnehmer und Arbeitnehmerinnen[45].

Erst die deutsche Kohleindustrie regte über ihren Dachverband, die Reichsvereinigung Kohle, den Einsatz sowjetischer Kriegsgefangener in ihren Betrieben an, nachdem infolge der Kesselschlachten des Sommers 1941 große Zahlen sowjetischer Soldaten in deutsche Kriegsgefangenschaft geraten waren, andererseits aber der Arbeitskräftebedarf der Industrie kaum noch gedeckt werden konnte. Hitler stimmte diesen Forderungen erst Ende Oktober 1941 zu[46]. Die Montankonzerne an der Ruhr hatten in Erwartung einer positiven Entscheidung Hitlers bereits Vorbereitungen für die Beschäftigung sowjetischer Kriegsgefangenen getroffen, so daß unter anderem beim Bochumer Verein die ersten Gefangenen binnen vier Wochen aufgenommen und eingesetzt werden konnten.

c) Die Beschäftigung von KZ-Häftlingen während des letzten Kriegsjahres

Das Schicksal von KZ-Häftlingen, die in der 2. Jahreshälfte 1944 zum Arbeitseinsatz nach Bochum gebracht worden waren, ist mit Hilfe unternehmensinterner Unterlagen nicht quantifizierbar oder deskriptiv darstellbar. Obwohl die nationalsozialistischen Konzentrationslager zunächst einen anderen Zweck erfüllten, gab es seit 1942 Überlegungen über einen wirtschaftlich sinnvollen Einsatz des in den Konzentrationslagern vorhandenen Potentials an Arbeitskräften in der Rüstungsindustrie[47]. Im Rahmen der Verwirklichung dieser Pläne wurden Außenlager von Konzentrationslagern errichtet, die, in der Nähe der Rüstungsunternehmen gelegen, die zur Arbeit abgestellten Häftlinge aufzunehmen hatten. Die Unternehmen hatten den Arbeitslohn für die KZ-Häftlinge – 4 RM pro Tag für Hilfsarbeiter und 8 RM pro Tag für Facharbeiter – an das Konzentrationsstammlager abzuführen, das seinerseits für die Unterbringung, Verpflegung und Bewachung der Häftlinge zuständig war[48]. Der Einsatz von KZ-Häftlingen in der privaten Rüstungsindustrie unterstand damit den zuständigen SS-Einheiten, während die Betriebe auf den Arbeitseinsatz von KZ-Insassen kaum Einfluß ausüben konnten und ihre Rolle eindeutig auf humanitäre Hilfsmaßnahmen, auf die Verabreichung zusätzlicher Mahlzeiten, die Ausgabe von Zigaretten und anderen Genußmitteln, beschränkt bleiben mußte.

---

45 Vgl. *Heusler*, S. 3 ff.
46 Vgl. *Streit*, S. 145 u. 202 ff.
47 Vgl. *Janssen*, S. 98.
48 Vgl. *Kogon*, S. 273 f.

Der Bochumer Verein erhielt im Rahmen eines extremen, durch die Einberufungen des Jahres 1944 bedingten Mangels an Arbeitskräften und den damit in Verbindung stehenden Anforderungen von Arbeitern und Arbeiterinnen bei dem zuständigen Arbeitsamt erstmals am 21. Juni 1944 einen Transport von 434 ungarischen Juden aus dem KZ-Buchenwald zugewiesen, der von einigen Soldaten der SS-Wachabteilung begleitet wurde[49]. Im August des gleichen Jahres wurden rund 400 weitere Juden vom Stammlager Buchenwald zum Außenlager dieses KZ beim Bochumer Verein transportiert. Zuweisungen von 270 Juden aus Auschwitz sowie von 500 Juden aus dem KZ Neuengamme schlossen sich diesen Transporten an, so daß im November 1944 insgesamt 1659 überwiegend jüdische KZ-Häftlinge beim Bochumer Verein beschäftigt waren[50]. Die Häftlinge hatten innerhalb des Unternehmens trotz ihres überaus schlechten Gesundheits- und Ernährungszustandes schwere körperliche Arbeit zu verrichten, der sie in keiner Weise gewachsen waren. Sie konnten damit gleichzeitig nicht die von der Unternehmensleitung in sie gesetzten Erwartungen erfüllen. In direkter Korrelation zu den Lebensumständen standen eine sehr hohe Krankenziffer der KZ-Häftlinge sowie die Zahl von 125 Todesfällen aufgrund von Unterernährung und Infektionskrankheiten in der Zeit von Juni 1944 bis März 1945[51]. Das waren immerhin rund 12,7 % der beim Bochumer Verein beschäftigten KZ-Insassen.
Als die amerikanische Armee in den ersten Monaten des Jahres 1945 immer tiefer in das Reichsgebiet eindrang und das Ruhrgebiet vor dem Zugriff alliierter Truppen nicht mehr sicher war, wurde das Außenlager Bochumer Verein des Konzentrationslagers Buchenwald Anfang März 1945 aufgelöst; die noch in Bochum lebenden Häftlinge wurden in einem Eisenbahntransport nach Buchenwald gebracht, wo am 23. März 1945 insgesamt 1326 Häftlinge eintrafen. Bereits im Januar 1945 war ein erster Transport von »unbrauchbaren Arbeitskräften« zusammengestellt worden; die Mehrzahl der schon zwei Monate zuvor nach Buchenwald zurückgeschickten Arbeiter starb nach Ankunft in diesem Konzentrationslager.

4. *Veränderungen der Belegschaftszahlen 1933–1945*

Der Bochumer Verein war wie andere Werke der Montanindustrie von 1933 bis 1945 eingebunden in die nationalsozialistische Rüstungs-, später in die Kriegswirtschaft, so daß gesamtwirtschaftliche Faktoren auch wäh-

49 *Internationales Lagerkomitee Buchenwald,* Bericht, S. 87.
50 *Internationales Lagerkomitee Buchenwald,* Konzentrationslager, S. 124.
51 Ebd.

Die Zahl der beim Bochumer Verein beschäftigten Arbeitnehmer
(incl. Kriegsgefangene, Fremdarbeiter etc.)

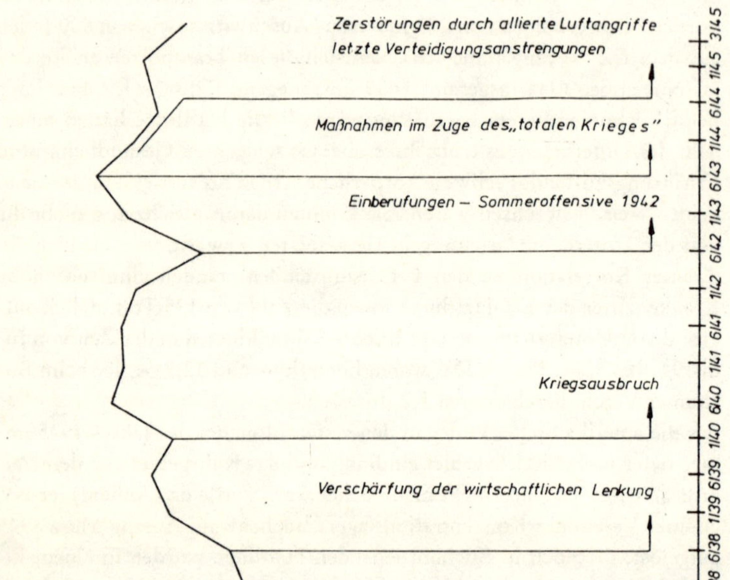

rend dieses Zeitraumes die ökonomische Entwicklung des Unternehmens und damit Veränderungen in der Zusammensetzung der Belegschaft herbeiführen konnten. Waren diese Faktoren zuvor weitgehend von der Konjunktur in der Montanindustrie abhängig, so bestimmten von 1933 an staatliche Maßnahmen das Wirtschaftsgeschehen in Deutschland.
Die Belegschaftsentwicklung ihrerseits kann somit zusammenfassend unter folgenden Gesichtspunkten betrachtet werden:

(1) Der Bochumer Verein war nach 1933 zu einer raschen Aufstokkung der Belegschaft gezwungen, um die Forderungen zu erfüllen, die im Rahmen der Krisenüberwindung an die Montanindustrie gestellt wurden.

(2) Die Belegschaftszunahme verlangsamte sich nach 1936 deutlich, da in diesem Jahr analog zur gesamtwirtschaftlichen Situation ein erster Mangel an qualifizierten Arbeitskräften zu beobachten und der Bochumer Verein in zunehmendem Maße gezwungen war, bislang branchenfremde Arbeitskräfte einzustellen.

(3) Erst verschärfte Rüstungsanstrengungen im Vorfeld des Zweiten Weltkrieges führten zu einer erneuten Vermehrung der Belegschaft vom zweiten Halbjahr 1938 an. Die Zunahme der Beschäftigten stagnierte erst in der zweiten Jahreshälfte 1940, nachdem zuvor der Kriegsausbruch eine lediglich vorübergehende Verminderung der Belegschaft verursacht hatte.

(4) Es erscheint unmöglich, die Belegschaftsentwicklung während des weiteren Kriegsverlaufes unter einheitlichen Gesichtspunkten zu interpretieren. Die aktuelle Lage auf den Kriegsschauplätzen und die damit verbundenen Forderungen der Militärs nach Rüstungsmaterial, die Zahl der zur Verfügung stehenden deutschen Frauen sowie der ausländischen Arbeitskräfte waren nur zwei Faktoren, unter deren Berücksichtigung diese Entwicklung zu betrachten ist. Ein Einsatz der verfügbaren Arbeitskräfte unter langfristig-strategischen Gesichtspunkten fand jedoch während des Krieges zu keinem Zeitpunkt statt, obwohl man sich von offizieller Seite bemühte, eine wirtschaftlich sinnvolle Lenkung der Rüstungsindustrie aufzubauen.

*Die Zusammensetzung der Belegschaft während des 2. Weltkriegs**

Stichtag	Gesamtzahl absolut	Deutsche in % männl.	Deutsche in % weibl.	Ostarbeiter in % männl.	Ostarbeiter in % weibl.	and. Ausländer in % männl.	and. Ausländer in % weibl.	frz. Kgf. in %	russ. Kgf. in %	IMI's in %
30. 06. 38	17847	99,09	0,91	–	–	–	–	–	–	–
31. 12. 38	19934	94,41	5,59	–	–	–	–	–	–	–
30. 06. 39	20666	92,70	7,30	–	–	–	–	–	–	–
31. 12. 39	19910	89,03	10,97	–	–	–	–	–	–	–
30. 06. 40	22098	83,70	16,30	–	–	–	–	–	–	–
31. 12. 40	21659	81,16	14,58	–	–	–	–	4,26	–	–
30. 06. 41	21873	78,60	17,01	–	–	–	–	4,39	–	–
31. 12. 41	21296	77,39	15,84	–	–	–	–	4,51	2,26	–
30. 06. 42	18922	74,20	14,08	2,08	2,04	1,21	0,23	3,55	2,61	–
31. 12. 42	21439	67,58	10,05	4,86	5,35	3,65	0,14	4,50	3,86	–
30. 06. 43	22761	60,91	14,74	4,17	4,76	8,74	0,14	4,12	2,43	–
31. 12. 43	21393	58,24	14,69	4,16	4,89	7,49	0,14	3,65	3,99	2,76
30. 06. 44	20550	57,87	14,46	4,15	5,06	4,51	0,20	3,50	7,64	2,61
31. 12. 44	21035	48,83	15,94	3,71	4,76	10,14	0,26	5,45	8,10	2,82
28. 02. 45	19287	50,42	13,70	3,88	4,81	10,94	0,21	5,92	7,25	2,87

* *Die in der Summe aller Prozentwerte einer Zeile erkennbaren Abweichungen von* ± 0,01 % sind auf Rundungsfehler zurückzuführen.

VI. Die Sozialpolitik des Bochumer Vereins

Sozialpolitik für Arbeitnehmer kann sowohl unter dem Gesichtspunkt der staatlichen Leistungen für Arbeiter und Angestellte als auch im Hinblick auf unternehmensinterne und über die gesetzlichen Mindestansprüche hinausgehende Leistungen für die Belegschaft betrachtet werden. Während die gesetzlichen Regelungen und Vorschriften im Sozialbereich auch während der Zeit des Nationalsozialismus in ihrer Mehrzahl dazu bestimmt waren, Mindestleistungen für die Arbeitnehmer auf regionaler oder branchenspezifischer Ebene zu garantieren, kann die Analyse der betrieblichen Sozialpolitik des Bochumer Vereins dazu dienen, die Lage der Arbeitnehmer dieses Unternehmens zu charakterisieren.

1. Die tariflichen Lohnbestimmungen

Die individuelle Lohnvereinbarung zwischen Arbeitnehmer und Arbeitgeber war charakteristisch für die Zeit der Industrialisierung, Vereinbarungen über die Entlohnung einzelner Belegschaftsmitglieder wurden jedoch mit zunehmender Organisierung der gewerblichen Arbeitnehmer kaum noch abgeschlossen. Tarifverträge, deren Sinn in der materiellen Sicherung der Arbeiter zu sehen ist, wurden im Bereich der Montanindustrie auf regionaler Ebene zwischen den Arbeitgeberverbänden, im vorliegenden Fall Arbeitnordwest, und den Gewerkschaften vereinbart. Absprachen über die Mindestlöhne, die unabhängig von konjunkturellen Entwicklungen an die Arbeitnehmer innerhalb des Tarifgebiets zu zahlen waren, bildeten die Hauptpunkte dieser in der Regel mit einer Laufzeit von einem Jahr vereinbarten Verträge.
Bei der Machtübernahme waren der 1930 zwischen Arbeitnordwest und den Metallarbeitergewerkschaften abgeschlossene Tarifvertrag einschließlich der zwischen diesen Gruppen nachträglich vereinbarten Bedingungen über die Lohnhöhe und die Schiedssprüche über die Arbeitszeit in Kraft[1]. Dieser Tarifvertrag erfuhr innerhalb des Bochumer Vereins eine Modifikation durch den mit dem 1. Januar 1932 in Kraft tretenden Haustarifvertrag dieses Unternehmens[2]. Die ausschließlich für den Unternehmensbe-

1 Vgl. RABl 1937 VI, S. 593.
2 Vgl. Tarifliche Lohnregelung ab 1. Januar 1932 (Aushang im Werk), ArchBV 14206 Nr. 3a.

reich des Bochumer Vereins gültige Vereinbarung übernahm die Tariflöhne des im Bereich von Arbeitnordwest geltenden Manteltarifvertrages, sie unterbot jedoch die Tarifsätze für die beiden schlechtbezahltesten Arbeitnehmergruppen, den Hilfs- und Transportarbeitern sowie den angelernten Arbeitern, durch einen sogenannten Einstellungslohn, der während der obligatorischen Probezeit gezahlt wurde und 0,01–0,03 RM unter den Tariflöhnen lag. Nach Ablauf der Probezeit wurden die tariflichen Mindestlöhne gezahlt, die sich für kinderlos verheiratete Belegschaftsmitglieder um 0,01 RM und für gewerbliche Arbeitnehmer mit Kindern um zusätzliche 0,02 RM je Stunde erhöhten. Eine Veränderung der Lohngrundsätze wurde trotz des wirtschaftlichen Aufschwungs nach 1933 sowohl von seiten der Montanindustrie als auch von seiten des RAM für nicht notwendig erachtet, bot sich aus der Perspektive dieser Gruppen den Arbeitnehmern doch die Möglichkeit, aufgrund der längeren Arbeitszeiten bei gleichbleibenden Stundenverdiensten ein höheres Einkommen zu erzielen[3].

Einen ersten Schritt zur Verbesserung der Bezahlung unternahm der Bochumer Verein durch den Erlaß eines neuen unternehmensinternen Tarifes, durch den die Stundenlöhne der über 21jährigen gewerblichen Arbeitnehmer der unteren Lohngruppen bis zu einem Verdienst von 0,63 RM pro Stunde um 0,02 – 0,03 RM über den bislang gezahlten Tariflohn oder Akkordrichtsatz von Arbeitnordwest angehoben wurden. Diese Gruppen umfaßten vor allem Boten, Hilfs- und Transportarbeiter, angelernte Arbeiter und angelernte Facharbeiter. Arbeiter, die entweder das 21. Lebensjahr noch nicht vollendet hatten oder deren Stundenlohn 0,63 RM überstieg, waren von dieser Lohnerhöhung nicht betroffen[4].

Eine generelle Neufestsetzung der Löhne für die Eisen-, Metall- und Elektroindustrie im Bereich des Treuhänders der Arbeit für das Wirtschaftsgebiet Westfalen, in dessen Kompetenzbereich sowohl die eisen- und stahlerzeugenden als auch die weiterverarbeitenden Betriebe der Hüttenwerke fielen, geschah erst durch die von dem Treuhänder der Arbeit am 28. Mai 1937 erlassene Tarifordnung. Sie beseitigte die Aufteilung der Belegschaftsmitglieder in sechs Qualifikations- und Tarifgruppen und unterschied lediglich zwischen Hilfsarbeitern, angelernten Arbeitern und Facharbeitern. Während die Facharbeiter eine Lehrzeit mit staatlicher Abschlußprüfung und bei Fehlen dieser Lehrzeit eine langjährige Tätigkeit in Bereichen nachzuweisen hatten, in denen üblicherweise Facharbeiter eingesetzt wurden, bestand die Qualifikation der angelernten Arbeiter in einer mindestens einjährigen sogenannten »fachlichen Zweckausbildung«,

3 Vgl. hierzu Brief der VSt-Abt. Sozialpolitik an Ernst Poensgen v. 14. 4. 1934, ArchTHAG, VSt-SW 210121.

4 Vgl. ArchBV 14206 Nr. 3a.

die sie in die Lage versetzte, Arbeiten selbständig zu verrichten. In die Kategorie der Hilfsarbeiter fielen die Belegschaftsmitglieder ohne Qualifikation als Facharbeiter oder angelernte Arbeiter[5]. Die Mindestverdienste für über 21jährige Hilfsarbeiter wurden durch diese Tarifordnung auf 0,55 RM je Stunde festgelegt, während Facharbeitern ein Mindeststundenlohn von 0,70 RM zugestanden wurde. Die Entlohnung von angelernten Arbeitern war von den einzelnen Betrieben nach den jeweiligen örtlichen Gegebenheiten festzulegen, jedoch mußte ihr Stundenlohn um 7,5 % über dem der Hilfsarbeiter liegen.

Bei einer Bezahlung nach dem Akkordlohnsystem – beim Bochumer Verein arbeiteten zum Zeitpunkt der Veröffentlichung der Tarifordnung etwa 70 % der Belegschaft im Akkordlohn – war der Verdienst so zu staffeln, daß mindestens 75 % der Arbeitnehmer in einer Werkstatt mit Akkordlohnsystem einen effektiven Stundenverdienst erreichten, der 15 % über den im jeweiligen Betrieb üblichen Stundenlöhnen lag. Diese Stundenverdienste bildeten gleichzeitig einen Garantielohn für Akkordarbeiter, der nur bei personenbedingten Leistungsschwächen unterschritten werden durfte. Um zu vermeiden, daß hochqualifizierte Facharbeiter wie Reparaturschlosser, Elektriker oder Werkzeugmacher, die aufgrund ihrer Tätigkeit nicht im Akkordlohn beschäftigt werden konnten, einen geringeren Stundenverdienst erreichten als angelernte Maschinenarbeiter, empfahl die Tarifordnung eine Beteiligung dieser Fachkräfte an den jeweiligen Werkstattakkordsätzen oder, falls sich diese Möglichkeit nicht realisieren ließ, eine Leistungszulage von mindestens 10 % zum Stundenlohn.

Neben der Entlohnung setzte die Tarifordnung die Arbeitszeit in der Eisen- und Metallindustrie auf 48 Stunden pro Woche fest und machte damit die aufgrund der Vollbeschäftigung in dieser Branche in vielen Betrieben bereits übliche Wochenarbeitszeit zur Normalarbeitszeit. Diese Entscheidung führte in vielen Betrieben zum Wegfall von bislang tariflich abgesicherten Zulagen für eine mehr als 40stündige Arbeitszeit. Das Unternehmen hatte lediglich für die über die 48stündige Normalarbeitszeit hinaus geleisteten Überstunden dem Arbeitnehmer einen Zuschlag von 25 % auf den jeweiligen Stundenlohn zu zahlen. Prämien bis zu 100 % wurden für die Arbeit an Sonn- und Feiertagen gezahlt[6].

Im Rahmen der neuen Tarifordnung wurde auch der Urlaubsanspruch der Arbeitnehmer einheitlich festgesetzt. Während Jugendliche von 14 bis 17 Jahren einen Mindestjahresurlaub von 15 bis 10 Arbeitstagen beanspruchen konnten, betrug der Grundurlaub für alle über 18 Jahre alten Beleg-

---

5 Vgl. Tarifordnung für die Eisen-, Metall- und Elektroindustrie des Wirtschaftsgebietes Westfalen vom 28. Mai 1937, RABl 1937 VI, S. 589 ff.

6 Zu den einzelnen Angaben vgl. die entsprechenden Paragraphen der in Anm. 5 genannten Tarifordnung.

schaftsangehörigen 6 Arbeitstage. Er erhöhte sich, gestaffelt nach der Dauer der Betriebszugehörigkeit, bei einer Dauertätigkeit von mehr als 21 Jahren bis auf 12 Arbeitstage pro Jahr.

Weder der Erlaß noch der Inhalt der Tarifordnung stellten für den Bochumer Verein eine unvorhergesehene Überraschung dar, da ein leitender Angestellter dieses Unternehmens, Herr Dohme, Mitglied des Sachverständigenausschusses für den Erlaß der Tarifordnung beim Treuhänder der Arbeit war und damit Einblick in die Verhandlungen und Auseinandersetzungen um den Erlaß einer neuen Tarifordnung hatte[7]. Der Bochumer Verein konnte daher, um den Anschein einer untertariflichen Entlohnung zu vermeiden, am 1. Juni 1937, drei Wochen vor Inkrafttreten der neuen Tarifordnung, die Löhne für Hilfsarbeiter und angelernte Arbeiter um rund 0,02 RM pro Stunde erhöhen, wodurch die Stundenlöhne für die gering bezahlten Arbeitergruppen über die in der Tarifordnung fixierten Mindestsätze angehoben wurden[8]. Die Löhne der Belegschaftsmitglieder, die über 0,63 RM pro Stunde verdienten, blieben auch bei dieser Lohnerhöhung unverändert, da sie sich mit den in der Tarifordnung vorgeschriebenen Mindestlöhnen deckten oder zum Teil über diesem Niveau lagen und der Bochumer Verein nicht gezwungen gewesen wäre, diese Löhne bei Inkrafttreten der Tarifordnung zu erhöhen. Das Unternehmen konnte vielmehr nach Veröffentlichung der Tarifordnung auf eine übertarifliche Bezahlung verweisen.

Gleichzeitig erfolgte für die unteren Lohngruppen bis 0,66 RM/h eine Erhöhung der freiwilligen Sozialzulagen zum Lohn in Form von Hausstandsgeld und Kinderzulagen. Zum tariflich abgesicherten Hausstandsgeld von 0,01 RM/h zahlte das Unternehmen 0,02 RM hinzu, beim tariflichen Kindergeld von 0,02 RM für das erste Kind der Familie waren es 0,01 RM, so daß die Belegschaftsmitglieder des Bochumer Vereins für das erste Kind eine Zulage von 0,03 RM/h und für jedes weitere Kind 0,02 RM erhielten. Die neue Tarifordnung stellte einen wesentlichen Fortschritt in bezug auf bessere Verdienstmöglichkeiten für wenig qualifizierte Arbeitnehmer dar und trug somit zur Beilegung von Konflikten bei, die durch eine Differenzierung innerhalb der Gruppe der gewerblichen Arbeitnehmer entstanden waren. Die Unternehmensleitungen übten dennoch Kritik an den Lohnrichtlinien, da sie neue und die Interessen der Arbeitnehmer schützende Bestimmungen enthielten.

Nach Ansicht der Arbeitgeber fehlten in der Tarifordnung klare Bestimmungen, in welchen Fällen bei Nachtarbeit Zuschläge zum normalen Stundenlohn zu zahlen waren. Der Bochumer Verein ging davon aus, daß

---

7 Vgl. Aktenvermerk der VSt-Abt. SW v. 13. 7. 1937, ArchTHAG, VSt-SW 30096.

8 Vgl. Änderung der Stundenlöhne der Lohnarbeiter über 21 Jahre . . . v. 1. 6. 1937, ArchBV 14206 Nr. 3a.

in wechselschichtig arbeitenden Betrieben die Nachtarbeit keine außergewöhnliche Belastung für die Arbeitnehmer darstelle, und zahlte infolgedessen keinen Nachtarbeitszuschlag.
Ein weiterer Punkt, in dem die Ansichten von Arbeitgebern einerseits und die von Arbeitnehmern und DAF andererseits auseinandergingen, war die Lohnfortzahlung an gesetzlichen Feiertagen, die auf Wochentage fielen. Mit dem Argument, die Bezahlung des Ostermontag als einem dieser Wochenfeiertage erfolge ohne entsprechende Gegenleistung der Arbeitnehmer, und Leistungen könnten – nicht zuletzt nach den Vorstellungen der DAF – nur bei Gegenleistungen von seiten der Arbeitnehmer erbracht werden, kritisierte die sozialwirtschaftliche Abteilung der VSt für den Gesamtkonzern auch gegenüber Arbeitnordwest diese im Wirtschaftsgebiet Saar-Pfalz zuerst eingeführte Regelung[9]. Die Kritik der VSt stand im Sachzusammenhang mit Bestrebungen der DAF, eine Lohnfortzahlung für alle Wochenfeiertage neben dem 1. Mai und dem Neujahrstag zu erreichen und dadurch Lohnausfälle auf Arbeitnehmerseite zu vermeiden. Die Bemühungen der DAF führten schließlich im Spätherbst 1937 zum Erfolg, als Göring in seiner Eigenschaft als Beauftragter für den Vierjahresplan die Lohnfortzahlung an allen Wochenfeiertagen für das gesamte Reich einführte[10].
Diese Regelung fand erwartungsgemäß in keiner Weise die Zustimmung des Bochumer Vereins und der VSt-Konzernleitung, und ihre Kritik richtete sich in erster Linie gegen die dem Unternehmen aus den neuen Vorschriften erwachsenden zusätzlichen Ausgaben sowie gegen eine auf die Lohnfortzahlung zurückzuführende Verschlechterung der Arbeitsmoral in den Konzernbetrieben[11]. Am ersten Weihnachtsfeiertag 1937, einem Sonnabend, waren beispielsweise zahlreiche Belegschaftsmitglieder, die in kontinuierlich arbeitenden Betrieben des Konzerns zur Arbeit bestellt worden waren, nicht erschienen und hatten unentschuldigt gefehlt[12]. Die VSt lehnten eine Lohnfortzahlung für diese Belegschaftsmitglieder entschieden ab, ließen sie in scharfer Form verwarnen, befürchteten aber dennoch für die weiteren Wochenfeiertage ein Ansteigen der Zahl unentschuldigt fehlender Belegschaftsangehöriger.
In diesen den Dienststellen der Partei und des Staates mitgeteilten Vorgän-

9 Brief der VSt-Abt. SW v. 2. 6. 1936 an E. Poensgen, Steinberg u. a., ArchTHAG, VSt-SW 20191.

10 »Die Lohnzahlungen an Feiertagen schon zu Weihnachten wirksam«, in: Völkischer Beobachter v. 4. 2. 1937.

11 Vgl. Brief der VSt-Abt. SW an H. Poensgen v. 11. 2. 1938, ArchTHAG, VSt-SW 20191.

12 Bei der ATH hatten 25, beim BV 5-6 Belegschaftsangehörige unentschuldigt gefehlt. Im Gußstahlwerk Witten hatten sich die Walzer einer Drahtstraße geweigert, am 2. Weihnachtsfeiertag zu arbeiten. Von der Werksleitung wurde daraufhin der Treuhänder benachrichtigt, der ein Belegschaftsmitglied von der Gestapo in Schutzhaft nehmen ließ. Anschließend nahmen die übrigen Belegschaftsmitglieder die Arbeit auf.

gen erkannten die VSt nicht nur eine Rechtfertigung ihres Widerstandes gegen die durch den Staat betriebene Ausweitung der sozialen Leistungen; sie sahen darüber hinaus den Grundsatz gefährdet, daß ein Rechtsanspruch auf Leistungen durch das Unternehmen nur als Replik für Leistungen von seiten der Arbeitnehmer entstehen konnte.

Eine der Problemstellung nach verwandte Diskussion war infolge des Wirtschaftsaufschwungs schon im Herbst 1933 innerhalb der VSt aufgekommen, als Arbeiter und Angestellte unter Berufung auf die bessere Ertragslage der Wirtschaft die Zahlung einer Weihnachtsgratifikation forderten. Die Zahlung einer derartigen Gratifikation wurde im Jahre 1933 von der Geschäftsleitung noch abgelehnt[13]. Die Konzernleitung erklärte sich erst im Dezember 1934 bereit, vorbehaltlich der Zustimmung der Aufsichtsräte der einzelnen Betriebsgesellschaften für das Geschäftsjahr 1933/34 eine Sonderzuwendung zu zahlen, die entweder in Form eines Barbetrages an die einzelnen Belegschaftsmitglieder oder als Pauschalbetrag zur Verbesserung der Sozialeinrichtungen der Konzerngesellschaften zur Ausschüttung kommen sollte. Als Betrag wurde von der Holdinggesellschaft eine Summe von 12–13 % des jeweiligen durchschnittlichen Monatseinkommens der Arbeitnehmer mit der ausdrücklichen Anweisung vorgeschlagen, solchen Sonderzahlungen nicht die Form einer Weihnachtsgratifikation zu geben, sondern sie als freiwillige Zahlung aufgrund einer günstigen Ertragslage zu deklarieren. Derartige Zuwendungen, deren Gewährung den VSt zufolge in das Ermessen des Unternehmens gestellt werden mußte, wurden allerdings vom Geschäftsjahr 1933/34 an regelmäßig gezahlt[14].

Der Gesetzgeber erkannte die Bedeutung freiwilliger Sozialleistungen dieser Art und erklärte sie für steuer- und sozialabgabenfrei, falls sie zwischen dem 25. November und dem 24. Dezember eines Jahres gezahlt wurden und der Jahresverdienst des jeweiligen Arbeitnehmers 3960 RM nicht überschritt[15]. Um indirekte Lohnerhöhungen durch die Gewährung von Gratifikationen zu verhindern, wurde die Steuerbefreiung für derartige Leistungen von 1936 an auf den Betrag eines Monatslohnes beschränkt[16]. Eine weitere Verschärfung erfuhren diese Bestimmungen durch eine Eingrenzung der Beträge auf 130 RM für ledige, auf 180 RM für verheiratete und 210 RM für verheiratete Arbeitnehmer mit einem Kind sowie 30 RM für jedes weitere Kind. Daneben galt ab 1938 eine

---

13 Vgl. Rundschreiben der VSt-Konzernleitung Nr. 234/33 v. 20. 12. 1933, ArchTHAG, VSt-SW 120512.

14 Vgl. ArchTHAG, VSt-SW 120512 und 120513.

15 »Welche freiwilligen Zuwendungen an die Gefolgschaftsmitglieder sind steuerfrei?«, in: Völkischer Beobachter v. 19. 12. 1935.

16 »Weihnachtszuwendungen – nicht mehr sozialversicherungspflichtig«, in: Völkischer Beobachter v. 26. 11. 1936.

Steuerbefreiung nur für die Arbeitnehmer, deren monatliches Einkommen 260 RM nicht überstieg.
Die Zahlung von Gratifikationen wurde von seiten des Staates zwar befürwortet, um die Arbeitsleistung der Belegschaftsmitglieder zu verbessern, andererseits begrenzte man durch eine Besteuerung dieser Zahlungen deren Umfang, da eine Erhöhung der Kaufkraft der Arbeitnehmer nicht im Interesse des Staates lag. Der Bochumer Verein wandte sich zusammen mit der VSt-Konzernleitung und den übrigen Ruhr-Montanunternehmen gegen eine tarifliche Festschreibung von Sonderleistungen, weil Gratifikationen aller Art im Verständnis der Industriellen dem Bereich der betrieblichen Sozialleistungen zuzuordnen waren und nicht als gesetzliche Leistungen in den Tarifverträgen festgeschrieben werden durften. Die Unternehmen lehnten darüber hinaus staatliche Initiativen und Verordnungen im Bereich der Entlohnung, der Urlaubsgewährung oder der Differenzierung der Belegschaft nach Qualifikationsgruppen als Einmischung in unternehmensautonome Angelegenheiten sowie als Schwächung der Stellung der Firmen innerhalb der Gesamtwirtschaft ab.

a) Die Tarifbestimmungen und die arbeitsrechtlichen Vorschriften nach Kriegsausbruch

Gesetzliche Bestimmungen hatten bis zum Ausbruch des 2. Weltkrieges die Einflußmöglichkeiten des Staates auf die Wirtschaft und nicht zuletzt auf den mikroökonomischen Bereich verstärkt. Die Rechte der Arbeitnehmer wurden zugunsten einer hohen Rüstungsproduktion eingeschränkt, die Arbeitsbedingungen innerhalb der Unternehmen wurden weitgehend festgeschrieben, und den Unternehmensleitungen wurde zugestanden, in Absprache mit den Treuhändern der Arbeit Teile der Arbeitsschutzgesetzgebung zu mißachten, um die Rüstungsproduktion zu steigern.
Obwohl nach Ausbruch des Krieges die arbeitsrechtlichen Bestimmungen eine weitere Verschärfung erfuhren, ging man doch auf die Kritik der Arbeitnehmer ein und versuchte, Ungerechtigkeiten innerhalb der bestehenden Tarifordnung auszugleichen. Diese beim Bochumer Verein ebenso wie in anderen Montanunternehmen nachweisbaren Widerstände der Arbeitnehmer beruhten auf massiven Klagen von hochqualifizierten Facharbeitern, die im Stundenlohn beschäftigt werden mußten. Ihrer Ansicht nach war die Differenzierung in Hilfsarbeiter, angelernte Arbeiter und Facharbeiter unzureichend; darüber hinaus beklagten sie ihren zu geringen Verdienst im Vergleich mit den Akkordarbeitern.
Die Möglichkeit einer neuen Differenzierung der gewerblichen Arbeitnehmer in sechs Qualifikationsstufen wurde angeregt durch diese verbreitete Unzufriedenheit sowohl innerhalb des Bochumer Vereins als auch auf der Ebene der Konzernleitung diskutiert. Da im Herbst 1939 ein baldiges

Ende des Krieges erwartet wurde, stellte man diese Gespräche ein, um sie nach einer allgemeinen Normalisierung der politischen Lage weiterzuführen. In der Folgezeit riß die Kritik an dem zuwenig differenzierten industriellen Entlohnungssystem jedoch nicht ab, und 1943 setzte auf Reichsebene die Diskussion um eine veränderte Strukturierung der Gruppe der gewerblichen Arbeitnehmer und ihre Entlohnung erneut ein[17].

Im Rahmen dieser Diskussion wurde gefordert, in allen Betrieben eine Beziehung zwischen Leistung und Entlohnung herzustellen und Lohnsysteme abzubauen, die diesem Prinzip widersprachen. Die Ausbildung eines Arbeitnehmers sollte nicht mehr das entscheidende Kriterium für seine Einordnung in einen Lohnkatalog darstellen, vielmehr sollte die Art der von ihm verrichteten Arbeit die Leitlinie der Entlohnung bilden, wobei auch nach Ansicht nationalsozialistischer Arbeits- und Sozialpolitiker die bisherige Klassifikation in drei Lohngruppen in keiner Weise ausreichte. Die Gesprächspartner einigten sich auf eine Einteilung in sechs Arbeitskategorien, die gleichzeitig eine Verdoppelung der bisherigen Spanne zwischen niedrigstem und höchstem Lohn beinhaltete und damit den bekannten Ansprüchen von hochqualifizierten Facharbeitern gerecht zu werden suchte. Unter Berücksichtigung der Annahme, daß ein gerechtes und zugleich in seiner Höhe ausreichendes Lohnsystem eine umfangreiche Leistungssteigerung bedingen würde, sollten zusätzlich alle Akkorde überprüft und, falls notwendig, nach einheitlichen Gesichtspunkten und unter Anwendung der Richtlinien des Reichsausschusses für Arbeitszeitstudien neu festgelegt werden. Die Bestimmungen des für die Kriegszeit angeordneten allgemeinen Lohnstopps wurden dabei nach Ansicht der Befürworter eines neuen Lohnsystem nicht mißachtet, da es sich bei der Neuordnung um ein gerechtes Lohnsystem handeln sollte, in dessen Folge auch Überbezahlungen abzubauen waren.

Obwohl diese Diskussion der Sache nach berechtigt war, konnte andererseits jedoch kein Zweifel daran bestehen, daß die Realisierung derartiger Vorschläge während des Krieges kaum durchführbar war. Aufgrund eines extremen Arbeitskräftemangels, den die Nationalsozialisten vergeblich durch eine Totalmobilisierung der Bevölkerung zu kompensieren suchten, und der Forderungen nach Höchstleistungen in der Produktion hatte der Bochumer Verein ebenso wie die übrigen Konzernbetriebe der VSt ein pragmatisches Verhalten gezeigt und das Verbot von Lohnerhöhungen häufig durch die Manipulation von Akkordbedingungen umgangen. Der Mangel an Arbeitskräften ließ den Bochumer Verein Tarifbestimmungen mißachten, soweit dies zur Aufrechterhaltung der Kriegsproduktion notwendig erschien. Formell hatte die VSt-Konzernleitung den Betriebsge-

---

17 Vgl. *Wolf*, Lohnordnung und Leistungssteigerung in der deutschen Rüstungsindustrie, in: RABl 1943 V, S. 30 ff.

sellschaften allerdings unmittelbar nach Erlaß der KWVO und der Durchführungsbestimmungen den genauen Wortlaut der Lohnstoppverordnung mitgeteilt[18].

Der Vorstand des Bochumer Vereins erinnerte unter Hinweis auf durch den zuständigen Reichstreuhänder veranlaßte Lohnprüfungen in der Industrie die einzelnen Abteilungen des Unternehmens wiederholt an die Lohnstoppverordnung und wies im Oktober 1941 auf bereits verhängte Ordnungsstrafen bis zu einer Höhe von 30000 RM gegen Betriebsleiter hin, die gegen die einschlägigen Bestimmungen verstoßen hatten. Letixerant ermahnte alle Betriebsleiter namens des Vorstandes des Bochumer Vereins, Wünsche der Belegschaftsmitglieder nach Lohnerhöhungen mit Entschiedenheit in den Fällen zurückzuweisen, wo deren Realisierung einen Verstoß gegen die KWVO bedeutete. Als verantwortungslos bezeichnete er die Praxis, Belegschaftsangehörigen gegenüber zu äußern, man erkenne zwar die Notwendigkeit einer allgemeinen Lohnerhöhung an, der zuständige Reichstreuhänder aber lehne entsprechende Anträge grundsätzlich ab. Letixerant verurteilte gleichermaßen das Vorgehen von Werkstatt- oder Abteilungsleitern, die ihren Mitarbeitern veränderte Arbeitsbedingungen bescheinigten, um so die Umgruppierung in eine höhere Lohnklasse zu ermöglichen[19].

Es kam in der Folgezeit nicht nur beim Bochumer Verein zu ungesetzlichen Lohnerhöhungen, so daß 1942 eine Aktion »tätige Reue bei Lohnstoppübertretungen« auf Initiative des GBA eingeleitet wurde[20]. Sie bot den Betrieben, die gegen die Lohnrichtlinien der KWVO verstoßen hatten, Gelegenheit, bei zugesicherter Straffreiheit dem Reichstreuhänder von der eigenen Übertretung Meldung zu machen und anschließend das vorgeschriebene Lohnniveau wieder herzustellen. Wurde jedoch von seiten Dritter gegen ein Unternehmen Anzeige wegen Mißachtung des Lohnstopps erstattet, so hatte der Unternehmer die überbezahlten Summen an das Reich abzuführen, konnte jedoch Regreßansprüche gegenüber den Belegschaftsangehörigen stellen[21]. Eine schärfere Überwachung der innerbetrieblichen Lohngestaltung wurde für die Zeit nach dem 15. September 1942 angekündigt, da mit diesem Termin die Aktion »tätige Reue« zu Ende ging.

Der Bochumer Verein konnte sich trotz der regimekonformen Haltung des Vorstandes dem allgemeinen Trend zur besseren Entlohnung in Mangelberufen nicht entziehen, und es wurden auch nach Ablauf der Reueak-

18 Rundschreiben 41/39 v. 19. 10. 1939, betr. Kriegslöhne, ArchTHAG, VSt-SW 301771.

19 Vgl. Rundschreiben v. 10. 10. 1941, ArchBV 14206 Nr. 3a.

20 Vgl. Erl. d. GBA v. 19. 6. 1942 – IIIb 11267/42, RABl 1942 I, S. 302.

21 Mitteilungen des Reichstreuhänders der Arbeit für das Wirtschaftsgebiet Westfalen-Niederrhein v. 8. 8. 1942, ArchBV 14206 Nr. 3a.

tion zahlreiche Lohnverbesserungen vorgenommen. Sie wurden allerdings, als die Konzernleitung im März 1943 eine Umfrage zum Problem der Lohngestaltung bei den Betriebsgesellschaften durchführte, damit begründet, daß bei Akkordarbeiten umfangreiche Leistungssteigerungen erzielt worden seien. Durch diese Entwicklung kam es nach Aussagen der Unternehmensleitung zu einer Erhöhung der Lohnsumme, der gemäß den gesetzlichen Bestimmungen – so der Vorstand des Bochumer Vereins – seit September 1939 unveränderte Akkordrichtsätze gegenüberstanden[22]. Diese Darstellung kann unter anderem durch die Steigerung des Durchschnittsverdienstes von im Stundenlohn beschäftigten Arbeitnehmern in der Zeit zwischen Juni 1939 und Dezember 1941 widerlegt werden[23].

Ein weiterer Streitpunkt im Bereich der Tarifpolitik war durch die zunehmende Beschäftigung deutscher Frauen in den Betrieben der Eisen- und Metallverarbeitung und durch die kriegsbedingte Ersetzung männlicher Arbeitnehmer durch diese Frauen entstanden. Bis zum Jahre 1938 bildete die Tätigkeit von Frauen in schwerindustriellen Betrieben eine Ausnahme, und sie hatten im Falle einer Beschäftigung wenig qualifizierte Hilfsarbeiten bei entsprechend geringer Entlohnung zu verrichten. Noch 1939, als im Zuge des Weltkrieges eine stärkere Integration von Frauen in den kriegswirtschaftlichen Produktionsprozeß notwendig wurde und Vergleiche mit der Beschäftigung von Arbeitnehmerinnen während des 1. Weltkrieges angestellt wurden, ging man von einer grundsätzlichen Verschiedenheit der Frauenarbeit und der gesellschaftlichen Aufgabenstellung der Frauen im Vergleich mit den männlichen Arbeitnehmern aus[24]. Der Reichstreuhänder für das Wirtschaftsgebiet Westfalen-Niederrhein sprach sich selbst unter der Voraussetzung, daß Frauen Arbeiten übernahmen, die bislang von Männern verrichtet wurden, in einem Rundschreiben vom März 1940 für eine um mindestens 25 % unter dem Lohnniveau der männlichen Beschäftigten liegende Entlohnung gewerblicher Arbeitnehmerinnen aus, und seine Ansicht wurde von Sozialpolitikern im Reichsarbeitsministerium geteilt[25]. Sie betonten trotz eines vielfach geäußerten Unmutes über das Lohnniveau von Arbeitnehmerinnen die Notwendigkeit der Beibehaltung traditioneller Frauenlöhne und räumten lediglich in den Fällen die Möglichkeit einer Überprüfung der Entgelte an, wo Frauen Arbeiten übernahmen, die bislang ausschließlich von Männern verrichtet worden waren[26].

---

22 Vgl. Brief des BV an die VSt (undatiert), betr. tätige Reue, ArchTHAG, VSt-SW 301774.

23 Vgl. Fachlohnstatistik für die Konzerngesellschaften der VSt, ArchTHAG, VSt-SW 30171.

24 Vgl. »Einsatz der Frauen«, in: Soziale Praxis 1939, S. 1105.

25 Vgl. Rundschreiben des Reichstreuhänders v. 27. 3. 1940, Akt.-Z. 30/40-32, ArchTHAG, VSt-SW 300131.

26 Vgl. *Knolle*, Zum Thema: Frauenlohn im Kriege, in: RABl 1940 VI, S. 295 ff.

Der Bochumer Verein war, um den Arbeitskräftebedarf zu decken, jedoch gezwungen, von diesen Lohnrichtlinien für die Bezahlung von Arbeitnehmerinnen abzuweichen und ihnen bereits bei der Einstellung einen Stundenlohn zu zahlen, der für über 21jährige Frauen mit 0,50 RM je Stunde um 13,6 % über dem in der Tarifordnung festgelegten und damit verbindlichen Lohn von 0,44 RM lag. Eine Erhöhung dieses Anfangslohnes war nach Beendigung der Einarbeitungszeit und bei guten Arbeitsleistungen möglich und üblich. Falls Frauen mit Akkordarbeiten beschäftigt wurden, bildete der genannte Grundlohn die Basis, auf der die Akkordentlohnung berechnet wurde. Der Bochumer Verein zahlte bei Schwangerschaften den weiblichen Belegschaftsangehörigen sechs Wochen vor und sechs Wochen nach der Entbindung eine Wochenbeihilfe von 75 % des Grundlohnes, ein tägliches Krankengeld in Höhe bis zu 1,– RM sowie eine einmalige Entbindungsbeihilfe von 10,– RM[27]. Diese übertariflichen Sozialleistungen fanden ihre Ergänzung in einem Sonderurlaub von drei Tagen, der Inhaberinnen des Ehrenkreuzes der deutschen Mutter von 1942 an zusätzlich zum Tarifurlaub gewährt wurde. Ehefrauen, deren als Frontsoldaten eingesetzten Männer nach mehr als 18monatiger Abwesenheit Heimaturlaub erhielten, konnten einen Sonderurlaub von sechs Tagen bei vollem Lohn oder Gehalt beantragen und diesen – auf eigenen Wunsch und ohne Bezahlung – unter Anrechnung des bezahlten Tarifurlaubes bis zu einem Gesamturlaub von 24 Tagen im Kalenderjahr ausdehnen[28].

Die über die tariflichen Anforderungen hinausgehenden Leistungen des Bochumer Vereins beruhten allerdings nicht nur auf einer in einigen Bereichen branchenüblichen betrieblichen Sozialpolitik. Einen nicht unerheblichen Einfluß auf die arbeits- und sozialrechtliche Stellung von Frauen – besonders solchen mit unmündigen Kindern, deren Ehemann zum Kriegsdienst einberufen war – dürften die Stimmung in der Bevölkerung und darin immanent vorhandene Forderungen nach besonderer Fürsorge für diese Personengruppe gehabt haben[29]. Waren Frauen bereit, in der Kriegswirtschaft zu arbeiten, so zeigten sie eine signifikant schlechtere »Arbeitsmoral und Arbeitsdisziplin«, um Stellungnahmen des Bochumer Vereins zu verwenden, als ihre männlichen Kollegen, falls ihnen nicht zusätzliche Konzessionen in Form von Sonderurlaub für wichtige Anlässe und einer übertariflichen Bezahlung gemacht wurden. Die deutsche Kriegswirtschaft ihrerseits war auf die Mitarbeit dieser Frauen angewiesen.

Die Regelung der Urlaubsfrage während der Kriegszeit durch den zuständigen Reichstreuhänder der Arbeit erscheint uneinheitlich und an der jeweiligen militärisch-politischen Lage orientiert. Nachdem 1939 im Rah-

27 Vgl. ArchBV 14206 Nr. 3a.

28 Diese Vorgänge sind in ArchBV 14206 Nr. 3a ausführlich dokumentiert.

29 Vgl. *Boberach*, S. 135 f.

men der KWVO eine vorübergehende Urlaubssperre eingetreten war, wurde 1940 eine Revision des Tarifurlaubes durchgeführt, die zwar einen Maximalurlaub von 12 Arbeitstagen pro Jahr für gewerbliche Arbeitnehmer beibehielt, in ihrer Folge stieg jedoch der Urlaubsanspruch vieler Arbeiter[30]. Diese Regelung blieb 1941 bestehen und wurde nur durch einen viertägigen Sonderurlaub in der Zeit vom 27. bis 31. Dezember dieses Jahres für fast alle Arbeitnehmer modifiziert, bedingt durch eine Empfehlung des RAM, die Produktion in der gewerblichen Wirtschaft während dieser Zeit einzustellen[31]. Dieser zusätzliche Urlaub, in dessen Genuß die Beschäftigten des Bochumer Vereins kamen, sofern sie nicht in kontinuierlich arbeitenden Werkstätten beschäftigt wurden, mußte den Arbeitnehmern in den Fällen vergütet werden, in denen eine Nacharbeit oder eine Anrechnung auf den Tarifurlaub des Jahres 1941 nicht in Frage kam. Maßnahmen wie diese Betriebsstillegung auf Reichsebene beruhten mehr auf einer situativen Lagebeurteilung als auf einer langfristig-strategischen Diagnose der wirtschafts- und militärpolitischen Entwicklung. Sie waren 1942 angesichts der veränderten Situation nicht mehr durchführbar. Der Reichstreuhänder betonte zwar weiterhin die Notwendigkeit von Erholungsurlaub für in der Rüstungswirtschaft beschäftigte Arbeitnehmer, er übertrug die Entscheidung einer Urlaubsgewährung jedoch den Unternehmen. Gleichzeitig eröffnete er ihnen die Möglichkeit, dringend benötigten Arbeitnehmern die Gewährung des Tarifurlaubes zu verweigern und diesen Anspruch ins nächste Kalenderjahr zu transferieren oder durch eine Barabfindung abzugelten[32]. Der Bochumer Verein machte je nach der Stellung der Arbeitnehmer im Produktionsprozeß von diesen Möglichkeiten Gebrauch.

Eine Lockerung dieser von der Industrie restriktiv gehandhabten Bestimmungen trat im Juli 1943 mit der Genehmigung des Reichstreuhänders ein, für Arbeitnehmer in luftgefährdeten Gebieten einen Erholungsurlaub generell wiedereinzuführen. Der Bochumer Verein behielt sich in Anlehnung an diesen Erlaß vor, den Zeitpunkt des Jahresurlaubes aus produktionstechnischen Gründen zu bestimmen, soweit es sich bei den Belegschaftsmitgliedern nicht um Jugendliche, Schwerbeschädigte, werktätige Frauen von Fronturlaubern oder Arbeitnehmer mit Anspruch auf Familienheimfahrten handelte[33].

Der tarifliche Urlaubsanspruch gewerblicher Arbeitnehmer blieb selbst 1944, als die deutsche Kriegswirtschaft größte Mengen an Rüstungsmate-

---

30 Vgl. Aufstellung über den Tarifurlaub für die über 18jährigen Beschäftigten des BV, ArchBV 14206 Nr. 3a.

31 Vgl. Erl. d. RAM IIIb 24376/41 vom 6. 12. 1941, RABl 1941 I, S. 539.

32 Vgl. Mitt. Bezirksgr. Nordwest Nr. 69/VII vom 30. 6. 1942, ArchBV 14206 Nr. 3a.

33 Vgl. Rundschreiben 87/43 des BV v. 2. 7. 1943, ebd.

rial zu produzieren hatte, bestehen und bildete offensichtlich ein notwendiges Pendant zum Einsatz der Arbeitnehmer an ihrem Arbeitsplatz unter den gesteigerten Belastungen durch den Bombenkrieg[34]. Diese Faktoren machten gerade in luftgefährdeten Gebieten des Reiches einen Erholungsurlaub unabdingbar, zumal die im Rahmen der längeren Arbeitszeit und durch langwierige Lebensmittelbeschaffung reduzierte Freizeit ihrem Anspruch als Erholungszeit kaum noch gerecht werden konnte.

Während die gewerblichen Arbeitnehmer und die nach der Tarifordnung beschäftigten Angestellten des Bochumer Vereins während der gesamten Kriegsdauer einen Anspruch auf tariflich gesicherten Urlaub hatten, der nur teilweise und aufgrund produktionstechnischer Notwendigkeiten durch eine Zusatzzahlung abgegolten werden konnte, war der Urlaubsanspruch von außertariflich angestellten leitenden Mitarbeitern von der Unternehmensleitung wesentlich eingeschränkt worden[35]. Einen Erholungsurlaub von 14–18 Tagen Dauer hatte man den außertariflichen Angestellten, Ingenieuren und Betriebsassistenten vorbehalten, die das 30. Lebensjahr vollendet hatten[36].

Zusammenfassend muß festgestellt werden, daß außerbetriebliche Faktoren nach Ausbruch des 2. Weltkrieges stärker als je zuvor die Anwendung arbeitsrechtlicher Bestimmungen und Tarifordnungen oder deren Überschreitung bestimmten, falls die aktuelle Lage derartige Übertretungen nach Ansicht des Vorstandes notwendig machte. Eine langfristige und die Bedürfnisse des Krieges berücksichtigende Arbeitsrechts- und Tarifpolitik hat es von staatlicher Seite zu keinem Zeitpunkt gegeben. Der Bochumer Verein war weder in der Lage noch willens, eine langfristige Planung zu betreiben, er mußte sich den makroökonomischen Bedingungen anpassen.

b) Die Entwicklung der Löhne und Gehälter seit 1933

Schwierigkeiten ergeben sich notwendigerweise bei der Berechnung der durchschnittlichen monatlichen Lohn- und Gehaltshöhe, die nach 1933 vom Bochumer Verein den einzelnen Belegschaftsmitgliedern gezahlt wurde, ist sie doch der Quotient aus der vom Werk gezahlten Lohnsumme und der Zahl der beschäftigten Arbeitnehmer. Die Aussagekraft der durchschnittlichen Entlohnung als statistischer Wert ist allerdings relativ gering, falls, wie beim Bochumer Verein, die Spanne zwischen niedrigstem und höchstem Lohn sehr groß ist.

Werksinterne Angaben aus dem Jahre 1937/38 über die innerbetriebliche Lohndifferenzierung betonen lediglich, daß die Akkordverdienste bis zu

34 Vgl. Rundschreiben 16/44 des BV v. 22. 1. 1944, ebd.

35 Vgl. Tarifordnung für kaufmännische und technische Angestellte in der Eisen-, Metall- und Elektroindustrie im Wirtschaftsgebiet Westfalen-Niederrhein v. 1. 7. 1941, RABl 1941 IV, S. 913 ff.

36 Nach ArchBV 14206 Nr. 3a.

70 % über dem Tariflohn lagen, Facharbeiter bei Tätigkeiten, die nicht im Akkord verrichtet wurden, eine Leistungszulage bis zu 30 % erhielten und die Bezahlung von Hilfsarbeitern bei einem Stundenlohn von 0,60–0,70 RM über dem für die Montanindustrie gültigen Tarif lag[37].
Diese Angaben erlauben in keiner Weise eine Darstellung der Lohnentwicklung für gewerbliche Arbeitnehmer seit dem Jahre 1933. Die Lohnhöhe war letztlich abhängig von der individuellen Arbeitsleistung und der wöchentlichen Arbeitszeit. Aus den Angaben der Personalverwaltung läßt sich somit lediglich rekonstruieren, daß die Mehrzahl der gewerblichen Arbeitnehmer übertariflich entlohnt wurde.
Lohnerhöhungen auf der Basis unternehmensinterner Tarifordnungen erhielten nach 1933 die Gruppe der Boten sowie die Hilfs- und Transportarbeiter. Hier setzten offensichtlich Bestrebungen ein, die das Existenzminimum dieser Belegschaftsangehörigen nicht deckende Entlohnung durch eine Erhöhung der Stundenlöhne zu verbessern und die Benachteiligung dieser durch die Wirtschaftskrise besonders betroffenen Gruppe durch mehrfache Lohnerhöhungen abzubauen. Im Januar 1933 bezogen, nicht zuletzt bedingt durch verkürzte Arbeitszeiten in einigen Betrieben des Bochumer Vereins, rund 15 % der Belegschaftsmitglieder ein Einkommen von weniger als 100 RM und weitere 59 % ein Einkommen bis 150 RM, während nur 22,5 % bis zu 200 RM verdienten. Die Zusammensetzungen der Lohngruppen wandelte sich bis zum zweiten Halbjahr 1935 so, daß lediglich 12 % der Belegschaft noch zwischen 100 und 150 RM verdienten, 51 % zwischen 150 und 200 RM und 37 % über 200 RM, von dieser Gruppe 5,8 % über 250 RM. Diese Verschiebungen innerhalb des Lohnrasters basierten nach Angaben der Personalabteilung jedoch nur zu einem geringen Teil auf Lohnerhöhungen, in größerem Umfange jedoch auf einer Ausweitung der Arbeitszeiten und auf Mehrarbeitszuschlägen[38].
Die Stundenlöhne der gewerblichen Arbeitnehmer zeigen folgende Entwicklung[39] (siehe Tabelle auf S. 191).
Bei der Interpretation dieser Zahlen muß auf ein relativ hohes Lohnniveau zu Beginn des Jahres 1933 hingewiesen werden, das auf einen großen Anteil qualifizierter Arbeitskräfte, der sogenannten Stammbelegschaft, an der Gesamtzahl der Beschäftigten zurückzuführen war. Im Laufe des Jahres 1933 sank der durchschnittliche Stundenlohn aufgrund der Einstellung von geringer qualifizierten Kräften im eisen- und stahlerzeugenden Bereich des Unternehmens, um sich dann, von 1935 bis zum Jahresende 1937, bei einem Lohnniveau zu stabilisieren, das mit dem Ausgangswert

37 Nach ArchBV 27701 Nr. 1.
38 Nach ArchBV 14206 Nr. 3a u. 15200 Nr. 1.
39 Es sei erneut auf die enorme Spannweite der Stundenlöhne zwischen 0,60 und 1,20 RM/h (1937/38) hingewiesen. Zahlen nach ArchBV 15000 Nr. 2.

	mittl. Stundenlohn ausschl. Geschoßfabrik (Rpfg.)	mittl. Stundenlohn einschl. Geschoßfabrik (Rpfg.)	mittl. Monatslohn je Gesch.-Jahr (RM)
Januar 1933	78,9	78,8	
Juli 1933	74,1	79,2	
Januar 1934	76,3	77,7	
Juli 1934	76,8	78,9	163,-
Januar1935	78,1	79,8	
Juli 1935	79,5	81,8	177,-
Januar 1936	78,9	80,5	
Juli 1936	80,0	82,5	177,-
Januar 1937	80,6	82,6	
Juli 1937	79,7	81,2	176,-
Januar 1938	82,3	83,6	
Juli 1938	84,4	86,0	189,-
Januar 1939	95,3	86,4	
Juli 1939	96,4	87,7	191.-

vom Januar 1933 vergleichbar war. Der während des Jahres 1934 erfolgte geringfügige Anstieg des durchschnittlichen Stundenverdienstes von rund 0,74 RM auf rund 0,79 RM war bedingt durch Lohnerhöhungen in den unteren Tarifgruppen sowie durch die Einstellung qualifizierterer Arbeitskräfte im Zuge des Ausbaus der weiterverarbeitenden Betriebe des Unternehmens. Eine Steigerung des Monatsverdienstes war bei einem gleichbleibenden Lohnniveau für angelernte Facharbeiter und höher qualifizierte Arbeitnehmer bis 1937 nur durch eine Erhöhung der Arbeitszeiten oder, falls Akkordarbeit geleistet wurde, in bescheidenem Rahmen durch eine höhere persönliche Arbeitsleistung möglich.

Erst von 1938 an ist ein deutliches Ansteigen der durchschnittlichen Stundenlöhne über das Niveau der Weltwirtschaftskrise hinweg erkennbar. Diese Entwicklung wurde von mindestens zwei Faktoren wesentlich beeinflußt. Einmal war das Unternehmen gezwungen, eine attraktive Lohngestaltung im Rahmen des Arbeitskräftemangels zu offerieren, um so im Wettbewerb mit anderen Rüstungsunternehmen eine Abwanderung von Arbeitnehmern zu verhindern. Gesetzliche Bestimmungen hatten sie erschwert, aber nicht unmöglich gemacht[40]. Man wollte darüber hinaus Arbeiter aus anderen Betrieben und Branchen für eine Beschäftigung bei dem Rüstungsunternehmen Bochumer Verein interessieren. Die seit Mitte 1938 bestehenden Lohnstopprichtlinien wurden in diesem Zusammenhang teilweise mißachtet oder durch eine Leistungs- und Akkordlohngestaltung umgangen. Ein zweiter Faktor, der das Ansteigen der Stunden-

40 Vgl. *Syrup*, Dienstverpflichtung und wirtschaftlicher Gestellungsbefehl, in: Der Vierjahresplan 1940, S. 3; *Lauterbach*, S. 101; *Mason*, Sozialpolitik, S. 289.

löhne nicht unwesentlich beeinflußte, stellte die mit der Überbeschäftigung verbundene Mehrarbeit über die Tarifarbeitszeit hinaus dar.

Die genannten Verdienste, sowohl der Stunden- als auch der Monatslohn, waren Bruttobezüge, von denen die gesetzlichen Abzüge in Form der Lohnsteuer, der Bürgersteuer, der Kranken-, Invaliden- und Arbeitslosenversicherung abgezogen wurden[41]. Diese gesetzlichen Abzüge betrugen bei einem ledigen gewerblichen Arbeitnehmer mit einem Monatsbruttolohn von rund 178 RM 17,7 %, bei einem kinderlos verheirateten Arbeitnehmer mit einem Bruttoeinkommen von etwa 180 RM 13,6 % und 10,9 % bei einem verheirateten Arbeitnehmer mit 2 Kindern, der rund 189 RM im Monat verdiente. Zu diesen gesetzlichen Abzügen waren die an die DAF abzuführenden Monatsbeiträge hinzuzuaddieren, die sich zwischen 2,80 RM und 3,40 RM bewegten, sowie die schon als Pflichtbeiträge aufzufassenden Abgaben für das Winterhilfswerk, die von 1,35 RM für ledige Arbeitnehmer der genannten Lohngruppe bis 0,30 RM für verheiratete Arbeitnehmer mit zwei Kindern reichten. Der Mitgliedsbeitrag für die NSDAP betrug unabhängig vom Familienstand 1,80 RM pro Monat. Die Beträge, die Arbeitnehmer vom Monatsbruttolohn zu entrichten hatten, bewegten sich somit zwischen 21 und 13,5 % der Bruttoeinkünfte[42].

Die Kaufkraft der Arbeitnehmer des Bochumer Vereins erreichte damit analog zur gesamtwirtschaftlichen Einkommensentwicklung zu Beginn des Jahres 1939 etwa wieder das Niveau des Jahres 1929; allerdings, wie Petzina nachweist, bei einer höheren wöchentlichen Arbeitszeit[43]. Die Lohnentwicklung beim Bochumer Verein verlief mit einer jährlichen Steigerungsrate von rund 2,8 % bei den realen Wochenlöhnen etwa parallel zur Steigerung der Löhne von Industriearbeitern.

Noch im Jahre 1937 hatte das durchschnittliche Einkommen von Familien gewerblicher Arbeitnehmer im Reich nur etwa 75 % des Einkommens der Jahre 1927/28 betragen. Wenn Liwchen eine gleichzeitige diese Einkommensreduzierung scheinbar ausgleichende Senkung der Lebenshaltungskosten von 147,6 auf 125,1 anführt, so betont er mit Nachdruck eine Verschlechterung des allgemeinen Warenangebotes und eine daraus resultierende Verschlechterung des Lebensstandards im Jahre 1937 gegenüber dem Vergleichszeitraum der Jahre 1927/28[44]. Aufgrund der Wirtschaftslenkung im Bereich der Konsumgüterindustrie und des auf eine Verringerung des Warenangebotes zurückzuführenden Konsumverzichtes nahmen die gewerblichen Arbeitnehmer die relative Stagnation in der Entwicklung des Realeinkommens nach 1933 jedoch kaum wahr.

---

41 Vgl. Gesetz über die Bürgersteuer 1934 v. 15. 9. 1933, RGBl 1933 I, S. 629 ff.

42 Alle Angaben nach ArchBV 15200 Nr. 1.

43 Vgl. *Petzina,* Mobilisierung, S. 449.

44 Vgl. *Livchen,* S. 87 ff.

Petzina stellt dieser Lohnentwicklung eine jährliche Wachstumsrate der Kapitalgesellschaften im Reich von 36,5 % in den Jahren von 1933 bis zum Ausbruch des 2. Weltkrieges gegenüber[45].

Die Gehälter der Angestellten des Bochumer Vereins entwickelten sich analog zur Bezahlung der gewerblichen Arbeitnehmer. Lag das monatliche Durchschnittseinkommen 1933/34 bei 333 RM, so fiel es infolge der Einstellung geringer qualifizierter Angestellter der unteren Tarifgruppen 1934/35 auf 325 RM. Das Durchschnittseinkommen stieg allerdings mit 336 RM pro Monat bereits 1936/37 über das Niveau des Geschäftsjahres 1933/34 und lag damit rund 12 % über dem Krisenniveau im Herbst und Winter des Jahres 1932. Das höchste monatliche Durchschnittseinkommen wurde 1938/39 mit 356 RM erreicht[46].

Während die gewerblichen Arbeitnehmer vom Geschäftsjahr 1933/34 bis zum Geschäftsjahr 1938/39 eine Steigerung des mittleren Monatseinkommens unter den beschriebenen Umständen um 17,2 % erzielen konnten, betrug der Einommenszuwachs der Angestellten lediglich 6,9 %, wobei allerdings eine traditionell höhere Entlohnung der Angestellten, eine geringere Reduzierung der Gehälter während der Weltwirtschaftskrise sowie nur unwesentlich veränderte Arbeitsbedingungen dieser Gruppe von Arbeitnehmern nach 1933 zu berücksichtigen sind.

c) Die Ausweitung der Arbeitszeit bis zum Kriegsausbruch

Bereits der Übergang von Kurzarbeit auf eine Normalbeschäftigung und der 1936 erstmals einsetzende Mangel an Arbeitskräften hatten zur Folge, daß die gewerblichen Arbeitnehmer des Bochumer Vereins über die tägliche Normalarbeitszeit von acht Stunden hinaus beschäftigt werden mußten, um die Produktionsmenge mit der Auftragslage in Einklang zu bringen. Die Unternehmensleitung machte dabei von den gesetzlichen Möglichkeiten zur Ausdehnung der Arbeitszeit in vollem Umfang Gebrauch. Allerdings standen zunächst die einschlägigen gesetzlichen Bestimmungen über den Arbeitsschutz einer willkürlichen Verlängerung der Schichtzeiten, wie sie im Interesse des Unternehmens lag, entgegen, da die im Juli 1934 erlassene Arbeitszeitordnung die tägliche Arbeitszeit für alle Industrie- und Gewerbereiche auf maximal 8 Stunden pro Tag begrenzte, falls die Beschäftigung nicht zu einem überwiegenden Teil aus Arbeitsbereitschaft bestand[47]. Hieraus ergab sich eine wöchentliche Arbeitszeit von höchstens 48 Stunden, wobei Mehrarbeit von bis zu 2 Stunden an 30 Tagen im Jahr vom Arbeitgeber angeordnet werden konnte. Kürzere Arbeitszeiten sah die Arbeitszeitordnung verbindlich für solche Beschäfti-

---

45 Vgl. Anm. 43.

46 Zahlenangaben nach ArchBV 15400 Nr. 2e sowie den gedruckten Berichten zu den einzelnen Geschäftsjahren der VSt.

47 Vgl. RABl 1934 I, S. 207 ff.

gungen vor, die, wie die durch übermäßige Hitze- und Staubentwicklung erschwerte Tätigkeit im eisen- und stahlerzeugenden Bereich von Hüttenwerken, Gefahren für Gesundheit und Leben der Arbeitnehmer beinhalteten. Besondere Schutzvorschriften und Beschäftigungsverbote für gewisse Tätigkeiten schränkten auch den innerbetrieblichen Einsatz von Frauen und Jugendlichen ein. Unverständlich erscheint in diesem Zusammenhang, daß dem Reichstreuhänder als dem Arbeitsminister nachgeordnetem Beamten im Rahmen seiner Tarifhoheit zugestanden wurde, die gesetzliche Arbeitszeitordnung entsprechend den lokalen und regionalen Bedürfnissen zu verändern. Man realisierte damit die Möglichkeit, die Bestimmungen der Arbeitszeitordnung ohne eine erneute gesetzgeberische Tätigkeit zu verändern.

Hatte die Arbeitszeitordnung des Jahres 1934 noch zahlreiche Bestimmungen aus der Zeit der Weimarer Republik übernommen, so erfolgte 1938 eine Neufassung, die gleichzeitig eine Anpassung an die aktuellen wirtschaftspolitischen Erfordernisse darstellte[48]. Der achtstündige Normalarbeitstag behielt zwar formell weiterhin Gültigkeit, die Treuhänder konnten jedoch die Arbeitszeit auf 10 Stunden pro Tag verlängern, ohne daß eine Mehrarbeitsvergütung zu zahlen war. Die Bestimmungen ermöglichten bei Arbeiten von besonderer Bedeutung für das »Gemeinwohl« sogar eine Ausdehnung der täglichen Arbeitszeit über 10 Stunden hinaus. Entsprechende Anträge waren von den Firmen an die zuständigen Gewerbeaufsichtsämter zu richten. Selbst für Frauen wurde die Maximalarbeitszeit auf 10 Stunden festgesetzt; allerdings bei einem Beschäftigungsverbot während der Nachtzeit und in der Zeit nach 17 Uhr vor Sonn- und Feiertagen. Unverändert blieben auch 1938 die Beschäftigungsverbote für Arbeitnehmer unter 18 Jahren sowie für weibliche Arbeitnehmer in Walz- und Hammerwerken bestehen, jedoch erfolgte nicht, wie zuletzt 1935, eine dreijährige Verlängerung dieser aus dem Jahre 1930 stammenden Verordnung, sie wurde lediglich um 9 Monate bis zum Jahresende 1938 befristet[49].

Die Auswirkungen der Arbeitszeitverordnungen, die nach 1933 erlassen wurden, sind bereits im März des Jahres 1936 in der VSt-Arbeitszeitstatistik erkennbar. Zu diesem Zeitpunkt wurden zwar 53,7 % der Belegschaft im Rahmen der von der Arbeitszeitordnung vorgesehenen wöchentlichen Arbeitszeit von 48 Stunden beschäftigt, jedoch betrug die Tarifarbeitszeit von 6,1 % der VSt-Gesamtbelegschaft bereits 52 Stunden pro Woche, während immerhin 39,8 % der gewerblichen Arbeitnehmer der VSt 54 Stunden pro Woche zu arbeiten hatten. Die Arbeitszeit der restlichen

---

48 Arbeitszeitordnung v. 30. 4. 1938; RGBl 1938 I, S. 447 ff.

49 VO über den Schutz der jugendlichen Arbeiter und der Arbeiterinnen im Steinkohlenbergbau und in Walz- und Hammerwerken v. 16. 3. 1938, RGBl 1938 I, S. 339.

0,4 % der Belegschaft in Höhe von 60 Stunden bestand überwiegend aus Arbeitsbereitschaft[50].

d) Löhne und Arbeitszeit der deutschen Belegschaftsmitglieder während des Krieges

Die Errechnung des realen Stunden- und Monatsverdienstes der gewerblichen Arbeitnehmer des Bochumer Vereins gestaltete sich bereits vor 1939 als äußerst schwierig, wenn nicht gar unmöglich, da dauernde Fluktuationen die Binnenstruktur der Belegschaft veränderten. Dieser Vorbehalt gilt für die Zeit nach 1939 um so mehr, da kriegsbedingt die Fluktuation innerhalb der Belegschaft anstieg, Qualifikationskriterien sehr unterschiedlich waren und schließlich die Spannweite zwischen der niedrigsten Lohngruppe und dem höchsten Lohn größer wurde[51]. Unter diesen Gesichtspunkten erscheint die Methode, den Durchschnittsverdienst als Quotienten aus der Bruttolohnsumme und den Komponenten Belegschaftszahl und Gesamtzahl der Arbeitsstunden zu berechnen, als fragwürdig und vom Ansatz her nur geeignet, um eine Erhöhung des durchschnittlichen Reallohnes nachzuweisen. Eine differenzierte Analyse der Lohnentwicklung ist unter diesen Voraussetzungen allerdings kaum nachvollziehbar[52]. Die zeitgenössische Forschung geht nach wie vor von der These einer relativen Stabilität des Lohnniveaus industrieller Arbeitnehmer nach 1933 aus, so daß Arbeiter gezwungen waren, länger zu arbeiten oder mehr zu produzieren, um über eine Erhöhung des Wochenlohnes oder des Akkordlohnes eine Verbesserung des Einkommens und damit des Lebensstandards realisieren zu können[53].

Diese These stellt eine generelle Trendaussage dar, sie bedarf daher, um für den Bereich der Rüstungsindustrie aussagefähig zu werden, eine branchen- und firmenspezifische Verifizierung. Im Rahmen einer branchenspezifischen Analyse wird erkennbar, daß die Löhne in der Eisen- und Stahlindustrie im Durchschnitt von 0,882 RM/h im Jahre 1936 auf 1,036 RM/h im Jahre 1944 anstiegen[54]. Diese Zunahme von 17,5 % beruhte nicht allein auf einer Erhöhung der Produktionsleistungen und dem damit verbundenen Anstieg der Akkordlöhne oder einer Ausweitung der Arbeitszeit, sie ist vielmehr auf eine branchenspezifische Erhöhung des Lohnniveaus zurückzuführen. Eine derartige Entwicklung muß sich auch beim Bochumer Verein vollzogen haben, falls man voraussetzt, daß es sich

50 Angaben nach ArchTHAG, VSt-SW 30095.

51 Diese Veränderung wurde bedingt durch die Einstellung von Frauen, ausländischen Arbeitnehmern und Kriegsgefangenen.

52 So geschehen in den Ausarbeitungen der Personalabteilung für Arbeiter des BV, in der die Zeit von 1933 bis 1965 dargestellt wird, ArchBV 14206 Nr. 3a.

53 Vgl. *Bry*, S. 235–236. (Dieser Satz wurde sinngemäß übernommen.)

54 Ebd., S. 250.

bei diesem Unternehmen um eine für die deutsche Montan- und Rüstungsindustrie typische Firma gehandelt hat.
In dem von Bry zugrunde gelegten Zeitintervall stieg der mittlere Stundenlohn beim Bochumer Verein von 0,819 RM/h, dieses Lohnniveau lag signifikant unter dem Mittelwert für die Gesamtbranche, auf 1,012 Rm/h[55]. Der damit erreichte Zuwachs liegt mit 23,6 % für den Gesamtzeitraum und 17 % für die Kriegsjahre eindeutig über den von Bry für die Gesamtbranche errechneten Steigerungsraten. Sie zeigen, daß der Bochumer Verein gezwungen war, die werksinternen Lohnsätze der branchenüblichen Bezahlung anzupassen. Dieser Lohnentwicklung, berechnet auf der Basis der Gesamtbelegschaft, standen Stundenlöhne der weiblichen Beschäftigten gegenüber, die zwar die in den Tarifordnungen vorgeschriebenen Mindestsätze überschritten, die aber in ihrer Höhe während der gesamten Kriegszeit faktisch unverändert blieben. Der Durchschnittslohn stieg von 0,585 RM je Stunde im letzten Quartal des Jahres 1938 auf 0,589 RM während des Jahres 1944 bei einer Variatiosbreite von ± 0,01 RM. Lediglich für einzelne Betriebe und Werkstätten betrug der durchschnittliche Stundenlohn der weiblichen Belegschaft zeitweise rund 0,66 RM/h. Diese Lohnsteigerungen waren offensichtlich auf eine stärkere Beanspruchung der dort beschäftigten Frauen sowie auf höhere Produktionsleistungen zurückzuführen.
Unter Berücksichtigung der Tatsache, daß der Stundenverdienst der weiblichen Belegschaftsmitglieder während des Krieges um maximal 2,6 % anstieg, im Vergleich der Jahre 1939 und 1944 jedoch lediglich ein Lohnzuwachs von 0,7 % zu beobachten ist, muß zwangsläufig die Entlohnung der männlichen Arbeitskräfte überproportional stark angestiegen sein. Eine große Spannweite zwischen der niedrigsten Lohnstufe, in die unter anderem Platzarbeiter und Erzfahrer eingruppiert wurden, und der höchsten Lohnstufe, nach der hochqualifizierte Facharbeiter in den Freiformschmieden des Bochumer Vereins bezahlt wurden, war charakteristisch für die überaus heterogene Zusammensetzung der Belegschaft und die verschiedensten Qualifikationsstufen. Die Stundenlöhne variierten zwischen 0,60 RM und 1,32 RM. Damit ist das Spektrum in der Bezahlung der verschiedenen in dem Unternehmen beschäftigten Arbeitnehmer mit über 100 % anzusetzen, woraus sich die bereits erwähnte Problematik bei der Berechnung eines durchschnittlichen Stundenlohnes ergibt.
Eine relativ große Spannweite bestand auch zwischen den Löhnen der in der mechanischen Bearbeitung beschäftigten Facharbeiter, die unter Akkordbedingungen als Dreher, Fräser oder Schleifer im Jahre 1941 zwischen 1,04 RM/h und 1,09 RM/h verdienten, und den im Zeitlohn in der

55 Statistische Angaben nach ArchBV 14206 Nr. 3a und 15000 Nr. 2.

Reparaturabteilung beschäftigten Schlossern mit abgeschlossener Berufsausbildung und einem Stundenlohn von 0,82 RM[56].
Die Dauer der täglichen, wöchentlichen oder monatlichen Arbeitszeit war von substantieller Bedeutung für das Einkommen der Arbeiter, da sie nicht allein den Multiplikator zur Errechnung des Bruttolohnes bildete, sondern von ihr die zusätzliche Gewährung für Mehrarbeits- oder Sonn- und Feiertagszulagen abhing. Diese auf der Basis eines arithmetischen Mittels berechnete Arbeitszeit, Ausfallzeiten infolge von Fliegeralarmen und sonstige Fehlzeiten eingeschlossen, erreichte während des Krieges folgende Werte. Die Arbeitszeit einzelner Arbeitergruppen wie Schichtarbeiter oder Fremdarbeiter konnte allerdings beträchtlich von diesem Mittel abweichen, da sie den Erfordernissen des Krieges angepaßt wurde und je nach der Produktionssituation in den Einzelbetrieben und der Schwere der Arbeit zwischen 8 und 12 Stunden betrug[57]:

Zeitraum	Gesamtarbeitsstd. im Quartal	Belegschaft (gewerbl.)	durchschnittl. Arbeitsstd./Monat
4. Quartal 1939	13740574	19910	230
2. Quartal 1940	14696773	22098	222
4. Quartal 1940	15647095	21659	241
2. Quartal 1941	15301624	21873	233
4. Quartal 1941	15651572	21296	245
2. Quartal 1942	14118294	18920	249
4. Quartal 1942	15381536	21439	239
2. Quartal 1943	15583864	22761	228
4. Quartal 1943	14091235	21393	220
2. Quartal 1944	14236585	20550	231
4. Quartal 1944	13953114	21035	221
Februar 1945	3844171	19287	199

Bei der Entlohnung gewerblicher Arbeitnehmer blieben die Ausfallzeiten durch Fliegeralarm und durch Zerstörungen der Werksanlagen unberücksichtigt, da in diesen Fällen das Unternehmen eine Lohnfortzahlung durchführte und die Summe durch das zuständige Arbeitsamt erstattet bekam[58]. Da offensichtlich Belegschaftsmitglieder des Bochumer Vereins Behinderungen durch Luftangriffe, die Zerstörung der Wohnung und Hilfe bei Bergungs- und Aufräumungsarbeiten nach den Angriffen häufig als Grund für ihr Nichterscheinen angaben, verlangte die Unternehmens-

56 Angaben nach Fachlohnstatistik für die Konzernbetriebe der VSt, ArchTHAG, VSt-SW 30171. Die Bruttowerte beinhalten ggf. Zulagen für die Arbeit in Warmbetrieben oder für gefährliche Arbeiten.
57 Zahlenangaben nach USSBS-Report No. 76 BV.
58 Vgl. Erl. d. RAM, betr. Lohnausfall bei Fliegeralarm v. 19. 3. 1940, RABl 1940 I, S. 339 sowie S. 424 f.

leitung eine strenge Kontrolle solcher Fälle, um sogenannte Bummelanten identifizieren zu können[59].

Die gewerblichen Arbeitnehmer wie auch die Angestellten des Bochumer Vereins hatten darüber hinaus während des Krieges zahlreiche Sonderschichten zusätzlich zur Normalarbeitszeit abzuleisten, um dringend benötigte Rüstungsgüter herzustellen. Die Bezahlung für diese offensichtlich auf eine Initiative Speers zurückgehenden Schichten wurde an karitative Einrichtungen wie das Kriegswinterhilfswerk oder die NSV abgeführt[60].

Die Arbeitszeit der Angestellten des Bochumer Vereins betrug in den ersten drei Kriegsjahren durchschnittlich 48 Stunden pro Woche und wurde im Zusammenhang mit der Mobilisierungsaktion in der Wirtschaft mit Wirkung vom 15. Februar 1943 auf 54 Stunden bei einem gleichzeitigen Gehaltszuschlag von 15% erhöht. Eine weitere Erhöhung der wöchentlichen Arbeitszeit auf 60 Stunden mit der Verpflichtung zur Arbeit an jedem 2. Sonntag in der Zeit zwischen 7.30 und 12.00 Uhr verfügte die Unternehmensleitung zum 1. September 1944[61]. Diese Regelung wurde erst gegen Ende des Krieges durch eine Reduzierung der wöchentlichen Arbeitszeit auf 51 Stunden aufgehoben, die jedoch entsprechend der aktuellen Produktionssituation in den Werkstätten von den zuständigen Betriebsleitern individuell erhöht werden konnte[62].

Die Angestellten erreichten mit diesen Arbeitszeiten bei Kriegsausbruch ein monatliches Bruttoeinkommen von 356 RM, das infolge einer veränderten strukturellen Zusammensetzung dieser Gruppe 1940/41 auf 327 RM sank, jedoch im Zuge der Ausweitung der Arbeitszeit während des Geschäftsjahres 1942/43 den Vorkriegsstand überschritt und im Durchschnitt 361 RM betrug[63]. Die Bezahlung der gewerblichen Arbeitnehmer unterschied sich hiervon signifikant, und das Arbeitsentgelt diente nach wie vor als sozialklassifizierendes Kriterium zur Aufrechterhaltung der Klassentrennung zwischen Arbeitern und Angestellten. Der Monatslohn gewerblicher Arbeitnehmer betrug bei Kriegsbeginn rund 190 RM und stieg bis 1942/43, basierend auf Erhöhungen des Lohnniveaus, der Arbeitsleistung und der Arbeitszeit auf 221 RM. Er erhöhte sich bis Kriegsende nur unwesentlich und dürfte 230 RM nicht überschritten haben[64].

---

59 Vgl. Rundschreiben 105/43 des BV v. 26. 8. 1943, ArchBV 14206 Nr. 3a.

60 Erwähnt sei lediglich die sog. Panzerschicht des Jahres 1943, die auf eine Initiative Speers zurückging. Vgl. Rundschreiben 23/43 des BV v. 19. 2. 1943, ebd.

61 Vgl. Rundschreiben 137/44 des BV, ebd.

62 Vgl. Rundschreiben 31/45 des BV v. 23. 3. 1945, ebd.

63 Ausschl. der Prokuristen und Direktoren.

64 Zahlen nach Geschäftsbericht des BV für die Geschäftsjahre 1938/39 ff., ArchBV 12600 Nr. 6.

Das Lohn- und Gehaltsniveau des Bochumer Vereins lag eindeutig unterhalb der bei vergleichbaren Hüttenwerken, der Thyssenhütte und dem Dortmund-Hoerder-Hüttenverein, gezahlten Entgelte. Bei den Angestelltengehältern betrug die Differenz zur Thyssenhütte während der Kriegsjahre durchschnittlich 7,9 %, die zum Dortmunder Hüttenwerk der VSt 5,1 %. Die Differenz war bei den Löhnen der gewerblichen Arbeitnehmer mit 16,2 bzw. 10 % noch weitaus signifikanter.
Eine unter volkswirtschaftlichen Aspekten ungünstige Entwicklung mußte während des Krieges aus den einerseits steigenden Löhnen und Gehältern sowie aus dem andererseits zurückgehenden Warenangebot und der Verminderung der Warengruppe resultieren, die nicht der Bewirtschaftung unterlagen und damit ohne Bezugschein käuflich waren. Dieser gegensätzlich verlaufende Prozeß mußte in weiten Bevölkerungskreisen zu einem Kaufkraftanstieg führen, da sowohl Arbeiter mit hohen Stundenlöhnen wie auch ein Großteil der Angestellten aufgrund der Warenbewirtschaftung und eines bis zum Kriegsausbruch unveränderten Steuersystems kaum noch in der Lage waren, die ihnen zur Verfügung stehenden Löhne und Gehälter für Zwecke der Lebenshaltung auszugeben. Die bisherigen Abgabensätze an Steuern, Sozialversicherung und NS-Gliederungen, die je nach Familienstand und Kinderzahl während der Kriegszeit auf 15 bis 24 % des Bruttoeinkommens anstiegen, waren relativ gering, so daß sie unter den veränderten Bedingungen des Krieges bei höheren Gehältern, weniger bei den Löhnen gewerblicher Arbeitnehmer, zu einem Mißverhältnis zwischen dem Warenangebot und einer durch Kaufkraftüberhang betimmten Nachfrage führen mußten[65]. Schwarzmärkte waren die Folge dieses Kaufkraftüberhanges.
Der Staat realisierte eine Kaufkraftabschöpfung in Bevölkerungskreisen mit höherem Einkommen mit der Einführung eines sogenannten Kriegszuschlages zur Einkommensteuer, der, progressiv ausgelegt, maximal 15 % des Bruttoeinkommens betragen und zusammen mit der Einkommensteuer 65 % dieser Summe nicht überschreiten durfte. Da dieser Kriegszuschlag zur Einkommensteuer im wesentlichen Löhne und Gehälter mit einer Höhe von über 250 RM im Monat durch einen Abgabensatz kürzte, der 50 % der Lohn- bzw. Einkommensteuer ausmachte, blieb ein Großteil der Lohn- und Gehaltsempfänger von dieser Maßnahme unberührt, wie zeitgenössische Publikationen glauben machen[66]. Bei einem Akkordlohn von 1,10 RM/h und mehr für qualifizierte Facharbeiter und einer monatlichen Arbeitzeit von in der Regel mehr als 230 Stunden dürften zahlreiche Arbeitnehmer des Bochumer Vereins kriegszuschlagpflich-

65 Errechnet nach Lohn- und Abzugstabellen in ArchTHAG, VSt-SW 300112.
66 Vgl. Erhebungstabellen für den Kriegszuschlag zur Lohn- und Einkommensteuer bei *Oermann*, S. 128 f.

tig gewesen sein und auf diesem Wege eine Verringerung ihres Reallohnes erfahren haben.
Da direkte und indirekte Steuern zur Kaufkraftabschöpfung in ihrer Höhe nach den Vorstellungen der NS-Wirtschaftsexperten nicht ausreichten, wurde im November 1941 die Möglichkeit des sogenannten »Eisernen Sparens« eingeführt. Sie erlaubte sämtlichen Arbeitnehmern, einen Festbetrag ihres Lohnes sowie Sonderzuwendungen des Arbeitgebers in Form eines Ratensparvertrages auf ein Sperrkonto einzuzahlen[67]. Diese Eisernen Sparkonten boten neben einer normalen Verzinsung – 3,25 % für diese bei der Stadtsparkasse Bochum eingerichteten Konten – zahlreiche Steuervorteile, jedoch blieben die eingezahlten Beträge für die Dauer des Krieges gesperrt, und die Arbeitnehmer konnten lediglich über die Zinsen verfügen.
Der Bochumer Verein nahm in seiner Tradition als pro-nationalsozialistisches Unternehmen unmittelbar nach Veröffentlichung der Durchführungsverordnung Verhandlungen mit der Städtischen Sparkasse Bochum auf, die an die Stelle der Werksparkasse getreten war, und konnte eine Woche später, am 18. November 1941, seinen Arbeitnehmern bereits die Möglichkeit des Eisernen Sparens offerieren[68]. Der Text dieser Ankündigung ging eindeutig über den Charakter eines bloßen Angebotes und einer Information hinaus, indem die Unternehmensleitung grundsätzlich jedes Belegschaftsmitglied aufforderte, sich an dieser Sparaktion zu beteiligen, um »im eigenen Interesse« nach Wiederherstellung des Friedens über eine Geldreserve für notwendige Anschaffungen zu verfügen. Zusätzlich wurde in einem Handzettel von der Städtischen Sparkasse auf die Tatsache hingewiesen, daß die im Rahmen des Eisernen Sparens abgeführten Beträge frei von Steuern und Sozialabgaben waren und somit auch bei der Veranschlagung zum Kriegslohnsteuerzuschlag unberücksichtigt blieben[69]. Nachdem das Eiserne Sparen unmittelbar nach seiner Einführung beim Bochumer Verein propagiert und eingeführt worden war, überprüfte der SD Mitte Dezember 1941 den Erfolg dieser Sparaktion und forderte vom Bochumer Verein eine Aufstellung der Zahl der an dieser Aktion teilnehmenden Belegschaftsmitglieder an[70].
Es zeigt sich in diesem Zusammenhang erneut, daß der Bochumer Verein sämtliche Maßnahmen, die von seiten des Staates und der Partei initiiert wurden und die materielle Lage der Arbeitnehmer letztlich negativ beeinflußten, bereitwillig propagierte und übernahm. Ungeklärt muß in diesem

67 Vgl. Durchführungs-VO über das Eiserne Sparen v. 10. 11. 1941, RGBl 1941 I, S. 705–709.
68 Vgl. Rundschreiben 771/41 des BV v. 18. 11. 1941, ArchBV 14206 Nr. 3a.
69 Vgl. Handzettel der Städtischen Sparkasse Bochum: »Spare Eisern!«, ebd.
70 Vgl. Aktennotiz des Werkstättenhauptbüros v. 15. 12. 1941, ebd.

Zusammenhang bleiben, ob allein eine pro-nationalsozialistische Einstellung der Unternehmensleitung hierfür verantwortlich war oder ob nicht vielmehr wirtschaftspolitische Faktoren dieses Verhalten zwingend vorschrieben.

e) Löhne ausländischer Arbeitnehmer und der sowjetischen Kriegsgefangenen und die Leistungen des Unternehmens

Nachdem der Arbeitskräftemangel in der Rüstungswirtschaft durch Dienstverpflichtungen nicht mehr gedeckt werden konnte und sowohl Zivilarbeiter wie auch Kriegsgefangene beim Bochumer Verein beschäftigt werden mußten, waren die ersten Versuche mit der Beschäftigung von Arbeitnehmern aus Osteuropa wenig erfolgversprechend. Die Werksleitung beobachtete nicht nur eine ausgesprochen unterschiedliche Leistungsfähigkeit innerhalb dieser Personengruppe, sie bemängelte gleichzeitig zu hohe betriebswirtschaftliche Kosten, die aus dem Einsatz dieser Arbeitskräfte erwuchsen[71]. Zivilarbeitern stand grundsätzlich das gleiche Lohnniveau wie den deutschen Arbeitnehmern zu, von dem jedoch hohe Beträge für die Unterbringung sowie Sondersteuern abgezogen wurden. Kriegsgefangene erhielten für den persönlichen Verbrauch nur rund 1,– RM pro Tag; der Differenzbetrag zum Stunden- oder Akkordlohn, der inländischen Arbeitnehmern für diese Tätigkeit gezahlt wurde, mußte von der Werksleitung an die Wehrmacht abgeführt werden[72].
Die ablehnende Haltung der Rüstungswirtschaft gegenüber der Beschäftigung von Zivilarbeitern und Kriegsgefangenen aus Westeuropa sollte offensichtlich eine Reduzierung der ihnen zu zahlenden Arbeitsentgelte bewirken. Da im Gegensatz zu dem Urteil der Unternehmensleitungen ihre Leistungsfähigkeit und innerbetriebliche Einsatzmöglichkeit gelobt und als mit denen deutscher Arbeitnehmer vergleichbar charakterisiert wurden, offenbaren die Bestrebungen des Bochumer Vereins, Lohnsenkungen durchzuführen, das Vorhandensein privatkapitalistischer Interessen. Als unrealisierbar erwiesen sich jedoch Bestrebungen der Rüstungsindustrie, Arbeitnehmer aus Westeuropa zu einem ihrem Ausbildungs- und Leistungsstand in keiner Weise entsprechendem Lohnniveau zu beschäftigen. Da die notwendige Vergrößerung der sogenannten labor force von seiten des Staates und der Partei bekanntlich durch den Einsatz von sowjetischen Kriegsgefangenen und zwangsrekrutierten Zivilisten durchgeführt wurde und der Status dieser Personen im Rahmen ihrer Beschäftigung in der deutschen Rüstungswirtschaft durch eine Sondergesetzgebung charakterisiert war, kann ihre arbeitsrechtliche Stellung lediglich als menschenun-

71 Vgl. u. a. *Pfahlmann,* S. 33.
72 Vgl. *Homze,* S. 45 f.

würdig bezeichnet werden[73]. Die Unterschiede zwischen den von der Wehrmacht unterhaltenen Kriegsgefangenenlagern und den Lagern des Bochumer Vereins für die Unterbringung von Ostarbeitern sowie dem Außenlager des KZ-Buchenwald bei diesem Unternehmen dürften minimal gewesen sein. Die unternehmensinterne Verantwortung für die Unterbringung der Ostarbeiter muß allerdings in diesem Zusammenhang nachdrücklich betont werden.
Der Arbeitseinsatz und die Unterbringung von Arbeitskräften aus Osteuropa in Lagern war allerdings von Unternehmen zu Unternehmen verschieden. Die aktuelle Situation dieser Menschen wurde unter anderem durch die Haltung der deutschen Belegschaftsmitglieder sowie in hohem Maße durch die Bereitwilligkeit der Werksleitungen bestimmt, diese Gruppe von Arbeitnehmern über den gesetzlich vorgeschriebenen Rahmen hinaus zu versorgen und ihnen die Behandlung und Anerkennung zuzuerkennen, die ihnen im Rahmen der deutschen Kriegsproduktion zukam. Der Bochumer Verein als NS-Musterbetrieb dürfte, wie Beispiele aus dem Arbeits- und Sozialrecht zeigen, diese Personengruppe gemäß den bestehenden gesetzlichen Bestimmungen behandelt haben.

2. *Die Ausbildung von Lehrlingen und anderen Belegschaftsangehörigen*

Eine mit der traditionellen Handwerkslehre vergleichbare Berufsausbildung gab es für Industriearbeiter bis zu den 20er Jahren kaum. Industriebetriebe bildeten zwar Lehrlinge nach den Ausbildungsvorschriften des Handwerks aus und ließen sie anschließend von der zuständigen Handwerkskammer prüfen, eine spezielle, auf die Belange der Industrie abgestimmte und über den Bereich des Einzelbetriebes hinaus gültige Ausbildungs- und Prüfungsordnung existierte vor dem 1. Weltkrieg noch nicht, obwohl bereits Bemühungen erkennbar waren, eine bessere Ausbildung und Schulung auch für Industriearbeiter zu erreichen[74].
Erst nach 1925 gelang es dem Deutschen Ausschuß für technisches Schulwesen, die Berufsbilder von Industrielehrberufen festzulegen sowie Ausbildungsrichtlinien und technische Lehrpläne aufzustellen. Diese Bemühungen erlaubten von 1930/31 an zusammen mit einheitlichen von den Industrie- und Handelskammern eingeführten Lehrverträgen eine unternehmensunabhängige Ausbildung von Industriefacharbeitern. Bereits 1935 konnten nach vierjähriger Lehrzeit die ersten in der Industrie ausgebildeten Lehrlinge ihre Facharbeiterprüfung bei der zuständigen Industrie- und

---

73 Vgl. *Streit*, S. 213.

74 So wurde 1908 aufgrund einer Initiative des VDI und des VDMA der Deutsche Ausschuß für technisches Schulwesen gegründet.

Handelskammer ablegen, und ihre Zahl stieg von 1935 bis 1939 von 2801 auf 110800[75]. Diese Entwicklung zeigt die wachsende Bedeutung der Fachausbildung auch im industriellen Bereich, in dem bislang der Arbeitskräftebedarf weitgehend durch für spezielle Tätigkeiten angelernte Kräfte gedeckt wurde.

Die Dinta-Bewegung, die von seiten der VSt eine weitgehende Unterstützung erhielt, gewann daneben rasch an Bedeutung. Sie propagierte ihrem eigenen Selbstverständnis zufolge eine bessere »Menschenführung im Betrieb«, zu der auch eine Verbesserung der beruflichen Ausbildung der Industriearbeiter gehörte, mußte sich allerdings von Kritikern den Vorwurf gefallen lassen, lediglich eine »Rationalisierung der menschlichen Arbeitskraft« zu beabsichtigen[75a].

Zahlreiche Großbetriebe gründeten schon in der Mitte der 20er Jahre eine Lehrwerkstatt, in der nach unternehmensintern erstellten Ausbildungsplänen Schulabgänger oder Arbeiter, die in das Unternehmen eintraten, eine mehrjährige Berufslehre ohne allgemein anerkannte Abschlußqualifikation absolvieren konnten oder einen kürzeren Anlern- und Einführungskurs durchmachen mußten. Die theoretische Unterrrichtung der Lehrlinge und Anlernlinge wurde in einer für diesen Zweck eingerichteten Werksberufschule durchgeführt.

Die Geschäftsleitung des Bochumer Vereins richtete im Rahmen dieser Bemühungen bereits 1922/23 eine Lehrwerkstatt ein, in der vor allem Fachkräfte für den Instandsetzungs- und Weiterverarbeitungsbereich ausgebildet wurden. Im eigentlichen Hüttenbereich konnten auch weniger qualifizierte Arbeitskräfte zum Teil ohne Anlernzeit eingesetzt werden, da an sie primär körperliche und erst sekundär qualifizierte Anforderungen gestellt wurden. Nach den Vorstellungen der Initiatoren sollte durch die Facharbeiterausbildung jede zu weit gehende Spezialisierung vermieden und ein universell einsetzbarer Arbeiter mit fundiertem theoretischen und übergreifenden Wissen herangebildet werden[76].

Bereits 1925 wurden 80 Lehrlinge nach einer Eignungsprüfung aus einer sehr viel größeren Zahl von Bewerbern ausgewählt und für eine vierjährige Ausbildungszeit eingestellt, während der sie ausschließlich in einer Lehrwerkstatt unter der Aufsicht eines Industriemeisters arbeiteten und zu Schlossern, Drehern oder Fräsern herangebildet wurden. Von 1927 an wurde die Lehre beim Bochumer Verein durch einen für alle Auszubildenden des 1. und 4. Jahres obligatorischen Werkunterricht von zwei Wochenstunden intensiviert, der neben dem von der Handwerkskammer veranstalteten Berufschulunterricht besucht werden mußte. Der Ausbil-

---

75 *Hoffmann*, S. 47.
75a Vgl. *Geck*, S. 34.
76 Vgl. *Schwenger*, Sozialpolitik in der Großeisenindustrie, S. 56 ff.

dungsgang für die Berufe Schlosser, Dreher, Elektriker und Former begann mit einer einjährigen Grundausbildung in der Lehrwerkstatt, wurde mit praktischen Tätigkeiten von jeweils 4–6 Monaten Dauer in den verschiedenen Werkstätten und Abteilungen des Bochumer Vereins während des 2. und 3. Lehrjahres fortgesetzt und endete mit einem weiteren Jahr der Ausbildung in der Lehrwerkstatt[77].

Eine offensichtlich durch die wirtschaftlichen Ereignisse am Ende der Weimarer Republik und durch eine große Zahl von Bewerbern bedingte Umstellung der Lehrlingsausbildung setzte im Frühjahr 1930 ein. Alle Lehrlinge mit Ausnahme derjenigen, die eine Ausbildung als Former anstrebten, wurden von diesem Einstellungstermin an zunächst drei Monate lang als Schlosser und Dreher in der Lehrwerkstatt beschäftigt, und die Ausbildungsleiter entschieden nach den während dieser Probezeit erkennbaren Leistungen und Fähigkeiten über die Art der weiteren Berufsausbildung, ohne daß den Lehrlingen die Möglichkeit eingeräumt wurde, sich ihren persönlichen Wünschen entsprechend für einen der möglichen Ausbildungsberufe zu entscheiden.

Die Zahl der Schulabgänger, die sich nach 1933 für eine Facharbeiterausbildung beim Bochumer Verein bewarben, stieg rapide an, da unter anderem von öffentlicher Seite eine qualifizierte Berufsausbildung für alle Berufsanfänger gefordert wurde[78]. Eine sich unmittelbar an den Schulbesuch anschließende Beschäftigung als angelernte Hilfskräfte sollte diesen Vorstellungen zufolge vermieden werden. Allerdings zwang die steigende Zahl der Bewerber für eine Lehrstelle den Bochumer Verein, eine Auswahl für die nur in beschränktem Umfang zur Verfügung stehenden Ausbildungsplätze vorzunehmen.

Im Zuge der Entwicklung psychologischer Testverfahren und Berufseignungsprüfungen in den 20er Jahren hatte man im Gesamtbereich der VSt Untersuchungsverfahren eingeführt, mit deren Hilfe sowohl die Auswahl der einzustellenden Lehrlinge aus der Zahl der Bewerber getroffen als auch die Eignung der einzelnen Bewerber für die verschiedenen Ausbildungsberufe überprüft wurde[79]. Für die zu Ostern 1936 einzustellenden 160 Schulabgänger fanden bereits Ende 1935 Vorauswahlen in Zusammenarbeit mit dem Arbeitsamt statt, bei denen sich 600 der insgesamt 1 500 Bewerber als ungeeignet erwiesen. Das Arbeitsamt befürwortete bei diesen Schulabgängen eine Einstellung als Lehrling nicht[80]. Von den restlichen

77 Vgl. ArchBV 25000 Nr. 7.

78 Vgl. u. a. *Hoffmann*, S. 44 ff.; *Ley*, Soldaten, S. 190; *Studders*, S. 48.

79 Vgl. »Die Eignungsprüfung unserer Lehrlinge und ihre Einstellung«, in: Hüttenzeitung 1936, H. 11, S. 1 ff.

80 Es wurden 95 Lehrlinge und 65 Laufjungen angenommen, die, je nach Qualifikation, nach einjähriger Tätigkeit beim BV in ein Lehr- und Anlernverhältnis übernommen wurden (1936).

900 Jugendlichen wurden 450 Bewerber nach einem persönlichen Vorstellungsgespräch ebenfalls abgewiesen, da sie nur durchschnittliche Schulleistungen nachweisen konnten, andere Kriterien dem Bochumer Verein eine Einstellung als Lehrling nicht opportun erscheinen ließen oder sie die formale Einstellungsbedingung der Zugehörigkeit zur HJ nicht erfüllten. Die restlichen 450 Bewerber nahmen an einer psychotechnischen Prüfung und einem Test der körperlichen Leistungsfähigkeit teil, wodurch eine Differenzierung nach Berufseignung und Leistungsfähigkeit ermöglicht wurde, die letztlich als Einstellungskriterium diente. Aufgrund der Ergebnisse dieser Berufseignungsprüfung wurden anschließend die Lehrlinge für die einzelnen Ausbildungsberufe eingestellt, wobei persönliche Berufswünsche in keiner Form berücksichtigt wurden und Bewerber, deren definitiver Berufswunsch nicht mit den sogenannten »psychotechnischen Untersuchungsergebnissen« übereinstimmte, nicht in ein Ausbildungsverhältnis gelangten. Da im Rahmen der Eignungstests keine Differenzierung zwischen den Berufsfeldern Dreher und Schlosser möglich war, wurden die für diesen Ausbildungsgang vorgesehenen Lehrlinge jeweils drei Monate lang als Schlosser und Dreher beschäftigt und ausgebildet, und erst nach sechs Monaten wurde die Entscheidung, welchen weiteren Ausbildungsgang der Lehrling einzuschlagen hatte, von seiten der Ausbildungsleiter getroffen. Nach Abschluß des ersten Lehrjahres wurden die leistungsstärksten Schlosserlehrlinge ausgewählt und zu Elektrikern ausgebildet[81]. Der Bochumer Verein antizipierte mit dieser Art der Lehrstellenvergabe und der formalen Ausbildungsbedingungen bereits 1933 Praktiken, die in ihrem Charakter späteren nationalsozialistischen Anordnungen zur Regelung des Arbeitsmarktes ähnelten. Er nutzte zur Verfolgung unternehmensimmanenter Ziele seine wirtschaftliche Machtstellung aus, die es ihm erlaubte, aus einer Vielzahl von Bewerbern lediglich die leistungsstärksten Schulabgänger einzustellen. Das Unternehmen bestimmte, falls eine Einstellung als Auszubildender überhaupt erwogen wurde, den Ausbildungsberuf, die Bewerber mußten sich diesem Diktat beugen, falls sie eine qualifizierte Berufsausbildung anstrebten[82].
Die der Einstellung folgende vierjährige Berufsausbildung für alle Lehrberufe gliederte sich beim Bochumer Verein in eine wöchentliche Arbeitszeit von 5 Tagen, während an einem Wochentag die örtliche Gewerbeschule zu besuchen war. Die Auszubildenden des 1. Lehrjahres mußten daneben an einem umfangreichen Ergänzungsunterricht teilnehmen, die Lehrlinge

81 Vgl. ArchBV 25000 Nr. 7.

82 Die Zahl der Lehrstellen, besonders in einigen Modeberufen (vgl. *Rocholl*, S. 86) war weitaus geringer als die Zahl der Bewerber. Daneben genoß die Berufsausbildung beim Bochumer Verein einen traditionell guten Ruf. Durch das beschriebene Lehrlingsannahmeverfahren wurde eine frühe Form der Arbeitskräftelenkung auf die unternehmensinternen Mangelberufe hin realisiert.

des 4. Lehrjahres wurden in Intensivkursen auf die bei der örtlichen IHK abzulegende Facharbeiterprüfung vorbereitet. Für alle Lehrlinge bestand daneben die Verpflichtung, an zwei wöchentlichen Sportstunden teilzunehmen, für die eine Turnhalle und zwei Sportplätze zur Verfügung standen[83].

Weitere Sozialleistungen für die Lehrlinge bestanden in einem Erholungsurlaub von 8 Tagen im Lehrlingsheim des Bochumer Vereins am Dülmener See für sämtliche Auszubildende des 1. Lehrjahres. Dieser Aufenthalt wurde auf den tariflich vereinbarten Urlaub nicht angerechnet. Zum Zweck einer intensiven Unterrichtung und Fortbildung der Lehrlinge verfügte das Unternehmen zusätzlich über eine Lehrlingsbücherei mit einem Bestand von über 1200 Bänden, die allen Auszubildenden kostenlos zur Verfügung stand[84].

Infolge der über das in der Montanindustrie übliche Maß hinausgehenden Selektion bei der Einstellung von Lehrlingen innerhalb der VSt und des Bochumer Vereins und einer über dem allgemeinen Standard liegenden Facharbeiterausbildung konnte der Bochumer Verein bei den jährlichen Abschlußprüfungen Ergebnisse erreichen, die sowohl bei dem theoretischen als auch bei dem berufspraktischen Prüfungsteil weit über den durchschnittlichen Ergebnissen im Bezirk der IHK-Bochum lagen. Bei der Facharbeiterprüfung im Frühjahr 1936 bestanden zwar sämtliche 55 zur Prüfung gemeldeten Auszubildenden des Bochumer Vereins ebenso wie die übrigen Lehrlinge aus dem Kammerbezirk die theoretische und die praktische Prüfung, das Leistungsniveau der Lehrlinge des Bochumer Vereins lag jedoch eindeutig höher. Die schlechteste in beiden Teilprüfungen von nur jeweils einem Auszubildenden des Unternehmens erreichte Note war ein »befriedigend«. Während im berufspraktischen Prüfungsteil 38 der 55 Lehrlinge die Note »gut« und 16 die Note »sehr gut« erzielten, bestanden 29 Auszubildende des Bochumer Vereins die theoretische Prüfung mit der Note »sehr gut«, 25 mit der Note »gut«[85].

Angesichts dieser Ergebnisse, die ein gewisses Elitebewußtsein der Auszubildenden des Bochumer Vereins gegenüber Lehrlingen in den übrigen Ausbildungsbetrieben von Industrie und Handwerk in der Stadt Bochum zur Folge hatten und nicht zuletzt den Andrang der Bewerber auf die Ausbildungsplätze dieses Unternehmens erklären, hatte die DAF dem Bochumer Verein bereits 1935 als einem der ersten Unternehmen überhaupt das Leistungsabzeichen für vorbildliche Berufserziehung verliehen[86].

---

83 Ab Oktober 1938 wurde die Lehrzeit für die Mehrzahl der Lehrberufe auf 3 Jahre gesenkt, für einige Berufe wurde sie auf 3 ½ Jahre festgesetzt. Das Lehrlingswesen der VSt ist hinreichend dokumentiert in ArchTHAG, VSt-SW 14031 u. 14081.

84 Vgl. ArchBV 27701 Nr. 1.

85 Vgl. Anm. 79.

86 Vgl. ArchBV 25000 Nr. 2.

Nicht allein eine qualifizierte Fachausbildung in den Ausbildungsberufen und überdurchschnittliche Ergebnisse bei den staatlichen Abschlußprüfungen waren ausschlaggebend für die Verleihung dieses DAF-Leistungsabzeichens, auf das das Unternehmen in seinem Firmenbriefkopf hinweisen durfte und hinwies, es waren daneben politische Kriterien, die im Zusammenspiel mit den bereits erwähnten Gründen eine Verleihung erst ermöglichten. Dem zeitgenössischen Selbstverständnis zufolge sollte in den Betrieben mit vorbildlichen Berufsausbildungsstätten »der Sozialismus des neuen Reiches geformt« sowie der von der Wirtschaft dringend benötigte Facharbeiternachwuchs herangebildet werden[87].
Politische Indoktrination im Sinne des Nationalsozialismus verband sich somit in der Lehrwerkstatt des Bochumer Vereins mit einer qualitativ hochwertigen Berufsausbildung. Hier nutzte das Unternehmen traditionelle Einrichtungen, die vorbildliche Berufsausbildung in einer separaten von der übrigen Produktion getrennten Lehrwerkstatt, und koppelte sie mit nationalsozialistichen Forderungen und Errungenschaften[88].
Innerhalb dieses sowohl von der Kontinuität schwerindustrieller Lehrlingsausbildung und Sozialpolitik für jugendliche Arbeitnehmer aus der Zeit der Weimarer Republik als auch durch NS-typische Neuerungen nach 1933 geprägten Raumes gelang es dem Unternehmen, trotz des allgemeinen Facharbeitermangels nach 1936 unter den fähigsten Bewerbern für die Lehrstellen auszuwählen und so einen hochqualifizierten Facharbeiterstamm auszubilden, der über Jahe hinweg nicht zuletzt aufgrund der Bodenständigkeit der Industriearbeiter im Montanbereich eine Stammbelegschaft bilden sollte. Der Bochumer Verein hatte während der Weimarer Zeit eine Einmischung in unternehmensinterne Fragen von seiten der Gewerkschaften und anderer nichtindustrieller Interessenvertretungen abgelehnt und als nicht mit dem Wirtschaftssystem vereinbar verurteilt, er duldete und förderte nach 1933 jedoch den politischen Einfluß nationalsozialistischer Organisationen auf die fachliche Ausbildung und die politische Indoktrination der gewerblichen Lehrlinge. Diese Entwicklung dürfte weitgehend unternehmensspezifisch zu interpretieren sein. Innerhalb des Bochumer Vereins hatte man den Gliederungen und Verbänden der NSDAP offensichtlich die Möglichkeit eröffnet, ohne Einschränkungen auf die Belegschaft einwirken zu können und sie mit Hilfe system- und damit in der Konsolidierungsphase wirtschaftskonformer Ideologeme zu sedieren[89]. Hieran muß sich die Frage anschließen, aufgrund welcher Bedingungen der Bochumer Verein eine derartige Haltung eingenommen hatte? Die Beibehaltung kapitalistischer Wirtschaftsformen im betriebs-

87 »Ansporn zum gesunden Leistungsprinzip«, in: Westf. Landeszeitung v. 16. 12. 1935.
88 »Lehrlingsfürsorge beim Bochumer Verein, in: Bochumer Anzeiger v. 16./17. 3. 1935.
89 Vgl. zu dieser Thematik *Köhler*, Recht, S. 25 ff.; *Ley*, Soldaten, S. 51 ff.; *Winnig*, S. 40.

wirtschaftlichen Bereich stand im Gegensatz zu weiterreichenden Lenkungsmaßnahmen bei anderen Unternehmen und war eine Gegenleistung des Staates für dieses Verhalten. Der Bochumer Verein erhielt so einen Freiraum, der anderen Firmen nur bedingt zugestanden wurde.

Anders als im gewerblichen Bereich war die Ausbildung von Schulabgängern im kaufmännischen Bereich der Großindustrie seit der Jahrhundertwende in einigen Regionen in feste Pläne gefügt, lehnte sich an die Kaufmannsgehilfenausbildung des Handels an und nutzte deren Prüfungseinrichtungen[90].

Es gab auch nach 1933 innerhalb des Bochumer Vereins keinen für die Gesamtheit aller kaufmännischen Lehrlinge verbindlichen Ausbildungsplan. Zu verschieden waren die Qualifikationen der Bewerber beim Eintritt in das Unternehmen: sie reichten vom Abschluß der allgemeinverbindlichen achtklassigen Volksschule über die sogenannte Sekundareife bis hin zum Abitur und zum Abschluß kaufmännischer Vorschulen. Der Bochumer Verein war infolge dieser unterschiedlichen Qualifikationen gezwungen, für jeden der möglichen Qualifikationsgrade einen Ausbildungsplan aufzustellen, der oft noch den persönlichen Eignungen des einzelnen kaufmännischen Lehrlings angepaßt wurde. Üblich waren in diesem Zusammenhang Befreiungen vom Besuch der Gewerbeschule für Auszubildende mit Abitur. Allerdings war der Lenkungsprozeß, dem kaufmännische Lehrlinge während ihrer Ausbildung unterlagen, nicht annähernd so dirigistisch wie bei den Auszubildenden im gewerblichen Unternehmensbereich. Aufgrund einer nur lückenhaften Überwachung des Schulbesuchs und des dadurch bedingten Fernbleibens vom Berufschulunterricht sah sich das Unternehmen im Juni 1938 gezwungen, in einem Rundschreiben die kaufmännischen Lehrlinge auf ihre Pflichten aufmerksam zu machen und sie zu einer besseren Arbeitsmoral anzuhalten[91].

Die zeitgenössischen Darstellungen verschwiegen allerdings häufig, daß der Bochumer Verein neben den 150–190 Lehrlingen, die in den Vorkriegsjahren jährlich eine Ausbildung in dem Unternehmen begannen, eine mindestens ebenso große Zahl von Schulabgängern ohne Ausbildungsvertrag einstellte. Diese Arbeitnehmer, die entweder Hilfsarbeiten verrichteten oder nach Anlernmaßnahmen bestimmte qualifizierte Tätigkeiten ausüben konnten, andererseits aber nicht flexibel und an anderen Arbeitsplätzen einsetzbar waren, absolvierten nach ihrer Einstellung beim Bochumer Verein eine Einführung an ihren künftigen Arbeitsplätzen durch Arbeitskollegen, Vorarbeiter oder den zuständigen Meister. Andere durchliefen spezielle Ausbildungsprogramme, deren Art sich nach der vorliegenden Qualifikation und dem geplanten späteren Einsatz richtete

90 *Hoffmann,* S. 47 f.

91 Vgl. Rundschreiben 470/38 des BV v. 3. 6. 1938, ArchBV 25000 Nr. 2.

und die, teilweise gekoppelt mit theoretischer Unterrichtung, zum Teil innerhalb der Lehrwerkstatt, in einem zweiten Kursteil innerhalb der Produktion eine tätigkeitsbezogene Einführung in die spätere Beschäftigung beim Bochumer Verein vermittelten.

Diese Ausbildungsprogramme blieben zwar in ihren Lernzielen und Unterrichtsstoffen weit hinter den Anforderungen der Facharbeiterausbildung zurück, sie realisierten dennoch das Ziel, eine für den Bedarf des Bochumer Vereins geeignete Stammbelegschaft aufzubauen. Die angelernten Arbeitskräfte erwarben zumal nach längerer Beschäftigung beim Bochumer Verein eine facharbeiterähnliche Qualifikation und erhielten einen annähernd gleichen Lohn.

Die Gesamtkonzeption der Sozialpolitik des Bochumer Vereins war darauf angelegt, neben unqualifizierten und leicht ersetzbaren Arbeitskräften eine Stammbelegschaft von Facharbeitern mit breitem theoretischen Wissen und praktischen Fähigkeiten sowie eine Gruppe von Spezialarbeitern mit Qualifikationen aufzubauen, die bei dem Unternehmen und für dessen speziellen Bedürfnisse erworben wurden und damit eine langfristige Beschäftigung garantierten.

Die Ausbildung von Lehrlingen und die Berufseinführungslehrgänge fanden ihre praktische Fortsetzung in berufsbegleitenden Fortbildungskursen. Sie wurden vom Bochumer Verein in enger Zusammenarbeit mit der DAF veranstaltet. Die bislang weitgehend funktionslos gebliebene Arbeitsfront sah hier offensichtlich eine breit angelegte Betätigungsmöglichkeit, um eine bessere Aus- und Fortbildung der bereits im Beruf tätigen Arbeitnehmer zu erreichen[92]. In diesem Zusammenhang gründete der Bochumer Verein im Oktober 1937 unter Mitarbeit der DAF das erste Berufserziehungswerk in Deutschland, das, auf die Belegschaft des Unternehmens beschränkt, eine berufliche Weiterbildung und Leistungssteigerung durch höhere Qualifikation für Metallwerker, Techniker und Kaufleute anstrebte[93]. Die jeweils halbjährlichen Kurse, die sich von einem Intensivkurs in den vier Grundrechenarten bis zur Vermittlung der technisch-physikalischen Grundlagen der Metallbearbeitung für den gewerblichen Bereich erstreckten und Spezialkurse für Sprachbeherrschung, Büro- und Wirtschaftsorganisation für den kaufmännischen Bereich umfaßten, wurden ausschließlich von Belegschaftsangehörigen des Bochumer Vereins geleitet und waren kostenpflichtig. Fielen diese außerhalb der Arbeitszeit durchgeführten Fortbildungskurse mit Pflichtveranstaltungen von SA und HJ zusammen, so wurden die Teilnehmer von den letzteren

---

92 Vgl. Leys Rede in der Kölner Messehalle vom Juni 1937, abgedr. in *Ley*, Soldaten, S. 187 ff.

93 So die Selbstdarstellung im ersten Arbeitsplan des Berufserziehungswerkes des BV vom Winterhalbjahr 1937/38, ArchBV 27702 Nr. 1.

durch eine Bescheinigung des Unternehmens beurlaubt. Seinem Selbstverständnis zufolge hatte das Berufserziehungswerk des Bochumer Vereins den Zweck, die Arbeitnehmer – und ein Großteil der nach 1936 eingestellten Belegschaftsmitglieder konnte keine abgeschlossene Berufsausbildung nachweisen – mit den erhöhten Anforderungen im industriell-fertigungstechnischen Komplex des Unternehmens vertraut zu machen und darüber hinaus die Kooperation zwischen den verschiedenen Abteilungen des Werkes zu verbessern sowie das Verständnis der Mitarbeiter für die Probleme anderer Abteilungen zu wecken[94].

Zur Eröffnung dieses innerbetrieblichen Fortbildungswerkes erschien Karl Arnhold, vom Leiter des Dinta zum Hochschulprofessor und Amtsleiter für Berufserziehung und Betriebsführung in der DAF avanciert, in Bochum und pries im Rahmen einer Feierstunde die Einrichtung als eine notwendige Voraussetzung zur Erfüllung staatspolitisch wichtiger Aufgaben sowie die soziale Verpflichtung der Industrie zu einer vorbildlichen Berufsausbildung. Sie müsse allerdings eine Leistungs- und Produktionssteigerung auf seiten der Arbeitnehmer zur Folge haben[95].

Bereits unmittelmar nach Einführung dieses Berufserziehungswerkes hatten sich etwa 3 % der Belegschaft für die einzelnen Kurse angemeldet, wobei alle Alters- und Beschäftigungsgruppen unter den Hörern zu finden waren. Kurse mit sogenannter weltanschaulicher Thematik wurden allerdings nicht in den Unterrichtsplan aufgenommen. Dieser Problemkreis wurde, wie der Bochumer Verein in der Presse verlauten ließ, im Rahmen der in periodischen Abständen während der Arbeitszeit stattfindenden Betriebsappelle behandelt, an denen alle Belegschaftsmitglieder teilnehmen mußten[96]. Sonderveranstaltungen waren für Redner und Amtsträger der NSDAP, NSBO oder DAF eingerichtet worden; sie wurden in speziellen Seminaren auf ihre Aufgaben vorbereitet[97].

Der Bochumer Verein strebte in diesem Zusammenhang ebensowenig wie andere Industriebetriebe eine Stärkung der DAF an, da diese sich zwangsläufig in einer Beschneidung des unternehmerischen Freiraumes auswirken mußte[98]. Die DAF ihrerseits konnte eine solche Zusammenarbeit mit dem Bochumer Verein nur wünschen, weil sie mit ihr einen ersten Schritt hin auf die Realisierung ihrer sozialen und politischen Forderungen vollziehen konnte[99]. Die Gründung des Berufsbildungswerkes des Bochumer

94 »Berufserziehungswerk«, in: Hüttenzeitung 1937, H. 22, S. 1 f.

95 »Ein neuer Exerzierplatz der Arbeit«, in: Bochumer Anzeiger v. 28. 10. 1937.

96 »Das Berufserziehungswerk des Bochumer Vereins«, in: Rhein.-Westf. Zeitung v. 8. 12. 1937.

97 Zur weiteren Entwicklung des betriebsinternen Berufserziehungswerkes vgl. *Borbet*, Das Berufserziehungswerk des Bochumer Vereins, in: Monatshefte für NS-Sozialpolitik 1939, H. 1, S. 15 f.

98 Vgl. *Mason*, Sozialpolitik, S. 179 ff.

99 Brief Arnholds an Borbet v. 30. 10. 1937, ArchBV 27702 Nr. 1.

Vereins ist jedoch als eine kontinuierliche Fortführung der Arbeiterbildungspolitik seit den späten 20er Jahren zu interpretieren. Die persönlichen Kontakte, die damals mit dem Dinta angeknüpft wurden, blieben auch nach ihrer Integration in die DAF bestehen und wurden sogar intensiviert. Obwohl enge informative Verbindungen zwischen dem Vorstand des Bochumer Vereins und Arnhold bestanden, bedauerte die DAF im Oktober 1937, daß es bislang dennoch nicht zu einer langfristigen Kommunikation zwischen dem Unternehmen und dem zuständigen DAF-Amt für Berufserziehung und Betriebsführung gekommen war.

3. *Das Gesetz zur Ordnung der nationalen Arbeit und die Betriebsordnung*

Die partielle Interessengleichheit zwischen der Industrie und dem NS-Regime war durch volkswirtschaftliche Faktoren begründet und erhielt der Montanindustrie über längere Zeit hinweg einen unternehmerischen Freiraum, der nur durch strukturelle Marktveränderungen gewisse Einschränkungen erfuhr. Da im Zuge der Überwindung der Wirtschaftskrise eine oppositionelle Haltung seitens der Arbeiterschaft zu erwarten war, schien zunächst eine Disziplinierung der Gruppe der gewerblichen Arbeitnehmer notwendig. Es handelte sich bei dieser Entrechtung der Arbeiter um einen Prozeß, der offensichtlich ohne vorherige Kommunikation zwischen der politischen Führung und der Industrie vollzogen wurde.
In diesem Zusammenhang stellt sich die Frage, welcher Art diese Maßnahmen der Regierung waren, in welchem Umfang sie beim Bochumer Verein realisiert wurden und ob sie noch einen Freiraum für eine unternehmensinterne Anwendung beinhalteten.
Die Reichsregierung stützte sich bei ihren Maßnahmen zur Ausschaltung der Opposition in der Arbeiterschaft zunächst auf die aktuelle Gesetzgebung und veränderte sie lediglich durch das Gesetz über Betriebsvertretungen und über wirtschaftliche Vereinigungen vom 4. April 1933 dahingehend, daß die Regierungspräsidenten nunmehr in die Lage versetzt wurden, Betriebsvertretungsmitglieder zu entlassen, falls sie eine staats- oder wirtschaftsfeindliche Gesinnung erkennen ließen oder falls ihre ablehnende Haltung gegenüber der NSDAP bekannt war, sowie neue Mitglieder in die Betriebsvertretungen zu delegieren[100].
Die Ernennung von Treuhändern der Arbeit im Mai 1933 stellte ebenfalls, wie im Gesetztestext ausgeführt, eine Übergangsregelung bis zur Neuord-

100 Vgl. Gesetz über Betriebsvertretungen und über wirtschaftliche Vereinigungen v. 4. 4. 1933, RGBl 1933 I, S. 161 f.

nung der Sozialgesetzgebung dar. Durch dieses Gesetz wurden Treuhänder der Arbeit als Reichsbeamte eingesetzt und der direkten Weisungsbefugnis der Reichsregierung unterstellt, um den allgemeinen Arbeitsfrieden zu sichern sowie an der Novellierung einer neuen Sozialgesetzgebung mitzuarbeiten[101].

Die Treuhänder der Arbeit, die einen strikt antigewerkschaftlichen Kurs verfolgten und die Interessen der Unternehmer unterstützten, hatten eine um so leichtere Arbeit, als die DAF keinerlei Tarifhoheit besaß. Sie wachten in der Praxis lediglich über das Funktionieren der Wirtschaft und griffen nur in den Fällen ein, in denen innerbetriebliche Streitigkeiten nicht durch Eigeninitiativen beigelegt werden konnten[102]. Langfristig beabsichtigte man eine Übertragung bislang gewerkschaftlicher Aufgaben auf die Treuhänder der Arbeit, die Monopolisierung von Tariffragen, Fragen des Arbeitsrechts und des Arbeitsfriedens bei ihren Dienststellen. Diese Entwicklung stand den Zielvorstellungen der DAF und der NSBO entgegen, da beide Organisationen in der Frühphase des Regimes den Anspruch geäußert hatten, die Nachfolge der Gewerkschaften nach deren Zerschlagung anzutreten[103].

Die Regierung war erst zum Jahresanfang 1934 in der Lage, ein Arbeitsgesetzbuch zu veröffentlichen, durch das nach nationalsozialistischem Selbstverständnis die Beziehungen zwischen Arbeitgeber und Arbeitnehmer vollständig umgestaltet werden sollten[104]. Als »Überwindung des Klassenkampfes durch nationale Ziele« angekündigt, mit dem Anspruch, eine »Schicksalsgemeinschaft« der in den Betrieben arbeitenden Menschen aufzubauen, hielt das AOG dennoch an der Eigengesetzlichkeit der kapitalistischen Industriegesellschaft fest und intendierte in keiner Weise die Bildung eines neuen Gesellschaftssystems ohne Klassenschranken, wie viele sozial engagierte Nationalsozialisten es wünschten[105].

Im Gegenteil, im Bereich der Schwerindustrie führte das AOG zu einer Zementierung der traditionell-patriarchalischen Führungsansprüche und Führungsstile der Mehrzahl der Industriellen. Es festigte ihre »Herr-im-Haus-Stellung« durch die Übertragung des »Führersystems« in den Unternehmensbereich. Borbet begrüßte ebenso wie die meisten Industriellen an der Ruhr das AOG, das ihn zum alleinigen Führer des Bochumer Vereins machte und damit die Kompetenzen der übrigen Vorstandsmitglieder ohne eine Änderung des Aktienrechtes stark reduzierte[106]. Das AOG ließ

---

101 Gesetz über Treuhänder der Arbeit v. 19. 5. 1933, RGBl 1933 I, S. 285.

102 Vgl. *Broszat*, Hitler, S. 180; *Mason*, Arbeiterklasse, S. 35 ff.; *Kroll*, S. 180; *Schumann*, S. 125.

103 Vgl. *Starcke*, S. 46 ff., sowie *Selzner*, S. 10 ff.

104 Vgl. Gesetz zur Ordnung der nationalen Arbeit v. 20. 1. 1934, RGBl 1934 I, S. 45 ff.

105 Vgl. *Grussendorf*, S. 12; *Müller*, S. 121; *Petzina*, Mobilisierung, S. 445.

106 Grußwort Borbets zum Jahresbeginn 1934, in: Hüttenzeitung 1933, H. 24, S. 1.

zwar noch ein mehrköpfiges Gremium zur Leitung von Unternehmen zu, die Übertragung des Führergedankens vom politischen Bereich in die innerbetriebliche Hierarchie implizierte jedoch die Leitung des Unternehmens durch eine einzige Person, die allerdings bei Großunternehmen Stellvertreter ernennen konnte und sollte[107].
Eine eigenartige, der modernen Industriegesellschaft fremde Ausprägung erfuhr das Verhältnis von Arbeitgebern zu Arbeitnehmern. Es wurde streng hierarchisch-patriarchalisch abgestuft, von den Nationalsozialisten in der ihnen eigenen Terminologie als ein Fürsorge-Treue-Verhältnis mit eindeutig antimodernistischer Ausrichtung definiert[108]. Der Fürsorgepflicht des Unternehmens, des »Betriebsführers«, für seine »Gefolgschaft« stand die Treuepflicht der Arbeitnehmer gegenüber, eine fast schon feudale Abhängigkeit zum Unternehmer. Gleichzeitig bedingte das AOG einen Macht- und Kompetenzverfall der DAF und der NSBO. Ihre Einflußmöglichkeiten auf der Betriebsebene wurden einmal durch die Machtfülle des »Führers des Unternehmens« stark reduziert; sie hatten darüber hinaus in der Regel bei Inkrafttreten des AOG noch nicht den von ihnen erstrebten Status einer Vertretung der Arbeitnehmer im regionalen Bereich erreicht.
Die im Rahmen des AOG durchgeführte Entmachtung der nationalsozialistischen Massenorganisationen DAF und ihre Degeneration zu einem Instrument der sozialen Stabilisierung in den beiden folgenden Jahren fand die Zustimmung der Industrie[109]. Die der DAF im AOG zugesicherte Mitarbeit in den Sachverständigenbeiräten und -ausschüssen der Treuhänder der Arbeit – bis zu 75 % der Ausschußmitglieder konnten nach der Vorschlagsliste der DAF ernannt werden – wurde unter anderem von den VSt mit dem Argument heftig kritisiert, die Einschaltung der DAF und der Organisation der gewerblichen Wirtschaft in unternehmensinterne Auseinandersetzungen widerspräche dem Führergrundsatz und beinhalte demokratisch-liberale Tendenzen[110]. Lediglich Mitgliedern der Unternehmensleitung sowie Vertretern der Belegschaft sollte die Mitarbeit in den Sachverständigenausschüssen ermöglicht werden. Ließe sich eine derartige Lösung nicht erreichen, so Busse, müsse zumindest die paritätische Besetzung der Sachverständigenkommissionen mit Vertretern von Arbeitgebern und Arbeitnehmern eingeführt werden. Diese über die Bezirksgruppe Nordwest der Wirtschaftsgruppe eisenschaffende Industrie lancierte Initiative der VSt spiegelte offensichtlich eine entgegengesetzte Entwicklung wider, in deren Verlauf die DAF wieder an Einfluß gewinnen konnte

107 Vgl. AOG sowie *Hueck*, S. 21 ff.
108 Vgl. *Klebe*, S. 12.
109 Zum Charakter der DAF vgl. *Mommsen*, Struktur, S. 50.
110 Vgl. Brief Busses, Leiter der VSt-Abt. SW, an die Bezirksgr. Nordwest v. 1. 9. 1937, ArchTHAG, VSt-SW 210111.

und sich entgegen der ihr von der NSDAP übertragenen Aufgabe des sozialen Appeasements für die Belange der Arbeiter aussprach, eine Politik mit dem Ziel einer besseren Sozialintegration der Arbeiter betrieb und so eine Haltung einnahm, die eine engagierte Opposition von seiten der Unternehmer implizierte[111].

Ein derartiger Machtzuwachs war lediglich im gesamtwirtschaftlichen Bereich realisierbar, nicht auf der Ebene des Einzelbetriebes, da das AOG grundlegende Veränderungen in bezug auf die betriebliche Vertretung der Arbeitnehmer bewirkt hatte. An die Stelle der bisherigen Betriebsräte, einem Zusammenschluß von Arbeiter- und Angestelltenräten innerhalb der einzelnen Unternehmen, war der Vertrauensrat getreten, der, mit keinerlei exekutiven Kompetenzen versehen, dem AOG zufolge dem Betriebsführer beratend zur Seite treten sollte. Seine Aufgabe innerhalb der »Betriebsgemeinschaft« bestand in der Schaffung einer breiten Vertrauensbasis, der Schlichtung von Streitigkeiten aller Art sowie der Beratung sozialer und arbeitsrechtlicher Probleme mit dem Unternehmer.

Der Vertrauensrat besaß bei diesen Verhandlungen lediglich beratendes Stimmrecht, und die Unternehmensleitung konnte bei Streitigkeiten den Treuhänder der Arbeit anrufen, so daß ihm die Möglichkeit eines dirigistischen Eingriffs in das Einzelunternehmen gegeben wurde. Die Ernennung der Mitglieder des Vertrauensrates, ihre Anzahl richtete sich nach der Größe des Unternehmens, konnte aber nie mehr als zehn betragen, erfolgte charakteristischerweise durch den Unternehmer. Er hatte im März eines jeden Jahres in Absprache mit dem Obmann der NSBO eine Kandidatenliste zu erstellen, zu der die Belegschaft in geheimer Abstimmung Stellung nehmen konnte[112]. Da die zur Wahl stehende Liste lediglich die gesetzlich vorgeschriebene Zahl von Kandidaten und Stellvertretern für den späteren Vertrauensrat enthielt, stellte die »Wahl« eine Persiflage des demokratischen Wahlrechts dar und diente der Zufriedenstellung und damit mittelbar der sozialen Sicherung.

a) Die Durchführung des Gesetzes beim Bochumer Verein

Wie in der gesamten Wirtschaft so fanden auch beim Bochumer Verein im April 1934 die ersten nach den Vorschriften des AOG durchgeführten Wahlen zum Vertrauensrat mit dem Ziel statt, zum 1. Mai 1934, dem »Tag der nationalen Arbeit«, den ersten Vertrauensrat in sein Amt einführen zu können. Für die auf den 9. April festgesetzte Abstimmung über die von Borbet vorgelegte Liste von 10 Kandidaten und 10 Stellvertretern wurden die beiden dienstältesten Belegschaftsmitglieder zu Wahlprüfern ernannt

111 Vgl. *Mason,* Arbeiterklasse, S. 134, sowie *ders.,* Labour, S. 126.

112 Bei Meinungsverschiedenheiten bei der Aufstellung der Kandidatenliste konnte der Treuhänder der Arbeit dirigistisch eingreifen und seinerseits Kandidaten benennen.

und hatten zusammen mit dem Wahlleiter, einem Mitglied der NSBO, die Stimmen auszuzählen und die Gültigkeit der Wahl festzustellen[113].
Die Abteilung Sozialwirtschaft der VSt war möglichen Unklarheiten über den in § 9 AOG nur unvollkommen beschriebenen Wahlgang bereits dadurch entgegengekommen, daß sie in einem Rundschreiben die Leiter der Konzerngesellschaften über den Abstimmungsmodus in Kenntnis setzte[114]. Nicht die Zahl der insgesamt abgegebenen Stimmen diente danach zur Festlegung der Mehrheitsverhältnisse. Lediglich die Zahl der abgegebenen gültigen Stimmen stellte die Grundgesamtheit dar, nach der die Mehrheitsverhältnisse zu berechnen waren. Ungültige Stimmen, die je nach der Art ihres Aussehens als Ablehnung der Einheitsliste und somit als Opposition gegen den Vertrauensrat gewertet werden konnten, waren zu ignorieren.
8864 der insgesamt 9819 wahlberechtigten Belegschaftsmitglieder nahmen an dieser ersten Wahl zum Vertrauensrat teil, womit eine relativ hohe Wahlbeteiligung von 90,3 % erreicht wurde[115]. Von den 8864 abgegebenen Stimmen waren lediglich 396 Stimmen, diese Zahl entspricht 4,5 % der Gesamtstimmen, ungültig, so daß 8468 Stimmen zur Feststellung des Vertrauensrates herangezogen werden konnten[116]. Die Mitglieder der amtierenden Betriebsvertretung sowie ihre Stellvertreter wurden bei dieser Wahl ausnahmslos in ihren Ämtern bestätigt, die sie schon seit dem Jahre 1933 innehatten. Eine starke Überrepräsentation der Angestellten, die bei einem Anteil von 8,9 % an der Gesamtbelegschaft immerhin 4 der 10 Vertrauensmänner sowie 2 der 10 Stellvertreter stellten, war für die Zusammensetzung des ersten Vertrauensrates des Bochumer Vereins signifikant. Sie beruhte offensichtlich auf einer betont nationalistischen Einstellung einer Vielzahl der nichtgewerblichen Arbeitnehmer.
Vertreter der rheinisch-westfälischen Montanindustrie waren einem eventuellen Machtstreben der im April 1934 erstmals gewählten Vertrauensräte bereits zuvorgekommen, als sie anläßlich einer Besprechung bei Arbeitnordwest am 12. April die Grundlinien der künftigen Geschäftsführung der Vertrauensräte berieten und ihre Stellung zu ihnen aufeinander abstimmten[117]. Nach dieser für alle größeren Montanbetriebe des Ruhrgebietes geltenden Absprache sollten die Leiter der Konzernbetriebe die ihnen gesetzlich zuerkannte Leitung des Vertrauensrates übernehmen, je-

113 Vgl. Mitteilung über das Wahlergebnis der Vertrauensratswahl (innerbetrieblicher Aushang) v. 10. 4. 1934, ArchBV 27200 Nr. 1.
114 Vgl. Rundschreiben Nr. 125 vom 10. 4. 1934, ArchTHAG, VSt-SW 210123.
115 Das Wahlrecht wird bei *Sell*, S. 17 f., dargestellt.
116 Angaben über die für die einzelnen Mitglieder abgegebenen Stimmen liegen für die Wahl des Jahres 1934 nicht vor.
117 Brief der VSt-Abt. Sozialpolitik an E. Poensgen v. 14. 4. 1934, ArchTHAG, VSt-SW 210121.

doch einem seiner Mitglieder die ständige Geschäftsführung übertragen[118]. Gemeinschaftssitzungen des Vertrauensrates sollten lediglich zum Zwecke des besseren Kennenlernens zunächst noch durchgeführt werden. Im Anschluß an eine Übergangsphase planten die Konzerne offensichtlich die Übertragung von einzelnen Aufgabenbereichen an Mitglieder des Vertrauensrates, die dann nur noch mit dem Leiter des Konzernbetriebes und dem die Geschäfte führenden Vertrauensmann kommunizieren sollten. Diese Arbeitsteilung mußte zwangsläufig zu einem Zerfall des Vertrauensrates führen, der in einer solchen Form vom Gesetzgeber nicht geplant war. Er stand nämlich im Gegensatz zu dem Ideologem der Betriebsgemeinschaft und des Vertrauensrates als ein gemeinsam mit dem Unternehmer beratendes Gremium.

Mit einem weitaus größeren publizistischen und propagandistischen Aufwand wurden die Vertrauensratswahlen 1935 vorbereitet, da die wahren, in der Öffentlichkeit nie bekannt gewordenen Ergebnisse des Jahres 1934 nicht nur in einzelnen Betrieben für die Nationalsozialisten enttäuschend gewesen waren[119]. In diesem Zusammenhang fand am 7. April 1935, fünf Tage vor den Wahlen eine Massenveranstaltung auf dem Werksgelände des Bochumer Vereins statt, in deren Verlauf der Gauwalter der DAF Westfalen-Süd, Stein, sowie Generaldirektor Borbet in Ansprachen den Belegschaftsmitgliedern die Rolle des Vertrauensrates und seine angeblich wichtige innerbetriebliche Integrationsfunktion im Rahmen der nationalsozialistischen Wirtschaftsordnung erklärten[120]. Robert Ley hatte bereits zwei Tage zuvor eine programmatische Rede zu den Vertrauensratswahlen in der Firma Krupp gehalten, die vom Rundfunk übertragen und auf Anordnung des RMfVuP im Rahmen des sogenannten Gemeinschaftsempfanges in allen Betrieben ausgestrahlt wurde, falls diese über technische Empfangsmöglichkeiten verfügten. Die Arbeit wurde, soweit es von der betriebstechnischen Seite möglich war, kurzfristig zur Übertragung dieser Rede eingestellt[121].

Wenige Tage nach der Wahl – sie verlief beim Bochumer Verein ohne besondere Vorkommnisse – konnte Borbet der Kreisleitung der DAF-Bochum sowie der Abteilung Sozialpolitik der VSt mit Schreiben vom 16. April die seinem Urteil zufolge überaus günstigen Wahlergebnisse mitteilen. Von den 14912 wahlberechtigten Belegschaftsmitgliedern hatten sich 13966 oder 93,7 % an den Vertrauensratswahlen beteiligt. Die Zahl der ungültigen Stimmen war auf 49 zurückgegangen.

---

118 An dieser Besprechung nahmen Vertreter folgender Konzerne teil: GHH, Krupp, Hoesch, Mannesmann und VSt.

119 Vgl. zu dieser Problematik *Plum*, Arbeiterbewegung, S. 368.

120 Vgl. »Der Heerbann der Arbeit wird aufgeboten«, in: Bochumer Anzeiger v. 8. 4. 1935.

121 Vgl. »Vor den Vertrauensratswahlen«, in: Bochumer Anzeiger v. 6./7. 4. 1935.

Die von Borbet in Abstimmung mit dem Obmann der NSBO, Wilhelm Hönig, aufgestellte Liste der Vertrauensräte war 1935 erneut mit großer Mehrheit gebilligt worden. Dem offiziellen Wahlergebnis zufolge hatten sich zwischen 86,4 % und 93,0 % der Wähler für die einzelnen Listenkandidaten ausgesprochen, wobei gerade der Leiter der NSBO mit 12024 Stimmen die geringste Zahl der Zustimmungen für sich verbuchen konnte. Das Ergebnis der Vertrauensratswahlen beim Bochumer Verein lag damit eindeutig über denen des Gaues Westfalen-Süd. Dort hatten sich lediglich 83,3 % der Wähler für die vorgeschlagene Liste der Vertrauensräte ausgesprochen, während das Ergebnis für das Gesamtreich mit 83,0 % noch ungünstiger für die Nationalsozialisten ausfiel.[122]. Das offizielle Wahlergebnis des Bochumer Vereins wurde offensichtlich von Generaldirektor Borbet als Wahlleiter in Abstimmung mit der NSBO so gefälscht, daß die Ergebnisse weit über dem Reichsdurchschnitt lagen und somit nicht die tatsächliche Situation widerspiegelten. Von den insgesamt 14912 Wahlberechtigten in diesem Unternehmen hatten tatsächlich nur rund 11600 Belegschaftsmitglieder – und nicht wie offiziell mitgeteilt über 12900 – für die vorgelegte Liste gestimmt[123].

Die zunehmende Bedeutungslosigkeit der Vertrauensräte sowie die Einengung ihrer Aufgabenbereiche gegenüber den Betriebsräten der früheren Jahre zeigte sich spätestens 1935. Waren im September 1933 bei einer Belegschaft von 6910 Arbeitern und Angestellten noch 3 Mitglieder der Betriebsvertretung zur Durchführung ihrer Aufgaben von der Arbeit freigestellt, so hatte die Unternehmensleitung im Juli 1935 bei einer sehr viel höheren Belegschaftszahl lediglich ein Mitglied des Vertrauensrates für die halbe Arbeitszeit freigestellt[124]. Analog dazu gewann der Leiter des Vertrauensrates des Bochumer Vereins zunehmend an Einfluß. Er, nicht der Vertrauensrat als Gremium, war der Repräsentant der nationalsozialistischen Betriebsgemeinschaftsidee in diesem Unternehmen, und er war in seiner Funktion als Betriebszellenleiter der NSBO immer häufiger Gesprächs- und Verhandlungspartner Borbets auch in Fragen, die eigentlich dem Aufgabenbereich des Gesamtvertrauensrates zugeschrieben werden mußten.

Diese Entwicklung entsprach zwar dem NS-Führergedanken, sie mußte jedoch den Interessen der Arbeitnehmer widersprechen, die nur zu einem geringen Teil in der NSBO organisiert waren und in der Monopolisierung eines wenn auch beschränkten betrieblichen Mitsprache- und Beratungsrechtes bei der NSBO und ihrem Leiter einen Machtverfall des Vertrauensrates und der DAF als betriebliche Massenorganisation erkennen muß-

122 »Gesamtergebnis der Vertrauensratswahl 1935«, in: Der Angriff, v. 29. 4. 1935.
123 Vgl. ArchBV 27200 Nr. 1.
124 Vgl. ArchTHAG, VSt-SW 210122.

ten[125]. Eine derartige Situation war für die VSt atypisch, andererseits doch charakteristisch für die Sonderentwicklung des Bochumer Vereins zu einem nach nationalsozialistischen Vorstellungen vorbildlichen Unternehmen. Bei vergleichbaren VSt-Konzernunternehmen, der August-Thyssen-Hütte und dem Dortmund-Hoerder-Hüttenverein, blieb 1935 eine gegenüber 1933 gleichgroße Zahl von Betriebsvertretungsmitgliedern, in jedem Unternehmen drei, von der Arbeit freigestellt. Eine Konzentration des gesamten Aufgabenkomplexes bei dem Leiter der NSBO fand in diesen Unternehmen nicht statt[126].

Der tendenzielle Machtverlust des Vertrauensrates und die gleichzeitige Erstarkung der NSBO im innerbetrieblichen Bereich scheint allerdings, von firmenspezifischen Schwankungen abgesehen, eine für das Gesamtreich zutreffende Entwicklung zu sein, die erst durch die wieder zunehmende Bedeutung der DAF im Rahmen des Arbeitskräftemangels nach Verkündung des Vierjahresplanes überwunden wurde.

Angesichts der nie veröffentlichten korrekten Ergebnisse der Vertrauensratswahl des Jahres 1935 – nicht einmal Bormann hielt die von der DAF bekanntgegebenen Ergebnisse für realistisch – und der Befürchtung, eine erneute Wahl werde die Ablehnung des innerbetrieblichen Vertretungssystems durch die Arbeitnehmer zur Folge haben, wurde die Amtsdauer der amtierenden Vertrauensräte durch ein Reichsgesetz vom 31. März 1936 um ein Jahr verlängert[127]. Das Gesetz selbst enthielt keinerlei Begründung für die Aussetzung der Wahlen, jedoch war ihre Verschiebung wegen der am 29. März stattfindenden Reichstagswahlen in der Tagespresse bereits Anfang März angedeutet worden. Spätestens zur Monatsmitte war der VSt-Konzernleitung bekannt geworden, daß die für 1936 geplanten Vertrauensratswahlen ausfallen sollten. Man hatte allerdings noch keine genauen Vorstellungen darüber, ob eine Verlängerung der Amtsdauer aufgrund einer Durchführungsverordnung zum AOG oder eines eigenständigen Gesetzes angeordnet werden würde[128].

Nach Verkündung des Verlängerungsgesetzes wurde in offiziösen Kommentaren eine Verschiebung der Vertrauensratwahlen um einen Monat wegen des damit verbundenen Zwanges zur Änderung des AOG abgelehnt. Schelp betonte gleichzeitig die Notwendigkeit, daß sich möglichst alle Wahlberechtigten an der Reichstagswahl beteiligten, um so ihr Einverständnis mit Hitler und der Reichsregierung zu demonstrieren, und die

---

125 Zu den Aufgaben und dem Selbstverständnis der NSBO siehe *Krüger*, S. 129 ff.; *Ley*, Organisationshandbuch, S. 185.

126 Vgl. Anm. 124.

127 Gesetz über die Verlängerung der Amtsdauer der Vertrauensräte v. 31. 3. 1936, RGBl 1936 I, S. 335.

128 Vertr. Rundschreiben Nr. 168 der VSt-Abt. SW v. 14. 3. 1936, ArchTHAG, VSt-SW 210136.

Unmöglichkeit, den Arbeitnehmern eine zweite Wahl außerhalb der Arbeitszeit innerhalb so kurzer Zeit zuzumuten.
Diese 1936 erstmals erfolgte Verlängerung der Amtsperiode der Vertrauensräte bedeutete gleichzeitig ein Ende der »Wahl« auf Dauer, da von nun an ihre Tätigkeitsdauer jährlich durch ein Reichsgesetz verlängert wurde[129]. Gleichzeitig lenkten wichtige außenpolitische Ereignisse, das Plebiszit über den Anschluß Österreichs verbunden mit einer Parlamentswahl im Jahre 1938, die Bildung des Reichsprotektorats Böhmen und Mähren im Jahre 1939, die Bevölkerung in der Zeit der sonst üblichen Vertrauensratswahlen von der innen- und sozialpolitischen Szene ab.
Neue Mitglieder des Vertrauensrates wurden von 1936 an in dieses Gremium berufen, wobei die Auswahl geeigneter Kandidaten und ihre Ernennung in Zusammenarbeit von Betriebsführer, Betriebszellenleiter der NSBO und Treuhänder der Arbeit durchgeführt wurde[130]. In diesem Ausleseverfahren kam die wachsende Bedeutung von NS-Institutionen als Entscheidungsfaktoren im Bereich der Privatwirtschaft zum Ausdruck[131].

b) Die Betriebsordnung

Weitere Eingriffe in den privatwirtschaftlichen Bereich wurden durch die im AOG verankerte Verpflichtung der Betriebsleiter realisiert, eine Betriebsordnung mit vorgeschriebenem Inhalt, Arbeitszeiten, Lohnzahlungen, Akkordgrundlagen, Betriebsbußen und Kündigungsrecht, zu erlassen. Diese bis zum 1. Oktober 1934 in Kraft zu setzende Betriebsordnung wurde vom Leiter des Unternehmens ohne Gegenzeichnung durch den Vertrauensrat veröffentlicht und erhielt Gültigkeit durch den Aushang im Betrieb[132]. In bezug auf die Lohnhöhe, die in der Betriebsordnung fakultativ aufgeführt werden konnte, hatte der Unternehmer jedoch die eventuell noch in Kraft befindlichen Tarifverträge aus der Zeit vor 1933 sowie die neu veröffentlichten Tarifordnungen der Treuhänder der Arbeit zu berücksichtigen. Eine Innovation stellte das dem Betriebsleiter verliehene Recht dar, bei Verstößen gegen die Arbeitssicherheit und die Sicherheit des Betriebes Bußen gegen die Arbeitnehmer bis zur Höhe eines halben Tagesverdienstes zu verhängen und an die NSV abzuführen[133].
Damit bestand auch für den Leiter des Bochumer Vereins die Verpflichtung, eine Betriebsordnung zu erlassen oder wenigstens die bei dieser Firma ebenso wie bei den meisten Montanunternehmen bereits in Kraft befindliche Arbeitsordnung aufgrund der neuen gesetzlichen Vorschriften

---

129 Als Beispiel sei das Gesetz über die Verlängerung der Amtsdauer der Vertrauensräte v. 1. 4. 1938 genannt, RGBl 1938 I, S. 358.
130 Vgl. *Mason,* Sozialpolitik, S. 206.
131 Vgl. *Heyde,* S. 67.
132 Vgl. *Grussendorf,* S. 38.
133 Vgl. § 28 AOG.

zu aktualisieren. Borbet verhielt sich zunächst in Absprache mit den übrigen Vorstandsvorsitzenden der VSt-Konzernunternehmen abwartend, da allgemein der Erlaß einer Musterbetriebsordnung für die Eisenindustrie durch den zuständigen Treuhänder erwartet wurde[134]. Als bis Anfang August eine derartige Mustersatzung für den Bereich von Arbeitnordwest oder für den Wirtschaftsbereich Westfalen des Treuhänders der Arbeit noch nicht veröffentlicht war, empfahl der Leiter der sozialwirtschaftlichen Abteilung der VSt, Busse, in Abstimmung mit Ernst Poensgen den Leitern der einzelnen Konzernbetriebe, Verhandlungen mit den Vertrauensräten über eine Betriebsordnung aufzunehmen. Als Diskussionsgrundlage diente hierzu eine Mustersatzung, die dem Rundschreiben beigefügt wurde und eine von der Konzernleitung modifizierte Arbeitsordnung von Arbeitnordwest darstellte.

Dieser Vorschlag der sozialwirtschaftlichen Abteilung betonte neben einer Zustimmung zu der von der DAF geforderten 14tätigen Kündigungsfrist für gewerbliche Arbeitnehmer die Notwendigkeit einer mindestens gleichlangen Probezeit bei Antritt der Beschäftigung, während der eine jederzeitige Lösung des Arbeitsverhältnisses möglich war, sowie eine auf drei Tage reduzierte Kündigungszeit bei Auftragsmangel und einer dadurch bedingten Arbeitsstreckung. Busse wies im weiteren darauf hin, daß der Sachverständigenausschuß beim Treuhänder bereits Verhandlungen über eine Neuregelung von Urlaubsfragen sowie über neue Lohn- und Gehaltstarife für die Eisenindustrie aufgenommen habe. Da die aktuellen Tarifverträge nach Ansicht Busses noch längere Zeit in Kraft bleiben würden, empfahl er die Aufnahme dieser Tarifbestimmungen in die Betriebsordnungen.

Erste Schwierigkeiten ergaben sich bei der Formulierung der Betriebsordnung, die nach Gerhardt ein Abbild des gesamtstaatlichen Ordnungs- und Verfassungssystems sein sollte, für ein so komplexes Unternehmen, wie der Bochumer Verein es darstellte[135]. War es leicht, den nach dem AOG geforderten Mindestinhalt für kleine und mittelständische Betriebe in einer Betriebsordnung zusammenzufassen, so war dies für Großunternehmen fast unmöglich. Als Walter Borbet in seiner Funktion als Vorstandsvorsitzender am 7. September 1934 nach Beratungen mit dem Vertrauensrat die vom 1. Oktober ungültige Betriebsordnung des Bochumer Vereins veröffentlichte, enthielt sie größtenteils Bestimmungen, die entweder aus der vorherigen Arbeitsordnung übernommen worden waren oder nationalsozialistisches Gedankengut widerspiegelten[136].

Die obligatorische Festlegung der Arbeitszeiten konnte aufgrund der

---

134 Vgl. Rundschreiben der VSt v. 3. 8. 1934, ArchTHAG, VSt-SW 210162.

135 Vgl. *Gerhardt*, S. 61.

136 Der Text der Betriebsordnung befindet sich im Bestand ArchBV 21000 Nr. 6.

mehrschichtigen von Abteilung zu Abteilung unterschiedlichen Schichtzeiten nicht in die Betriebsordnung aufgenommen werden. Sie sollten der Belegschaft als Nachtrag bekanntgegeben werden.
Die Betriebsordnung enthielt als weitere wichtige Punkte eine Aufforderung zum uneingeschränkten Einsatz der Arbeitnehmer für die Belange des Unternehmens, zur Beachtung der Unfallverhütungsvorschriften sowie – für den Bochumer Verein wegen seiner Rüstungsproduktion von besonderer Wichtigkeit – die Aufforderung an die Belegschaft zur Wahrung militärischer Geheimnisse, die bei der Rüstungsfertigung einem größeren Personenkreis mitgeteilt werden mußten.
Borbet verwies im letzten Abschnitt der Betriebsordnung darauf, daß Fragen von grundsätzlicher Bedeutung für die Belegschaft von ihm nur nach Rücksprache mit dem Obmann des Vertrauensrates entschieden würden, wobei der Obmann des Vertrauensrates in Personalunion das Amt des Leiters der NSBO innehatte. Von wichtigen Entscheidungen sollte die Belegschaft rechtzeitig und rechtswirksam durch Anschläge an den dafür vorgesehenen Stellen innerhalb des Werkes informiert werden. Stolz betonte Borbet am Ende der Betriebsordnung die Parallelen zwischen der NS-Wirtschaftsauffassung und den langjährigen Traditionen des Bochumer Vereins, nach denen der Gemeinnutz stets Vorrang vor Eigennutz und Privatinteressen genossen habe und auch weiterhin genieße.
Insgesamt war die Betriebsordnung jedoch geeignet, die Stellung Borbets als Betriebsführer im Vergleich mit der Zeit vor 1933 entschieden zu festigen. Er bestimmte alleinverantwortlich über innerbetriebliche Angelegenheiten, und es stand in seinem Ermessen, die durch das AOG geschaffene Institution des Vertrauensrates an seinen Entscheidungen zu beteiligen.

4. *Die betrieblichen Sozialeinrichtungen*

Sozialpolitik sollte nach der Auffassung der Montanindustriellen in der Zeit vor 1933 als betriebliche Sozialpolitik in das Ermessen der Unternehmen gestellt werden. Sie lehnten eine über ein Mindestmaß hinausgehende staatliche Sozialpolitik ab, um mit den ihnen zur Verfügung stehenden Mitteln eine von industriellen Interessen betriebene Sozialfürsorge durchzuführen[137]. Diese sollte als stabilisierender Faktor innerhalb einer im Montanbereich äußerst heterogenen Belegschaft wirken. Im Rahmen der Ausdehnung der betrieblichen Sozialpolitik wurde eine Reduzierung der staatlichen Maßnahmen im Bereich der sozialen Sicherung gefordert, an deren Finanzierung die Unternehmen über Steuern und Sozialabgaben beteiligt waren[138].

137 Vgl. *Schwenger*, Sozialpolitik im Ruhrkohlenbergbau, S. 6 ff.; *ders.*, Sozialpolitik in der Großeisenindustrie, S. 17 ff.; *Meystre*.
138 Vgl. hierzu den Überblick über die Sozialpolitik in Weimar bei *Gladen*, S. 91 ff.

Die Frage, wer für die Sozialpolitik verantwortlich sei und ihren Umfang, vielleicht auch ihre Zielsetzung bestimme, hatte somit einen primär politischen Charakter gewonnen[139]. Diese Auseinandersetzung verlor erst nach 1933 an Bedeutung, als der Staat in der Sozialpolitik ein Instrument zur Leistungssteigerung erkannte und sie im Zusammenhang mit der Aufrüstung als solches benutzte. Der strukturelle Wandel der Sozialpolitik wurde erst nach der Konsolidierung des NS-Regimes in vollem Umfang erkennbar, da die Unternehmer von diesem Zeitpunkt an ihren bislang maßgebenden Einfluß auf die betriebliche Sozialpolitik verloren. Auswirkungen der Militarisierung der gesamten Volkswirtschaft mußten sich auch im betriebswirtschaftlichen Bereich zeigen.

Die bereits von Schwenger beschriebene und von ihm als vorbildlich charakterisierte betriebliche Sozialpolitik des Bochumer Vereins war aus der sozialen und wirtschaftlichen Lage in der zweiten Hälfte des 19. Jahrhunderts erwachsen[140]. Sie spiegelte als Werk Louis Baares die soziale Verantwortung des Unternehmens für seine Mitarbeiter aus der Zeit vor der Einführung einer staatlichen Sozialgesetzgebung wider. Nach 1933 wurde die innerbetriebliche Sozialpolitik nicht länger als autonome Angelegenheit der Unternehmen betrachtet, sie wurde, wie Briefs betont, als Teilfunktion eines gesellschaftlichen Ganzen in den Dienst der Volksgemeinschaft gestellt und erhielt damit die bereits erwähnte primär politische Funktion[141].

Als wichtigste betriebliche Sozialeinrichtung des Bochumer Vereins, die aufgrund der gesetzlichen Bestimmungen die Gesamtzahl der gewerblichen Arbeitnehmer und eine Vielzahl der Angestellten umfaßte, galt die Betriebskrankenkasse. Selbst 1932, in der Zeit der größten wirtschaftlichen Depression, bot die Betriebskrankenkasse bei einem mit 3,0 % des Grundlohnes um 2,4 % unter dem Beitragssatz der AOK Bochum liegenden Beitrag den Versicherten weitaus bessere Leistungen als die staatliche Pflichtversicherung. Sie zahlte satzungsgemäß gerade in Fällen größerer sozialer Not, so bei Arbeitsunfähigkeit, Krankenhausaufenthalt und beim Tode verheirateter Mitglieder ein Krankengeld von bis zu 75 % des Grundlohnes und im letzteren Fall ein Sterbegeld, das mindestens, bei kinderlos Verheirateten, das 26fache des Grundlohnes ausmachte. Leistungen dieser Art waren im Rahmen der gesetzlichen Krankenversicherung bei der örtlichen AOK in Bochum nicht vorgesehen und wurden in keinem Fall gewährt. Die Verwaltungskosten für die Betriebskrankenkasse des Bochumer Vereins und der innerbetriebliche Krankenstand im Jah-

---

139 Vgl. *Meystre*, S. 33 ff.
140 Vgl. *Schwenger*, Sozialpolitik in der Großeisenindustrie, S. 4, 10, 17, 56, 89, 140 u. 168.
141 Vgl. *Briefs*, S. 85.

re 1932 konnten, wie Schwenger nachweist, im Vergleich zur AOK wesentlich niedriger gehalten werden[142].

Die Betriebskrankenkasse erbrachte 1935 bei etwa 16 400 versicherten Belegschaftsmitgliedern und einem am 1. Mai dieses Jahres von 3,0 % auf 4,2 % des Grundlohnes erhöhten Beitragssatz als Leistungen für ihre Mitglieder eine kostenlose ärztliche Behandlung, die Stellung von Arzneien und kleineren Heilmitteln, eine Kostenbeteiligung bis zu 50 % bei größeren Heilmitteln, ein Hausgeld bei von der Betriebskrankenkasse voll bezahltem Krankenhausaufenthalt von 33,3–70 % des Grundlohnes sowie ein Taschengeld in Höhe von 7,5 % für den Versicherten. Das Sterbegeld erreichte die 40fache Höhe des Grundlohnes[143]. Die Betriebskrankenkasse bezahlte darüber hinaus Familienhilfen beim Krankenhausaufenthalt und beim Tod von unverheirateten Belegschaftsmitgliedern. Deren Höhe richtete sich nach dem Verwandtschaftsgrad der mit den in Familiengemeinschaft zusammenlebenden Angehörigen des Versicherten. Sie selbst genossen, wenn auch zu ungünstigeren Bedingungen, aufgrund ihrer verwandtschaftlichen Stellung zu dem versicherten Belegschaftsmitglied den Versicherungsschutz der Betriebskrankenkasse.

Hatte der Krankenstand im Durchschnitt des Jahres 1932 lediglich 1,6 % bei 556 Krankheitstagen für je 100 Belegschaftsmitglieder während des gesamten Jahres betragen, so erhöhten sich diese Ziffern auf einen Krankenstand von 3,5 % in den ersten beiden Monaten des Jahres 1936 sowie 942 Krankheitstage pro 100 Belegschaftsmitglieder im Jahresmittel 1935. Die Einnahmen der Betriebskrankenkasse stiegen von 455 000 RM im Jahre 1933 auf 1,468 Mio. RM im Jahre 1935. Dies war sowohl auf einen rapiden Anstieg der Belegschaft zurückzuführen als auch auf eine Anhebung des Beitragssatzes um 1,2 % im Mai 1935. Die Ausgaben stiegen demgegenüber im gleichen Zeitraum von 521 000 RM auf 1,528 Mio. RM an. Im Rahmen dieser Entwicklung erhöhte sich die Deckung der Ausgaben der Betriebskrankenkasse durch die Beiträge der Versicherten von 87,3 % auf 96,1 %.

Trotz der verbesserten Selbstfinanzierung der Betriebskrankenkasse durch ihre Mitglieder sah diese sich Ende 1935 nicht mehr in der Lage, die bisherigen Leistungen bei einem gleichbleibenden Beitragssatz zu erbringen, da die durchschnittlichen Jahresausgaben pro versichertem Belegschaftsmitglied von rund 71 RM im Jahre 1933 auf etwa 93 RM im Jahresmittel 1935 gestiegen waren und ein Ende der Preisentwicklung ebenso wenig in Aussicht war wie ein Rückgang des Krankenstandes innerhalb des Unternehmens.

142 Vgl. *Schwenger*, Sozialpolitik in der Großeisenindustrie, u. a. S. 114 ff.
143 Vgl. ArchBV 22000 Nr. 1 u. 9.

Diese Entwicklung wurde durch mindestens drei Faktoren entscheidend beeinflußt:

(1) Die Hochkonjunktur ermöglichte den Arbeitnehmern bei Krankheit von der Arbeitsstelle fernzubleiben und die Leistungen der Krankenkasse zu beanspruchen, ohne daß dadurch die Sicherheit des Arbeitsplatzes gefährdet wurde.

(2) Eine strukturelle Veränderung der Belegschaftszusammensetzung hatte im Rahmen des Arbeitskräftemangels zur Beschäftigung von Arbeitnehmern geführt, die bislang nicht im industriellen Bereich tätig gewesen waren. Ihre mangelnde Vertrautheit mit den Gefahren eines Hüttenwerkes führte zu einer höheren Unfallquote.

(3) Die immer wieder gestellte Forderung nach individueller Leistungssteigerung führte auch beim Bochumer Verein allgemein zu einer Schwächung der gesundheitlichen Lage der Belegschaft.

Die Unternehmensleitung trat diesen veränderten Bedingungen jedoch nicht mit Verständnis gegenüber, sie kürzte vielmehr die Leistungen der Betriebskrankenkasse, um eine Besserung der Arbeitsgesinnung zu erzwingen[144].

Im einzelnen kam es ab Februar 1936 zu einer Kürzung des Krankengeldes für verheiratete Belegschaftsmitglieder um 5 % während der ersten sechs Wochen ihrer Krankheit sowie um 5–15 % während der weiteren 20 Wochen, in denen ein Krankengeld gezahlt wurde. Die Leistungen betrugen bei Ledigen in den ersten sechs Wochen weiterhin 50 % des Grundlohnes, jedoch fiel die bis Januar 1935 satzungsgemäß vorgeschriebene Erhöhung auf 60 % fort[145].

Die Betriebskrankenkasse wurde in ihren Bemühungen zur Reduzierung des Krankenstandes beim Bochumer Verein vom Gesundheitsdienst der Sozialabteilung unterstützt, der zahlreiche prophylaktische und therapeutische Maßnahmen durchführte und der 1939 zu einer selbständigen Abteilung aufgewertet wurde. Seine Einrichtung geht auf die von seiten der Berufsgenossenschaften und Gewerbeaufsichtsämter für Montangroßunternehmen geforderten und schließlich durch Verordnung verbindlich gemachten Einrichtungen zur Behandlung verunglückter Belegschaftsmitglieder zurück[146]. Sie erhielten in Sanitätsräumen und Verbandsstuben zunächst von in erster Hilfe ausgebildeten Arbeitnehmern eine Erstversorgung und wurden anschließend in Krankenwagen der Werksfeuerwehr zur Weiterbehandlung in die Krankenhäuser der Stadt Bochum transportiert. Einer Aufstellung aus dem Jahre 1938 zufolge gab es beim Bochumer

144 Vgl. »Mehr Haltung«, in: Hüttenzeitung 1935, H. 22.
145 Vgl. ArchBV 22000 Nr. 9.
146 Zur Aufgabenstellung und zum Aufbau der Berufsgenossenschaften siehe *Scheuble*, S. 504.

Verein eine Hauptrettungsstelle sowie fünf weitere Sanitätsstellen; für die erste Hilfe standen neben einigen hauptamtlichen, der Werksfeuerwehr zugeteilten Kräften 400 in Rettungs- und Sanitätsmaßnahmen ausgebildete Belegschaftsmitglieder zur Verfügung. Die Werksfeuerwehr besaß drei Kranken- und einen Rettungswagen[147].

Im Jahre 1933 begann man mit dem Bau eines Schwefelbades für die Belegschaft, in dem das bei der Granulation von Hochofenschlacke mit Schwefelwasserstoffen angereicherte Kühlwasser für Schwefelbäder mit Unterwassermassagen benutzt wurde. Bereits 1934 erfreute sich das Bad wachsender Beliebtheit, so daß in diesem Jahre 2500 Schwefelbäder an Belegschaftsmitglieder verabreicht wurden, davon allein 2000 aufgrund ärztlicher Verordnung. Diese Zahl stieg bis 1937 auf über 4000 Bäder pro Jahr[148].

Zahlreiche in Bochum ansässige Ärzte waren nach Absprache mit der Betriebskrankenkasse damit beauftragt, Vorsorgeuntersuchungen bei Belegschaftsmitgliedern durchzuführen. Das Unternehmen stellte im Rahmen der Gründung des selbständigen Werksgesundheitsdienstes zusätzlich einen hauptamtlich beschäftigten Arzt ein, in dessen Aufgabengebiet weniger die Behandlung von erkrankten Arbeitnehmern fiel, als die Mitarbeit bei Unfallverhütungsmaßnahmen und in der Prophylaxe von Berufskrankheiten. Ihre Früherkennungsmöglichkeiten wurden durch die Einführung von Tuberkulose- und Silikose-Reihenuntersuchungen entschieden verbessert.

Der Vorstand des Bochumer Vereins hatte bereits 1936 eine Einrichtung zur Krankheitsvorsorge geschaffen, als anläßlich des 25jährigen Arbeitsjubiläums des Vorstandsvorsitzenden Borbet innerhalb der Belegschaft eine Sammlung veranstaltet wurde, deren Beteiligung nach zeitgenössischen Angaben freiwillig war und die einen Betrag von 45000 RM erbrachte. Dieser Betrag wurde auf Initiative Albert Vöglers von seiten des VSt-Vorstandes auf 200000 RM erhöht und in einen Fonds eingebracht, mit dem der Bau eines Erholungsheimes für Belegschaftsmitglieder des Bochumer Vereins finanziert werden sollte. Bereits 1937 erwarb das Unternehmen ein etwa 24 ha großes Grundstück in der Nähe von Werdohl und begann mit dem Bau eines Erholungskomplexes, der in Anlehnung an das olympische Dorf von 1936 in Berlin aus einer Gruppe kleinerer Häuser, in denen die Urlauber übernachteten, und einem zentralen Wirtschaftsgebäude mit Gemeinschaftsräumen bestehen sollte.

Nachdem ein erster Bauabschnitt im Sommer 1938 fertiggestellt worden war, konnten in diesem Jahr noch etwa 300 Belegschaftsmitglieder einen

---

147 Vgl. u. a. *Syrup*, Arbeitsschutz, S. 546 f.

148 Vgl. *Stoecker, J.*, Das Granulationsverfahren des Bochumer Vereins, in: Stahl & Eisen 1934, S. 1131.

Erholungsurlaub auf der sogenannten Borbethöhe verbringen; 1938 allerdings noch ohne die Möglichkeit, Familienangehörige mitzunehmen. Das Angebot wurde 1939 dahingehend erweitert, daß nunmehr auch die Ehefrauen von Belegschaftsmitgliedern des Unternehmens zusammen mit ihrem Mann gegen einen geringen Kostenbeitrag einen Urlaubsaufenthalt auf der Borbethöhe verbringen konnten. Der Aufenthalt war nach nationalsozialistischen Grundsätzen gestaltet und bestand ähnlich den »Kraft durch Freude-Veranstaltungen« aus einem Nebeneinander von Individualurlaub und gelenkten Gemeinschaftsveranstaltungen. Gemeinsame Wanderungen, die gemeinsame Einnahme von Mahlzeiten im Wirtschaftsgebäude des Komplexes sowie zahlreiche Kameradschafts- und Gemeinschaftsabende waren für alle Urlauber verpflichtend[149]. Diese Art des Urlaubes stand nach Ansicht des Betriebsobmannes Hönig eindeutig im Dienste der sozialen Betriebspolitik, er wirkte darüber hinaus mittelbar systemintegrierend, da die innerbetriebliche Sozialpolitik des Bochumer Vereins eine eindeutige nationalsozialistische Ausrichtung zeigte[150].

Die Baare-Gedächtnis-Stiftung diente einer zusätzlichen Versorgung der Belegschaftsangehörigen über die Leistungen der Betriebskrankenkasse hinaus. Dieser Fonds, aus dem Unterstützungen bei durch längere Arbeitsunfähigkeit verursachten sozialen Notfällen gezahlt wurden, hatte allerdings infolge von Kapitalverlusten während der Inflation und Wirtschaftskrise seine Tätigkeit weitgehend einstellen müssen. Erst als 1935 über die freiwilligen Sozialaufwendungen in Höhe von 425000 RM hinaus von der Unternehmensleitung des Bochumer Vereins weitere 200000 RM für soziale Zwecke zur Verfügung gestellt und ein Teil dieser Summe der Baare-Gedächtnis-Stiftung überwiesen wurde, konnte sie ihre Funktion wieder aufnehmen und in der Folgezeit den Invaliden des Werkes und ihren Angehörigen eine zusätzliche Rente zahlen. Das Vermögen der Stiftung betrug Ende Mai 1936 rund 108000 RM. Die Stiftung wurde ohne Kontrolle eines auch mit Arbeitnehmervertretern besetzten Beirates direkt vom Vorstand des Werkes verwaltet[151].

Als weitere Unterstützungseinrichtung bestand beim Bochumer Verein die Fritz-Baare-Stiftung für Wöchnerinnenfürsorge, die mit einem Vermögen von rund 1300 RM und Forderungen in Höhe von etwa 860 RM den Zweck verfolgte, Beihilfen an Wöchnerinnen der Angestellten zu zahlen. Dieser Fonds wurde von einem dreiköpfigen Verwaltungsrat geleitet, dessen Mitglieder von der Werksleitung ernannt wurden[152].

---

149 »Werkskameraden auf der Borbethöhe«, in: Hüttenzeitung 1939, H. 12, S. 7.

150 *Hönig, W.*, Aufgaben und Ziele der sozialen Betriebspolitik, in: Hüttenzeitung 1939, H. 4, S. 3 ff.

151 Vgl. ArchBV 27701 Nr. 1 u. ArchTHAG, VSt-SW 120811.

152 Vgl. ArchBV 27701 Nr. 1.

Einen über den engeren Unternehmensbereich hinausgehenden Wirkungskreis besaß die Baare-Kriegswohlfahrtsstiftung. Sie unterstützte neben kriegsinvaliden Werksangehörigen und ihren Familienangehörigen auch Kriegshinterbliebene in der Stadt Bochum. Ein aus je einem Delegierten des Bochumer Vereins, der GBAG und der Stadt Bochum bestehendes Gremium verwaltete das rund 5000 RM betragende Vermögen dieser Stiftung.

Im Rahmen eines Einkommen- und Körperschaftssteuergesetzes waren 1934 neue Bestimmungen für unternehmensinterne Unterstützungs- und Pensionskassen in Kraft getreten und führten gegen den Willen der Großindustrie die Staataufsicht durch das Reichsversicherungsamt für Privatversicherungen über diese Unterstützungskassen ein[153].

Um in der Folgezeit weitgehende Steuerfreiheit für ihre Pensions- und Unterstützungskassen zu genießen, waren die Unternehmen gezwungen, diese Einrichtungen – bislang als gemeinnützige Stiftungen in die Firmen integriert – aus den Unternehmen auszugliedern und als juristisch selbständige Versicherungsunternehmen mit einem eigenen Jahresabschluß und einem von dem Unternehmen getrennten Vermögensstand einzurichten. Dabei war es den Kassen nicht erlaubt, einen über einen Anteil von 20 % der jährlichen Lohn- und Gehaltssumme des Unternehmens hinausgehenden Betrag an die Unterstützungsempfänger auszuschütten. Als Termin für den Abschluß der notwendigen Umstellungen sahen die gesetzlichen Regelungen den 31. Dezember 1938 vor. Da sich die Montanindustrie abwartend verhielt und Widerstand auf seiten der Arbeitnehmer gegen die Aufhebung der Steuerfreiheit befürchtet wurde, sah sich die Reichsregierung zunächst gezwungen, eine Nachfrist bis zum 31. Dezember 1939 zu setzen. Sie mußte wegen der Verhältnisse im Jahre 1939 um ein weiteres Jahr verlängert werden. Erst 1940 wurde somit die Umstellung und Zusammenfassung der beim Bochumer Verein vorhandenen Stiftungen und Unterstützungskassen in eine Kapitalgesellschaft erforderlich[154].

Die mit einem Grundkapital von 20000 RM vom Bochumer Verein und den Eisenwerken Steele GmbH im Dezember 1940 gegründete Unterstützungsgesellschaft mbH des Bochumer Vereins hatte als Unternehmenszweck die einmalige und laufende Unterstützung von Belegschaftsmitgliedern, ehemaligen Belegschaftsmitgliedern und deren Hinterbliebenen im Rahmen von satzungsgemäß festgelegten Leistungen und Unterstützungsbeiträgen[155]. Der genannte Personenkreis besaß allerdings kei-

153 »Neuregelung der Steuerfreiheit der Pensions- und Unterstützungskassen«, in: Deutsche Bergwerks-Zeitung v. 30. 12. 1938.

154 Zur geschichtlichen Entwicklung der Unterstützungsgesellschaft mbH des BV vgl. ArchBV 24400 Nr. 4.

155 Der BV beteiligte sich mit 19000 RM, die Eisenwerke Steele beteiligten sich mit 1000 RM an der Gründung.

nen Rechtsanspruch auf Leistungen irgendeiner Art. Die Unterstützungsgesellschaft, deren Vermögen im Falle einer Auflösung gemeinnützigen Zwecken zur Verfügung gestellt werden sollte, wurde von einem Beirat geleitet. Ihm gehörten als stimmberechtigte Mitglieder während des ersten Geschäftsjahres die Vorstandsmitglieder Borbet, Letixerant und Polscher sowie als nicht stimmberechtigte Mitglieder zwei Delegierte des Vertrauensrates an.

Neben den vom Bochumer Verein organisierten und getragenen Stiftungen und der später gegründeten Unterstützungsgesellschaft mbH bestand als privatrechtlicher Zusammenschluß ohne direkte juristische Bindung an das Unternehmen die am 1. April 1922 ins Leben gerufene Sterbeunterstützungseinrichtung der Angestellten des Bochumer Vereins als eine Umlagekasse mit dem Zweck, im Todesfall eines Mitgliedes den Hinterbliebenen ein Sterbegeld zu zahlen[156].

Dieses Sterbegeld war aufgrund eines Beschlusses der Mitgliederversammlung auf einheitlich 600 RM ohne Berücksichtigung der Mitgliedsdauer und des nach Altersgruppen gestaffelten Beitrages festgesetzt worden. Trotz der aktiven Beteiligung der Angestellten – 1936 gehörten rund 80 % von ihnen der Sterbekasse an – lief die Kasse Gefahr, infolge einer zunehmenden Alterung der Mitglieder ihre Leistungen auf Dauer nicht aufrechterhalten zu können. Diese Überalterung konnte wegen einer zahlenmäßig zu geringen Beteiligung jüngerer Angestellter an der Kasse nicht ausgeglichen werden.

Der zuständige Regierungspräsident in Arnsberg hatte bereits 1934 im Rahmen der staatlichen Versicherungsaufsicht Unterlagen über die Sterbeunterstützungseinrichtung angefordert. Er empfahl nach einer Prüfung des ihm vorgelegten Materials 1936 die Umstellung der Sterbekasse auf eine versicherungsrechtliche Grundlage. Daraufhin erfolgte auf Beschluß einer Mitgliederversammlung im Dezember dieses Jahres die Umwandlung dieser Kasse in einen Versicherungsverein auf Gegenseitigkeit. Diese Rechtsform garantierte den Mitgliedern zusätzlich einen Anspruch auf die Leistungen der Kasse, der in dieser Form bislang nicht bestanden hatte. Der Versicherungsverein übernahm sämtliche Mitglieder der bisherigen Sterbeunterstützungseinrichtung, begrenzte allerdings, um eine erneute Überalterung zu vermeiden, das Beitrittsalter dieser nur für Angestellte des Bochumer Vereins zugänglichen Sterbeversicherung auf höchstens 50 Jahre. Nach Erstellung eines versicherungsmathematischen Gutachtens wurde der Beitragssatz, gestaffelt nach Altersgruppen, auf 0,80 RM bis 2,50 RM pro Monat erhöht, während das Sterbegeld auf maximal 500 RM begrenzt wurde. Die Sterbekasse wurde von einem Vorstand geleitet, der, aus einem Vorsitzenden, einem Schrift- und einem Rechnungsprüfer be-

---

156 Vgl. ArchBV 14206 Nr. 3.

stehend, jährlich von der Mitgliederversammlung gewählt wurde und die Sterbekasse zu verwalten hatte[157].

Die Sozialeinrichtungen des Bochumer Vereins galten den Aussagen der Unternehmensleitung zufolge als beispielhaft für die gesamte Montanindustrie, und es waren diese Einrichtungen und die sozialen Leistungen, die nach 1933 in der Öffentlichkeit immer wieder vorgestellt wurden und die damit das Bild des Unternehmens während dieser Zeit weitgehend prägten[158].

Diese Selbstdarstellung des Bochumer Vereins wirft die Frage auf, welchen Stellenwert die betriebliche Sozialpolitik dieses Unternehmens innerhalb der VSt einnahm. Erst ein konzerninterner und ein branchenspezifischer Vergleich können letztlich einen derartigen Anspruch verifizieren.

Bei einem Vergleich der Sozialausgaben des Bochumer Vereins mit denen des Gesamtkonzerns im Geschäftsjahr 1934/35 wird erkennbar, daß dieses Unternehmen den Durchschnittswert aller VSt-Konzernbetriebe nicht erreichte. Die freiwilligen Sozialaufwendungen der großen Konzernbetriebe der VSt lagen signifikant über denen des Bochumer Vereins. Während dieses Unternehmen 20,8 % der gesetzlichen Sozialausgaben im Jahresabschluß 1934/35 als freiwillige Sozialaufwendungen auswies, lag ihr Anteil im Durchschnitt aller Konzernbetriebe bei 33,8 %. Der Anteil der freiwilligen Sozialausgaben machte damit beim Bochumer Verein 1,8 % der Lohn- und Gehaltssumme aus, im gesamten Konzernbereich betrug er demgegenüber 3,8 %[159].

Gleichzeitig betrug die Summe, die im Sozialbereich ohne gesetzliche Verpflichtung pro Belegschaftsmitglied in diesem Zeitraum aufgebracht wurde, beim Bochumer Verein 40,85 RM, während der Mittelwert aller VSt-Betriebe einschließlich der Dachgesellschaft mit 82,45 RM mehr als doppelt so hoch war. Dem Bochumer Verein war es offensichtlich gelungen, die Belegschaft, eine interessierte Öffentlichkeit und staatliche Stellen durch häufige Publikationen über Sozialleistungen über den wahren Stellenwert der Sozialpolitik dieses Unternehmens zu täuschen. Eine perfekte Öffentlichkeitsarbeit war offensichtlich geeignet gewesen, die Tatsache zu verschleiern, daß die Sozialleistungen des Bochumer Vereins nicht einmal den Konzernstandard erreichten.

Es zeigt sich im Rahmen eines konzernübergreifenden Vergleichs, daß die VSt mit einem Reingewinn von 145,66 RM pro Belegschaftsmitglied durchaus zu den Montanunternehmen mit dem höchsten Gewinn und der

157 Vgl. die Satzung der Sterbeunterstützungseinrichtung, ebd.

158 Hier sei auf die zahlreichen Veröffentlichungen über die Sozialeinrichtungen des Bochumer Vereins in der Hüttenzeitung, in Stahl & Eisen, im Bochumer Anzeiger und in der Deutschen Bergwerks-Zeitung verwiesen.

159 Nach ArchBV 12600 Nr. 4 u. ArchTHAG, VSt-SW 120611.

größten Produktivität zu rechnen waren. Zur gleichen Zeit, in den Jahren 1934/35, erreichte Krupp lediglich 106,67 RM, die Klöckner Werke AG 110,36 RM, während die GHH mit 235,37 RM den höchsten Gewinn innerhalb der rheinisch-westfälischen Hüttenkonzerne verbuchen konnte. Als demgegenüber branchenfremde Unternehmen konnten die Siemens-Werke AG einen Reingewinn von 141,32 RM pro Belegschaftsmitglied und die Robert Bosch AG einen Gewinn von 236,84 RM realisieren.
Eine vertraglich vereinbarte Gewinnbeteiligung der Belegschaft erfolgte nur bei den zwei Unternehmen der Elektroindustrie, während in der Ruhr-Montanindustrie ausschließlich Gratifikationen auf freiwilliger Basis, in der Regel in der Form von Weihnachtszuwendungen, gewährt wurden. Den niedrigsten Anteil der gesamten freiwilligen Sozialleistungen an der pro Geschäftsjahr gezahlten Lohn- und Gehaltssumme wiesen die Bilanzen der Klöckner Werke mit nur 1,5 % aus, gefolgt mit deutlichem Abstand von den VSt mit 3,8 % und der GHH mit 4,1 %. Einen wesentlich höheren Anteil investierte die Fried. Krupp AG mit 7,8 %. Diese Sätze entsprachen effektiven Sozialausgaben je beschäftigtem Arbeitnehmer von 18,10 RM bei Klöckner, 82,40 RM bei den VSt, 92,30 RM bei der GHH und 140 RM bei Krupp.
Nicht vergleichbar mit den Ruhr-Montanunternehmen sind die Siemens-Werke und die Robert Bosch AG, in denen offensichtlich aufgrund firmenspezifischer und in geringerem Maße branchenspezifischer Sonderentwicklungen hohe Sozialausgaben getätigt wurden. Sie hatten darüber hinaus – anders als im Ruhrgebiet – eine satzungsmäßige Absicherung erfahren[160]. Die Arbeitnehmer dieser Unternehmen besaßen somit einen Rechtsanspruch auf eine Vielzahl von sozialen Leistungen, die in anderen Branchen nicht einmal auf freiwilliger Basis gewährt wurden.
Ihrem Charakter nach war die betriebliche Sozialpolitik der Weimarer Zeit und der ersten sechs Jahre des Nationalsozialismus ein Paket von im unternehmerischen Selbstverständnis freiwilligen sozial-fürsorgerischen Maßnahmen, das abhängig von der wirtschaftlich-konjunkturellen Lage zur Sicherung der Interessen der Arbeitgeber intensiviert oder wie zur Zeit der Weltwirtschaftskrise auf ein Minimalniveau reduziert wurde. Nicht nur aus diesem privatkapitalistischen Grunde waren von den Unternehmern sämtliche Versuche abgelehnt worden, eine gesetzliche Absicherung der freiwilligen Leistungen der betrieblichen Sozialpolitik herbeizuführen. Das Verhalten des Bochumer Vereins in bezug auf freiwillige Sozialleistungen wie Prämien und Gewinnbeteiligungen entsprach den Vorstellungen der NS-Wirtschaftstheoretiker, die den Gedanken der Gewinnbeteiligung der Arbeitnehmer lediglich zur Erreichung höherer Arbeitsleistungen bejahten, die Festschreibung übertariflicher und damit freiwilliger

160 Zur Sonderentwicklung bei der Firma Siemens vgl. *Kocka.*

Leistungen jedoch ablehnten. Sie gaben, indem sie unter anderem eine Gewinnbeteiligung von der aktuellen Ertragslage der Wirtschaft abhängig machten, volkswirtschaftlichen Aspekten Vorrang vor den Interessen und Forderungen der Arbeitnehmer[161].

Brachte der 2. Weltkrieg und die durch ihn verursachten gesamtpolitischen Veränderungen eine Neufestlegung des Stellenwertes der betrieblichen Sozialpolitik, wie sie von den Arbeitnehmern allgemein gefordert wurde? In welchem Umfang verbesserte der Bochumer Verein seine Sozialleistungen?

Während des Krieges verstärkte man die Eingriffs- und Lenkungsmöglichkeiten in der Industrie, Überschreitungen der gesetzlichen Vorschriften wurden unter Strafandrohung gestellt, so daß in diesem Zusammenhang zu prüfen ist, ob aufgrund dieser Bedingungen der Bochumer Verein seine Sozialleistungen analog zu den gesetzlichen Bestimmungen veränderte. Die KWVO vom September 1939 stellte grundsätzlich eine Maßnahme dar, die auf restriktivem Wege die Situation, wie sie zu Beginn des Krieges herrschte, fixieren und kriegsbedingte inflationäre Entwicklungen unterbinden sollte.

Die Zahlung von Gratifikationen zum Jahresende wurde dennoch im Rahmen der gesetzlichen Bestimmungen fortgeführt, wenn auch diese Prämien unter den aktuellen Bedingungen nach den Vorstellungen der Unternehmensleitung eine erzieherische Funktion bekommen sollten[162]. Der Reichstreuhänder genehmigte darüber hinaus auf einen besonderen Antrag des Unternehmens hin im Mai 1942 die Zahlung einer Prämie an Lohnarbeiter, die denjenigen Belegschaftsangehörigen in einer Höhe von 0,06–0,12 RM zum Bruttostundenlohn gezahlt wurde, die im Rahmen der Maßnahmen zur Leistungssteigerung überdurchschnittliche Aktivitäten hatten erkennen lassen. Die Gewährung und Höhe dieser Zulagen wurde durch den zuständigen Betriebsleiter bestimmt und war von diesem für jeden Kalendermonat und für jeden gewerblichen Arbeitnehmer beim Werkstättenhauptbüro zu beantragen[163].

Diese Maßnahmen wurden durch die Unterstützung von Belegschaftsmitgliedern im Falle der Zerstörung ihrer Wohnung durch Luftangriffe ergänzt sowie durch die Beschaffung zusätzlicher Lebensmittel und Brennstoffe[164]. Hierbei handelte es sich um eine traditionelle Sozialleistung vieler Ruhr-Montankonzerne, sie bedeuteten aber gerade für die Kriegszeit

161 Vgl. *Henzler,* S. 10 ff.

162 Sogenannten Bummelanten wurde keine Weihnachtsgratifikation gewährt.

163 Im Gesamtdurchschnitt des Unternehmens sollte die den einzelnen Arbeitern gewährte Prämie nach Vorstellungen des Werkstättenhauptbüros lediglich 0,04–0,08 RM/h betragen.

164 Vgl. Rundschreiben 781/41 des BV v. 8. 12. 1941 und Rundschreiben 95/43 des BV v. 2. 8. 1943, ArchBV 14206 Nr. 3a.

einen nicht unerheblichen Verwaltungsmehraufwand. Bemühungen der Werksleitung zum Ausbau des innerbetrieblichen Gesundheitswesens, dokumentiert durch die Anstellung eines hauptberuflich beim Bochumer Verein beschäftigten Betriebsarztes und durch den Kauf eines unternehmenseigenen Röntgenuntersuchungswagens zur Durchführung von Reihenuntersuchungen im Rahmen der Silikose- und Tbc-Prophylaxe ließen ein Interesse an einem möglichst geringen Krankenstand der Belegschaft erkennen[165]. Diese medizinischen Prophylaxe- und die sie ergänzenden Therapiemaßnahmen des Gesundheitsdienstes konnten ein Ansteigen des Krankenstandes auf rund 8,4 % im Februar 1944 allerdings nicht verhindern[166].

Kriegsbedingte Umstände, die nur zum Teil in einer mangelnden Versorgung der Bevölkerung mit Lebensmitteln zu suchen waren, Mißstände, die vielmehr auf die kontinuierliche körperliche und nervliche Ausnahme- und Spannungssituation zurückgingen, waren für einen derart hohen Krankenstand verantwortlich[167].

Die Unternehmensleitung hatte in Ergänzung der innerbetrieblichen Sozialleistungen zur Aufrechterhaltung der Gesundheit und der Moral der Belegschaftsangehörigen sowie zur Sicherung einer die Minimalbedürfnisse der Arbeitnehmer deckenden Versorgung die Sozialabteilung des Bochumer Vereins wenige Monate vor Kriegsbeginn ausgebaut. Sie verfügte von April 1939 an über vier ausgebildete Fürsorgerinnen und hatte sich nach September 1939 mit Vorrang um die mit der Einberufung zahlreicher Ehemänner sowie die mit der Berufstätigkeit zahlreicher Ehefrauen von Belegschaftsmitgliedern mit Klein- oder schulpflichtigen Kindern zusammenhängende Problematik zu kümmern. Dieser Aufgabenbereich nahm während des Krieges einen derartigen Umfang an, daß die Unternehmensleitung bis 1943 gezwungen war, den Personalbestand der Sozialabteilung auf insgesamt 27 Mitarbeiterinnen zu erhöhen, von denen allein 16 als Schneiderinnen beschäftigt waren und in zahlreichen Kursen Mitarbeiterinnen des Unternehmens und Ehefrauen eingezogener Belegschaftsmitglieder in Näh- und Flickarbeiten unterrichteten; eine, wie die Erfahrungen zeigten, notwendige und sinnvolle Maßnahme[168].

Die unternehmerische Fürsorge der Werksleitung des Bochumer Vereins überschritt damit den Kreis der innerhalb des Unternehmens beschäftigten Personen und wandte sich den Familienangehörigen der einberufenen Belegschaftsmitglieder zu. Es war offensichtlich ein Desiderat der Zeit und eine von seiten der offiziellen NS-Sozialpolitik geforderte und gefor-

---

165 Vgl. ArchBV 23001 Nr. 1 u. 25202 Nr. 2.

166 Vgl. Prozeßakten des IMT-Nürnberg, Dokument NI-4133, WWA-Dortmund.

167 Vgl. *Stadtverwaltung Bochum* (Hrsg.), Verwaltungsbericht der Stadt Bochum 1938–1948, Bochum 1949, S. 44 ff.

168 Vgl. ArchBV 25201 Nr. 1.

derte Maßnahme, die Angehörigen der Soldaten umfassend, d. h. sowohl auf sozial-fürsorgerischem Gebiet als auch durch finanzielle Zuwendungen zu unterstützen, um so die Stimmung innerhalb der Bevölkerung in den industriellen Ballungsgebieten wie auch die der Soldaten an der Front positiv zu beeinflussen. Der Bochumer Verein als NS-Musterbetrieb – das Unternehmen behielt diese Auszeichnung von 1936 bis zum Ende des 2. Weltkrieges in ununterbrochener Folge – konnte sich dieser Forderung kaum entziehen, zumal derartige Fürsorgemaßnahmen schon während des 1. Weltkrieges einen außerordentlich positiven Anklang bei der Belegschaft gefunden hatten.

Zu den Sozialleistungen dieser Art gehörten unter anderem die Unterhaltung eines Kinderhortes und eines Kindergartens. Diese in der rheinisch-westfälischen Montanindustrie verbreiteten Einrichtungen ermöglichten Frauen mit noch nicht schulpflichtigen Kindern die Aufnahme einer gewerblichen Tätigkeit. Dem Besuchsbericht einer leitenden Mitarbeiterin der VSt-Abteilung Sozialwirtschaft vom April 1942 zufolge handelte es sich bei dem Kindergarten des Bochumer Vereins um eine mit einfachen Mitteln ausgestattete, die an sie gestellten Anforderungen jedoch genügende Einrichtung. Damit standen offensichtlich ökonomische Interessen des Bochumer Vereins – die Unterbringung von unbeaufsichtigten Kindern während der Berufstätigkeit der Mütter – im Vordergrund[169]. Diese These wird durch die Tatsache bestärkt, daß der Kindergarten bis 1939 vom örtlichen »Vaterländischen Frauenverein« unterhalten, erst zu diesem Zeitpunkt vom Bochumer Verein übernommen und unter die Leitung von für diesen Zweck eingestellten Kindergärtnerinnen gestellt wurde. Der monatlich für die Unterbringung eines Kindes zu zahlende Preis von 0,75 RM hatte lediglich den Charakter einer Anerkennungsgebühr und deckte keinesfalls die entstehenden Kosten.

Der Bochumer Verein konnte allerdings als selbständiger Konzernbetrieb des VSt über Sozialleistungen, die keinen direkten Bezug zum Unternehmen aufwiesen, aber dennoch einen relativ hohen Finanzaufwand voraussetzten, nicht ohne Zustimmung des Gesamtvorstandes der Holding entscheiden, zumal wenn es sich um ein Projekt handelte, bei dessen Durchführung man Folgewirkungen bei den übrigen Konzerngesellschaften erwartete.

So beantragte der Betriebsobmann des Bochumer Vereins im März 1943, offenbar aufgrund vergleichbarer Leistungen anderer Ruhr-Montanunternehmen, die Zahlung sogenannter Gnadenbezüge an die Hinterbliebenen verstorbener Lohnempfänger, womit in diesem Bereich eine De-facto-Gleichstellung von Angestellten und gewerblichen Arbeitnehmern erreicht worden wäre. Dieser Antrag fand bei der DAF und der NSBO in

169 Vgl. Vermerk der VSt-Abt. SW v. 6. 5. 1942, ArchTHAG, VSt-SW 120613.

Hinblick auf eine mögliche Stimmungsverbesserung in den Reihen der gewerblichen Arbeitnehmer eine einmütige Unterstützung. Der Vorstand des Bochumer Vereins glaubte jedoch eine Frage von solch grundsätzlicher Bedeutung nicht entscheiden zu können und delegierte sie an die Düsseldorfer Konzernleitung[170]. Bei der Bearbeitung dieser Angelegenheiten wies man vergleichbare Leistungen bei anderen VSt-Konzernbetrieben nach – das Werk Thyssen-Mülheim zahlte den Angehörigen eines Belegschaftsmitgliedes nach dessen Tod während des folgenden Monats eine volle Lohnsumme und während zweier weiterer Monate 75 % und 40 % dieser Summe – kam aber im Zuge einer Hochrechnung zu dem Ergebnis, daß die generelle Einführung von sogenannten Gnadenbezügen eine Mehrbelastung der Unternehmensbilanz in Höhe von jährlich rund 1,5 Mio. RM nach sich ziehen würde[171].

Dieser Betrag war geringfügig bei einem ausweispflichtigen Rohüberschuß von 28,638 Mrd. RM und einer Lohnsumme von 660,9 Mio. RM für den Gesamtbereich der VSt im Geschäftsjahr 1943/44. Dennoch stand die Konzernleitung dem Antrag aufgrund der errechneten Mehrbelastung ablehnend gegenüber und riet dem Bochumer Verein von der Einführung derartiger Zuschüsse an die Angehörigen verstorbener Arbeiter ab. Man empfahl gleichzeitig, einer definitiven Entscheidung gegenüber den Antragstellern auszuweichen und von seiten der Unternehmensleitung die Entscheidung über derartige Gnadenbezüge dilatorisch zu handhaben. In Anlehnung an ähnliche bei der GHH aus Kreisen der Arbeiterbelegschaft gestellte Forderungen sollte die endgültige Entscheidung bis nach Abschluß des Krieges aufgeschoben werden. Unterstützungen für die Hinterbliebenen gefallener gewerblicher Arbeitnehmer wurden nur in Fällen direkter materieller Not aus dem Wohlfahrtsfonds des Unternehmens gewährt.

Die Unternehmensleitung des Bochumer Vereins war während der Kriegszeit gezwungen, eine betriebliche Sozialpolitik zu betreiben, die sich einmal an den berechtigten Wünschen der Arbeitnehmer orientierte, zum anderen aber die gesetzlichen Bestimmungen nicht außer acht ließ. Eine Berücksichtigung beider Interessenlagen war aufgrund ihrer Gegensätzlichkeit nicht möglich, so daß das Unternehmen in einigen Fällen, wenn auch nicht in dem Umfange wie andere Firmen im Montanbereich, aus produktions- und betriebswirtschaftlichen Gründen staatlich-restriktive Vorschriften mißachtete und den Wünschen und Forderungen der Arbeitnehmer entgegenkam. Generell wird man die betriebliche Sozialpo-

170 Vgl. Schreiben des Vorstandes des BV an die VSt v. 31. 3. 1943, ArchTHAG, VSt-SW 120611.

171 Vgl. Schreiben der VSt-Abt. SW an H. Poensgen v. 5. 4. 1943, ebd.

litik des Bochumer Vereins während des Weltkrieges als an den pragmatischen Erfordernissen der Kriegsproduktion orientiert beurteilen müssen. Der Standard der Sozialleistungen, wie sie die Thyssen-Hütte oder der DHHV ihren Belegschaftsmitgliedern boten, wurde auch nach 1939 nicht erreicht.

VII. Der Einfluß der NS-Wirtschafts- und Sozialpolitik

Die im Rahmen der NS-Sozial- und Wirtschaftspolitik durchgeführten Maßnahmen veränderten sowohl die rechtliche als auch die tatsächliche soziale Lage der Arbeitnehmer. Neuere Erkenntnisse zeigen, daß die von seiten der Initiatoren der Wirtschafts- und Sozialgesetzgebung geforderte reichseinheitliche Anwendung der Vorschriften nicht realisiert werden konnte, sondern daß von einer branchen- und in weiten Bereichen sogar firmenspezifischen Auslegung ausgegangen werden muß[1]. Eine Untersuchung der sozialen und wirtschaftspolitischen Veränderungen innerhalb eines Unternehmens, des Bochumer Vereins, unter Berücksichtigung der nationalsozialistischen Einflüsse und der daraus resultierenden Unternehmenspolitik erscheint daher geeignet, die Stellung des Unternehmens zum NS-Regime zu charakterisieren und den Einfluß der NSDAP, ihrer Gliederungen und Verbände auf die Lage der Arbeitnehmer zu quantifizieren. Die Frage, ob es dem Unternehmen gelang, neben dem ökonomischen Freiraum eine autarke Sozialpolitik, vielleicht in der Kontinuität der Zeit vor 1933, zu betreiben, wird dabei in den Mittelpunkt der Untersuchung gerückt werden müssen.

1. Veränderungen im Bereich des Gesellschaftsrechts

Wurde die Lage der Arbeitnehmer des Bochumer Vereins während der Zeit des Nationalsozialismus durch restriktive Vorschriften und Gesetze bestimmt, so war es das Unternehmensrecht, das zur gleichen Zeit die Rechtsstellung der Firma sowie die Möglichkeit und die Kompetenzen von Vorstand und Aufsichtsrat festlegte.
Ein einheitliches wirtschaftspolitisches und wirtschaftsrechtliches Konzept hatte sich innerhalb der NSDAP zum Zeitpunkt der Machtübernahme noch nicht herausgebildet, da der Interessenpluralismus – eine monolithische Geschlossenheit der Partei konnte nur Außenstehenden vorgetäuscht werden – nicht nur die Erstellung eines politischen Gesamtprogrammes verhindert hatte[2]. Es existierten lediglich einige vage Wirtschaftskonzepte, deren Verwirklichung allerdings eine Veränderung des

1 Vgl. *Mason,* Arbeiterklasse, Dokumentenanhang.
2 Vgl. *Mommsen,* Nationalsozialismus, Sp. 178 ff.

Wirtschaftssystems impliziert hätte; realistische Zielvorstellungen über das künftige Verhältnis von Staat, Partei und Wirtschaft fehlten im Jahre 1933. In der Kontinuität dieser Konzeptlosigkeit blieben die Unternehmen auch nach der Machtergreifung von dirigistischen Eingriffen verschont, die Gegner des Nationalsozialismus präjudiziert hatten. Die erwartete einseitige Bevorzugung mittelständischer Unternehmen, verbunden mit einer Auflösung der Großkonzerne, blieb ein Desiderat nationalsozialistischer Wirtschaftsutopisten, da die Regierung im Zuge der Machtkonsolidierung nicht in der Lage war, die Wirtschaftsordnung zu verändern, ohne den Widerstand der sie tragenden Gruppen befürchten zu müssen.

Einen ersten Eingriff in das bestehende Aktienrecht realisierte die Reichsregierung durch die Begrenzung der jährlichen Dividendenzahlung auf 6 bzw. 8 % im Dezember 1934[3]. Sie intendierte mit dieser Maßnahme nicht nur eine weitgehende Selbstfinanzierung der Aktiengesellschaften durch nicht mehr zur Ausschüttung gelangende Unternehmensgewinne, sondern wollte darüber hinaus eine Gewinndifferenz zwischen Aktien und festverzinslichen Wertpapieren, mit deren Hilfe die Aufrüstung zum Teil finanziert wurde, vermeiden, um die Attraktivität der Obligationen gegenüber Aktien zu erhalten[4]. Die Dividendenbegrenzung blieb in weiten Bereichen der Wirtschaft zunächst jedoch ohne praktische Auswirkungen, da der Bochumer Verein ebenso wie die Mehrzahl der Aktiengesellschaften nicht in der Lage war, eine Dividende von mehr als 6 % auszuschütten.

Die Problematik, ob die Unternehmensform des Konzerns als eine Ausprägung des »liberial-kapitalistischen Wirtschaftssystems« innerhalb der NS-Wirtschaft noch eine Funktionsberechtigung besitze, wurde bewußt aus der wirtschaftspolitischen Diskussion herausgenommen. Die Existenzberechtigung von Aktiengesellschaften, Konzernen und Holdings wurde vielmehr von der Wichtigkeit und der Nützlichkeit dieser Firmen für die Volkswirtschaft, vor allem für die Rohstoffwirtschaft abhängig gemacht. Der Nationalsozialismus vertrat nach Klug den Standpunkt, daß die Aufgabe der Volkswirtschaft die Bedarfsdeckung sei und nicht die Erzielung einer möglichst hohen Rentabilität für das Leihkapital[5]. Klug hatte damit zwar den Primat der volkswirtschaftlichen Interessen gegenüber den privatkapitalistischen Absichten akzentuiert, die Möglichkeit privatwirtschaftlicher Gewinne aber nicht ausgeschlossen.

Mit der Frage nach dem Existenzrecht von Konzernen wurde implizit auch eine Erneuerung des Aktienrechts angesprochen, ein Problem, das

3 Vgl. RGBl 1934 I, S. 1222 f.
4 Nach *Swatek*, S. 60.
5 Vgl. *Klug*, S. 5 ff.

schon während der Weimarer Republik von großer Aktualität gewesen war. Während damals eine bessere rechtliche Stellung des einzelnen Aktionärs, eine erweiterte Auskunftspflicht der Firma ihm gegenüber sowie ein differenzierteres Bilanzrecht die dringensten Desiderate dargestellt hatten, wurde in der Zeit des Nationalsozialismus eine in die entgegengesetzte Richtung verlaufende Änderung des Aktienrechts gefordert[6]. Nun galt es nicht mehr, den Aktionär gegen eine undurchsichtige Geschäftspolitik von Vorstand und Aufsichtsrat zu schützen, Kritiker forderten vielmehr eine Übertragung des makropolitischen Organisationsprinzipes auf die rechtliche Stellung einer Aktiengesellschaft und auf das unternehmensinterne Abhängigkeits- und Hierarchiegefüge. Faktisch mußten bei konsequenter Anwendung des sogenannten Führerprinzips die Beziehungen zwischen Hauptversammlung, Aufsichtsrat und Vorstand verändert und das Kompetenzgefüge zugunsten des Vorstandes erweitert werden. Diese Bestrebungen, die Aktiengesellschaft dem neuen staatlichen, auf die Zentralfigur des Führers ausgerichteten Organisationsschema anzupassen, fanden erst im Gesetz über »Aktiengesellschaften und Kommanditgesellschaften auf Aktien« vom 30. Januar 1937 ihre juristische Auswirkung, zu einem Zeitpunkt also, als das nationalsozialistische Herrschaftssystem als im ganzen gefestigt gelten konnte[7].
Als eine der wichtigsten Bestimmungen des neuen Aktienrechts galt die Heraufsetzung des Mindestkapitals von Aktiengesellschaften auf 500000 RM. Diese Maßnahme war Ausdruck einer Ablehnung der Unternehmensform Aktiengesellschaft, und sie machte in ihrer Folge die Umwandlung zahlreicher Aktiengesellschaften mit geringerem Grundkapital in Personalgesellschaften erforderlich.
Obwohl das neue Aktienrecht keine Veränderung der Konzerndefinition vornahm und Konzerne als »rechtlich selbständige, zu wirtschaftlichen Zwecken unter einheitlicher Leitung zusammengefaßte Unternehmen« bezeichnete, gab es doch verschiedene Änderungen der unternehmensinternen Kompetenzstruktur, die auch für Konzerngesellschaften Gültigkeit hatten und die in erster Linie die Befugnisse des Vorstandes erweiterten. Wenn bislang die Hauptversammlung einer Aktiengesellschaft dem Vorstand gegenüber unmittelbare Weisungsbefugnisse besessen hatte, so stellte das neue Aktienrecht die Leitungsbefugnisse unter die Verantwortung des Vorstandes, der das »Wohl des Betriebes und seiner Gefolgschaft sowie den Nutzen für Volk und Reich« als obersten unternehmerischen Grundsatz zu verfolgen hatte.
Der Aufsichtsrat konnte zwar nach dem neuen Aktienrecht gewisse Geschäftsvorgänge, die vom Vorstand beschlossen worden waren, von seiner

6 Vgl. *Welter*, S. 8 ff.
7 Vgl. AktGes vom 30. 1. 1937, RGBl 1937 I, S. 107 ff.

Zustimmung abhängig machen, jedoch untersagte das Gesetz eindeutig eine Übertragung von Geschäftsführungsaufgaben an den Aufsichtsrat. Ihm verblieb somit als einzige Aufgabe die Überwachung der Geschäftsführung des Vorstandes, der den Aufsichtsrat, wie bislang auch schon gesetzlich vorgeschrieben, in vierteljährlich erscheinenden Berichten über die geschäftliche Situation des Unternehmens zu berichten hatte und in besonderen Fällen den Vorsitzenden des Aufsichtsrates mündlich informieren mußte[8].

Mit dieser neuen Aktiengesetzgebung änderte sich auch die Beziehung zwischen dem Bochumer Verein als Konzernunternehmen und der VSt als Konzernholding. Der Vorstand des Bochumer Vereins erhielt eine erweiterte Handlungsbefugnis, während die Einflußmöglichkeiten der Holding verringert wurden.

a) Der Vorstandsvorsitzende Walter Borbet

Die durch das neue Aktienrecht gefestigte Stellung des Vorstandes und seines Vorsitzenden kam in besonderer Weise dem Führungsstil des Mannes entgegen, der, 1881 in Gelsenkirchen geboren, nach einem Studium des Hüttenwesens in Karlsruhe, Aachen und Freiberg und kurzfristigen Tältigkeiten beim Hoerder Verein und der Georgsmarienhütte im Jahre 1911 zum Bochumer Verein gekommen war und dieses Werk seit 1922 als Vorsitzender des Vorstandes, in der Zeit der juristischen Unselbständigkeit von 1926 bis 1933 als Direktor der VSt-Betriebsgesellschaft leitete[9]. Von seiner Ausbildung und seiner früheren Tätigkeit her galt Walter Borbet, als er seine Stellung in Bochum antrat, bereits als Spezialist für die SM-Stahlerzeugung nach dem Roheisen-Erz-Verfahren; einer Art der Stahlgewinnung, die unter seiner Leitung beim Bochumer Verein eingeführt worden war und die er für die Stahlwerke I und II nach deren Umbau in den 30er Jahren beibehielt[10].

Borbet verkannte, obwohl von verschiedener Seite als technischen Neuerungen und Weiterentwicklungen gegenüber offen charakterisiert, in den 20er Jahren die Weiterentwicklung im Bereich der Qualitätsstahlerzeugung[11]. Er, der in Bochum das SM-Duplexverfahren eingeführt hatte, glaubte, mit dieser Stahlsorte nicht nur den Bessemerstahl ersetzen zu können, dessen Produktion der Bochumer Verein 1925 aufgab. Er hielt diese Stahlsorte aufgrund ihrer metallurgischen Eigenschaften selbst dem Elektrostahl gegenüber für überlegen und verzögerte tendenziell durch seine Haltung die Einführung neuer Technologien beim Bochumer Ver-

8 Vgl. hierzu: § 239 a d. VO d. Reichspräsidenten über Aktienrecht, Bankenaufsicht und über eine Steueramnestie v. 19. 9. 1931, RGBl 1931 I, S. 494.

9 Vgl. ArchBV 20085 Nr. 2, sowie *Pudor,* S. 61 ff.

10 »Walter Borbet« (Nekrolog), in: Stahl & Eisen 1942, S. 147.

11 Vgl. *Rohland,* Walter Borbet, unveröffentl. Ms., S. 3.

ein, ohne jedoch dessen Bedeutung als Qualitätsstahlwerk in Frage zu stellen. Er versuchte auch, seine Meinung im Rahmen seiner Stellung als Vorsitzender des Aufsichtsrates der Deutschen Edelstahlwerke AG durchzusetzen, in deren Geschäftsführung er fortwährend eingriff. Aufgrund technischer Fehlentscheidungen, die weitgehend auf den Initiativen Borbets basierten, kam es zu größeren Unternehmensverlusten, die zu einer Neukonstitution der DEW führten. Dem Vorstand oder Aufsichtsrat gehörte Borbet nun nicht mehr an[12].

Borbet erlitt eine weitere, von ihm allerdings nicht verschuldete Niederlage mit dem Bau des Stahl- und Röhrenwalzwerkes in Höntrop, das, kurz vor der Gründung der VSt endgültig fertiggestellt, zu den modernsten Einrichtungen dieser Art in Europa zählte. Im Rahmen der Spezialisierung einzelner Konzernwerke auf Produktgruppen kam es zu einer Konzentrierung der Röhrenfertigung bei der ehemaligen Firma Poensgen in Düsseldorf-Lierenfeld, der späteren Deutschen Röhrenwerke AG, so daß zwar das Stahlwerk in Höntrop in Betrieb genommen wurde, nicht aber das Röhrenwalzwerk[13].

Die interne Geschäftsführung der VSt, deren übergroßem Vorstand Borbet nach 1926 ebenso wie die Vorstände der übrigen Gründergesellschaften angehörte, war weitestgehend durch traditionelle Bindungen und Binnenstrukturen aus der Zeit vor Gründung der VSt bestimmt[14]. Persönliche Beziehungen und Freundschaften spielten offensichtlich nicht nur in den ersten Jahren des Bestehens des Stahlvereins bei innerbetrieblichen Entscheidungen eine oft bedeutendere Rolle als objektive betriebswirtschaftliche Erkenntnisse. Rohland betont nicht zu Unrecht die egozentrische Verhaltensweise der Mehrzahl der Werksdirektoren, deren Streben und Geschäftspolitik nach der Konzerngründung noch weitgehend durch in der Regel erfolgreiche Versuche charakterisiert war, Interessen des eigenen Unternehmens auch in Opposition zu den Plänen des Gesamtkonzerns durchzusetzen. Weit verbreitet war in diesem Zusammenhang die Unart, neue Betriebsanlagen zu errichten, ohne den Konzernvorstand davon in Kenntnis zu setzen oder gar seine Baugenehmigung abzuwarten. Derartige Vorgehensweisen beschränkten sich keinesfalls auf den rein geschäftlichen Bereich; es war durchaus üblich, private Beziehungen in ihren verschiedensten Ausprägungen zur Durchsetzung eigener Interessen zu benutzen; eine Möglichkeit, die Borbet virtuos zu nutzen verstand. Die auf die Rheinelbe-Union zurückzudatierenden engen Beziehungen zu Albert Vögler, dem Vorstands- und späteren Aufsichtsratsvorsitzenden des

12 Ebd.
13 Vgl. Jb. f. d. Ruhrkohlenbezirk 1937, S. 262.
14 Vgl. Jb. OBB Dortmund 1926/27, S. 263 f.

Stahlvereins, dürften in diesem Zusammenhang von großer Bedeutung gewesen sein[15].

Borbet entwickelte besonderen Ehrgeiz im Bereich der Rüstungsproduktion. Er strebte eine Vorrangstellung an, zumal dem Bochumer Verein während der Weimarer Republik die Herstellung von Geschützmunition als einzigem Unternehmen im Reich erlaubt worden war. Sein Ziel war es, den traditionellen Konkurrenten des Bochumer Vereins, Krupp, zu übertreffen.

Diese Ziele waren für den politisch engagierten Borbet, der – bis 1929 Mitglied der DVP – als Delegierter dem Rat der Stadt Bochum sowie dem Westfälischen Provinziallandtag angehörte, nur unter der Bedingung zu erreichen, daß er nach 1933 einen systemkonzilianten Kurs verfolgte, der ihn in keinerlei Oppositionsstellung zum NS-Regime brachte[16]. Borbet konnte eine solche Haltung ohne Schwierigkeiten realisieren, da sich seine politischen Grundgedanken als Vertreter des industriellen Flügels innerhalb der DVP, nach 1929 als Parteiloser, in einigen Bereichen nur unwesentlich von den Kampfforderungen der NSDAP unterschieden. Nicht nur die Ablehnung des Versailler Friedensvertrages und die Enttäuschung über die wirtschaftliche Entwicklung in der Endphase der Weimarer Republik definierten Borbets politische Nähe zur NSDAP, es war darüber hinaus die Ablehnung des parlamentarischen Systems als eine für Deutschland geeignete Regierungsform[17]. Seine zur Jahreswende 1932/33 gestellte Forderung nach einem »starken nationalen Staat« – in seinem Verständnis eine autonome nicht an parlamentarische Formen gebundene, die nationalen Interessen berücksichtigende Regierung – entsprach durchaus den politischen Zielvorstellungen der Mehrzahl der Schwerindustriellen, die trotz erster Anzeichen der Krisenüberwindung zum Jahresbeginn 1933 strukturelle, durch die Weimarer Reichsverfassung bedingte Entwicklungen als ihren Interessen entgegenstehend und als Hindernis für eine umfassende Gesundung der Wirtschaft ansahen.

Obwohl Borbet die Machtergreifung der NSDAP und mehr noch die aus diesem Ereignis resultierenden Folgen für die deutsche Schwerindustrie lebhaft begrüßte und seine Mitgliedschaft im Stahlhelm, dem er seit 1932 angehörte, und später im Nationalsozialistischen Deutschen Frontkämpferbund wesentlich zur politischen Charakterisierung seiner Person beiträgt, zögerte er dennoch, der NSDAP sofort beizutreten, und wurde zunächst lediglich Mitglied des NSV und der DAF[18]. Wenn Borbet rund

15 Vgl. *Rohland,* Walter Borbet, unveröffentl. Ms., S. 3 ff.

16 Vgl. ArchBV 20085 Nr. 2.

17 Vgl. u. a. *Bracher,* Machtergreifung, S. 48 ff., sowie *Schulz,* S. 93 ff.

18 Borbet war NSDAP-Mitglied und hatte die Mitglieds-Nr. 3752874. Diese Mitglieds-Nr. wurde im Monat Mai 1933 oder später von der Parteizentrale der NSDAP ausgegeben.

zweieinhalb Jahre nach der Machtergreifung in einem Zeitungsartikel schrieb, er sei dem Führer erstmals 1927 begegnet und habe in ihm bereits zu dieser Zeit eine der wertvollsten Gestalten der deutschen Geschichte erkannt, in dem die Zukunft lebe und der die Kraftquelle für die Erneuerung Deutschlands darstelle, so stand dieses Bekenntnis im Gegensatz zu seinem früheren Engagement innerhalb der DVP[19]. Es zeigt die Inkonsequenz und nicht zuletzt einen ausgeprägten Zweckopportunismus Borbets, der den politischen Konzepten der NSDAP bereits vor 1933 zustimmte, die Machtübernahme durch die NSDAP lebhaft begrüßte, indem er die Einsetzung Hitlers als einzig richtige politische Lösung bezeichnete, aber dennoch bis zu seinem Parteibeitritt einige Zeit vergehen ließ[20]. Nach einer Konsolidierung des NS-Regimes trat Borbet jedoch bedenkenlos für den Nationalsozialismus ein. Er war seinem Selbstverständnis zufolge verantwortlich für die wirtschaftliche Wiederbelebung im Reich, und Borbet ließ sich von den Nationalsozialisten bereitwillig als erfolgreicher Industrieller darstellen, als einen Protagonisten des »neuen Deutschland«. Seine guten Beziehungen sowohl zur NSDAP als auch zur Wehrmacht waren über den Bochumer Verein hinaus bekannt.

Als Gegenleistung für diese Systemkonformität und die Bereitschaft, sich für den Nationalsozialismus zu exponieren, ernannte man Borbet von seiten der Partei 1934 zum Mitglied des Parteiausschusses zur Wahrung der Berufsmoral. Er erhielt darüber hinaus zahlreiche Auszeichnungen, das Kriegsverdienstkreuz der 2. und 1. Klasse, das Luftschutz-Ehrenzeichen erster Stufe sowie das Olympia-Ehrenzeichen 1. Klasse[21]. Göring ernannte Borbet am 30. Januar 1935 zum Preußischen Provinzialrat, am 1. Oktober des gleichen Jahres berief ihn die NSDAP-Gauleitung Westfalen-Süd in den Rat der Stadt Bochum, und am 20. Mai 1937 verlieh ihm die Wehrwirtschaftsinspektion Münster den Titel eines Wehrwirtschaftsführers.

Eine weitere Ehrung für Borbet bedeutete seine Berufung als Leiter der Wirtschaftskammer für Westfalen und Lippe durch den Reichwirtschaftsminister gegen Jahresende 1934; ein Amt, das mit dem Präsidiumsvorsitz der IHK Dortmund verbunden war. Dem Zeitgeist, aber auch seiner politischen Einstellung gemäß schloß Borbet – ein überzeugter Gegner des Marxismus und Sozialismus – seine Rede zur Amtseinführung mit den Worten: »Die Meisterung des deutschen Schicksals durch Adolf Hitler muß und wird schließlich auch der Welt als eine neue Großtat zum Bewußtsein kommen, die Europa vor dem Kommunismus gerettet hat.

19 *Borbet, W.*, In diesem Mann lebt Deutschland, in: Rheinisch-Westfälische Zeitung Nr. 380a v. 30. 7. 1935.

20 *Borbet, W.*, Die große Wende, in: Hüttenzeitung 1933, H. 3, S. 1.

21 Vgl. ArchBV 20085 Nr. 2.

Deutschland ist damit erneut zu einem wertvollen Träger der Arbeit und Ordnung geworden und hat so dem Frieden der Welt eine starke Stütze geschaffen.«[22]

Kommentierte Borbet den Vierjahresplan zum Jahreswechsel 1936/37 noch als ein volkswirtschaftlich notwendiges Unternehmen, in dessen Rahmen eine Lenkung des Verbrauchs dringend notwendig sei, so kritisierte er sechs Monate später, im Rahmen einer Rede zur Beiratssitzung der Wirtschaftskammer Westfalen-Lippe am 27. Mai 1937, die Widersprüchlichkeit zwischen der Selbstverwaltung der gewerblichen Wirtschaft und den staatlichen Eingriffen in den Wirtschaftsablauf. Borbet begrüßte in diesem Zusammenhang alle Maßnahmen, die, wie die Verleihung der sozialen Ehrengerichtsbarkeit an die Wirtschaftskammern, in irgendeiner Weise geeignet erschienen, das Eigenleben und die Selbstverwaltung der Wirtschaft gegenüber staatlichen Bestrebungen abzuschirmen[23].

In der Folgezeit kam es offensichtlich zu weiteren Differenzen zwischen staatlichen Institutionen und Borbet als Repräsentanten der vom Nationalsozialismus geschaffenen Organisation der gewerblichen Wirtschaft. Reichswirtschaftsminister Funk nahm diese Haltung Borbets zum Anlaß, ihn als Präsidenten der IHK Dortmund und Leiter der Wirtschaftskammer Westfalen-Lippe abzulösen. Funk entsprach damit, so der Tenor seines Schreibens vom 14. Juni 1939, einem schon vor längerer Zeit geäußerten Wunsch Borbets, ihn als Leiter der IHK und der Wirtschaftskammer abzulösen. Borbet hatte Funk damals um seine Entlassung gebeten, da er der Ansicht war, daß er diese Ämter neben seiner Funktion als Generaldirektor des Bochumer Vereins nicht in vollem Umfang wahrnehmen könne. Borbets Stellvertreter Ernst Buskühl, Vorstandsvorsitzender der Harpener Bergbau AG, sowie zwei weitere Stellvertreter, der Kaufmann Wilhelm Bohe und der Zechendirektor Adolf Barteck, wurden ebenfalls am 14. Juni von ihren Ämtern abberufen[24].

Die in der Öffentlichkeit sichtbare Verbindung Borbets zum Nationalsozialismus blieb unter anderem durch die kontinuierliche Verleihung des Titels »Nationalsozialistischer Musterbetrieb« aufrechterhalten, der dem Unternehmen 1941, zum 60. Geburtstag Borbets, zum vierten Male in ununterbrochener Reihenfolge verliehen wurde[25].

Bereits zum Jahresbeginn 1939 war es zu einem starken Anstieg der Auftragslage der eisenschaffenden Industrie gekommen. Der Auftragsbestand

---

22 Aus Rede Borbets (undatiert) zum Amtsantritt als Leiter der Wirtschaftskammer, ArchBV 20085 Nr. 2

23 Der Redetext befindet sich in ArchBV 20085 Nr. 3.

24 Vgl. Überlieferung der IHK Dortmund bzw. der Wirtschaftskammer Westfalen-Lippe im WWA, hier: Bestand K 1 d Nr. 201/03.

25 »Generaldirektor Dr. Walter Borbet 60 Jahre«, in: Bochumer Anzeiger v. 9. 9. 1941.

des Bochumer Vereins hatte sich um 500 % von ca. 11,5 Mio. RM im Jahre 1935/36 auf fast 58 Mio RM zum Ende des Geschäftsjahres 1938/39 erhöht[26]. Die damit verbundenen Lieferschwierigkeiten basierten nicht zuletzt auf offensichtlichen Mängeln im Bereich der Wehrwirtschaftsorganisation und der ausschließlich von Militärs geleiteten Vergabe und Koordination von Rüstungsaufträgen an die Industrie. Die staatliche Lenkung der Rüstungsindustrie arbeitete nach traditionell-militärischen, nicht nach betriebswirtschaftlichen und organisatorischen Gesichtspunkten. Die auch von seiten des NS-Regimes in dieser Hinsicht kritisierte Wehrmachtführung lehnte jedoch eine Umstrukturierung des für Rüstungsaufträge verantwortlichen Heereswaffenamtes ab und gestand lediglich die Delegation eines Repräsentanten der Industrie in das Heereswaffenamt zu. Walter Borbet, den man für diese Aufgabe vorgesehen hatte, lehnte jedoch dieses Ansinnen ab und verlangte umfangreichere Kompetenzen sowie seine Zuordnung zum OKW, nicht jedoch zum Heereswaffenamt[27]. Nachdem die Verhandlungen mit Borbet offensichtlich an der fehlenden Kompromißbereitschaft des OKW und nicht zuletzt auch an der Unnachgiebigkeit Borbets in bezug auf seine gestellten Forderungen zum Jahresanfang 1940 endgültig gescheitert waren, ergriff die Regierung die Initiative und ernannte am 17. März 1940 Fritz Todt zum Reichsminister für Bewaffnung und Munition. Diese mit umfangreichen Kompetenzen ausgestattete Position hätte einem Montanindustriellen mit eindeutig privatwirtschaftlichen Interessen in dieser Form kaum übertragen werden können.

Der überraschende Tod Walter Borbets am 4. Januar 1942 in seinem Büro beim Bochumer Verein bleibt nach wie vor mysteriös. Während Borbet, der an Angina pectoris litt und erst kurz vor seinem Tode von einer Kur in Bayern zurückgekehrt war, offiziellen Berichten zufolge an Herzversagen starb, soll er, der nach unbestätigten Gerüchten am Vortage von Verhandlungen aus der Reichshauptstadt zurückgekehrt war, Selbstmord begangen haben.

Mit dem Tode Borbets, der in Nekrologen als ein Stahlfachmann von internationalem Ruf charakterisiert wurde, verlor der Bochumer Verein zugleich einen Vorstandsvorsitzenden, der den nationalsozialistischen Anspruch vom Betriebsführer als Pendant zum politischen Führer im mikroökonomischen Bereich in fast idealer Weise erfüllt hatte[28]. Seine starke Persönlichkeit, so Funk bei dem von Hitler angeordneten Staatsbegräbnis, habe es dem Verstorbenen ermöglicht, das Werk mit starker Hand zu füh-

26 Nach ArchBV 17100 Nr. 2.

27 Siehe *Eichholtz*, Geschichte, S. 119.

28 Vgl. »Walter Borbet, Nekrolog«, in: Deutsche Bergwerks-Zeitung v. 6. 1. 1942, u. »Das Staatsbegräbnis für Generaldirektor W. Borbet«, in: Völkischer Beobachter (süddeutsche Ausgabe) v. 10. 1. 1942.

ren; eine Umschreibung eines autokratischen Systems, das den Führungsstil Borbets in den letzten beiden Dekaden vor seinem Tode charakterisierte[29]. Seine Art, das Unternehmen zu führen, war dem Konzept nach vergleichbar mit einer Despotie, Borbets Entschluß, nicht die Meinung seiner Vorstandskollegen war maßgebend für die Entwicklung des Unternehmens, er war das ungeschriebene Gesetz, dessen Befolgung er voraussetzte, gegen den er Widerstand in keiner Form duldete.
Auf der anderen Seite suchte und fand Borbet die Popularität und den Respekt, den er von allen seinen Mitarbeitern verlangte. Die traditionelle Teilnahme an den Jubilarfeiern des Werkes, an Betriebsfesten und sportlichen Veranstaltungen auf Betriebsebene brachte ihm den Kontakt zu den Belegschaftmitgliedern, die ihn als einen bedeutenden Montanindustriellen mit typisch patriarchalischen Charakterzügen verehrten, die ihn aber während der Arbeitszeit als teilweise cholerisch veranlagten und in seinen Reaktionen unberechenbaren Chef fürchteten.
Dieser patriarchalische Führungsstil entsprach in weiten Bereichen den Vorstellungen, die Karl Arnhold in seinen Betrachtungen zur innerbetrieblichen Hierarchie geäußert und als Leiter des Dinta mit erheblicher finanzieller Unterstützung der VSt propagiert hatte[30]. Mit Arnhold verbanden Borbet Gewerkschaftsfeindlichkeit, die Ablehnung jeglichen Zusammenschlusses der Arbeitnehmer über die Ebene des Einzelbetriebes hinaus sowie die Idee der Betriebsgemeinschaft als ein die Klassenschranken ignorierender und bewußt überschreitender Zusammenschluß aller Belegschaftsmitglieder eines Werkes unter völkisch-nationalen Ideologemen. Von diesem Standpunkt aus nahm Borbet eine engagierte Oppositionsstellung gegenüber sozialistischen und marxistischen Gruppen ein[31].
Aber auch im persönlichen Bereich galt Borbet als äußerst schwierig und unberechenbar. War der geistig flexible Borbet auf der einen Seite als beliebter und charmanter Gastgeber bekannt, so hinderten ihn weder eine gute Bekanntschaft noch die Zugehörigkeit zum gleichen studentischen Corps daran, einen leitenden Angestellten zu entlassen, weil dieser ihn anläßlich eines Betriebsfestes zusammen mit dem stellvertretenden Vorstandsmitglied des Bochumer Vereins, Eberhard Letixerant, auf einem Plakat persifliert hatte.
Bei einer anderen Gelegenheit mußten Vögler als Aufsichtsratsvorsitzender und Poensgen als Vorsitzender des Vorstandes nach Bochum fahren und Borbet beschwichtigen, weil er bei einem Rundschreiben der VSt im Verteilerkopf nicht an erster Stelle genannt und ohne den Titel Generaldirektor angeführt worden war[32].

---

29 »W. Borbet« (Nekrolog), in: Stahl & Eisen 1942, S. 147.
30 Vgl. *Arnhold*, Wehrhafte Arbeit, S. 9 ff.
31 »Zum Gedächtnis W. Borbets«, in: Bochumer Anzeiger v. 4. 1. 1943.
32 *Rohland*, Walter Borbet, unveröffentl. Ms., S. 6 f.

b) Der Vorstand des Bochumer Vereins

Gegenüber der Person Borbets traten die übrigen Mitglieder des Vorstandes, im Jahre 1937 Gustav Knepper[33], der kaufmännische Direktor Alfred Polscher sowie der Eisenhüttenfachman Eberhard Letixerant als sellvertretendes Vorstandsmitglied bei der Leitung des Bochumer Vereins völlig in den Hintergrund[34]. Letixerant und Polscher sorgten für den störungsfreien Ablauf der Produktionen im technischen Bereich sowie für das Funktionieren der kaufmännischen Verwaltung, waren dabei aber nie, wenn auch juristisch mit umfangreichen Kompetenzen ausgestattet, mehr als Assistenten Borbets. Sie standen zwischen Borbet, der es sich manchmal nicht nehmen ließ, einzelne Betriebe zu inspizieren und sich mit Arbeitern über betriebliche und persönliche Probleme zu unterhalten, und den Leitern der Betriebe und Werkstätten.

Nur selten, im Falle der Verhinderung Borbets, hatten Vorstandsmitglieder die Möglichkeit, den Bochumer Verein auch nach außen hin zu vertreten. Bei diesen Gelegenheiten beauftragte Borbet in der Regel Letixerant, der als sein persönlicher Assistent galt, mit seiner Stellvertretung, während Polscher kaum mit derartigen Aufgaben betraut wurde. Der Grund für diese Tatsache ist nicht zuletzt in einem sehr engen Vertrauensverhältnis zwischen Borbet und Letixerant zu sehen, der sowohl bei den leitenden Angestellten als auch bei den Arbeitnehmern als Zuträger Borbets bekannt und allgemein gefürchtet war.

Nach dem Tode Borbets beauftragte die VSt-Konzernleitung den bisherigen Leiter des Werkes Henrichshütte in Hattingen der Ruhrstahl AG, Walter Alberts, mit der Führung des Bochumer Vereins. Alberts bemühte sich, die Leitung des Bochumer Vereins im Führungsstil Walter Borbets fortzusetzen, ihm fehlten jedoch ebenso die Ausstrahlung seines Vorgängers, der Respekt von seiten der Belegschaft wie auch die Anerkennung durch die Konzernleitung. Der Versuch Alberts', den Bochumer Verein als omnipotenter Vorstandsvorsitzender zu führen, mußte aus diesem Grunde scheitern, auch wenn ein derartiger Führungsstil aufgrund der gesetzlichen Bestimmungen möglich war. Mit dem Tode Borbets und der Ernennung Alberts' wurde eine Ära beendet, die seit der Zeit Louis Baares durch einen autokratisch-patriarchalischen Führungsstil gekennzeichnet war. Eine kollegiale Unternehmensführung, eine Schwächung der Stellung des Vorstandsvorsitzenden bei gleichzeitig steigendem Einfluß der übrigen Vorstandsmitglieder prägte dieses Gremium von 1942 an. Alberts

---

33 Knepper war Leiter der in der GBAG zusammengefaßten Bergwerke der VSt und war damit als Vertreter der VSt-Holding in den BV-Vorstand delegiert worden.

34 Der 1880 in Berlin geborene Polscher hatte eine kaufmännische Lehre in der Zeit von 1900–1902 absolviert und hatte sich anschließend zum Vorstandsmitglied der Glockenstahlwerke AG in Remscheid-Hasten hochgedient. Zu Jahresanfang 1927 wurde er in gleicher Position vom BV übernommen.

ließ dennoch nichts unversucht, um eine Machtstellung aufzubauen, wie sie sein Vorgänger besessen hatte. Er kooperierte ebenso wie Borbet eng mit den zuständigen Stellen von Partei, Staat und Wehrmacht.
Die Konzernleitung stand diesen Bemühungen jedoch ebenso ablehnend gegenüber wie die übrigen Vorstandsmitglieder des Bochumer Vereins, sie ließen keinen Zweifel daran, daß Alberts nicht die überragende Persönlichkeit darstellte, die man mit der Leitung des Bochumer Vereins hatte betrauen wollen. Andererseits bot sich der Holding mit der Ernennung Alberts' die Möglichkeit, stärker als bislang in die Unternehmensführung des Bochumer Vereins einzugreifen.

2. *Die Einflußnahme der NSDAP und ihrer Organisationen auf die Arbeitsbedingungen*

Hatte die Wirtschaft nach 1933 zunächst einen relativ großen Freiraum behalten, über den sie bis zur vollständigen Konsolidierung des NS-Regimes im politischen Bereich im Jahre 1935/36 frei verfügen konnte, so zog die Planung im Hinblick auf die im Zuge der Aufrüstung notwendigen Ausweitung der eisen- und stahlerzeugenden und der weiterverarbeitenden Industrien eine straffe Lenkung des verfügbaren Arbeitskräftepotentials und den Zwang zum optimalen Einsatz eines jeden Arbeitnehmers an dem volkswirtschaftlich sinnvollsten Arbeitsplatz nach sich.
Weil derartige Bestimmungen auf freiwilliger Basis kaum Erfolg versprachen, führte man 1935 das sogenannte Arbeitsbuch mit dem Ziel ein, eine zweckentsprechende Verteilung der Arbeitskräfte in der Wirtschaft durchführen zu können[35]. Alle Arbeitnehmer bis zu einem Monatsverdienst von 1000 RM waren aufgrund der entsprechenden Bestimmungen arbeitsbuchpflichtig, und ab Mai 1935 wurde das Arbeitsbuch notwendige Voraussetzung für ein Beschäftigungsverhältnis. Diese erste Maßnahme zur Lenkung der Arbeitnehmer blieb dennoch – mit Ausnahme der für fast alle Beschäftigten obligatorischen Erfassung persönlicher Daten und Qualifikationsmerkmale – für den Bochumer Verein und seine Belegschaft weitgehend bedeutungslos, da dieses Unternehmen aufgrund seiner Stellung als Rüstungsbetrieb Vorteile genoß, die ihm eine vorrangige Versorgung mit Arbeitskräften garantierten.
Mit der Verkündung des Vierjahresplanes wurden nicht allein neue wirtschaftspolitische Richtlinien erlassen[36]. Wegen des Arbeitskräftemangels im Bereich der Rüstungsindustrie kam es vielmehr zur Anwendung ar-

---

35 Siehe Gesetz über die Einführung eines Arbeitsbuches v. 26. 2. 1935, RGBl 1935 I, S. 311.
36 Vgl. RGBl 1936 I, S. 887.

beitsrechtlicher Lenkungsmaßnahmen, die sowohl die Entscheidungsfreiheit der Arbeitnehmer als auch die der Arbeitgeber verringerten[37]. Diese Bestimmungen beschnitten erstmals die freie Wahl des Arbeitsplatzes und die Möglichkeit, soweit es sich um angelernte oder gelernte Metall- oder Bauarbeiter handelte, eine andere als die gelernte oder bislang überwiegend ausgeübte Tätigkeit zwingend vorzuschreiben. Über diese die binnenwirtschaftliche Fluktuation und die freie Berufswahl der Arbeitnehmer einschränkenden oder gar aufhebenden Maßnahmen hinaus wurde die Möglichkeit geschaffen, die bislang noch existierende formale Freizügigkeit der Arbeitnehmer im Rahmen einer Dienstverpflichtung aufzuheben. Diese Bestimmung bewirkte eine weitere Militarisierung des Arbeitsverhältnisses und wurde als solche im Selbstverständnis des NS-Regimes auch verstanden[38].

Die Belegschaftsangehörigen des Bochumer Vereins entnahmen diese und weitere detaillierte Durchführungsbestimmungen zum Vierjahresplan nicht nur aus der Tagespresse, sie wurden darüber eingehend in der Hüttenzeitung mit einem einführenden Hinweis auf mögliche Strafen bei Verstoß gegen diese von Göring veranlaßten Anordnungen informiert[39]. Erst im Februar 1937 hatten die Bestimmungen des Vierjahresplanes auch innerhalb des Bochumer Vereins eine konkrete Ausformung erfahren, so daß werksinterne Vorschriften für eine Angleichung innerbetrieblicher Regelungen an die allgemeine Gesetzgebung erlassen werden konnten. Sie bezogen sich zunächst auf die sparsame Verwendung von importierten Rohstoffen und knappen inländischen Produkten. Die Arbeiter wurden mit Nachdruck darauf hingewiesen, daß es auf die Bereitwilligkeit des einzelnen Belegschaftsmitgliedes und seiner Initiative ankomme, um die Ziele des Vierjahresplanes erfüllen zu können; nur eine freiwillige und freudige Teilnahme an den Aktionen gewährleiste deren Erfolg[40].

Eine Verschlechterung der arbeits- und sozialrechtlichen Lage der Beschäftigten des Bochumer Vereins bedurfte einer propagandistischen Vorbereitung. Borbet betonte daher in der Hüttenzeitung, daß die Erreichung der wirtschaftlichen Unabhängigkeit »den totalen Einsatz« aller im Reich zur Verfügung stehenden Mittel und Arbeitskräfte erfordere[41]. Eine Bevormundung Deutschlands durch andere europäische Mächte werde durch den Vierjahresplan überwunden. Diese Propaganda führte die Be-

---

37 Vgl. u. a. AO zur DV d. VP über d. Sicherstellung d. Facharbeiternachwuchses v. 7. 11. 1936, in: Der Vierjahresplan 1937, S. 37; AO zur DV d. VP über d. Sicherstellung d. Bedarfs an Metallarbeitern für staats- und wirtschaftspolitisch bedeutsame Aufträge d. Eisen- und Metallwirtschaft v. 7. 11. 1936, ebd.; AO zur DV d. VP über d. Rückführung von Metallarbeitern und Baufacharbeitern in ihren Beruf v. 7. 11. 1936, ebd., S. 37 f.

38 Vgl. *Syrup*, Arbeitseinsatz, S. 13, u. *Mason*, Arbeiterklasse, S. 152 ff.

39 »Arbeitseinsatz und Vierjahresplan«, in: Hüttenzeitung 1936, H. 22, S. 1 f.

40 »Der Betrieb und der Vierjahresplan«, ebd. 1937, H. 8, S. 2.

41 Vgl. Neujahrsaufruf Borbets, ebd. 1938, H. 24, S. 1.

legschaft an eine mögliche kriegerische Auseinandersetzung heran, und im Januar 1939 wurde schließlich, allerdings zeitlich verspätet, zur Diskussion in der wissenschaftlichen Literatur die Rolle der Wirtschaft im Kriege in der Hüttenzeitung diskutiert[42].
Der Krieg wurde zwar in diesem Artikel über die bekannte Definition Clausewitz' hinaus als ultima ratio der Politik bezeichnet, gleichzeitig wurde aber, beruhend auf den Erkenntnissen des 1. Weltkrieges, die bedeutende Rolle der Wirtschaft in einem Krieg und der Zwang zur Unterordnung der Wirtschaft unter seine Erfordernisse betont. Die notwendige Krisenfestigkeit der Wirtschaft war nach Ansicht des Autors lediglich durch eine staatliche Lenkung sowie den vollen Einsatz des einzelnen Arbeitnehmers gewährleistet.
Dieser Bericht fand seine Ergänzung einen Monat später in dem Nachdruck eines Artikels Hermann Görings in der Hüttenzeitung, in dem die politischen Erfolge des NS-Regimes als untrennbar mit den wirtschaftlichen Leistungen der Nationalsozialisten verbunden dargestellt wurden. Die Wehrhaftigkeit Deutschlands sei, so Göring, eine Garantie für den Frieden in Europa. Widersprüchlich dazu betonte Göring wenig später in demselben Artikel die »kämpferische Natur« des deutschen Volkes, das aufgrund der Forderungen des Vierjahresplanes im Bereich der Wirtschaft bereits überlegene Leistungen gezeigt und auch in Zukunft noch zu zeigen habe[43].

a) Soziale und ökonomische Folgen der NS-Wirtschaftslenkung

Die Maßnahmen zur Wirtschaftslenkung konnten nicht ohne Auswirkungen auf die aktuelle Lage der Arbeitnehmer bleiben. Die immer wieder gestellte Forderung nach Leistungssteigerung und der dirigistische Einsatz von Arbeitskräften mußten die Lage der Belegschaftsmitglieder des Bochumer Vereins entschieden verschlechtern.
Wandte sich die Betriebskrankenkasse im Mai 1939 mit einer Krankenstatistik in der Hüttenzeitung an die Belegschaft und beklagte darin mit Nachdruck den hohen Krankenstand, so war dieser nach eigenen Angaben nicht allein durch eine Grippeepidemie im ersten Quartal 1939 bedingt, er war offensichtlich zumindest partiell eine Folge der von seiten der NSDAP betriebenen Wirtschafts- und Sozialpolitik[44]. Der Ausweitung der Produktion stand ein Mangel an gewerblichen Arbeitnehmern besonders im Montan- und Weiterverarbeitungsbereich gegenüber, den die Wirtschaft durch Einstellung von bislang branchenfremden oder nur

42 »Totaler Krieg und krisenfeste Wirtschaft«, ebd. 1939, H. 1, S. 2.
43 *Göring, H.*, Die deutsche Schaffenskraft wächst aus dem deutschen Selbstbewußtsein, ebd. 1939, H. 4, S. 2.
44 »Sprechende Zahlen der Krankenstatistik«, ebd. 1939, H. 10, S. 5.

bedingt einsatzfähigen Arbeitskräften ausgleichen mußte. Maßnahmen wie der Arbeitsplatztausch von jungen, unverheirateten Belegschaftsmitgliedern gegen verheiratete ältere Arbeitnehmer, wobei den jungen Belegschaftsmitgliedern die Möglichkeit geboten wurde, in den Arbeitsdienst überzuwechseln, mußten daher auf die Frühzeit des NS-Regimes beschränkt bleiben. Lediglich für die Gruppe der kaufmännischen Angestellten blieb ein Überangebot an Arbeitskräften bestehen, das in einer überproportional großen Arbeitslosenziffer seinen Ausdruck fand[45]. Im Gegensatz dazu war die Nachfrage nach technischen Angetellten sehr stark angestiegen[46].

Eine Folge dieser ökonomischen Veränderungen und einer der Gründe für den hohen Krankenstand im Jahre 1939 war eine zunehmende Überalterung der Belegschaft. Sie war durch die sinkende Arbeitslosenziffer und den Arbeitskräftemangel bedingt sowie durch das Ausscheiden von jüngeren Geburtenjahrgängen aus dem Wirtschaftsprozeß aufgrund der 1935 wieder eingeführten allgemeinen Wehrpflicht und hatte beim Bochumer Verein folgende Auswirkungen auf den Altersaufbau der Belegschaft (Angaben in Prozent)[47]:

Stichtag	bis 20 Jahre	20–29 Jahre	30–39 Jahre	40–49 Jahre	50–59 Jahre	60 Jahre und älter
1. 2. 33	5,74	18,78	33,38	21,98	15,84	4,27
1. 2. 34	4,58	23,64	34,91	20,28	12,66	3,92
1. 2. 35	3,73	27,94	36,30	18,76	10,25	3,03
1. 2. 36	3,96	26,33	37,30	19,07	10,34	3,38
1. 2. 37	4,43	25,75	37,11	19,31	10,20	3,20
1. 2. 38	5,99	22,08	37,32	20,49	10,70	3,43
1. 2. 39	7,30	21,22	36,06	20,63	11,10	3,70

Der zeitweise signifikante Rückgang der unter zwanzigjährigen Belegschaftsmitglieder ist auf die Wiedereinführung der allgemeinen Wehrpflicht zurückzuführen; der seit 1937 steigende Anteil an der Gesamtbelegschaft war durch die Einstellung jüngerer branchenfremder Hilfskräfte bedingt. Die Überalterung der Belegschaft zeigt sich an dem von 1935 bis 1939 um über 3 % gestiegenen Anteil der über 40jährigen gewerblichen Arbeitnehmer.

Eine deutliche Zunahme der Arbeitsunfälle im Bereich des Bochumer Vereins ist analog zu dem steigenden Durchschnittsalter festzustellen. Lag die Zahl der tödlichen Betriebs- und Wegeunfälle 1933 mit 0,42 bereits deutlich über dem bis zu diesem Zeitpunkt niedrigsten Wert seit Gründung der VSt mit 0,15 tödlichen Unfällen pro 1000 Belegschaftsmitgliedern im

45 Vgl. *Syrup, F.*, Vierjahresplan und Arbeitseinsatz, in: Der Vierjahresplan 1937, S. 17.
46 Vgl. *Deppe*, S. 58.
47 Zahlen nach ArchBV 15000 Nr. 2.

Jahre 1931, so ereigneten sich bis 1938 im Jahresdurchschnitt über 0,45 tödliche Betriebs- und Wegeunfälle, während 1939 eine Verdoppelung der Unfallrate auf 1,05 zu beobachten ist[48]. Bei näherer Betrachtung der im Kalenderjahr 1939 eingetretenen 19 tödlichen Unfälle zeigt sich, daß entgegen der naheliegenden These einer besonderen Gefährdung von Arbeitnehmern, die erst seit kurzer Zet in dem Unternehmen beschäftigt waren, auch ein hoher Prozentsatz von Arbeitern betroffen war, die schon seit 10 und mehr Jahren, im Einzelfall bis zu 36 Jahren, beim Bochumer Verein tätig gewesen waren. Die tödlichen Unfälle können nicht in erster Linie als Folgeerscheinung mangelnder Kenntnisse und Erfahrungen der Arbeitnehmer im montanindustriellen Bereich interpretiert werden, sie stehen vielleicht – ein genauer Nachweis wird kaum möglich sein – im Zusammenhang mit den Forderungen nach Leistungssteigerung. Leistungssteigernd wirkte darüber hinaus das Akkordlohnsystem. Die Mehrzahl der gewerblichen Arbeitnehmer des Bochumer Vereins wurde nach diesem System entlohnt, um die Verdienstmöglichkeiten der individuellen Leistungsfähigkeit der Arbeitnehmer anpassen zu können.

Nach der Wirtschaftskrise waren ein starker Trend zur materiellen Sicherung sowie ein verstärkter Nachholbedarf im Privatkonsum erkennbar, der durch NS-Einrichtungen wie KdF, Volkswagensparen und Eigenheimbau erheblich motiviert wurde. Diese Faktoren führten dazu, daß die Arbeitnehmer ein höheres Einkommen anstrebten. Die Erfüllung des gestiegenen Anspruchsniveaus war für die gewerblichen Arbeitnehmer des Bochumer Vereins ebenso wie für die überwiegende Zahl aller Industriearbeiter nach 1933 jedoch allein durch eine Steigerung der individuellen Leistung realisierbar, so daß diese Konstellation zwangsweise zu einer Überanstrengung der Arbeiter führen mußte und das Unfallrisiko, bedingt durch lange Arbeitszeiten und ein hohes Arbeitstempo, sehr stark anschnellen ließ. So ereigneten sich 1939 im Bereich des Bochumer Vereins neben den 19 tödlichen weitere 3080 Unfälle, die von dem Unternehmen registriert wurden; das heißt, fast jedes 6. Belegschaftsmitglied erlitt im Jahre 1939 einen innerbetrieblichen Unfall[49]. Mit dieser Entwicklung war offenbar ein starkes Ansteigen des Krankenstandes verbunden, der die veränderte gesundheitliche Situation der gewerblichen Arbeitnehmer repräsentierte.

Die Lage beim Bochumer Verein stimmte damit mit der gesamtindustriellen Entwicklung tendenziell überein. Der allgemeine Gesundheitszustand der Arbeiterklasse hatte sich, wie Mason darstellt, aufgrund der Arbeitsbedingungen wesentlich verschlechtert. Diese Entwicklung war den Verantwortlichen in Industrie, Staat und Partei offensichtlich nicht bewußt geworden, da sie in der nur teilweise von einer sinkenden Arbeitsmoral

48 Angaben nach ArchBV 23200 Nr. 1.
49 Zahlenangaben nach ArchBV 15000 Nr. 2.

begleiteten objektiven Verschlechterung des Gesundheitszustandes einen »passiven Widerstand« der Arbeiterklasse vermuteten[50].

b) Der Bochumer Verein als »NS-Musterbetrieb«

Bereits im Mai 1933 hatte man dem Amt »Schönheit der Arbeit« in der DAF die Aufgabe übertragen, die betrieblichen Arbeitsbedingungen für gewerbliche Arbeitnehmer zu verbessern. Die Einstellung der Arbeiter zu ihrer Arbeit sollte durch eine bessere Gestaltung der Arbeitsplätze und durch eine intensivere Betriebshygiene positiv verändert werden. Die Unlust der Arbeiter sollte nach Vorstellungen der NS-Ideologen einer allgemeinen Arbeitsfreude und optimistischen Grundeinstellung der Arbeiter weichen[51]. Verschwiegen wurde in den zeitgenössischen Publikationen allerdings geflissentlich eine der zentralen Aufgabenstellungen des Amtes »Schönheit der Arbeit«, nämlich durch eine Optimierung der Arbeitsbedingungen und -abläufe sowie der sozialen Einrichtungen in den Betrieben eine Steigerung der Arbeitsproduktivität herbeizuführen. Diese Bemühungen basierten auf zeitgenössischen Untersuchungen im Bereich der Arbeitspsychologie und der Arbeitsphysiologie, in denen die Auffassung vertreten wurde, durch derartige Veränderungen eine dauerhafte Hebung des Leistungs- und Arbeitsniveaus realisieren zu können[52].
Das DAF-Amt »Schönheit der Arbeit« wurde damit in einem Aufgabenbereich tätig, der bislang von den staatlichen Gewerbeaufsichtsämtern wahrgenommen worden war. Zwischen ihnen und den Berufsgenossenschaften war es bereits vor 1933 zu Kompetenzstreitigkeiten gekommen, da die Berufsgenossenschaften ebenfalls Weisungsbefugnis für den Bereich der Arbeitsplatzsicherheit für sich in Anspruch nahmen. Das Reich hatte als beaufsichtigende Instanz zudem keinerlei Kompetenzverteilung und -abgrenzung vorgenommen. Diese Auseinandersetzungen wurden zusätzlich noch dadurch verschärft, daß der Reichs- und Preußische Arbeitsminister als für die Gewerbeaufsicht zuständiger Fachminister bereits am 24. Mai 1934 einen Erlaß veröffentlichte, in dem die Gewerbeaufsichtsbeamten dazu angehalten wurden, die Bemühungen von »Schönheit der Arbeit« zu unterstützen[53]. Weil durch diesen Erlaß der gewünschte Erfolg einer Zusammenarbeit mit der Gewerbeaufsicht nicht erzielt werden konnte, konkretisierte das RAM im Juli 1935 diese Forderungen und erließ Richtlinien für die Gewerbeaufsichtsbeamten, die dazu dienten, »Schönheit der Arbeit« der Industrie näherzubringen. Sie hatte sich bislang offensichtlich zögernd verhalten, da es sich bei der Realisierung des von dieser Aktion vorgeschlagenen Maßnahmenkataloges überwiegend

50 Vgl. *Mason*, Sozialpolitik, S. 315.
51 Vgl. *Klautschke*, S. 41.
52 Vgl. *Mason*, Sozialpolitik, S. 188 f.
53 Erl. RAM III a 7403/34 v. 24. 5. 1934.

um die Ausgestaltung der Sozialräume in den Werken handelte, also um freiwillige, vom Gesetzgeber nicht vorgeschriebene Investitionen[54]. Die Industrie war selbst im Zuge des Wirtschaftsaufschwungs nicht ohne weiteres bereit, derartige Forderungen einer Parteidienststelle zu erfüllen. Autarkiebestrebungen der Wirtschaft dürften daneben ein frühzeitiges Vordringen von »Schönheit der Arbeit« in den industriellen Bereich verhindert haben, waren doch die Unternehmer daran interessiert, die teilweise in den Bereich der freiwilligen Sozialleistungen hineinreichenden Arbeitsplatzverbesserungen als individuelle Betriebsleistungen darzustellen und sich dadurch von anderen Unternehmen abzuheben.

Atypisch reagierte der Bochumer Verein, als er bereits im Januar 1935 in einem über das Werk erschienenen Zeitungsartikel auf die vorbildlichen Leistungen des Unternehmens im Bereich von »Schönheit der Arbeit« hinwies. Diese Aktion hatte erst wenige Monate zuvor offiziellen Charakter erhalten und in der Industrie bis zu diesem Zeitpunkt noch kaum Echo gefunden. Die einer breiteren Öffentlichkeit vorgestellten Einrichtungen des Bochumer Vereins, wie Sanitätsräume für die Belegschaft, existierten allerdings schon in den 20er Jahren und stellten somit keinerlei Neuerung dar. Das Unternehmen taktierte allerdings politisch geschickt, wenn es seine im Rahmen der traditionellen Sozialpolitik schon seit längerer Zeit bestehenden Einrichtungen als Leistungen im Sinne von »Schönheit der Arbeit« darstellte und der Belegschaft eine positive Beziehung zum nationalsozialistischen Staat und Gedankengut attestierte. Es signalisierte damit dem NS-Regime eine gewisse Kooperationsbereitschaft, die auf die Tatsache zurückzuführen war, daß überwiegend für öffentliche Auftraggeber gearbeitet wurde und daß die Betriebsanlagen noch nicht voll ausgelastet waren.

Der Bochumer Verein bemühte sich im weiteren Verlauf des Jahres 1935, die Arbeitsbedingungen der Belegschaft sowie vor allem den optischen Gesamteindruck des Unternehmens durch verschiedene Maßnahmen zu verbessern. Das Unternehmen zählte damit während der vom 10. bis 15. Februar 1936 veranstalteten Aktionswoche »Schönheit der Arbeit« der Betriebsgemeinschaft »Eisen und Metall« in der DAF zu den führenden Betrieben im rheinisch-westfälischen Industriebezirk und wurde in den verschiedensten Veröffentlichungen als vorbildlich für die Montanindustrie dargetellt[55]. Der Bochumer Verein erreichte dieses über den regionalen Rahmen hinausgehende Ansehen unter anderem durch Aus- und Neu-

---

54 Erl. RAM III a 15031/35 v. 19. 7. 1935.

55 Vgl. »Verschönerte Arbeit. Leistungen des Bochumer Vereins«, in: Kölnische Zeitung v. 14. 2. 1936; »Stolze Erfolge nach zwei Jahren. Ein Besuch im Bochumer Verein«, in: Westfälische Landeszeitung v. 14. 2. 1936; »Schönheit der Arbeit. Beispiele vom Bochumer Verein«, in: Düsseldorfer Nachrichten v. 15. 2. 1936; »Werkstätten schön und zweckmäßig. Beim Bochumer Verein«, in: Rheinisch-Westfälische Zeitung v. 25. 11. 1936.

bauten oder durch die Renovierung von Wasch-, Aufenthalts- und Pausenräumen sowie von Toilettenanlagen für die gewerblichen Arbeitnehmer, durch die Bepflanzung von bisher nicht genutztem Werksgelände mit Bäumen und Sträuchern sowie durch die Berücksichtigung von Richtlinien des Amtes »Schönheit der Arbeit« bei Neubauten. Der Bochumer Verein legte den weitaus größten Wert bei der Zusammenarbeit mit dem Amt »Schönheit der Arbeit« jedoch auf die optische Ausgestaltung des Hüttenwerkes mit dem Ziel, einen hellen und freundlichen Gesamteindruck des Unternehmenskomplexes zu erzielen, der – ähnlich anderen Montanbetrieben in dieser Zeit – den Betrachtern einen schmutzig-grauen und düsteren Eindruck bot[56]. Das Aussehen des Unternehmens, das die zeitgenössische Forschung in eine enge Beziehung zur Arbeitsmoral und individuellen Arbeitsleistung der Belegschaftsmitglieder setzte, sollte, soweit dies realisierbar war, durch einen hellen Außenanstrich von Betriebsgebäuden in Farben verbessert werden, die sich vom Grau des Hochofenkomplexes deutlich absetzten. Unförmige, den optischen Gesamteindruck des Werkes störende Rohrkonstruktionen, deren unterirdische Verlegung aus technischen Gründen nicht möglich oder sehr kostspielig war, wurden mit Blechtafeln verkleidet, die Platz zur Aufnahme von Unfallverhütungsparolen oder nationalsozialistischen Sprüchen wie »Arbeit adelt, ihr Erfolg bringt den Schaffenden Freiheit und Glück« boten. Das Unternehmen hatte neben diesen baulichen Veränderungen eine umfangreiche Säuberungs- und Aufräumungsaktion durchgeführt, bei der sämtliche aus der Unordnung innerhalb des Betriebes resultierenden Gefährdungen des Arbeitsablaufes sowie optische Unschönheiten beseitigt wurden. Gerümpel wurde weggeräumt oder in den Hüttenwerken aufgearbeitet, so daß es die Besucher nicht mehr als wahllos in den Betriebshöfen gelagerten Schrott betrachteten[57].

Erfuhren das Äußere des Bochumer Vereins ebenso wie die Sozialeinrichtungen teilweise weitgehende Verbesserungen und Ausgestaltungen, die sich unter den Begriffen Sauberkeit, Hygiene, Licht, Farbe und Grünanlagen zusammenfassen lassen, so blieben die eigentlichen Arbeitsplätze und Arbeitsbedingungen von Arbeitern und Angestellten unverändert. In diesem Bereich brachten selbst die von der Gewerbeaufsicht, den Berufsgenossenschaften und zum Teil auch von »Schönheit der Arbeit« geförderten Maßnahmen zur Unfallverhütung kaum Besserung, sie verhinderten lediglich mögliche Verletzungsgefahren durch Falschbedienung oder durch fahrlässiges Umgehen mit Maschinen und anderen mechanischen Einrichtungen des Unternehmens.

---

56 Vgl. *Palseur*, S. 88.
57 Vgl. *Rein, A.*, Schönheit der Arbeitsstätten, in: Hüttenzeitung 1936, H. 3, S. 6 f.

Um weitere Betriebe zu veranlassen, sich an den Aktionen des Amtes »Schönheit der Arbeit« zu beteiligen und seine Richtlinien für die Ausgestaltung von Betrieb und Arbeitsplätzen zu berücksichtigen, wurde am 29. August 1936 verfügt, daß den in dieser Richtung vorbildlichen Betrieben der Titel eines »Nationalsozialistischen Musterbetriebes« zu verleihen sei[58]. Die Verleihung dieser Auszeichnung erfolgte auf Vorschlag der DAF und sollte jährlich am 1. Mai mit der Maßgabe durchgeführt werden, bei Wegfall der Gründe, die die Ernennung zum NS-Musterbetrieb gerechtfertigt hatten, die Auszeichnung zurückzunehmen[59]. Aber es waren nicht nur äußere Gründe, der optische Eindruck des Unternehmens oder der Zustand der Sozialeinrichtungen, die die Verleihung des Titels rechtfertigten und als Voraussetzung von seiten des Unternehmens zu erfüllen waren. Vielmehr wurde die Ausrichtung der Belegschaft auf die Ziele der NS-Betriebspolitik und die Erfüllung sämtlicher im AOG genannter Forderungen als weitere, unabdingbare Notwendigkeit genannt.

Die nationalsozialistische Propaganda betonte wiederholt den Nutzen der Aktion »NS-Musterbetrieb«, indem sie den Menschen in den Mittelpunkt allen wirtschaftlichen Denkens stellte und betonte, daß die Bedürfnisse der Wirtschaft denen der Menschen unterzuordnen und an ihnen auszurichten seien[60]. Zeitgenössische Autoren erkannten jedoch den systemintegrierenden und damit letztlich politischen Charakter dieser Aktion: »Nicht nur die Leistung an sich, mehr noch das Erzieherische ist der Zweck der ›Musterbetriebe‹. Sie sollten Pioniere sein und wissen, daß sie als solche anerkannt werden.«[61]

Als zum 1. Mai 1937 erstmals 30 Betriebe mit dem Titel »NS-Musterbetrieb« ausgezeichnet wurden, befand sich unter ihnen der Bochumer Verein als einziges Unternehmen aus dem Montanbereich, daneben als weitere Unternehmen aus dem Bezirk der IHK Bochum die Bochum-Gelsenkirchener Straßenbahn AG sowie die Schlegel-Scharpenseel Brauerei. Der Vorstandsvorsitzende des Bochumer Vereins, Borbet, veröffentlichte anläßlich der Verleihung einen Aufruf an die Belegschaft, in dem er mit Nachdruck darauf hinwies, daß er darin das Gesamtverdienst der Belegschaft erblickte, durch deren Kooperation und durch deren Einsatz im Sinne des Nationalsozialismus dieses Ziel erst verwirklicht werden konn-

58 Den besten Überblick über »Schönheit der Arbeit« und einen Einblick in das Selbstverständnis dieser Einrichtung gibt die im Mai 1936 erstmals erschienene Zeitschrift »Schönheit der Arbeit«.

59 Vgl. Vfg. Hitlers v. 29. 8. 1936: Auszeichnung »Nationalsozialistischer Musterbetrieb«, abgedr. in *Arnhold,* Betriebsführer, S. 139 f.

60 Vgl. *Arnhold,* Arbeitsidee, S. 149 ff.

61 Vgl. *Zischka,* S. 279 f.

te. Ähnliches gelte für die erst einige Monate zuvor erfolgte Auszeichnung mit dem Leistungsabzeichen für vorbildliche Berufserziehung[62].

Wilhelm Hönig, Betriebszellenobmann der NSBO, argumentierte ähnlich, als er in seinem Aufruf zum 1. Mai 1937 betonte, der Bochumer Verein habe traditionell soziale Ziele in den Mittelpunkt der Geschäftspolitik gestellt[63]. Er zählte in diesem Zusammenhang werksinterne Einrichtungen wie die vorbildliche Berufserziehung, das Berufsfortbildungswerk und die Werkvereine auf und erkannte in ihnen eine notwendige Ergänzung der gesetzlichen Sozialleistungen. Auch Hönig sah in der Verleihung des Titels eine Anerkennung für die bisherigen Leistungen des Werkes sowie die Aufgabe, weiterhin alle Kräfte für den Kampf des Nationalsozialismus und seiner Wirtschaftspolitik zu mobilisieren und zur Verfügung zu stellen.

Publikationen und Zeitschriften machten den Bochumer Verein gleichzeitig über den lokalen Bereich hinaus bekannt, indem sie in ihrer Berichterstattung wiederholt auf die vorbildlichen Sozialeinrichtungen dieses Unternehmens verwiesen. Die Berichterstattung erweckte den Eindruck, als handelte es sich beim Bochumer Verein um einen für die Gesamtbranche beispielhaften Betrieb[64]. In diesem Zusammenhang stellt sich allerdings die Frage, welche Kriterien letztlich für die Verleihung des Titels »NS-Musterbetrieb« ausschlaggebend waren, wenn die Sozialpolitik nicht einmal den branchenüblichen Standard erreichte.

Die Gründe sind in der engen Kooperation des Unternehmens mit den Einrichtungen der Wirtschaftslenkung und nicht zuletzt mit der NSDAP und ihren Gliederungen und Verbänden zu suchen. Die Bereitschaft der Unternehmensleitung, im Bereich der betrieblichen Sozialpolitik die Forderungen dieser Gruppen zu erfüllen und ihnen große Einflußmöglichkeiten zu offerieren, wurde durch die Hervorhebung des Werkes aus der Gruppe der bedeutenden rheinisch-westfälischen Montanbetriebe honoriert.

Eine periodische Berichterstattung über die aktuelle Situation innerhalb des Unternehmens, über Neuerungen und Veränderungen war eine der Auflagen, die mit der Verleihung des Titels »NS-Musterbetrieb« verbunden waren[65]. Das »Amt für soziale Selbstverantwortung« der DAF als für die Verleihung dieses Titels verantwortliche Institution erneuerte die Aus-

62 Siehe Aufruf Borbets vom 1. 5. 1937 anläßlich der Verleihung des Titels »NS-Musterbetrieb«, ArchBV 27700 Nr. 1.

63 Siehe *Hönig*, Unser Werk als Musterbetrieb, Rede zum 1. 5. 1937, ArchBV 27700 Nr. 2.

64 Vgl. »Gefolgschaftswohnung eines Musterbetriebes«, in: Deutsche Allgemeine Zeitung v. 27. 6. 1937, »Bochumer Verein für Gußstahlfabrikation AG, Bochum«, in: Schönheit der Arbeit 1937, S. 58 ff.; »Bericht von der Front. Aus der Arbeit des Gaureferenten des Amtes »Schönheit der Arbeit« in Westfalen-Süd«, ebd. 1936, S. 22 ff.; *Biallas.*

65 Vgl. ArchBV 27701 Nr. 1.

zeichnung aufgrund der Berichterstattung und einzelner Werksbesichtigungen jährlich und übersandte dem Bochumer Verein jeweils zum 1. Mai eine von Hitler unterzeichnete Urkunde.
Gegen die Praxis, das Leistungsabzeichen für vorbildliche Berufserziehung an öffentlichen Betriebe und Verwaltungen, an aus öffentlichen Mitteln geförderte Betriebe sowie an Rüstungsunternehmen zu verleihen, wandten sich sowohl der Reichswirtschaftsminister als auch der Reichsfinanzminister in einem gemeinsamen Schreiben an den Reichsleiter der DAF. Wie Schacht und Schwerin von Krosigk in dem Schreiben an Ley argumentierten, handelte es sich bei dieser Gruppe von Betrieben um Unternehmen, die auch auf dem Gebiet der Berufsausbildung umfangreiche Zuschüsse des Reiches erhielten. Sie forderten Ley daher auf, Leistungsabzeichen künftig nur noch an solche Betriebe zu vergeben, die keine öffentlichen Förderungsmittel erhielten. Der Ansicht Schwerin-Krosigks und Schachts zufolge waren darüber hinaus Mängel in der betrieblichen Berufsausbildung den zuständigen staatlichen Stellen, nicht der DAF, zu melden[66]. Eine ähnlich ablehnende Haltung nahmen beide Minister gegenüber der einige Monate später erfolgten ersten Verleihung des Titels »NS-Musterbetrieb« ein, obwohl sich die DAF auffällig bemühte, diesen Titel an einen repräsentativen Querschnitt von Betrieben zu verleihen und möglichst wenige Rüstungsbetriebe und Unternehmen mit öffentlich-rechtlichem Charakter zu berücksichtigen.

c) Bemühungen zur Steigerung der individuellen Arbeitsleistung

Nationalsozialistische Gliederungen und Verbände sowie die Reichsregierung wiesen zwar immer wieder auf eine bereits erfolgte Verwirklichung von Plänen und Zielvorstellungen im Bereich der gewerblichen Wirtschaft hin, sie mußten 1939 jedoch Schwierigkeiten bei der Realisierung von Plänen zur Steigerung der individuellen Arbeitsleistung eingestehen. Es wurde unter anderem angeregt, nicht mehr länger individuelle Höchstleistungen auf Kosten der Gesundheit der gewerblichen Arbeitnehmer zu fordern[67].
Bis zu diesem Zeitpunkt war durch verschiedenste Maßnahmen versucht worden, die individuelle Arbeitsleistung zu erhöhen. Im Zuge dieser Aktionen zur Leistungssteigerung, die im »Leistungskampf der deutschen Betriebe« schließlich zur Verleihung des Titels »NS-Musterbetrieb« führten, nahm Walter Borbet in einem Brief an Theodor Hupfauer, Beauftragter der DAF für den »Leistungskampf«, zur Frage der Wirtschaftlichkeit betrieblicher Sozialpolitik Stellung[68]. Borbet betrachtete die betriebliche

66 Vgl. Kopie des Briefes des RWM und des RFM an den Reichsleiter der DAF vom 8. 2. 1937, ArchBV 27700 Nr. 2.
67 Vgl. *Nonnenbruch*, Politik, S. 262 f.
68 Brief Borbets an Hupfauer vom 9. 3. 1938, ArchBV 12202 Nr. 1.

Sozialpolitik unter dem Gesichtspunkt der unternehmerischen und ökonomischen Verantwortung des Vorstandsvorsitzenden für das von ihm geleitete Werk. Die gesetzlich vorgeschriebenen und freiwilligen Sozialleistungen standen zunächst im Dienst des Unternehmens, sie bewirkten eine Hebung der Arbeitsproduktivität, erst an zweiter Stelle wurden die positiven Auswirkungen für die Arbeitnehmer erwähnt.

Neben den Aktionen zur individuellen Leistungssteigerung existierten zahlreiche Bestrebungen, auch die Qualifikationen der gewerblichen Arbeitnehmer durch verschiedene Förderungsmaßnahmen zu verbessern; man forderte sie auf, auch qualitative Höchstleistungen in den von ihnen ausgeübten Berufen zu vollbringen. Zu diesem Zweck war bereits 1934 ein »Reichsberufswettkampf« durchgeführt worden. Er sollte nach den Vorstellungen seiner Initiatoren die Arbeitnehmer auf der Grundlage einer freiwilligen Beteiligung motivieren, qualitativ hochwertige Leistungen zu vollbringen[69]. Dazu wurden einmal jährlich, gestaffelt, nach Qualifikationen, Alter und Beruf, den Teilnehmern zentral Aufgaben gestellt, mit deren Hilfe sie ihre beruflichen Qualifikationen, ihre berufstheoretischen Kenntnisse sowie Grundkenntnisse in der nationalsozialistischen Weltanschauung und körperliche Leistungsfähigkeit nachzuweisen hatten. Nach den Ausscheidungswettkämpfen auf lokaler und regionaler Ebene wurden für jeden Beruf und für jede Altersstufe Reichssieger ermittelt, die besondere Ehrungen von seiten der NSDAP, so einen Empfang bei Hitler, erfuhren und im weiteren Berufsleben durch Ausbildungszuschüsse und Weiterbildungsstipendien von der DAF gefördert wurden.

Obwohl die Teilnahme am Berufswettkampf allen Arbeitnehmern freigestellt war, stiegen die Teilnehmerzahlen von 1934 bis 1937 stark an. Betrug die Zahl der Teilnehmer 1934 rund 500000, so stieg sie bis 1937 auf etwa 1,8 Mio., und im Jahr 1938 erwarteten die Veranstalter über 2,8 Mio. Teilnehmer[70]. Eine geschickte Propaganda hatte den Jugendlichen suggeriert, es bestehe eine moralische Verpflichtung zur Teilnahme, wolle man auch weiterhin als »ganzer Kerl« angesehen werden[71]. Trotz der überwiegend berufs- und leistungsorientierten Ausrichtung besaß der Reichsberufswettkampf eine nicht zu unterschätzende politische Dimension, da nicht nur Kenntnisse über den Nationalsozialismus nachgewiesen werden mußten, sondern darüber hinaus der Wettkampf zu einer allgemeinen Leistungssteigerung beitrug. Die Qualifikation einer Vielzahl jugendlicher Arbeitnehmer wurde durch den Reichsberufswettkampf erheblich verbessert.

Im Selbstverständnis eines pro-nationalsozialistisch eingestellten Unter-

---

69 Vgl. *Axmann*, S. 26.

70 Ebd.

71 Vgl. *Kaufmann*, S. 14.

nehmens und späteren NS-Musterbetriebes propagierte der Bochumer Verein von 1934 an die Teilnahme der Lehrlinge des Werkes und stellte seine Lehrwerkstatt, wohl die einzige von einer für diese Veranstaltung benötigten Größe in der Stadt, für die Eröffnung der Reichsberufswettkämpfe in Bochum zur Verfügung, nachdem sie zuvor mit NS-Symbolen und Flaggen ausgeschmückt worden war.

Aufrufe in Form von Rundschreiben und Artikeln in der Werkszeitung ließen die Teilnahme für die Lehrlinge obligatorisch erscheinen. Es wurde immer wieder darauf hingewiesen, daß die Schulung des Nachwuchses eine gesamtpolitische Aufgabenstellung sei. Die werksinterne Propaganda des Bochumer Vereins entsprach damit den Wünschen und Richtlinien, die von seiten der DAF an sie gestellt wurden. Nachwuchsschulungen, die durch den Reichsberufswettkampf eine nicht zu unterschätzende Förderung erhielten, brachten letztlich nicht nur ökonomische Vorteile für das Unternehmen, sie waren darüber hinaus nach Aussagen des Leiters des »Amtes für Arbeitsführung und Berufserziehung« in der DAF notwendig, um die soziale Sicherung innerhalb Deutschlands sowie die Stellung Deutschlands innerhalb Europas zu festigen.

Die Reichsberufswettkämpfe wurden von den Jugendlichen mit Nachdruck befürwortet, da ihnen auf der Ebene der Gau- und Reichsausscheidungen die Möglichkeit geboten wurde, an propagandistisch geschickt auf ihre Bedürfnisse ausgerichteten Veranstaltungen teilzunehmen[72]. Hatten die Teilnehmer erst einmal die Gau- oder Reichsebene erreicht – aufgrund der guten Berufsausbildung beim Bochumer Verein nahmen viele Jugendliche an diesen Endausscheidungen teil – trat der Reichsberufswettkampf gegenüber den Rahmenveranstaltungen fast in den Hintergrund[73].

Man versuchte, neben den Berufswettkämpfen über Betriebsappelle und sogenannte Betriebsfeierstunden eine Steigerung der Leistungsfähigkeit und der Arbeitsproduktivität zu realisieren. Während der Betriebsappell dazu diente, die Belegschaft über die wichtigsten wirtschafts- und sozialpolitischen Ziele, Ereignisse und Neuerungen zu informieren, und den Arbeitnehmern die Möglichkeit bot, aktuelle Fragen und Probleme mit der Geschäftsleitung des Bochumer Vereins und dem Vertrauensrat zu diskutieren sowie Klagen vorzubringen, dienten die von dem Unternehmen veranstalteten Betriebsfeierstunden dazu, die gewerblichen Arbeitnehmer von der Monotonie des Arbeitstages abzulenken und ihnen eine wenn auch kurze Zeit zur Erholung zu geben. Man versuchte durch diese Einrichtung zweifelsohne, den Arbeitern die Ziele von KdF näherzubringen.

Der Bochumer Verein hatte zu diesem Zweck seit 1935 mehrfach das Or-

---

72 Vgl. »Reichswettkampf in Hamburg«, in: Hüttenzeitung 1938, H. 13, S. 7 f.
73 Vgl. »Herrliche Hamburger Tage!«, ebd. S. 8.

chester der Stadt Bochum zu Konzerten verpflichtet, die während der Arbeitszeit in der Lehrwerkstatt des Unternehmens stattfanden und zu deren Besuch ein Teil der Belegschaft, jeweils zwischen 3000 und 4000 Arbeitnehmer, Gelegenheit hatte. Das Ziel dieser in enger Zusammenarbeit mit der DAF und dem städtischen Orchester ausgerichteten Veranstaltung war es, dem »Volk die Musik zugänglich zu machen«, wie es der Orchesterleiter Leopold Reichwein ausdrückte[74]. Derartige Veranstaltungen dienten einer besseren Gestaltung der Arbeitsatmosphäre in der gewerblichen Wirtschaft, und es war nicht nur der Bochumer Verein, der wiederholt Konzerte und andere kulturelle Veranstaltungen während der Arbeitszeit durchführte.

Wenige Monate später, im März 1936, fand auf dem Betriebsgelände des Bochumer Vereins ein weiteres Konzert statt, an dem eine Polizeikapelle, der Werksgesangverein »Gußstahlglocke« sowie weitere Künstler teilnahmen und das zu einer neuen Form von Unterhaltungsprogrammen zählte. Es fand während der Mittagspause der Belegschaft von 12 bis 13 Uhr statt und wurde vom Rundfunk in einer Direktübertragung aus dem Werk gesendet. Diese Unterhaltungssendung stellte eine Mischung aus Informationen über das Unternehmen, musikalischen Beiträgen und geschickt von diesem Rahmenprogramm ummantelter politischer Information und Indoktrination dar, die sich in der am 18. März 1936 vom Bochumer Verein aus übertragenen Sendung weitgehend darauf beschränkte, auf die Verdienste Hitlers im Rahmen des wirtschaftlichen Wiederaufschwunges in Deutschland und auf die gesunkene Arbeitslosenziffer am Beispiel der Stadt Bochum hinzuweisen[75].

d) Nationalsozialistische Einrichtungen im Umfeld der Belegschaft

Die politische Schulungsarbeit beim Bochumer Verein konnte nicht allein von den Mitgliedern der Werkschar und der NSBO durchgeführt werden. Bei einer Belegschaft von fast 20000 Mitarbeitern war eine große Zahl von Funktionsträgern mit Schulungsaufgaben sowie mit Arbeiten zur Durchführung von Programmen der NSDAP, ihrer Gliederungen und angeschlossenen Verbände betraut.

Zur Schulung der über 1000 Belegschaftsmitglieder, die neben ihrer Arbeit die ehrenamtliche Funktion eines Amtswalters ausübten, hatte der Bochumer Verein als erstes Unternehmen in Deutschland eine DAF-Werkschule in einem Flügel des Ledigenheimes Stahlhausen eingerichtet und im Februar 1937 ihrer Bestimmung übergeben[76]. Sie diente gemäß der

74 Vgl. »Symphonie des Herzens. Festliche Betriebsfeierstunde im Bochumer Verein«, in: Westfälische Landeszeitung v. 16. 11. 1935.

75 Vgl. »Werkpause beim Bochumer Verein«, in: Bochumer Anzeiger v. 19. 3. 1936.

76 Vgl. »Deutschlands erste DAF-Werkschule«, in: Deutsche Bergwerks-Zeitung v. 16. 2. 1937.

ihr vom Werk übertragenen Aufgabenstellung zur politischen und weltanschaulichen Schulung der in den Betrieben des Bochumer Vereins beschäftigten Amtswalter. Direktor Letixerant nahm als Vertreter der Geschäftsleitung an der Einweihungsveranstaltung teil, betonte den traditionell guten »Gemeinschaftsgeist« innerhalb der Belegschaft des Unternehmens und wies auf die Kontinuität der Bemühungen der Unternehmensleitung seit dem späten 19. Jahrhundert hin, den Werksgemeinschaftsgedanken zur tragenden vertikalen Organisationsform zu erheben.

Die in dieser werksinternen Ausbildungsstätte überwiegend in Wochenendseminaren geschulten DAF-Funktionäre hatten die Aufgabe, die verschiedenartigen Bemühungen und Aktivitäten der DAF an die Belegschaft heranzutragen und eine Mittlerfunktion zwischen der Organisation und ihren Mitgliedern zu übernehmen. Wenn auch Arbeitnehmer des Bochumer Vereins an den für die damalige Zeit spektakulären Auslandsreisen von KdF teilnahmen und über ihre Erlebnisse in der Werkzeitung ausführlich berichteten, so waren dies Einzelerscheinungen, da für die Masse der Arbeitnehmer derartige Fernreisen auch weiterhin lediglich einen Wunschtraum darstellten[77]. Veranstaltungen, mit deren Hilfe ein kontinuierlicher Eingriff in die soziale Betreuung der Arbeiterschaft ermöglicht wurde und die als Kompensation für eine fehlende politisch-pluralistische Betätigung zählen konnten, paßten demgegenüber besser in das Konzept von KdF.

Die Aktivitäten lagen dementsprechend in einem Bereich, in dem die Erfassung eines Großteils der Belegschaftsangehörigen möglich war und in dem durch eine Kontinuität der Bemühungen eine Veränderung des Freizeitverhaltens und damit des gesamten soziologischen Umfeldes der gewerblichen Arbeitnehmer herbeigeführt werden konnte. Über die Freizeit und deren Lenkung wurde auch beim Bochumer Verein eine Integration der Arbeiter in das vom Nationalsozialismus geprägte Gesellschaftsbild versucht und realisiert. Die Arbeiter akzeptierten nur allzu bereitwillig die Aktionen und Programme, die der Nationalsozialismus über KdF für sie entwickelte. Vergleichbares hatten sie vor 1933 nicht gekannt.

Eine der Hauptaktivitäten von KdF lag entsprechend dieser Aufgabenstellung und Ausrichtung in der Durchführung kultureller Veranstaltungen, die teils auf überbetrieblicher Ebene, teils als interne Veranstaltung des Bochumer Vereins organisiert wurden. Arbeiter und Angestellte konnten so zu sehr niedrigen, vom Staat und vom Unternehmen subventionierten Preisen Theateraufführungen und Konzerte besuchen. Die Direktion des

77 Einige wenige Belegschaftsangehörige nahmen 1937 u. 1938 an den Kreuzfahrten von KdF nach Norwegen und Ibiza teil. Eine ungleich größere Zahl nahm an innerdeutschen Urlaubsreisen von KdF teil. Vgl. »Mit ›Kraft durch Freude‹ in Oberbayerns Berge«, in: Hüttenzeitung 1936, H. 5, S. 11.

Unternehmens stellte 1938 für bedürftige Arbeitnehmer 50 Abonnements für das Stadttheater sowie 25 Abonnements für Veranstaltungen des städtischen Orchesters zur Verfügung[78].

Sehr viel ausgeprägter waren allerdings die Aktivitäten von KdF bei der Gründung von innerbetrieblichen Sportgemeinschaften, in denen man einen großen Teil der Belegschaft organisieren zu können hoffte. Die ersten dieser Betriebssportvereinigungen wurden im Februar 1937 gegründet und konnten schon bald nicht zuletzt aufgrund vielfacher Hinweise und Aufrufe in der Hüttenzeitung einen lebhaften Andrang von seiten der Arbeiter verzeichnen[79]. Dieser Andrang ermöglichte es der Schwimmgemeinschaft, schon wenige Monate nach der Gründung an rasch auf überbetrieblicher Ebene organisierten Vergleichswettkämpfen mit anderen Werksportvereinen teilzunehmen und zu siegen.

Als zu Jahresanfang 1938 eine Bilanz der bisherigen Anstrengungen zur Organisierung der Belegschaft in Betriebssportgemeinschaften gezogen wurde und die Vereinigungen ihren ersten Rechenschaftsbericht abgaben, konnte man darauf hinweisen, daß während des Sommers 1937 über 3800 Belegschaftsmitglieder an den verschiedenen Sportgemeinschaften wie Fußball, Schwimmen, Turnen, Boxen oder Leichtathletik teilgenommen hatten und daß diese Zahl lediglich aufgrund mangelnder Trainingsmöglichkeiten auf wenig mehr als 2000 in den Wintermonaten zurückgegangen war[80]. Einen weiteren Auftrieb erhielt der Betriebssport, dessen Teilnehmer sich auch 1938 auf regionaler Ebene in den verschiedensten Disziplinen qualifizierten, durch Werbeaktionen von KdF. Sie dienten dazu, den Belegschaftsmitgliedern den Charakter des Betriebssports verständlich zu machen[81]. Nach Ansicht der Intiatoren ging es keinesfalls darum, die Teilnehmer zu sportlichen Höchstleistungen zu befähigen, sondern vielmehr um Breitensport mit der Aufgabe der allgemeinen Körperertüchtigung und der Herausbildung des sogenannten Gemeinschaftsgeistes.

Der unter anderem im Hinblick auf die allgemeine Wehrertüchtigung betriebene Betriebssport, wurde auch von seiten der Werksleitung tatkräftig unterstützt: man gestattete den Sportgemeinschaften die Benutzung einer Turn- und Gymnastikhalle sowie zweier Sportplätze, die ursprünglich für den Sportunterricht der Lehrlinge gebaut worden waren, und reservierte das Hallenbad der Stadt Bochum zu bestimmten Zeiten für Belegschaftsmitglieder des Bochumer Vereins. Das Unternehmen stellte darüber hinaus eine große Zahl von Sportgeräten kostenlos zur Verfügung oder betei-

78 Nach ArchBV 27701 Nr. 1.

79 Vgl. »Betriebssport meldet: ›Sieg‹«, in: Hüttenzeitung 1937, H. 12, S. 4.

80 Nach »Ein Jahr Betriebssport Bochumer Verein«, in: Hüttenzeitung 1938, H. 1, S. 4.

81 Vgl. »Selbst Sechzigjährige machen mit . . .«, in: Westfälische Landeszeitung v. 22. 8. 1938.

ligte sich finanziell an deren Anschaffung. Während der Sommermonate des Jahres 1938 konnten weitere Belegschaftsmitglieder mobilisiert werden, so daß die Gesamtzahl der an Betriebssportveranstaltungen teilnehmenden Arbeiter und Angestellten schließlich etwa 5000 oder rund 25 % der Gesamtbelegschaft betrug[82].

Weitere, in ihrer Höhe nicht spezifizierte Summen stellte das Unternehmen für das Blas- und Streichorchester des Werkes, für den Spielmannszug und für den Werksgesangverein »Gußstahlglocke« zur Verfügung. Eine dieser Musikgruppen nahm fast immer an den von den einzelnen Betriebsleitungen veranstalteten Kameradschaftsabenden teil, die ebenfalls durch Zuwendungen des Vorstandes subventioniert wurden. Hatte die Unternehmensleitung während der Zeit der Weimarer Republik derartige Veranstaltungen mit Hinweis auf die Propagierung und Realisierung des Werksgemeinschaftsgedankens unterstützt, so stellte sie den gleichen Typus von Veranstaltungen wenige Jahre später, nach der Machtergreifung der Nationalsozialisten, als Einrichtung zur Stärkung des Gefolgschaftsgeistes und der Betriebsgemeinschaft dar, deren Ausbildung gerade unter Berücksichtigung der nationalsozialistischen Arbeitsgesetzgebung und ihrer wirtschaftlichen Auswirkungen von der Geschäftsleitung des Bochumer Vereins nur gewünscht werden konnte. Der nationalsozialistische Einfluß war andererseits durch die Teilnahme von Funktionären von DAF und KdF sichergestellt, die den bei den Kameradschaftsabenden der einzelnen Abteilungen und Werkstätten anwesenden Arbeitnehmern das NS-Gedankengut nahebrachten und Aufklärungsarbeit im Hinblick auf politische Ereignisse und Pläne des Nationalsozialismus betrieben[83]. Der Einfluß des Nationalsozialismus kam nicht zuletzt auch in der äußeren Form derartiger Veranstaltungen zum Ausdruck: einmal besuchten Belegschaftsmitglieder diese Abende in der Uniform der SA oder anderer NS-Verbände, zum anderen ließ auch die Ausgestaltung der Versammlungsräume mit NS-Emblemen keinerlei Zweifel über den Charakter dieser Treffen aufkommen.

Einen sehr viel größeren Personenkreis als durch Werkvereine und Gemeinschaftsabende erreichte man durch die Werkzeitung, die »Hüttenzeitung« des Bochumer Vereins, die seit ihrer Gründung im Jahre 1924 in 14tägigem Abstand erschien und deren Auflagenhöhe etwa der jeweiligen Belegschaftsstärke entsprach.

Die Werkzeitungen galten während der Weimarer Zeit allgemein als Sprachrohr der Unternehmensleitung und wurden als ein Mittel der betrieblichen Sozialpolitik mit dem Ziel eingesetzt, die Bindung der Beleg-

---

82 Vgl. Angaben in ArchBV 27701 Nr. 1.

83 Vgl. »Werkzeug-, Lehren- und Reparaturabteilung der Wg«, in: Hüttenzeitung 1936, H. 22, S. 3.

schaft an das Unternehmen zu intensivieren[84]. Schon bald nach der Machtübernahme forderten NS-Wirtschaftstheoretiker von den Werkzeitungen, »Mittel und Ergebnis eines neuen Wirtschaftsgeistes« zu werden[85]. NS-Vorstellungen drangen als Folge dieser Desiderate auch in die Hüttenzeitung des Bochumer Vereins ein, da das Dinta, das zusammen mit der Konzernleitung der VSt und der Unternehmensleitung des Bochumer Vereins die Werkzeitung herausgab und für den »überregionalen« Teil verantwortlich zeichnete, in die DAF integriert wurde. Die DAF sah ihren Einfluß jedoch als zu gering im Vergleich mit den eigentlichen Herausgebern der Hüttenzeitung an und verlangte weiterreichende Kompetenzen bei der Gestaltung der Zeitung. Die VSt-Zentralabteilung Sozialwirtschaft, verantwortlich für diesen Aufgabenbereich, lehnte die Forderungen der DAF mit Nachdruck ab und weigerte sich auch, personelle Veränderungen in der Redaktion der Werkzeitung vorzunehmen[86]. Die seit der Weimarer Republik mit der Herausgabe der Werkzeitung betrauten Belegschaftsmitglieder der VSt und ihrer Betriebsgesellschaften behielten ihre Funktion trotz des Protestes der DAF.

Die Arbeitnehmer standen der Hüttenzeitung des Bochumer Vereins, in der trotz der oder vielleicht wegen der inhaltlichen Verantwortlichkeit der Betriebs- und Konzernleitung ein nationalsozialistischer Einfluß nach 1933 nicht zu verkennen war, positiv gegenüber. Sie wurden in diesem kostenlosen Nachrichtenblatt über innerbetriebliche Ereignisse, Jubiläen und Veranstaltungen informiert, sie konnten der Zeitschrift Informationen aus ihrem sozialen und wirtschaftlichen Umfeld entnehmen und hatten darüber hinaus die Möglichkeit, eigene Artikel, Gartengestaltungsvorschläge, Hobbytips oder ähnliches, in der Hüttenzeitung zu veröffentlichen.

Für die örtliche Unternehmensleitung bestand ebenfalls die Möglichkeit, Beiträge in der Hüttenzeitung zu veröffentlichen, und Walter Borbet machte von dieser Möglichkeit häufig Gebrauch, indem er sich nicht nur anläßlich der Jahreswende in Artikeln an die Belegschaft wandte, sondern auch vor wichtigen politischen Ereignissen Aufsätze in der Hüttenzeitung publizierte und so zu ihrer systemkonformen und pro-nationalsozialistischen Gestaltung beitrug[87].

84 Vgl. *Schwenger*, Sozialpolitik im Ruhrkohlenbergbau, S. 187.

85 Vgl. *Lüddecke*, S. 11.

86 Vgl. ArchTHAG, VSt-SW 140121.

87 Vgl. folgende in der Hüttenzeitung erschienene Artikel: »Glückauf zum neuen Jahr!«, 1934, H. 24, S. 1; »Das dreifache Ja!«, 1938, H. 7, S. 1; »Werkskameraden«, 1938, H. 24, S. 1; »Werkskameraden!«, 1939, Sonderheft zum 1. 9. 1939.

e) Die Arbeitnehmer während der Zeit der Aufrüstung und der fortschreitenden Kaufkraftabschöpfung

Die von nationalsozialistischer Seite für die Zeit von der Machtergreifung bis zum Ausbruch des 2. Weltkrieges mit 90 Mrd. RM bezifferte Summe der Rüstungsausgaben wird zwar von der heutigen Forschung allgemein als zu hoch angesehen, jedoch konnte selbst der etwa 60–70 Mrd. RM betragende Kostenanteil der Aufrüstung im Rahmen der zeitgenössischen Volkswirtschaft und des zur Verfügung stehenden Staatshaushaltes nicht ohne schwerwiegende Folgen für das gesamte nationalökonomische System bestritten werden[88].

Diese Krise verursachte nicht nur schwerwiegende Veränderungen im internationalen Warenverkehr, sie zwang die Reichsregierung darüber hinaus auch, Eingriffe in dem die Endverbraucher tangierenden Bereich der Konsumgüterindustrie vorzunehmen[89]. Ziel dieser Maßnahmen war die Finanzierung eines Teils der Rüstungsausgaben durch Abschöpfung der Kaufkraft der Bevölkerung, während der Großteil der benötigten Summen durch das deficit spending aufgebracht werden mußte[90].

Die Kaufkraftabschöpfung erfolgte durch Preiserhöhungen – allein das Niveau der Lebensmittelpreise stieg von 1933 bis 1938 um 19,5 % – und durch die Einbehaltung verschiedenster Beiträge vom Lohn der Arbeitnehmer[91]. Diese Abzüge stellten zwar im einzelnen lediglich geringe Summen dar, sie machten in ihrer Gesamtheit jedoch enorme Beträge aus. Die DAF nahm so beim Bochumer Verein 1935/36 an Beiträgen rund 613 000 RM ein und konnte diese Summe bis 1938/39 auf 821 000 RM erhöhen.

Eine andere Methode der Kaufkraftabschöpfung wurde durch das sogenannte Winterhilfswerk geschaffen, das erstmals 1933/34 mit dem Ziel einer ausreichenden Versorgung aller Deutschen mit den für das Existenzminimum notwendigen Nahrungsmitteln und Kleidungsstücken durchgeführt worden war. Das Regime übertrug damit einen Teil der Wohlfahrtsaufgaben auf die Allgemeinheit; sie hatte die anfallenden Kosten im Umlageverfahren bei nach wie vor unveränderten Beitragssätzen in der Sozialversicherung und bei einem gleichbleibenden Lohnsteuerniveau aufzubringen, während das NS-Regime einen Teil der bislang für den Bereich der Wohlfahrt und Unterstützung etatisierten Beträge für andere Zwecke einplanen konnte.

Der Bochumer Verein forderte im Rahmen des WHW die Belegschaft regelmäßig auf, während der Dauer dieser Spendenaktion, von Oktober bis

88 Vgl. *Boelcke*, Finanzierung, S. 29 f.
89 Vgl. *Klein*, S. 19 ff.
90 Vgl. *Nathan*, S. 277 ff.; *Lanter*, S. 48; *Barthel*, S. 52.
91 Vgl. *Andexel*, S. 97.

März, einen Betrag in Höhe von 10 % der Lohnsteuer oder 3 % der jährlichen Einkommenssteuer, mindestens jedoch 1,– RM pro Monat, für diese Aktion zur Verfügung zu stellen. Als Spendennachweis für diese bereits vom Personalbüro einbehaltenen Beiträge erhielten die Arbeitnehmer eine Plakette zur Befestigung an ihrer Wohnungstür, um sich vor weiteren Haussammlungen zu »schützen«. Diese Plakette besaß jedoch vor allem aber einen psychologisch-gemeinschaftsbildenden Wert, da durch sie Wohnungsinhaber, die nicht für das WHW spendeten, sofort identifizierbar waren[92].

Während bis 1935 die Arbeiter und Angestellten schriftlich ihre Bereitschaft zu Spenden für das WHW der Personalabteilung oder den zuständigen Werkstättenrechnungsbüros mitteilen mußten, kam es im Herbst 1936 zu einer Verfahrensänderung in der Art, daß alle Arbeitnehmer 10 % der Lohnsteuer, mindestens aber 0,25 RM pro Monat, an das WHW im Lohnabzugsverfahren zu entrichten hatten, falls sie nicht ausdrücklich erklärten, aus finanziellen Gründen zu einer derartigen Spende nicht in der Lage zu sein[93]. Die Freiwilligkeit der Spenden war einem System gewichen, das systematisch alle Arbeiter und Angestellten des Unternehmens erfaßte und zugleich diejenigen Arbeitnehmer hervorhob, die sich aktiv weigerten, an der Spendenaktion teilzunehmen[94].

Nachdem das WHW schon vier Jahre lang durchgeführt worden war und von Arbeitern und Unternehmern – letztere führten ihre Beiträge in der Regel als »Adolf-Hitler-Spende der deutschen Wirtschaft« über die zuständigen Arbeitgebervereinigungen ab – als unvermeidliche Einrichtung des Regimes angesehen wurde, unternahm die NSDAP eine Initiative, um den Umfang der Spenden zu erhöhen. Die Aufforderung zu einer umfangreichen Spendentätigkeit für das WHW, die sich zunächst über die Wirtschaftskammern an die Unternehmen richtete, aber auch für gewerbliche Arbeitnehmer und Angestellte bestimmt war, betonte die zusätzlichen Aufgaben des WHW nach der Angliederung Österreichs und wies mit Nachdruck darauf hin, daß Spenden mehr sein müßten als eine soziale Geste[95]. Sie müßten auch für den Spender ein wirkliches Opfer darstellen und nicht nur einen unbedeutenden Geldbetrag ausmachen.

Neben dem Winterhilfswerk, für das die Arbeitnehmer des Bochumer Vereins seit 1936 obligatorisch festgelegte Beträge zu »spenden« hatten, einer Vielzahl von Straßen- und Türsammlungen zu den verschiedensten Anlässen und neu eingeführten Steuern – in ihrer Gesamtheit Maßnahmen

92 Vgl. Rundschreiben Nr. 314 d. Personalabt. d. BV v. 14. 10. 1935, ArchBV 94400 Nr. 1.
93 Vgl. Rundschreiben Nr. 369 d. Personalabt. d. BV v. 5. 10. 1936, ebd.
94 Vgl. ArchBV 94401 Nr. 1.
95 Vgl. Rundschreiben der Wirtschaftskammer Westfalen-Lippe vom Oktober 1938, ArchBV 9400 Nr. 1.

zur Abschöpfung von Beträgen, die anderenfalls unter Umständen auf dem Konsumgütermarkt Verwendung gefunden hätten – bemühte sich das Regime, eine gewisse Verfügungsgewalt über die Ersparnisse der Arbeitnehmer zu erlangen.
Seit dem Ende des 19. Jahrhunderts war es im rheinisch-westfälischen Montanbereich üblich, daß größere Werke Sparkassen gründeten und so den Belegschaftsmitgliedern die Möglichkeit boten, einen Teil ihres Einkommens zu in der Regel höheren Zinssätzen als bei öffentlichen Sparkassen und privaten Bankinstituten zu sparen[96]. Diese nicht nur für Arbeitnehmer, sondern auch für die Unternehmensleitungen im Zuge einer preiswerten Kreditbeschaffung vorteilhaften Einrichtungen hatten im Konzernbereich der VSt, einschließlich der Werksparkasse des Bochumer Vereins, im Geschäftsjahr 1929/30 eine Einlagenhöhe von nicht weniger als 16,75 Mio. RM[97]. Wenn auch im Zuge der Wirtschaftskrise ein Teil der Sparbeträge abgehoben wurde und für den Lebensunterhalt Verwendung fand, mußten die Werksparkassen mit den durch die Verlängerung der Arbeitszeit angestiegenen Wochenlöhnen und einer fortschreitenden Angebotsverknappung auf dem Konsumgütermarkt wieder an Bedeutung gewinnen.
Aufgrund eines Gesetzes über das Kreditwesen vom 5. Dezember 1934 und der sich hieran anschließenden Ausführungsbestimmungen war es notwendig geworden, die Werksparkasse des Bochumer Vereins zum Ende des Kalenderjahres 1937 aufzulösen. Die Spareinlagen wurden gemäß den gesetzlichen Bestimmungen auf die Stadtsparkasse Bochum übertragen, die ihrerseits eine Filiale in den Räumen der Hauptkasse des Unternehmens einrichtete. Die Unternehmensleitung forderte die Belegschaftsmitglieder auf, weiterhin unverminderten Gebrauch von der Möglichkeit des Sparens zu machen und arbeitete mit der Städtischen Sparkasse eng zusammen, indem sie es den Arbeitnehmern ermöglichte, einen Betrag von mindestens 2,– RM im monatlichen Lohnabzugsverfahren zu sparen, während die Sparkasse den Belegschaftsmitgliedern einen Zinsfuß von 3 % bei einer gesetzlichen Kündigungsfrist für ihre Spareinlagen bot[98]. Mit dieser Maßnahme gelang es dem Regime, Kapital für seine Intentionen verfügbar zu machen, das sich bis zu diesem Zeitpunkt in Privathänden befunden hatte und in der Wirtschaft zur Durchführung laufender Investitionen verwendet worden war.
Die wirtschaftlichen Lenkungsmaßnahmen führten zu einer signifikanten Verschlechterung des Lebensstandards der Arbeitnehmer des Bochumer Vereins, da ihnen einerseits als Endverbrauchern nur ein verringertes An-

96 Vgl. *Schwenger*, Sozialpolitik im Ruhrkohlenbergbau, S. 130.
97 *Ders.*, Sozialpolitik in der Großeisenindustrie, S. 140.
98 Vgl. Rundschreiben Nr. 466 des BV v. 1. 1. 1938, ArchBV 24200 Nr. 1.

gebot an Konsumgütern zur Verfügung stand und die Regierung andererseits mit Billigung und Unterstützung des Unternehmens Maßnahmen zur Kaufkraftabschöpfung durchführte.
Im Jahre 1938 vom Vorsitzenden des VSt-Vorstandes nach der sozialen Lage und der Stimmung der gewerblichen Arbeitnehmer befragt, antwortete Walter Borbet in einem Schreiben vom 5. Oktober 1938 Ernst Poensgen, daß weder eine Verschlechterung der wirtschaftlichen Lage noch eine Verschlechterung der Stimmung der Arbeiterschaft eingetreten sei[99]. Vielmehr sei das Durchschnittseinkommen von 179,28 RM im August 1937 auf 212,09 RM im gleichen Monat des Jahres 1938 angestiegen, bedingt durch eine Verlängerung der Arbeitszeit. Sie führte nach den Aussagen Borbets dazu, daß im August 1938 rund 80 % der Belegschaft über ein Bruttoeinkommen von mehr als 200 RM im Monat verfügten, während ein Jahr zuvor lediglich 44 % einen diesen Betrag überschreitenden Monatsbruttoverdienst nachweisen konnten. Borbet machte diese Einkommensverbesserung für eine relative Ruhe innerhalb der gewerblichen Arbeitnehmerschaft verantwortlich, obwohl Befürchtungen laut geworden waren, die von einer generellen Abschaffung des Achtstundentages sprachen. Eine Trübung der ansonsten ausgezeichneten Stimmung erkannte Borbet jedoch in einer sehr unzureichenden Versorgungslage mit Frischgemüse, Obst, Butter, Fleisch und Eiern. Diese Entwicklung habe die Kritik zahlreicher Hausfrauen hervorgerufen und führte nach Borbet zu sogenannten Hamsterkäufen.
Mit diesem vertraulichen Schreiben schilderte der Vorstandsvorsitzende des Bochumer Vereins die Versorgungslage der Arbeiterschaft seines Unternehmens in einer bemerkenswerten Offenheit, die nicht zuletzt auf ein freundschaftliches Verhältnis zu Ernst Poensgen zurückzuführen war. Unerwähnt blieben jedoch die Faktoren, die ein derartiges Verhalten der Arbeiterschaft bedingten[100].

f) Die Lage der Beschäftigten nach Kriegsausbruch

Es besteht eine enge Verbindung zwischen der Intensität eines Krieges und den aus der Kriegsführung resultierenden Auswirkungen und Einschränkungen im Innern eines Staates. Diese Auswirkungen berührten sowohl selbständig Arbeitende wie auch die Arbeitnehmer, und letztere mit besonderer Härte, da ihnen je nach der militärischen Lage mehr oder minder große Pflichten und Lasten in einem rechtlichen, sozialen und wirtschaftlichen System auferlegt wurden, das durch Einschränkungen aller Art bereits seine Distanz zur Friedenswirtschaft demonstrierte[101]. Der

99 ArchBV 94400 Nr. 1 u. 95500 Nr. 1.
100 Vgl. *Broszat*, Hitler, S. 198; *Kuczynski*, S. 209 ff.; *Mosse*, S. 341 ff.
101 Vgl. *Burchardt*, S. 76 ff.

Der Wirtschaftsverlauf im NS-System

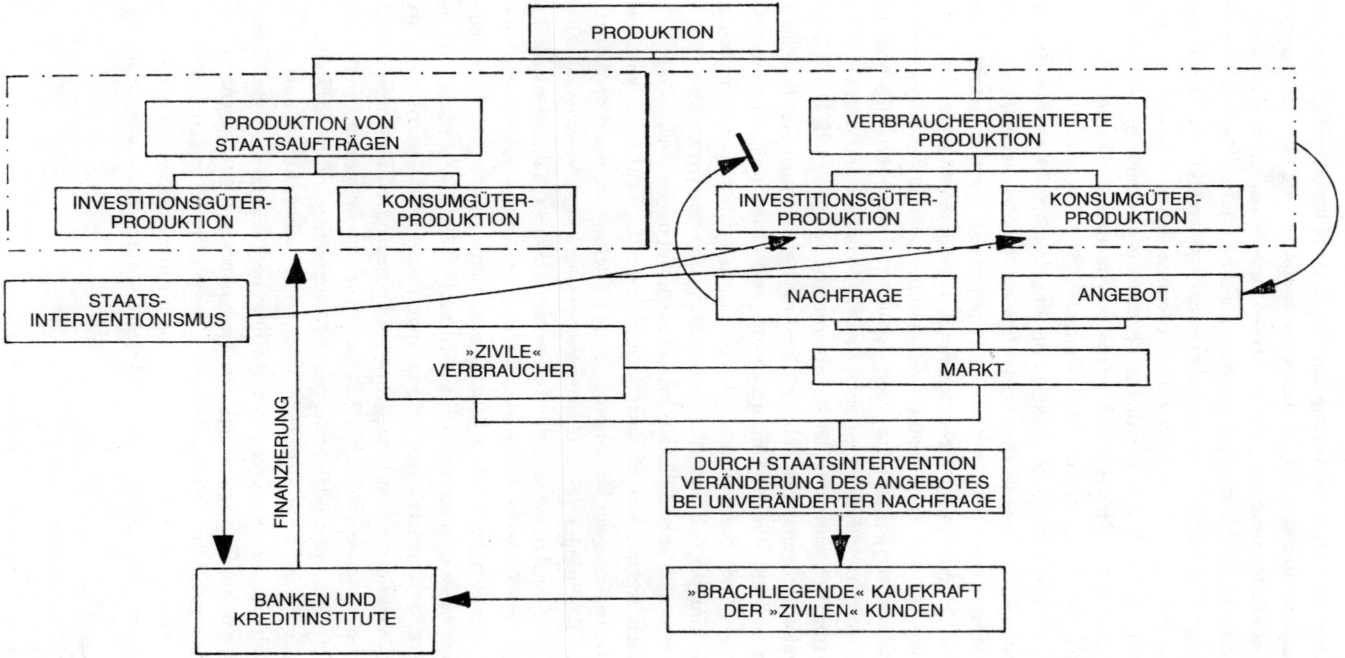

Krieg, dessen Totalisierung das NS-Regime unter Berücksichtigung der gesamtmilitärischen Lage anstreben mußte, setzte sich nach zeitgenössischer Auffassung aus drei Potentialen zusammen, einem militärischen, einem wirtschaftlichen und einem moralischen. Diese Potentiale ermöglichten erst in ihrem Zusammenspiel einen umfassenden und damit auch den innenpolitischen Bereich einschließenden Krieg. Dabei bestimmte das Maß der volkswirtschaftlichen, besonders der rüstungswirtschaftlichen Autarkie des Staates den Umfang der im innenpolitischen Bereich notwendigen dirigistischen Maßnahmen[102].

Die Wechselwirkung zwischen der militärischen Lage einerseits und den innenpolitischen, auf die soziale Lage der Bevölkerung wirkenden Dirigismen andererseits bedingte in den ersten zwei Kriegsjahren nur unwesentliche Veränderungen zur sogenannten Friedenswirtschaft des Jahres 1938. Eingriffe und Einschränkungen, wie sie die KWVO vorsorglich eingeführt hatte, konnten aufgrund der allgemeinen politischen und militärischen Entwicklung schon bald zurückgenommen und damit eine Verbesserung der Stimmung der Bevölkerung bewirkt werden. Die Wirtschaftslenkungsmaßnahmen führten allerdings, glaubt man den Berichten ihrer Initiatoren, zu einer Uniformierung der wirtschaftlichen und sozialen Lage der Arbeitnehmer, so daß regionale und firmenspezifische Sonderentwicklungen sich dem allgemeinen Standard anpassen mußten. Wie veränderten sich aber die aktuellen Lebensbedingungen nach 1939?

Nach Steinert kam es nach Ausbruch des 2. Weltkrieges wiederholt zu Engpässen in der Versorgung der Bevölkerung aufgrund der Überlastung der Reichsbahn durch Militärtransporte sowie zu Versorgungsschwierigkeiten mit Importwaren und einer allgemeinen Qualitätsverschlechterung auf dem Konsumgütermarkt, die trotz des bestehenden Preisstopps eine Verteuerung der Lebenshaltung nach sich zogen[103]. Die Versorgung der Bevölkerung gestaltete sich jedoch nach 1939, von Marktlücken und nur vereinzelt angebotenen Waren abgesehen, relativ problemlos, da man während des ersten Kriegsjahres im Rahmen der Zuteilungen die Durchschnittsmenge von 12755 Kilojoule/Tag, die im letzten Friedensjahr zur Verfügung gestanden hatte, überschreiten konnte. Eine das Existenzminimum nicht mehr deckende Versorgung mit Lebensmitteln mit einem Nährwert von weniger als 7653 Kilojoule/Tag setzte erst im Winter 1944/45 ein, als das gesamte deutsche Transportwesen zusammenbrach und besonders die industriellen Ballungsgebiete nicht mehr ausreichend versorgt werden konnten[104]. Die Produktion für den Zivilbereich konnte 1942 immerhin noch auf 95 % des Vorkriegsniveaus gehalten werden und ging bis

---

102 Vgl. *Sonnemann,* S. 214 ff.
103 Vgl. *Steinert,* S. 119 ff.
104 Vgl. *Buchardt,* S. 75 f. *Eichholtz,* Lage, S. 152.

1944 nur auf 93 % der Produktionsmenge des Jahres 1938 zurück[105]. Stimmungsverschlechterungen innerhalb der Bevölkerung blieben bis 1942 im wesentlichen auf die teilweise stockende Versorgung mit Lebensmitteln beschränkt. Im Ruhrgebiet beklagten sich die Verbraucher im Februar 1942 über das Fehlen von Fisch, Eiern, Gemüse, Hülsenfrüchte und Kindernährmitteln. Die aus dieser Versorgungslage resultierende Verteuerung der Gesamtlebenshaltung konnte aufgrund eines höheren Verdienstes infolge längerer Arbeitszeiten sowie durch Prämien und Gewinnzulagen ausgeglichen werden[106].
Diese die allgemeine Stimmung und Versorgung beschreibenden Aussagen treffen für das rheinisch-westfälische Industriegebiet und damit für die Stadt Bochum mit nur einigen Modifikationen ebenfalls zu. Diese Region wurde im Zuge alliierter Luftangriffe immer heftiger bombardiert, und man konnte daher eine Stimmungsverschlechterung der Bevölkerung konstatieren. Sie nahm jedoch nicht die Form der von den Alliierten gewünschten Demoralisierung an, sondern äußerte sich vielmehr in einer Empörung der Bevölkerung und dem Wunsch nach scharfen Vergeltungsmaßnahmen durch die Luftwaffe. In der Retrospektive kaum darstellbar bleibt allerdings die psychologische und physiologische Belastung der Bevölkerung im Ruhrgebiet durch die Luftangriffe, durch den Wechsel zwischen der kriegsbedingten persönlichen Belastung und den dauernden Luftalarmen, die die Bevölkerung in der Regel zwangen, während der Nachtstunden die Luftschutzräume aufzusuchen.
War die Versorgung der Bevölkerung, von zeitweiligen Engpässen in der Produktion und Belieferung mit Lebensmitteln und anderen Konsumgütern abgesehen, angesichts der Gesamtsituation zufriedenstellend, so stand diesem Zustand ein System des Arbeitseinsatzes gegenüber, das im makro- und mikroökonomischen Bereich als eine weiter fortschreitende Militarisierung des Arbeitsverhältnisses bezeichnet werden kann und zu dem die Versorgungslage eine Kompensationsfunktion darstellte. Besonders Arbeitnehmer unterlagen einer dauernden Kontrolle durch die Arbeitsämter sowie durch die zuständigen Organe des Staates, Gestapo und SD, im Hinblick auf ihre Integration in die Kriegswirtschaft, ihre Einsatzbereitschaft und ihre öffentlich manifestierte Stellung zum System[107]. Diese Maßnahmen prägten schon vor 1943 die Arbeitsbedingungen in zahlreichen Unternehmen und erfuhren durch die im Januar 1943 proklamierte Totalmobilisierung »aller materiellen und personellen Kräfte« eine weitere Verschärfung[108]. Goebbels verkündete in diesem Zusammenhang unter

105 Zahlenangaben nach *Burchhardt*, S. 76.
105 Vgl. *Steinert*, S. 182 u. 260 ff.
107 Vgl. *Kannapin*, S. 84.
108 Vgl. *Bleyer*, S. 896.

anderem die Melde- und Arbeitspflicht für Männer und Frauen. Diese Maßnahme, die langfristig die drückende Überlegenheit der Gegner Deutschlands nicht ausgleichen konnte, im Hinblick auf die militärische Lage aber verspätet eingeführt wurde, war ebenso wie die Koordinierungsbemühungen des Ministeriums Speer und die Anstrengungen zur Steigerung der Produktion eine unter wirtschaftspolitischen Aspekten richtige Entscheidung, deren Erfolg in diesem Stadium bereits durch die zunehmene Zerstörung von industriellen Anlagen und Wohngebieten durch alliierte Luftangriff gemindert wurde.

Trotz dieser in jeder Hinsicht die soziale Situation der Arbeitnehmer verschlechternden Maßnahmen wurden 1944 sehr hohe Produktionsziffern erreicht, die Arbeitnehmer zeigten Leistungen, die in ihrem Umfang nicht allein auf das System der nationalsozialistischen Überwachung und der Forderung nach Leistungssteigerung zurückzuführen waren. Vielmehr entstand in den Industriegebieten durch die Luftangriffe ein oft fanatischer Haß der Bevölkerung. Er lag in der Unfähigkeit begründet, Maßnahmen gegen diese Angriffe zu ergreifen, und in dieser Situation entstand selbst 1944 noch ein verzweifelter Glaube weiter Bevölkerungskreise an einen deutschen Sieg[109]. Diese Einfügung in die offizielle Linie der deutschen Propaganda vollzogen in der Regel auch die Arbeitnehmer, die zwölf Jahre zuvor dem Nationalsozialismus äußerst reserviert gegenübergestanden hatten. Sie waren in die »NS-Volksgemeinschaft« integriert.

Für die Arbeitnehmer des Bochumer Vereins war es daher selbstverständlich, nach alliierten Bombenangriffen, in deren Verlauf die Werkshallen des Unternehmens zerstört wurden, bis zur Reparatur der Hallenkonstruktionen unter freiem Himmel zu arbeiten, falls die Maschinen unzerstört geblieben waren oder binnen kürzester Zeit repariert werden konnten. Nach dem Bombemangriff auf Bochum vom 4. November 1944 war auch das Wohnviertel am Moltkeplatz, ein Arbeiterwohnviertel mit zahlreichen Werkswohnungen des Bochumer Vereins, weitgehend zerstört. Einheiten der Wehrmacht wurden zu Aufräumungsarbeiten abkommandiert. Als sich ein Passant den Wehrmachtsangehörigen näherte und ihnen zu verstehen gab, daß derartige Arbeiten nutzlos seien und daß der Krieg für Deutschland verloren sei, wurde er von einem Arbeiter des Bochumer Vereins unter dem Beifall der Umherstehenden, ebenfalls Arbeitern dieses Unternehmens, zu Tode geprügelt[110].

Dieses Ereignis stellt für die Stadt Bochum sicherlich einen Einzelfall dar, dennoch erscheint die Frage berechtigt, ob auch die Bewohner von Gebieten, die immer wieder im Rahmen von Luftangriffen bombardiert wur-

---

109 Vgl. zu dieser Problematik *Boberach*, S. 520 (SD-Bericht Inland vom Juli 1944). Stimmungsmeldungen für den Bochumer Verein liegen aus dieser Zeit nicht vor.

110 Vgl. BA R55, Bd. 602, fol. 142.

den, in der zweiten Jahreshälfte 1944 in den vom SD-Bericht vom 2. Juli 1944 erwähnten allgemeinen Pessimismus und in eine Lethargie verfielen, die sie an einen Endsieg zweifeln ließen[111]. Dieser fehlende Glaube an den sogenannten deutschen Endsieg wurde vom Bochumer Verein als einem pro-nationalsozialistischen Unternehmen rigoros bekämpft, die Belegschaft wurde laufend über die Bedeutung des Unternehmens innerhalb der deutschen Kriegswirtschaft aufgeklärt, und es war das von diesem Unternehmen realisierte Produktionsniveau in den ersten zehn Monaten des Jahres 1944, das den Erfolg dieser Maßnahmen dokumentiert.
In diesem Zusammenhang stellt sich auch die Frage, ob ein während des Weltkrieges intensivierter Einfluß der nationalsozialistischen Verbände und Gliederungen für eine derartige Haltung der Belegschaft verantwortlich war.
Ebenso wie die unternehmerische Sozialpolitik ist auch der Einfluß der nationalsozialistischen Organisationen und Gliederungen auf die betriebliche Sozialpolitik aus der Kontinuität der Vorkriegszeit heraus zu analysieren. Die Situation war während des Krieges durch schlechtere Lebensbedingungen und durch eine restriktivere Innenpolitik gekennzeichnet. Auf der anderen Seite mußte das Unternehmen aber zu finanziellen und sozialpolitischen Konzessionen bereit sein, wenn es die Leistungsfähigkeit und die Leistungsbereitschaft der Belegschaft erhalten wollte.
Die DAF beschränkte ihre Aktivitäten während des Krieges weitgehend auf den sozialpolitischen Bereich, indem sie unter anderem die Forderung nach arbeits- und sozialrechtlicher Gleichstellung von gewerblichen Arbeitnehmern und Angestellten wieder aufgriff. Demgegenüber trat die Werkschar als Verfechterin des nationalsozialistischen Gedankengutes auf, und dieser Gruppe gelang während des Krieges durch eine organisatorische Umstrukturierung eine erhebliche Ausweitung ihres Einflusses[112]. Im Jahre 1941 wurde dem Betriebsobmann der NSBO die Leitung der Werkschar übertragen, und alle Angehörigen der NSDAP oder einer ihrer Gliederungen wurden ohne Berücksichtigung ihres Lebensalters in die Werkschar integriert[113]. Diese Maßnahme diente, wie der Betriebszellenobmann des Bochumer Vereins in Anlehnung an den propagandistischen Sprachgebrauch formulierte, »zur Gewährleistung der politischen Einsatzbereitschaft des Werkes«. Die damit beabsichtigte intensivere Einbindung vieler Belegschaftsmitglieder mit pronationalsozialistischer Einstellung – die alleinige Zugehörigkeit zur DAF als betriebsinterne Organisationsform hatte vielfach lediglich einen formalen Charakter – wurde

111 Dieser Bericht ist abgedruckt in *Boberach*, S. 520.
112 Vgl. *Ley*, Organisationshandbuch, S. 211.
113 Vgl. »Die Werkschar marschiert«, in: Hüttenzeitung 1941, H. 4, S. 7.

durch zahlreiche Werkstätten- und Betriebsappelle erreicht, die beim Bochumer Verein unmittelbar auf die organisatorische Umstrukturierung der Werkschar folgten.

Der Vorstand des Unternehmens, vertreten durch Direktor Letixerant, bekräftigte auf einem dieser Betriebsappelle den Anspruch der Werkschar, Erziehungs- und Schulungsmaßnahmen in enger Zusammenarbeit mit der DAF durchzuführen, betonte andererseits aber auch die Notwendigkeit, neben politisch-ideologischen Veranstaltungen eine auf die praktische Arbeit im Betrieb ausgerichtete Unterrichtung und Weiterbildung der Belegschaftsmitglieder nicht zu vernachlässigen. Die Bekämpfung der steigenden Unfallrate, die Senkung eines von der Werksleitung als zu hoch erachteten Krankenstandes, die Sicherung des Arbeitsfriedens und die Ausbildung einer einmütigen, zu höchster Leistung bereiten Betriebsgemeinschaft waren nach Letixerant die mit Vorrang zu realisierenden Ziele der pragmatischen Erziehungsaufgabe der Werkschar.

Die Unternehmensleitung des Bochumer Vereins verband die Bereitschaft, der Werkschar ein umfassenderes Betätigungsfeld zu überlassen, unmißverständlich mit der Forderung, gleichzeitig unternehmerische Interessen durch die Tätigkeit dieser Gruppe propagieren zu lassen.

Im weiteren Verlauf des Weltkrieges, bevorzugt zum Jahreswechsel oder anläßlich besonderer militärischer Ereignisse, trat die Werkschar wiederholt durch Veröffentlichungen in der Hüttenzeitung an die Belegschaft des Bochumer Vereins heran. In diesen Artikeln wurden unter anderem die Einheit aller Belegschaftsmitglieder und ihr gemeinsamer Kampf für einen deutschen Sieg beschworen. Die Kriegssituation und die sie begleitenden oft extremen Umstände durften – so die Forderung der Werkschar – nicht zur Rechtfertigung von Unterlassungen oder von Sonderrechten für einzelne Belegschaftsmitglieder herangezogen werden, da die Kriegswirtschaft im nationalsozialistischen Selbstverständnis eine auf Höchstleistungen ausgerichtete Gemeinschaft aller Beschäftigten benötigte. Der Werkschar wurde es durch die allgemeine psychologische Lage innerhalb der Belegschaft des Bochumer Vereins ermöglicht, einen neuen Argumentationsgang von Beginn des Jahres 1944 an in die Kriegspropaganda einzubringen, indem sie die Leistung der einzelnen Arbeiter und Angestellten sowie ihre Einbindung in die betriebliche Gemeinschaft mit einem deutschen Sieg oder aber mit einer Niederlage in Beziehung setzte: »Im Kriege geht es immer um das Ganze! Man wird Sieger oder man wird besiegt! . . . Dem Heldentum an der Front muß sich verbinden ein Rekordmaß an Arbeit der Heimat!« (sic!)[114]

Hönig sprach mit dieser Forderung die Arbeitnehmer des Bochumer Ver-

114 Vgl. *Hönig*, Über die innere und äußere Haltung im Kriege, in: Hüttenzeitung 1944, H. 1, S. 1 f.

eins zu einem Zeitpunkt an, als die militärischen Niederlagen der Wehrmacht dem deutschen Volk gegenüber kaum mehr kaschiert werden konnten, und versuchte ihnen die Hoffnung zu vermitteln, daß das Reich mit ihrer Hilfe den Krieg noch gewinnen könne. In diesem Bereich standen sich das Selbstbewußtsein der Arbeitnehmer und die militärische Lage des Reiches diametral gegenüber. Ähnliche im Gesamtbereich der Rüstungswirtschaft publizierte Appelle waren neben den dirigistischen sowie den die Produktion vereinfachenden Maßnahmen des Ministeriums Speer verantwortlich für den enormen, unter den Bedingungen des verschärften Bombenkrieges betriebswirtschaftlich kaum verständlichen Produktionsziffern der Rüstungsbetriebe[115]. Eine erstaunliche Disziplin war nicht nur im Privatbereich anzutreffen, sondern sie ermöglichte es der Unternehmensleitung auch, Reparaturarbeiten nach Bombenangriffen binnen kürzester Zeit abzuschließen und die Produktion wieder anlaufen zu lassen. Als Gegenleistung für den in seinem Umfang nicht fixierten Arbeitseinsatz der Belegschaft des Bochumer Vereins offerierte die Werksleitung ihrer eigenen Einschätzung zufolge vorbildliche Sozialleistungen. Sie wurden durch eine großzügige Urlaubsgewährung für die Belegschaftsmitglieder ergänzt, deren Wohnung im Zuge von Luftangriffen zerstört worden war[116].

3. Der Widerstand gegen den Nationalsozialismus und seine Folgen

Nachdem schon während der Zeit des Vierjahresplanes gewerbliche Arbeitnehmer – und besonders solche mit für die Metallverarbeitung ausreichenden Qualifikationsmerkmalen – von den Unternehmen im rheinisch-westfälischen Industriegebiet kaum noch angestellt werden konnten, nahm der Arbeitskräftemangel nach Ausbruch des Krieges weiter zu. Man konnte mit einiger Berechtigung von der »Mangelware Arbeiter« sprechen, so daß die Gruppe der gewerblichen Arbeitnehmer eine wenn auch von Betrieb zu Betrieb unterschiedliche soziale Betreuung erfuhr, die auch beim Bochumer Verein häufig über den in der Tarifordnung festgelegten Umfang hinausging.

Eine solche durch Fürsorgemaßnahmen charakterisierte Behandlung erfuhren allerdings nur diejenigen Arbeitnehmer, deren Verhalten, Arbeits- und Leistungsbereitschaft mit einiger Berechtigung als systembejahend oder wenigstens als systemkonform bezeichnet werden konnte. Sobald Tendenzen erkennbar wurden, daß Arbeitnehmer nicht mehr in dem von

---

115 Vgl. »Betriebsgemeinschaft und Werkskameradschaft gegen Bombenterror«, ebd., H. 2, S. 2.

116 Vgl. entsprechende Angaben in ArchBV 14206 Nr. 3 a.

ihnen erwarteten Umfang in der Kriegswirtschaft arbeiten konnten oder wollten, und sei es allein aufgrund eines sich verschlechternden Gesundheitszustandes, trafen sie die vom NS-Regime für ein derartiges Verhalten vorgesehenen Strafmaßnahmen. In solchen Fällen, wenn der Umfang des sogenannten Vergehens oder der Straftat nach Ansicht der Unternehmensleitung einen Verweis nicht mehr rechtfertigte oder bereits erteilte Mahnungen ohne Folge geblieben waren, trat ein Verfolgungssystem in Kraft, dessen Maßnahmenkatalog von Beschlüssen einer »firmeneigenen Justiz«, die den Entzug von Lebensmittelzulagekarten und andere im unternehmerischen Zeitverständnis geringfügige Strafe verhängen konnte, bis hin zur Übergabe der Arbeitnehmer an die Gestapo und ihre anschließende Inhaftierung in Gefängnisse, Arbeitserziehungs- oder Konzentrationslagern reichte.

Das erste Vorgehen der Unternehmensleitung gegen Belegschaftsmitglieder, die unentschuldigt ihrem Arbeitsplatz ferngeblieben waren, wurde im Frühjahr 1941 erkennbar, als eine Arbeiterin wegen Bummelei, so der ihr offiziell zur Last gelegte Straftatbestand, dem Reichstreuhänder der Arbeit gemeldet wurde. Er leitete umgehend ein Verfahren gegen sie beim Amtsgericht Bochum ein, in dessen Folge die Arbeiterin zu einer Freiheitsstrafe von zwei Monaten verurteilt wurde. Einen erzieherisch-abschreckenden Effekt erhofften der Reichstreuhänder und die Unternehmensleitung von der Publizierung dieses Urteils mit vollem Namen und Anschrift der Verurteilten als Aushang in den einzelnen Werkstätten des Bochumer Vereins[117].

Der Abschreckungseffekt dieser Maßnahme kann in der Retrospektive verständlicherweise kaum beurteilt werden, zumal die psychologische Bewußtseinsbildung der Arbeitnehmer nicht nachvollziehbar ist.

Von Herbst 1941 bis Februar 1944 kam es nachweislich zu weiteren Verfahren, in deren Verlauf mindestens 12 Arbeitnehmer des Bochumer Vereins mit Freiheitsstrafen bis zu 21 Monaten bestraft wurden. Die Dauer der Haftstrafen wies eine kontinuierlich ansteigende Tendenz auf[118]. Ein Belegschaftsmitglied, erstmals im November 1941 wegen pflichtwidrigen Fernbleibens von der Arbeit, so die offizielle Terminologie in der Urteilsbegründung, zu einer Gefängnisstrafe von 3 Monaten verurteilt, geriet nach seiner Entlassung aus der Haftanstalt erneut in den Verdacht, Krankheiten vorsätzlich verursacht oder vorgetäuscht zu haben, um auf diese Weise Krankmeldungen zu erwirken. Gerüchte hierüber kamen auch einem Mitglied der NSBO zu Ohren, die ihrer Struktur nach den Betrieb netzartig überspannte und deren Mitglieder Überwachungs- und Spitzelaufgaben wahrnahmen. Das NSBO-Mitglied gab diese Information umge-

117 Vgl. Rundschreiben 716/41 des BV v. 23. 5. 1941, ebd.
118 Angaben im Bestand ArchBV 14206 Nr. 3 a.

hend an die Betriebsleitung weiter, die ihrerseits eine medizinische Untersuchung des Betroffenen durch den Werksarzt anordnete und eine genaue Aufstellung der Krankmeldungen und Fehlschichten erstellte. Das Ergebnis der Untersuchung und angebliche fortgesetzte Bummeleien reichten aus, um erneute Freiheitsstrafen gegen den Arbeiter zu verhängen. Er wurde schließlich, offensichtlich aufgrund von »volksgemeinschaftsschädigendem Verhalten« im Mai 1943 in einem Kölner Gefängnis hingerichtet. Die gesamte Tragik dieses Vorfalls wird jedoch erst dadurch charakterisiert, daß die Personalabteilung des Bochumer Vereins nach der Inhaftierung und Hinrichtung dieses Mitarbeiters den Angehörigen noch mehrfach erhebliche Summen als Zuwendung überwiesen hat. Die Unternehmensleitung glaubte offenbar, an dieser Stelle ihr vermeintliches Image als sozialfürsorgende Institution bewahren zu müssen und erbrachte diese freiwilligen Leistungen.

Trotz dieser drakonischen Strafmaße für geringfügige Ordnungswidrigkeiten konnte aus der Sicht des Vorstandes das Problem der Bummelei, der mangelnden Arbeitsdisziplin und des unentschuldigten Fehlens nicht bewältigt werden. Selbst Änderungen des Strafgesetzbuches – der Straftatbestand der Sabotage konnte für jegliche Art »wehrkraftschädigenden« Verhaltens Anwendung finden – bewirkten nach dem Urteil der Unternehmensleitung keine Verbesserung der Arbeitsmoral[119]. Eine in diesem Zusammenhang vom Präsidenten des Gauarbeitsamtes Dortmund und vom Reichstreuhänder erlassene Anordnung vom Oktober 1943, der zufolge alle sogenannten Bummelanten sowohl dem Gauarbeitsamt als auch dem Reichstreuhänder mit einer genauen Darstellung des ihnen vorgeworfenen Fehlverhaltens unverzüglich zu melden waren, hatte der Bochumer Verein schon zwei Jahre zuvor in enger Zusammenarbeit mit den nationalsozialistischen Organen innerhalb des Betriebes und den die Strafverfolgungsmaßnahmen einleitenden und durchführenden Institutionen wie Reichstreuhänder, Gestapo und SD antizipiert[120]. Das Unternehmen hatte sich damit in enger Übereinstimmung mit den nationalsozialistischen Vorstellungen als ausgesprochen systemkonform profiliert, ohne jedoch den mit der Durchführung dieser Maßnahmen erwarteten Erfolg verbuchen zu können.

Die Unternehmensleitung sah sich daher immer wieder mit der Aufgabe konfrontiert, gegen Bummelanten und solche Arbeiter vorzugehen, die angeblich eine zu geringe Arbeitsleistung erbrachten. Diese Mißstände konnten offensichtlich auch durch die vom RMfBuM vorgeschriebene Be-

---

119 Vgl. Rundschreiben 793/42 des BV v. 27. 1. 1942, ebd.

120 Vgl. Gemeins. Rundschreiben d. Präsidenten des Gauarbeitsamtes und des Reichstreuhänders der Arbeit v. 18. 9. 1943, betr. Maßnahmen gegen notorische Bummelanten, in: ArchBV 14206 Nr. 3 a.

schäftigung sogenannter Arbeitseinsatz-Ingenieure nicht beseitig werden. Diese Ingenieure – der Bochumer Verein bestimmte hierzu insgesamt sechs leitende Techniker – hatten neben der Beaufsichtigung der Materialwirtschaft die Arbeitsleistung der gewerblichen Arbeitnehmer zu überwachen, den Einsatz von qualifizierten Kräften zu koordinieren und besonders die Produktion während der Nachtschichten zu erhöhen[121]. Weil erzieherische und systemintegrierende Versuche die Disziplinlosigkeit, die zwar nur vereinzelt auftrat, von der man allerdings ein Übergreifen auf weitere Belegschaftskreise befürchtete, nicht unterbinden konnten, ging man dazu über, bei Verstößen gegen die Betriebsvorschriften, die die Einschaltung staatlicher Organe noch nicht rechtfertigten, den betreffenden Arbeitnehmern die Sozialleistungen des Unternehmens vorzuenthalten. Immer wieder wurde in betriebsinternen Aushängen, die die Zahlung einer Weihnachtsgratifikation oder die Zahlung von Prämien ankündigten, darauf hingewiesen, daß Bummelanten von derartigen Vergünstigungen auszuschließen seien.

Die VSt-Konzernleitung konzedierte den Betriebsgesellschaften im Juni 1944 das Recht, im Falle eines unentschuldigten Fernbleibens von der Arbeitsstelle den Belegschaftsangehörigen die vorhandenen Zulagekarten für Schwerst-, Schwer- und Langarbeit zu entziehen, die die Arbeitnehmer lediglich nach Zustimmung durch die Personalabteilung bei den zuständigen Ernährungsämtern beantragen konnten und die durch das Unternehmen ausgegeben wurden. Bei einer einzigen unentschuldigten Fehlschicht war die Einziehung der Zulagekarte für einen Mehrbezug von der Bewirtschaftung unterliegenden Lebensmitteln für die Dauer einer Woche vorgesehen. Die sozialwirtschaftliche Abteilung der VSt wies, um einer vorschnellen betriebsinternen Justiz zuvorzukommen, unmißverständlich darauf hin, daß die Einbehaltung der Zulagekarten für mehr als 14 Tage den gesetzlichen Vorschriften widerspreche. Man empfahl aber gleichzeitig den Betriebsgesellschaften, auch den Arbeitnehmern, die nicht die von ihnen erwartete Arbeitsleitung erbrachten, in Absprache mit dem Betriebsobmann die Schwerst- oder Schwerarbeiterzulage für die Dauer einer Woche zu entziehen[122].

Eine drastische Verschärfung erfuhr die Verfolgung der sogenannten Bummelei in der Endphase des Krieges, als man von seiten des Arbeitsamtes Bochum, dessen Leiter vom Reichstreuhänder als Verantwortlicher für die Aufrechterhaltung der Kriegsproduktion in der Stadt eingesetzt worden war, ein Zurückgehen der Arbeitsdisziplin und ein Ansteigen der Zahl der willkürlichen Feierschichten befürchtete. Um dieser Entwicklung

121 Vgl. hierzu: Rundschreiben (intern) des BV v. 10. 8. 1943, ebd.
122 Vgl. hierzu: Rundschreiben der VSt-Abt. SW v. 28. 6. 1944, ArchTHAG, VSt-SW 300152.

Einhalt zu gebieten, schlug das Arbeitsamt dem Unternehmen vor, notorische Bummelanten, und die Behörde bestand auf der Nachweisbarkeit des Fehlverhaltens, zu melden, damit sie durch das Arbeitsamt innerhalb des Betriebes gemaßregelt und anschließend der Gestapo übergeben werden konnten. Allerdings wollte die Behörde in dieser Form nicht gegen Jugendliche unter 18 Jahren und gegen Frauen vorgehen[123]. Die Unternehmensleitung des Bochumer Vereins gab intern zu dieser Anordnung keine Stellungnahme ab und leitete offenbar auftragsgemäß den einzelnen Betriebsleitern eine Abschrift mit der Aufforderung zu, etwaige Bummelanten zu melden, damit man sie durch die Gestapo exemplarisch bestrafen lassen konnte[124].

Als kaum quantifizierbar erweist sich im Gesamtüberblick der Erfolg dieser vom NS-Regime an den Betrieb delegierten und vom Bochumer Verein in vollem Umfang wahrgenommenen Möglichkeiten der Disziplinierung der Arbeiterschaft. Ihre Skala reichte von der einfachen mündlichen Verwarnung über die Verhängung von Geldbußen in Höhe eines Schichtlohnes und die Entziehung von Nahrungsmitteln sowie nicht tariflich vereinbarten Leistungen des Unternehmens bis hin zur Meldung an die NS-Behörden, durch deren Vorgehen in zumindest einem Fall ein Arbeiter des Bochumer Vereins sein Leben verlor. Lediglich ein konzerninterner Vergleich kann mit Vorbehalt Hinweise auf die Moral der Belegschaft des Bochumer Vereins geben, dessen Vorstand werksintern jeden Verstoß gegen die im Rahmen der Kriegswirtschaft erlassenen Vorschriften rücksichtslos verfolgte, gegenüber der Konzernleitung die Disziplin der Arbeiter jedoch als vorbildlich bezeichnete und eine Verwahrlosung der Jugendlichen, wie sie während des Krieges in den industriellen Ballungsgebieten vielfach zu beobachten war, für den Bereich des Unternehmens ausschloß. Der Vorstand führte dies auf intensive pädagogische Betreuung und Schulungen der jugendlichen Arbeitnehmer zurück[125].

Unter einer derartigen, die sozialpolitische Situation im eigenen Unternehmen offensichtlich zu positiv beschreibenden Dartellung dürfen Angaben zum Krankenstand und zum Prozentsatz der Bummelanten – Zahlen, die der sozialwirtschaftlichen Abteilung der VSt-Konzernleitung in periodischen Abständen übermittelt wurden – nur mit Vorbehalt interpretiert werden, da sie der Werksleitung des Bochumer Vereins Gelegenheit zu einer pro-nationalsozialistischen Selbstdarstellung boten und nicht zuletzt

---

123 Aufgrund dieser Einschränkungen kann nicht ausgeschlossen werden, daß es sich bei dem geschilderten Verfahren um ein Standgericht handelte, das auf Todesstrafe erkennen konnte.

124 Vgl. Rundschreiben A10/45 des BV v. 7. 3. 1945, ArchBV 14206 Nr. 3 a.

125 Vgl. Schreiben der VSt-Konzernleitung an den BV v. 11. 6. 1941 zur Problematik der Verwahrlosung der Jugend, sowie vertrauliches Antwortschreiben des BV hierauf v. 8. 7. 1941, ArchTHAG, VSt-SW 202032.

unter betriebs- und konzernpolitischen Aspekten zu betrachten sind und waren. Die Konzernleitung wies aufgrund der von den Einzelwerken gemachten Angaben im Februar 1943 einen Krankenstand von 5,8 % für den Bochumer Verein nach sowie vier Bummelanten je eintausend Beschäftigte[126]. Der Bochumer Verein erzielte damit vom untennehmerischen Standpunkt aus gleichzeitig die zweitbesten Werte innerhalb der Hüttengruppe der VSt, da nur der DHHV, dessen Vorstand sich bis zu diesem Zeitpunkt angeblich noch nicht mit dem Problem der Bummelei konfrontiert gesehen hatte, den Krankenstand mit 4,8 % geringer bezifferte. Vergleichbar mit den Werten des Bochumer Vereins waren die Zahlenangaben der Deutschen Röhrenwerke AG, Werk Poensgen, während die August Thyssen-Hütten in Hamborn sich bereits signifikant vom Bochumer Verein mit einem um ein Prozent höheren Krankenstand und einer um das Zweieinhalbfache höheren Bummelantenquote absetzte.
Das Problem der Arbeitsmoral und des passiven Widerstandes steht für die Zeit der NS-Herrschaft in enger Verbindung mit antifaschistischen Zusammenschlüssen und aktivem Widerstand gegen das System. Er konnte sich allerdings aufgrund eines nahezu perfekten Überwachungssystems nur konspirativ in kleinsten Gruppen herausbilden, die selbst im innerbetrieblichen Breich nicht miteinander kommunizieren konnten. Die politische Konstellation am Ende der Weimarer Republik, die eine Einheitsfront verhindernde ideologische Zersplitterung der Arbeitnehmer und ihrer berufsständischen und politischen Organisationen sowie eine irreale Beurteilung der Zukunftsaussichten der nationalozialistischen Regierung hatten dazu geführt, daß ein Widerstand gegen das NS-Regime von der Basis her aufgebaut und gleichzeitig gegen den Zugriff der Überwachungsorgane gesichert werden mußte.
Antifaschistischer Widerstand hatte sich zunächst unter den Bewohnern des Bochumer Stadtteils Hamme formiert, die überwiegend als gewerbliche Arbeitnehmer beim Bochumer Verein beschäftigt waren. Dieser Widerstand bestand aus einem Zusammenschluß von sozialdemokratischen und kommunistischen Arbeitern. Aufgrund des zu diesem Zeitpunkt schon institutionalisierten Überwachungssystems waren die das Regime ablehnenden Arbeiter gezwungen, sich in Fünfergruppen zu organisieren, um auf der Basis der kleinstmöglichen Organisationseinheit Widerstand durch Verteilung antinationalsozialistischer Schriften und Plakate zu betreiben[127].
Das Überwachungssystem des nationalsozialistischen Polizeistaates verhinderte aber den Ausbau eines umfassenden vertikal und horizontal gegliederten Widerstandsnetzes. Plum erkennt in diesem Zusammenhang,

---

126 Vgl. Aktennotiz der VSt Abt. SW v. 8. 2. 1943, ebd. 300152.
127 Vgl. *Peukert,* S. 182 u. 288.

daß bei Ausbruch des 2. Weltkrieges keine auch nur einigermaßen durchorganisierte KPD mehr existierte, und die einzelnen Mitglieder dieser zerschlagenen politischen Partei waren es, die den Großteil des Widerstandes gegen die Nationalsozialisten realisierten[128]. Ein Teilerfolg der Gestapo bei der Zerschlagung des antifaschistischen Widerstandes – sie deckte Anfang 1943 die Gebietsorganisation Niederrhein-Ruhr der illegalen KPD auf – hatte auch für den Bereich der Stadt Bochum dadurch unmittelbare Auswirkungen, daß eine regionale Koordinierung des Widerstandes nicht neu aufgebaut wurde und der Kampf gegen den Nationalsozialismus nun allein auf Betriebsebene fortgesetzt werden mußte. Die aus sozialdemokratischen und kommunistischen Arbeitern bestehende Widerstandszelle beim Bochumer Verein – sie umfaßte nach den Angaben Peukerts etwa 30 Belegschaftsmitglieder – wurde durch die Gestapo-Aktion des Jahres 1943 offenbar nicht betroffen und konnte ihre Aktionen bis in den Juni 1944 hinein fortsetzen. Der Gestapo gelang es in diesem Monat allerdings, die Widerstandsgruppe zu enttarnen und ihre Mitglieder zu verhaften[129]. Von seiten des Regimes genügte der Tatbestand, daß die Verhafteten zum Zwecke des Aufbaus einer sogenannten kommunistischen Zelle mehrere Zusammenkünfte abgehalten und sich wenig zuversichtlich im Hinblick auf den Ausgang des Krieges geäußert hatten, um ein Verfahren gegen sechs dieser Arbeiter wegen Hochverrats durch den Oberreichsanwalt beim Volksgerichtshof einzuleiten; zwei weitere Arbeiter wurden angeklagt, weil sie in Kenntnis dieser Tatsache den Behörden keine Meldung erstattet hatten. Während zwei Angeklagte das Verfahren nicht mehr erlebten, da sie zuvor von der Gestapo umgebracht worden waren, erhielten die übrigen Angeklagten Zuchthausstrafen zwischen sechs und acht Jahren, darüber hinaus wurden ihnen die bürgerlichen Ehrenrechte für einen mit dem Strafmaß identischen Zeitraum aberkannt[130].

Zusammenfassend muß also festgestellt werden, daß sich nur ein verschwindend geringer Teil der Belegschaft zu aktivem Widerstand gegen das NS-Regime bereitfand, obwohl die Erfolglosigkeit derartiger Aktionen, deren moralischer Wert nicht hoch genug eingeschätzt werden kann, erst in der Retrospektive erkennbar wurde. Ein engmaschiges Überwachungs- und drakonisches Strafsystem des NS-Regimes waren offensichtlich der Grund dafür, daß die Produktion von Rüstungsgütern während des Krieges unter schwierigsten Bedingungen erheblich gesteigert werden

---

128 Vgl. *Plum*, Widerstandsbewegung, Sp. 310.

129 Vgl. *Peukert*, S. 314 ff.

130 Vgl. Anklageschrift des Oberreichsanwaltes beim Volksgerichtshof in der Hochverratssache gegen Wilhelm B. und andere v. 28. 10. 1944, Az.: 8 J 149/44. Teile dieser Anklageschrift (unvollständig) und des hierauf ergangenen Urteils befinden sich in VVN-Archiv Nr. 1325.

konnte und die werksinterne Anordnung, auch während eines Fliegeralarms die Produktion nicht einzustellen, befolgt wurde, obwohl sie Belegschaftsmitgliedern das Leben kostete[131].

Das Beispiel des Bochumer Vereins zeigt darüber hinaus, daß es dem NS-Regime offenbar gelang, die politischen Interessen der Arbeitnehmerschaft durch ein Angebot von bewußt apolitischen Betätigungsmöglichkeiten zu ersetzen und ihr das Gefühl einer Integration in die »Volksgemeinschaft« zu vermitteln. Die Aktivitäten der DAF und in ihr besonders der Gemeinschaft KdF besaßen damit eine ausgesprochene Kompensationsfunktion. Die Arbeitnehmer akzeptierten dieses Alternativangebot nicht zuletzt aufgrund eines ausgeprägten Konsumbedürfnisses, dessen Ursache in der materiellen Lage während der Weltwirtschaftskrise zu suchen ist.

Die zwei im Rahmen einer Analyse der politisch-sozialen Verhältnisse beim Bochumer Verein nach 1933 erkennbaren Kriterien – Mitläufertum und Bejahung des politischen Systems – waren auch verantwortlich für das apolitisch-systemtolerierende Verhalten des überwiegenden Teils der Belegschaft dieses Unternehmens während des 2. Weltkrieges.

4. *Die Lagerunterbringung von Zwangsarbeitern beim Bochumer Verein*

Einen Einblick in die Behandlung der Ostarbeiter und der Arbeiter aus West- und Südeuropa vermittelt ein Rundschreiben der Reichsvereinigung Eisen an die Direktionen der eisenschaffenden Industrie vom Oktober 1943, dessen aktueller Anlaß Klagen der Montanbetriebe über die mangelnde Arbeits- und Leistungsbereitschaft ausländischer Arbeitnehmer waren und in dem die Reichsvereinigung den Werken empfahl, Verstöße dieser Arbeiter gegen die Arbeitsdisziplin unnachsichtig durch die Gestapo verfolgen zu lassen[132]. Erwähnung fand allerdings auch die Tatsache, daß Fremdarbeiter in vielen Werken falsch behandelt wurden und Disziplinverstöße unter anderem als Folge einer ungerechten und oftmals übertriebenen harten Behandlung zu sehen waren. Die Reichsvereinigung nahm diese Entwicklung zum Anlaß, allen Werken im eigenen betriebswirtschaftlichen Interesse eine an den rechtlichen Bestimmungen orientierte, aber dennoch gerechte und nicht willkürliche Behandlung nahezulegen.

Diesem Schreiben war eine Untersuchung der Konzernpraktiken gegenüber Ostarbeitern vorausgegangen, in deren Verlauf Ende 1942 auch La-

131 Vgl. Rundschreiben 888/42 des BV. v. 24. 7. 1942, ArchBV 14206 Nr. 3 a.

132 Vgl. Rundschreiben der Reichsvereinigung Eisen an die Direktoren der Werke der Eisen schaffenden Industrie v. 4. 10. 1943 (IMT Dokument NI-3178), abgedr. in *Thileke*, S. 195 f.

ger des Bochumer Vereins inspiziert wurden. Die vom GBA eingesetzte Untersuchungskommission bescheinigte dem Bochumer Verein eine völlig ungenügende Betreuung und Unterbringung der Ostarbeiter, unzureichende Verpflegung dieser Arbeitskräfte, eine katastrophale, durch Prügeleien und Trennung von Familien charakterisierte Stimmung sowie die Praktik des Nahrungsentzuges bei unzureichenden Arbeitsleistungen. Die Studie zeigte den Gegensatz zwischen den psychisch und physisch gesunden Russen im Auffanglager Soest und dem Zustand der Ostarbeiterlager des Bochumer Vereins sowie der Stimmung ihrer Bewohner auf. Man ging davon aus, daß »das Bild der Trostlosigkeit und Verelendung in dem Lager des Bochumer Vereins nie ausgelöscht werden könne«[133].

Das Unternehmen bemühte sich, diesem sowohl vom GBA als auch vom Reichsministerium für die besetzten Ostgebiete erhobenen Vorwurf mit der Behauptung entgegenzutreten, die amtlichen Stellen hätten dem Werk Ostarbeiter zugeteilt, ohne zuvor diese Transporte bei der Unternehmensleitung anzukündigen und ohne sich um die notwendigen Unterbringungsmöglichkeiten zu kümmern. Die katastrophale Stimmung resultiere nicht zuletzt aus der von den Behörden vorgenommenen Trennung von Ostarbeiterfamilien. Diese Mißstände habe der Bochumer Verein bereits mehrfach den zuständigen Stellen mitgeteilt, ohne daß irgendeine Reaktion erfolgt sei. Zusammenfassend betonte der Vorstand, daß das Unternehmen in keiner Weise Mittel und Aufwand gescheut habe, um die Ostarbeiter mustergültig und gemäß den Vorschriften unterzubringen; man mißachte darüber hinaus sogar einschlägige Vorschriften, indem man dieser Personengruppe Sonderzulagen gewähre.

Dieser Protestbrief des Bochumer Vereins besitzt jedoch ebenso wie inhaltlich vergleichbare Berichte von Belegschaftsangehörigen, die mit der Betreuung von Zwangsarbeitern beauftragt waren, nur einen geringen Aussagewert[134]. Es scheint gesichert, daß das Gutachten des GBA und des RMfdbO eine durchaus zutreffende Beschreibung der Lagersituation beim Bochumer Verein enthält, und diese im Vergleich zu anderen Montanunternehmen besorgniserregenden Zustände fielen in den Verantwortungsbereich des Vorstandes des Bochumer Vereins[135]. Gewisse organisatorische Mängel, wie sie der Bochumer Verein in seiner Rechtfertigung geltend machte, waren zweifelsohne vorhanden, ihre Beseitigung wäre dem Unternehmen nach einer Anlaufphase jedoch ohne weiteres möglich gewesen. Als unglaubwürdig erscheinen in der Retrospektive auch Dar-

---

133 Ebd., S. 200.

134 Vgl. Dokument Weiss Nr. 1135, in: IMT-Prozeßakten Rep. 501 XII I, 7, Dokumentenband für Bernhard Weiss V. B., WWA.

135 Der BV hattte eine Dokumentation zur Lage der Fremdarbeiter und Kriegsgefangenen anfertigen lassen. Die auch in englisch übersetzte Studie deutet darauf hin, daß der BV eine Untersuchung von seiten des IMT befürchtete. Vgl. ArchBV 94300 Nr. 1.

stellungen der für die Betreuung der Fremdarbeiter nebenberuflich zuständigen niedergelassenen Ärzte, die von einer guten Gesundheitssituation in den Lagern des Bochumer Vereins sprechen und gelegentlich auftretende Infektionskrankheiten wie Malaria, Ruhr oder Tuberkulose auf die Einschleppung der entsprechenden Krankheitserreger durch neu eintreffende Fremdarbeiter zurückführen. Sie bezifferten in ihren Aussagen den Krankheitsstand der Fremdarbeiter auf 6 % bis 8 %, ein bei einem Krankenstand der deutschen Belegschaft von fast 6 % fast unwirklich erscheinender Wert. Das Unternehmen ignorierte darüber hinaus die einschlägigen Bestimmungen des Genfer Abkommens von 1929 zur Behandlung von Kriegsgefangenen und ließ westliche Kriegsgefangene – sie unterlagen im Gegensatz zu denen aus der Sowjetunion den Schutzbestimmungen dieses Abkommens – über die dort fixierten Maximalarbeitszeiten hinaus in den Betrieben arbeiten[136]. Dieser Mißstand wurde bereits Ende 1940 von der amerikanischen Botschaft in Berlin bemängelt, und er stand nach dem Bericht einer amerikanischen Militärkommission im Gegensatz zu der sonst nicht zu beanstandenden Behandlung westlicher Kriegsgefangener[137].

Dieses positive Gesamtbild dürfte allerdings nur mit großen Einschränkungen auf die Situation in den Lagern der Ostarbeiter und sowjetischen Kriegsgefangenen übertragbar sein, da für diese Personengruppe die Regeln des Genfer Abkommens nicht zur Anwendung kamen. Wenn auch die Arbeits-, Lebens- und Strafbestimmungen für diese Beschäftigten im einzelnen nicht mehr quantifizierbar sind, so zeigen dennoch die Berichte ehemaliger Mitarbeiter des Bochumer Vereins, daß die Lage der in diesem Unternehmen beschäftigten Ostarbeiter und Kriegsgefangenen vergleichbar war mit der in den übrigen Montankonzernen des Ruhrgebietes, und der Bochumer Verein rechnete nicht ohne hinreichenden Grund mit einer Anklage durch den internationalen Militärgerichtshof in Nürnberg.

Eine grundsätzliche Veränderung der Arbeitsbedingungen der Ostarbeiter setzte erst mit Wirkung vom 25. März 1944 ein, als der Ministerrat für die Reichsverteidigung eine weite Bereiche des Arbeits- und Sozialrechts umfassende Gleichstellung mit den übrigen ausländischen Arbeitnehmern beschloß und die Kosten für die Lagerunterbringung reichseinheitlich fixierte. Überhöhte durch die Unternehmen im Lohnabzugsverfahren einbehaltene Beträge für die Verpflegung und Unterbringung wurden somit reduziert. Der Grund für diese Maßnahmen ist unter anderem in Bestrebungen zu suchen, durch Gewährung besonderer Sozialleistungen, einer Gleich-

---

136 Vgl. Dokumente Weiss Nr. 1138-1141, in: IMT-Prozeßakten Rep. 501 XII I, 7, Dokumentenband für Bernhard Weiss V.B., WWA.

137 Vgl. Brief der US-Botschaft in Berlin an das Außenkommando Bochum v. 23. 9. 1940 (= Dokument Weiss Nr. 1141, ebd.).

stellung der Ostarbeiter mit anderen ausländischen Arbeitnehmern und einer partiellen Gleichstellung mit der deutschen Belegschaft, eine Steigerung der Arbeitsleistungen der Ostarbeiter zu erreichen. Man erkennt in dieser Maßnahme den freilich viel zu späten Versuch, unter dem Aspekt einer angespannten militärischen Lage und drohender Vergeltungsmaßnahmen der Alliierten diesen Menschen eine wenigstens im Ansatz humanitäre Behandlung zu gewähren[138].

Es verging jedoch eine unangemessen lange Zeit, bis der konkrete Anweisungen enthaltende Ministerratsbeschluß im Bereich des Bochumer Vereins realisiert wurde. Erst mit einem Rundschreiben vom 19. Mai 1944 unterrichtete die Unternehmensleitung die Belegschaft von dieser Maßnahme und veränderte damit, nachdem retardierende Versuche offensichtlich erfolglos geblieben waren, die Einsatzbedingungen der Ostarbeiter. Bereits drei Monate zuvor, im Februar 1944, hatte das Unternehmen in diesem Bereich Konzessionen machen und eine vom GBA erlassene Prämienordnung für Ostarbeiter einführen müssen[139]. Im Zusammenhang mit dieser von der Reichsregierung angeordneten Verbesserung der Arbeitsbedingungen für Ostarbeiter wurde eine tendenzielle Stimmungsveränderung dieser Personengruppe und eine bessere Unterbringung auch beim Bochumer Verein erreicht; Veränderungen, die man sogleich mit Hilfe der verbliebenen Publikationsmöglichkeiten einer breiteren Öffentlichkeit bekannt machte. So bemühte man sich, sowohl durch Berichte als auch durch Interviews, in denen Ostarbeiter angeblich ihre freie Meinung äußern konnten, die Arbeitsbedingungen dieser Arbeitnehmer als vergleichbar mit denen deutscher Belegschaftsmitglieder darzustellen, wobei man die Osteuropäer als disziplinierte sowie lern- und arbeitswillige Kollegen charakterisierte[140]. Die unterschwellig angedeutete wichtige Stellung der Ostarbeiter in der deutschen Kriegswirtschaft dürfte letzthin einer ihre soziale Lage weithin bestimmender Faktor gewesen sein.

Die Situation der Ostarbeiter, der sowjetischen Kriegsgefangenen und der KZ-Häftlinge aus dem Lager Buchenwald war jedoch auch gegen Ende des Jahres 1944 noch dadurch charakterisiert, daß die zur Bewachung der Kriegsgefangenen und KZ-Häftlinge eingesetzten Wehrmachttruppen und SS-Einheiten mit Waffengewalt vorgingen. Falls die Verdunklungsmaßnahmen nach Ansicht der Wachtruppen nicht im erforderlichen Umfang durchgeführt worden waren, wurden Warnschüsse in die entsprechenden Betriebsgebäude abgegeben[141]. Fliegeralarm stellte weder für die deutschen Arbeitnehmer noch für die Zwangsarbeiter einen Grund zur

138 Nach Rundschreiben des BV v. 19. 5. 1944, ArchBV 14206 Nr. 3 a.
139 Vgl. Rundschreiben des BV v. 19. 2. 1944, ebd.
140 Vgl. Hüttenzeitung 1944, H. 3.
141 Vgl. BA, Bestand NS 4-Bu, Nr.248.

Einstellung der Produktion dar. Die Arbeiter wurden vielmehr gezwungen, auch während dieser Zeit weiterzuarbeiten, und sie konnten erst dann Schutzräume aufsuchen, wenn feststand, daß sich der Angriff unmittelbar gegen das Werk richtete.

Es zeigt sich damit, daß die ausländischen Arbeitskräfte und die KZ-Häftlinge nach wie vor als Instrumente der deutschen Kriegswirtschaft behandelt wurden. Diese Haltung gegenüber Fremdarbeitern wurde von offizieller Seite vorgeschrieben, und der Bochumer Verein machte sie sich zu eigen, als die Unternehmensleitung dem Betriebsobmann gestattete – übrigens zur gleichen Zeit, als die Arbeitsbedingungen der Ostarbeiter in diesem Werk eine tendenzielle Verbesserung erfuhren –, in der Werkzeitung Verhaltensmaßregeln für die deutschen Belegschaftsmitglieder gegenüber den Ostarbeitern zu publizieren. Der Charakter der deutschen Volksgemeinschaft sollte diesen Menschen zwar demonstriert werden, um ihnen die Verschiedenheit des politischen Systems in ihren Heimatländern gegenüber dem Nationalsozialismus zu demonstrieren, der deutsche Volksgenosse dürfe trotz aller Aufgeschlossenheit jedoch nie die durch die Rassezugehörigkeit gegebene Abgrenzung überschreiten. Die militärische Lage des Reiches erfordere nicht nur Höchstleistungen von allen Beschäftigten, aus ihr resultierte letztlich ein differenziertes Verhalten gegenüber den Kriegsgefangenen aus den verschiedenen Ländern[142].

Hatte der Bochumer Verein bei der Behandlung und Unterbringung der Ostarbeiter seine Maßnahmen weitgehend an dem vom NS-Regime erlassenen Vorschriftenpaket orientiert und diesen das Existenzminimum kaum deckenden Leistungskatalog – darf man zeitgenössischen Darstellungen Glauben schenken – mehrfach unterboten, so richtete sich die Bezahlung der Ostarbeiter ebenfalls nach den reichseinheitlichen Vorschriften. Sie besagten bis zur Besserstellung der Ostarbeiter im Frühjahr 1944, daß diese Personengruppe nur gemäß den von ihnen tatsächlich erbrachten Leistungen zu entlohnen war und damit im Krankheitsfall oder bei Luftalarm keinerlei Anspruch auf Unterstützung hatte. Die Bestimmungen enthielten darüber hinaus genaue Angaben für die Lohnabrechnung, bei der ein Großteil des Arbeitsverdienstes, zwischen 36 % und 59 %, als sogenannte Ostarbeiterabgabe an den Reichsstock abzuführen waren. Das Unternehmen behielt für Lagerunterkunft und Verpflegung unabhängig vom jeweiligen Arbeitslohn 45 RM pro Monat ein, während die Restsumme den Arbeitnehmern bar ausgezahlt wurde. Trotz einer nur 60 % des Lohnniveaus deutscher Arbeitnehmer ausmachenden Lohnbemessungsgrundlage war die Lohnhöhe der Ostarbeiter nach Streit eine häufige Beschwerdeursache von seiten der Arbeitgeber. Sie suchten, wie am Beispiel

---

142 Vgl. *Hönig*, Über den Umgang deutscher Menschen mit Ausländern, in: Hüttenzeitung 1944, H. 3.

des Bochumer Vereins ersichtlich, Arbeitskräfte für ein noch geringeres Entgelt, lagen doch die Löhne der Ostarbeiter noch erheblich über denen sowjetischer Kriegsgefangener, die bei diesem Unternehmen nur einen Nettolohn von 0,20 RM pro Arbeitstag bezogen, zuzüglich einer gelegentlich gezahlten Leistungsprämie für ausgesprochen zuverlässige und fleißige Kriegsgefangene in gleicher Höhe[143]. Die Kriegsgefangenen aus der Sowjetunion erhielten somit nur rund 2,5 % des Lohnes, den man unqualifizierten deutschen Arbeitnehmern bezahlte. Er stand selbst bei Berücksichtigung einer gesundheitlich bedingten geringeren Einsatz- und Leistungsfähigkeit sowie einer vielfach fehlenden Qualifikation für den industriellen Bereich in keinem Verhältnis zur Arbeitsleistung.
Das Unternehmen beschäftigte diese Menschen unter derartigen Voraussetzungen, war aber zur gleichen Zeit bestrebt, sämtliche Verantwortung hierfür an das NS-Regime zu delegieren, um im eigenen Selbstverständnis und in der Beurteilung durch Dritte als ein lediglich die vorgegebenen Richtlinien befolgendes Werk zu erscheinen. Zusammenfassend kann für die Beschäftigung und Unterbringung von Kriegsgefangenen, Ostarbeitern und KZ-Häftlingen, soweit die Lagerunterbringung in den Verantwortungsbereich des Unternehmens fiel, festgestellt werden, daß sich die Behandlung dieser Personengruppe nach der aktuellen Lage und den situativen Erfordernissen richtete. Lediglich der akute Arbeitskräftemangel des Jahres 1944 war für eine tendenzielle Besserstellung dieser Personengruppe verantwortlich; ansonsten bestimmten wirtschaftliche Grundsätze die Unterbringung und Beschäftigung von Ostarbeitern beim Bochumer Verein. Die Leistungen des Unternehmens erreichten in diesem Zusammenhang nicht einmal den durch Richtlinien vorgeschriebenen oder den vom GBA gewünschten Standard.

---

143 Vgl. *Streit,* S. 280 ff.

VIII. Der Bochumer Verein gegen Ende des Zweiten Weltkrieges

Der Bochumer Verein zählte als eines der größten Qualitätsstahlwerke innerhalb des Reiches zu den kriegswichtigen Unternehmen, zumal diese Firma für einige Stahlsorten der einzige Lieferant war. Schwierigkeiten, die im Zuge des Arbeitskräftemangels während der ersten Kriegsjahre entstanden, konnten durch die Zuweisung von ausländischen Arbeitern, Ostarbeitern und Kriegsgefangenen wenigstens teilweise ausgeglichen, wenn auch nie ganz überwunden werden; und die Schnelligkeit, mit der nach Hitlers Zustimmung die ersten sowjetischen Kriegsgefangenen zum Arbeitseinsatz nach Bochum transportiert wurden, zeigt, welche Bedeutung der Bochumer Verein innerhalb der deutschen Rüstungswirtschaft besaß. Die Rohstahlerzeugung dieses Unternehmens trat im Zuge der militärischen Erfolge der Wehrmacht in den Jahren 1941 und 1942 gegenüber der Fertigung von Munition aller Kaliber, der Montage von Geschützen sowie der Produktion von Bomben immer weiter in den Hintergrund, und diese Produktionsumstellungen während des Krieges waren nicht zuletzt für die Schlüsselstellung des Bochumer Vereins verantwortlich[1].
In diesem Zusammenhang stellt sich allerdings die Frage, welche Veränderungen beim Bochumer Verein eintraten, als von der zweiten Jahreshälfte 1942 an erkennbar wurde, daß Hitlers Blitzkriegsstrategie gescheitert war und daß sich daher die militärische Lage verschlechterte? Der Wehrmacht gelang es zwar noch vorübergehend, die besetzten Gebiete zu halten, jedoch übernahm die Rote Armee von Mitte 1942 an in zunehmendem Maße die operative Kriegsführung und drängte die deutschen Truppen weitgehend in die Defensive[2]. Während sich im Osten eine militärische Niederlage der deutschen Truppen anbahnte, versuchten die westlichen Alliierten, an ihrer Spitze England, zunächst die deutsche Kriegswirtschaft durch Luftangriffe lahmzulegen und gleichzeitig die Moral der Zivilbevölkerung zu brechen. Parallel dazu wurden die Vorbereitungen zum Aufbau einer zweiten größeren Front gegen Deutschland fortgesetzt, den Achsenmächten wurden zunächst in Nordafrika größere Verluste beigebracht.
Eine Verschlechterung der wirtschaftlichen Situation der Rüstungsbetriebe und eine Produktionserschwerung waren die notwendige Folge der äu-

1 Vgl. die Erhöhung des deutschen Roheisen- und Rohstahlpotentials infolge der Eroberungen während der ersten Kriegsjahre.
2 Vgl. u. a. *Dahms*, 109 ff.; *Biernat*, S. 35 ff.

ßerst engen Verknüpfung zwischen dem militärischen und dem wirtschaftlichen Potential Deutschlands. In dem Maße, in dem die operative Kriegsführung von der Wehrmacht auf die Alliierten überging, mußten exogene, von Deutschlands Kriegsgegnern ausgehende Maßnahmen nicht zuletzt für die Situation beim Bochumer Verein und für die Stellung dieses Unternehmens innerhalb der deutschen Kriegswirtschaft bestimmend werden.

Im Rahmen der alliierten Planungen führten englische Bomberverbände vom Sommer 1940 an zahlreiche Luftangriffe gegen militärische und industrielle Ziele innerhalb des Reichsgebietes durch. Die Bomberbesatzungen der RAF waren mit Hilfe ihrer Navigations- und Zielfindungsgeräte 1940 jedoch noch nicht in der Lage, einen präzisen Bombenabwurf durchzuführen, vielmehr gelangten bei Angriffen gegen das Ruhrgebiet in der Regel weniger als 10 % der gestarteten Maschinen in die vorgesehene Zielregion des Bombenabwurfes[3].

Diese Angriffe hatten beim Bochumer Verein nur geringe Schäden verursacht, da die englische Luftwaffe nicht in der Lage war, zu Beginn des Bombenkrieges mit den ihr zur Verfügung stehenden Flugzeugen, technischen Einrichtungen sowie der englischen Standardbombe mit einem Gewicht von rund 114 kg Punktziele in der Industrie zu treffen und durch die Zerstörung lebenswichtiger Einrichtungen nennenswerte Produktionsausfälle zu verursachen[4]. Der beim Bochumer Verein entstandene Schaden konnte nicht zuletzt durch eine gute Organisation des Wiederaufbaus bis Mai 1943 auf einen einwöchigen Produktionsstillstand der Abteilung Weichenbau beschränkt werden[5]. Sowohl der wirtschaftliche Schaden als auch der materielle Schaden in Form von Kleinbränden, Schäden an den Gleis- und Kabelanlagen sowie an einigen Gebäuden waren dadurch gedeckt, daß das Reich die durch Luftangriffe verursachten Schäden übernahm und das Werk eine Schadensabwicklung über das zuständige Kriegsschädenamt der Stadtverwaltung Bochum vornehmen konnte[6].

Eine Umstellung der Bombardierungstaktik war aufgrund dieser unzureichenden Ergebnisse dringend geboten, und die englische Luftkriegsleitung realisierte sie durch die Einführung von Flächenbombardements, für deren Durchführung größere Bombenflugzeuge, schwerere Bomben und ein neues Funknavigations- und Zielfindungsgerät eingeführt wurden[7]. Trotz dieser technischen Innovationen, denen im Laufe des Jahres 1942

---

3 In diesem Zusammenhang definierte *Harris*, S. 81, das Zielgebiet (target area) als einen Kreis mit einem Radius von rund 8 km (5 miles) um das zu bombardierende Punktziel.
4 Ebenda, S. 44.
5 Vgl. USSBS-Report No. 76 BV.
6 Vgl. ArchBV 94500 Nr. 1–2.
7 Vgl. *USSBS*, S. 104.

weitere und verbesserte Navigations- und Zielfindungsgeräte folgten, war der Erfolg englischer Nachtbomberangriffe auf Ziele im rheinisch-westfälischen Industriegebiet bis zum Jahresende 1943 von einer guten Bodensicht und einer leichten Identifizierbarkeit der Ziele abhängig. Diese idealen Bedingungen waren allerdings wegen der ständig über dem Ruhrgebiet liegenden Dunstglocke und aufgrund der von deutscher Seite durchgeführten Täuschungs- und Störungsversuche nur sehr selten gegeben[8]. Dennoch gelang der RAF mit Hilfe dieser technisch noch unvollkommenen Einrichtungen und dem massierten Einsatz schwerster Bombenflugzeuge im Frühjahr und Sommer 1943 eine Serie von Luftangriffen gegen Industrie- und Wohngebiete im rheinisch-westfälischen Industriegebiet, die von englischer Seite als »battle of the Ruhr« bezeichnet wurde. In ihrem Verlauf mußten umfangreiche Zerstörungen in Kauf genommen werden.

Die englische Luftaufklärung hatte während der Vorbereitungsarbeiten zu dieser Offensive den Bochumer Verein als eines der VSt-Hüttenwerke identifiziert, die tatsächliche Bedeutung des Unternehmens wurde jedoch tendenziell unterschätzt, als man 1943 aufgrund eines »intelligence check« davon ausging, daß dort rund 12000 Arbeiter beschäftigt wurden und man die Jahresrohstahlkapazität auf rund 700000 t veranschlagte[9]. Diese Angaben erlaubten kaum eine reale Einschätzung der Bedeutung des Bochumer Vereines innerhalb der VSt und der Rüstungswirtschaft im Ruhrgebiet. Amerikanische Experten des USSBS mußten diese auf mangelnde Informationen beruhende Fehleinschätzung nach einer Besichtigung des Werkes im Anschluß an die Besetzung durch amerikanische Truppen eingestehen: »The intelligence information does not contain any figures on number of shells produced or the number of guns produced. The intelligence information contains no information on dispersal of departments of equipment, assessment of damage or identification of buildings, so no comparison can be made on these points.«[10]

Insgesamt rund 2000 Bombenflugzeuge starteten im Rahmen der »battle of Ruhr« gegen Ziele innerhalb des Stadtgebietes von Bochum, und am 12. Juni 1943 wurden dort rund 53 ha Wohn- und Industriefläche vernichtet. Gegen den Bochumer Verein richteten sich zahlreiche weitere Angriffe, die zwar mäßige Schäden an Betriebsgebäuden und maschinellen Einrichtungen zur Folge hatten, deren Folgeschäden jedoch immerhin einen Produktionsausfall von 100000 bis 125000 t verursachten. Er war darauf zurückzuführen, daß die Versorgung des Unternehmens mit Kühlwasser un-

8 Vgl. *Webster*, Bd. 1, S. 418.
9 Vgl. Anm. 5.
10 Zitiert nach dem Bericht eines USSBS-Beobachters, der den Bochumer Verein nach Kriegsende inspizierte, in: USSBS-Report No. 76 BV.

terbrochen wurde und somit indirekte Schäden an den Hochöfen sowie an den Siemens-Martin-Anlagen entstanden. Darüber hinaus wurden zahlreiche Stromkabel sowie Gasleitungen in der näheren Umgebung des Bochumer Vereins zerstört, so daß der hieraus resultierende Energiemangel nicht unwesentlich zur Minderproduktion beitrug.
Obwohl durch das strategische Bombardement Zerstörungen der Betriebsanlagen bei den Rüstungsunternehmen im rheinisch-westfälischen Industriegebiet erzielt werden konnten und daher Produktionsausfälle in der Eisen- und Stahlgewinnung eintraten, legte das britische Bomberkommando andere mit Priorität zu bombardierende Ziele fest. Die Zerstörung der deutschen Jagd- und Nachtjagdwaffe, die den englischen Bomberverbänden nicht unerhebliche Verluste beigebracht hatten, sowie der Fertigungsstätten für Unterseeboote, für Kugellager und der Fabrikationsanlagen zur Herstellung von Treibstoffen standen seitdem an erster Stelle des alliierten Prioritätskataloges, während die eisen- und stahlerzeugenden Betriebe an Rhein und Ruhr nur noch als Ausweichziele angeflogen werden sollten[11].
Die Zeit von Herbst 1943 bis zum Oktober 1944 war damit für den Bochumer Verein von einer relativen Ruhe bestimmt. Häufige Fliegeralarme waren für diese Zeit charakteristisch, und die umfangreichen Produktionsausfälle beruhten auf Arbeitsverboten während der Alarmzeiten, da man den Flugzeugen durch Abstiche in den eisen- und stahlerzeugenden Betrieben des Unternehmens keine Orientierungshilfe geben wollte. Im ersten Quartal 1943 betrugen die durch Luftalarme und Luftangriffe bedingten Arbeitsausfälle nur 0,97 % der Gesamtarbeitszeit. Während der verstärkten britischen Angriffe auf die Ruhrmontanindustrie betrug der Arbeitszeitausfall rund 4,1 % der geleisteten Gesamtarbeitsstunden, er stieg jedoch im letzten Quartal 1943, als der Bochumer Verein nur noch von vereinzelten englischen Bombenflugzeugen angegriffen wurde, aufgrund langer Alarmzeiten auf 4,9 %, sank aber im ersten Quartal 1944 wegen einer geringeren Anzahl von Luftalarmen auf 2,4 %[12].
Diese Situation änderte sich allerdings durch eine erneute Umstellung der Priorität der anzugreifenden Objekte in der zweiten Jahreshälfte 1944. Ziel dieser erneuten Offensive des angloamerikanischen Bomberkommandos war es, neben Raffinerien und den Transportkapazitäten auf Schiene, Wasser und Straße auch die Produktionsstätten für Panzer- und Motorfahrzeuge zu zerstören. Größere Industrieunternehmen, soweit sie für die Kriegswirtschaft von Bedeutung waren, wurden darüber hinaus zur Bombardierung durch die RAF und die USAAF freigegeben. Dieser Offensive

11 Vgl. *USSBS,* S. 105 f. u. 250 ff.
12 In den Betrieben wurde die Arbeit z. T. erst unterbrochen, wenn feststand, daß sich ein Luftangriff unmittelbar gegen den Bochumer Verein richtete.

standen von deutscher Seite nur unzureichende Abwehrmöglichkeiten in Form von Fla-Geschützen und Jagdflugzeugen gegenüber, zumal die Alliierten durch den Einsatz ihrer Flugzeuge von Luftstützpunkten in Frankreich aus eine Verbesserung der Operationsmöglichkeiten realisieren konnten[13].

Die Roheisenproduktion des Bochumer Vereins hatte während der ersten neun Monate des Jahres 1944 rund 42733 moto betragen und zeigte während dieses Zeitraumes eine kontinuierliche Erhöhung, die nicht zuletzt darin begründet lag, daß der Bochumer Verein selbst nicht Ziel von Luftangriffen war und er während dieser Periode der relativen Ruhe mit ausreichenden Mengen an Rohstoffen und Energie versorgt werden konnte. Der Output an Roheisen sank jedoch während des letzten Quartals des Jahres 1944 auf 26,2 % der Roheisenmenge, die im Quartalsdurchschnitt von Januar bis September erschmolzen werden konnte. Damit lag der Leistungsrückgang des Bochumer Vereins signifikant über dem der übrigen Hüttenbetriebe im Ruhrgebiet, deren Roheisenproduktion im Rahmen des im Oktober 1944 einsetzenden operativ-strategischen Luftkrieges der RAF im vierten Quartal lediglich auf 46 % des von Januar bis September durchschnittlich erzielten Ausstoßes zurückging. Hatte der Ausfall der Rohstahlproduktion 1943 im Bereich von Arbeitnordwest infolge von Alarmen und Zerstörungen insgesamt 1,947 Mio. t betragen, so stieg diese Menge 1944 auf 3,477 Mio t.[14] Allein die im vierten Quartal dieses Jahres entstandenen Ausfallmengen – sie dokumentieren den Erfolg der englischen Luftoffensive – machten 2,166 Mio. t aus. Daneben wurde eine weitgehende Lähmung der deutschen Kriegswirtschaft von Oktober 1944 an durch die Bombardierung von Wasser- und Schienenwegen und dem aus diesen Angriffen resultierenden Zusammenbruch des Transportsystems erreicht[14].

In welcher Weise schützte sich nun der Bochumer Verein gegen die alliierten Luftangriffe, nachdem feststand, daß weder die deutsche Jagdwaffe noch bodengebundene Flugabwehreinrichtungen in der Lage waren, die einfliegenden Bombenflugzeuge von der Durchführung ihrer Aufgabe abzuhalten? Welche Maßnahmen wurden von seiten der Reichsregierung getroffen, um kriegsentscheidende Produktionsausfälle in der Rüstungsindustrie zu verhindern?

– Die Verlagerung von Produktionseinrichtungen aus Bochum

Die Verlagerung von kriegswichtigen Produktionen aus den luftgefährdeten Gebieten mit hoher Industriekonzentration in industrielle Randzo-

13 Vgl. Directive by Air Marshal Sir N. Bottomley, Deputy Chief of the Air Staff, and General C. Spaatz, Commanding General, USSAF in Europe, for the Control of Bomber Forces in Europe (25-9-44), abgedr. in *Webster*, Bd. 4, S. 172 f.

14 Vgl. *Rumpf*, S. 46.

nen, in weniger luftgefährdete Industriegebiete oder in unterirdische Werkanlagen wurde als einziger Schutz gegen die intensiver werdenden Luftangriffe erachtet und daher von der Reichsregierung für verschiedene Fertigungsbereiche angeordnet. Diese Methode stand allerdings im Widerspruch zur Forderung nach Höchstleistungen, da durch die Verlagerung einer Fertigung ein Produktionsausfall von mindestens vier bis fünf Monaten entstand, der im Bereich sogenannter Schlüsselprodukte eine kriegsentscheidende Bedeutung erlangen konnte. Speer wehrte sich als Verantwortlicher gegen derartige Verlagerungen – er hatte sie dennoch weisungsgemäß durchzuführen –, da es seiner Ansicht zufolge nicht möglich war, »Flugzeuge mit Beton zu bekämpfen«[15]. Ein Schutz der Industrie hätte, so Speer, nur durch eine Verbesserung der deutschen Jagdwaffe erreicht werden können. Für eine Verlagerungsaktion wurden nicht nur auf Dauer umfangreiche Transportkapazitäten benötigt, vielmehr entzog man der Industrie durch den Bau von Ausweichproduktionsstätten, zumal wenn sie in Form von Bunkern oder unterirdischen Werkhallen errichtet wurden, eine große Zahl von Arbeitskräften sowie nicht unerhebliche Mengen an Baumaterial, darunter Stahl für Betonkonstruktionen.
Die von der Reichsregierung angeordneten Verlagerungen trafen darüber hinaus auch auf den Widerstand der Industrie, da sie in ihnen eine unter den Kriegsumständen kaum zu realisierende Methode der Aufrechterhaltung von Fertigungen erkannte. Es gelang dem Vorstand der VSt in diesem Zusammenhang in einem Einzelfall, eine angeordnete Verlagerung rückgängig zu machen; die Einwände der Industrie reichten in anderen Fällen jedoch nicht aus, um Verlagerungen zu verhindern[16].
Speer ordnete im Rahmen dieser Maßnahmen zum Schutz kriegswichtiger Produktionen am 2. August 1943 die Verlagerung der gesamten Waffenfertigung des Bochumer Vereins für den Heeresbedarf, der Torpedokesselfertigung für das OKM sowie der Fertigung von Fla-Geschützen und Flugzeugmotorteilen nach Dubnica in die Werkstätten der Firma Skoda an. Zunächst begann dort im November 1943 die Fertigung von 8,8 cm Geschützen für Heer und Luftwaffe, eine Produktion, für die zahlreiche Fertigungsmaschinen von Bochum in die Slowakei transportiert und 35 Bochumer Facharbeiter dienstverpflichtet wurden. Zusätzlich stellten die Skoda-Werke rund 100 einheimische Arbeitskräfte für die in ihre Werkstätten verlagerte Produktion des Bochumer Vereins. Sie arbeiteten zusammen mit den deutschen Arbeitnehmern im kontinuierlichen Zweischichtensystem[17]. Als am 7. Juli 1944 erstmals alliierte Bomberverbände die Werkanlagen in Dubnica angriffen, einige Bochumer Arbeiter im Zuge

15 Angaben Speers im Rahmen eines Interviews mit dem Verf.
16 Ebd.
17 Es wurde in zwei Schichten à 12 Stunden gearbeitet.

dieses Angriffes getötet wurden und umfangreiche Beschädigungen an Maschinen, Werkstattgebäuden und Barackenunterkünften entstanden, war das Ziel der Verlagerung fragwürdig geworden. Die Produktion wurde zudem von Ende 1944 an durch die Aktivitäten von Partisanen gestört, mit denen die tschechischen und slowakischen Arbeiter sympathisierten. Eine Wehrmachtabteilung, die zum Schutz der Arbeiter in den Skoda-Werken eingesetzt worden war, ermöglichte es, daß die Produktion trotz mannigfacher Schwierigkeiten bis Ostern 1945 fortgesetzt wurde und die Arbeiter erst bei der Annäherung alliierter Truppen nach Bochum zurückkehrten[18].

Neben der mechanischen Fertigung und Montage von Flugabwehrgeschützen, Torpedokesseln und Flugzeugteilen hatte das RMfRuK etwa zur gleichen Zeit die Verlagerung eines Teils der Eisenbahnrad- und Achsenfertigung sowie der Munitionsherstellung nach Glowno in Polen angeordnet. Weitere Abteilungen der Schmiede- und Warmbearbeitungsbetriebe des Bochumer Vereins sollten nach Kreuztal und Rotau verlegt werden[19]. Das Unternehmen mußte in der Folgezeit weitgehend selbständig zur Durchführung dieser Verlagerungsaktion tätig werden, zumal in Kreuztal und Rotau, anders als in Dubnica, keine industriellen Anlagen vorhanden waren, in die die Produktion hätten verlagert werden können. Eine vorläufige Baugenehmigung wurde zwar am 1. April 1944 für die Errichtung einer Gesenkschmiede mit nachgeschalteten mechanischen Bearbeitungswerkstätten für Kreuztal erteilt, es stellten sich jedoch in der Folgezeit große Schwierigkeiten bei der Beschaffung von Baumaterial und Arbeitskräften ein[20]. Die notwendigen Hallenkonstruktionen wurden aus Wilhelmshaven und Nürnberg nach Keuztal transportiert, nachdem die bislang in ihnen produzierenden Unternehmen im Zuge der Totalisierung des Krieges und der Konzentrierung der industriellen Fertigung auf kriegswichtige Waren stillgelegt worden waren.

Die Fehlplanungen und die unzureichenden Vorbereitungen dieser Aktionen wurden allein in der Tatsache erkennbar, daß die Ausstattung der Gesenkschmiede Kreuztal mit Energieversorgungsanlagen vorgesehen war, die in Frankreich zu demontieren waren. Es standen dem Bochumer Verein allerdings keine Transportkapazitäten zur Verfügung, um diese Anlagen nach Deutschland zu schaffen. Die dringend für den Betrieb einer Gesenkschmiede benötigte Ferngasversorgung war darüber hinaus von seiten des RMfRuK bei der Betriebsverlagerung nach Kreuztal nicht berücksichtigt worden, so daß der Bochumer Verein gezwungen war, anstelle gasbe-

18 Vgl. ArchBV 42900 Nr. 2b.

19 Vgl. ArchBV Nr. 41700 Nr. 3.

20 Der Bochumer Verein beschäftigte bei der Verlagerung nach Kreuztal u. a. KZ-Häftlinge und Zuchthaushäftlinge.

heizter Öfen solche zu errichten, die mit elektrischer Energie betrieben wurden[21].

Man bemühte sich unter diesen retardierenden Begleitumständen sowohl von seiten der Unternehmensleitung des Bochumer Vereins und der VSt-Konzernleitung als auch des RMfRuK, die Produktionsanlagen in Kreuztal möglichst umgehend fertigzustellen, jedoch waren die Bau- und Installationsarbeiten gegen Kriegsende noch nicht abgeschlossen. Die Produktion von Kurbelwellen für Flugzeugmotore konnte aus diesen Gründen nie aufgenommen werden[22].

Lediglich die Verlagerung von Bereichen der Geschützproduktion nach Dubnica, der Herstellung von rollendem Eisenbahnmaterial nach Glowno sowie einer Abteilung der Stahlverfeinerung nach Ochsenfurth bei Würzburg erwiesen sich damit als wirtschaftsstrategisch sinnvoll und verständlich im Rahmen der Sicherung kriegswichtiger Produktionen. Die Verlegung von einzelnen Teilfertigungen in Randgebiete des rheinisch-westfälischen Industriereviers und die Dienstverpflichtung von Arbeitskräften des Bochumer Vereins in die Unternehmen, die die Produktionsbereiche zu übernehmen hatten, war wenig sinnvoll, da hierdurch eine betriebswirtschaftliche ungünstige Zersplitterung entstand. Immerhin 790 Arbeitnehmer wurden in diesem Zusammenhang aus Bochum abgezogen, obwohl unzureichende Transport- und Kommunikationsmöglichkeiten bereits im März 1944 Koordinationsschwierigkeiten verursachten[23].

Gleichgeartete Probleme ergaben sich aus der Verlagerung von Teilen der kaufmännischen und technischen Verwaltung des Unternehmens. Diese Maßnahmen waren im August 1943 angeordnet worden, und der Bochumer Verein wendete rund 24700 RM für die Auslagerung einzelner Abteilungen nach Emsdetten und Wiedenbrück auf. Umfassendere Verlagerungsaktionen der Hollerith-Abteilung nach Erwitte und eines Teils der kaufmännischen Verwaltung nach Warstein verursachten im Februar 1944 Kosten in Höhe von 132400 RM[24].

Die Produktion in den Bochumer Werksanlagen war demgegenüber in zunehmendem Maße durch Luftangriffe bedroht, zumal dort keine umfangreichen Maßnahmen im Rahmen des Luftschutzes vorgenommen wurden. Es standen lediglich Verdunklungseinrichtungen zur Verfügung, um die Zielfindung der angreifenden Flugzeuge zu erschweren. Selbst für wichtige Produktionseinrichtungen hatte man keinen besonderen Bombenschutz geschaffen, während Kompressoren und Generatoren wenigstens durch einige zusätzliche Mauern geschützt waren.

---

21 Vgl. ArchBV 41700 Nr. 3.

22 Offensichtlich gab es eine enge Zusammenarbeit zwischen dem BV und den BMW. Vgl. ArchBV 20085 Nr. 6.

23 Vgl. statistische Angaben in ArchBV 15000 Nr. 2.

24 Vgl. ArchBV 94000 Nr. 10.

Unterirdische Schutzräume standen demgegenüber für die Arbeitnehmer des Bochumer Vereins in ausreichender Zahl zur Verfügung, allerdings waren derartige Einrichtungen, wie alliierte Beobachter nach Kriegsende feststellten, in den Lagern der Ost- und Fremdarbeiter nicht vorhanden[25]. In welchem Umfang gelang es den westlichen Alliierten nun gegen Ende des Krieges, die Produktionsanlagen des Bochumer Vereins durch strategische Bombenangriffe lahmzulegen, nachdem von seiten des Unternehmens offensichtlich kaum Vorsorge zur Sicherung der Produktion getroffen worden war?

– Strategische Bombenangriffe gegen die Produktionsanlagen des Bochumer Vereins

Ein schwerer Luftangriff auf den Bochumer Verein am 9. Oktober 1944 und ein Störangriff am 12. Oktober beendeten die Zeit der relativen Ruhe, und sie verursachten umfangreiche Schäden an den Koksgas- und Gichtgasleitungen, deren Reparatur drei Wochen dauerte[26]. Ein weiterer Luftangriff, mit 705 Flugzeugen der bislang schwerste, richtete sich am 4. November gegen das Unternehmen, als man im Rahmen der Aufklärungstätigkeit die Wiederherstellung der Gasversorgungsanlage erkannt hatte. 2787 t Spreng- und 600 t Brandbomben konnten in einem Präzisionsbombardement über dem Werksgelände und den anliegenden Wohn- und Geschäftsvierteln der Stadt Bochum abgeworfen werden.
Es kam infolge dieses Angriffes erstmals zu einem vorübergehenden Stillstand aller Betriebsabteilungen, der sowohl durch innerbetriebliche Schäden wie auch durch den Ausfall der gesamten Energieversorgung bedingt war. Allein die erneute Zerstörung aller Ferngasleitungen, der Stromzuführung und der elektrischen Schaltzentralen des Unternehmens machte vierwöchige Reparaturarbeiten erforderlich. Selbst nach dieser Zeit konnte der Bochumer Verein nur zwischen 5 % und 10 % der für eine ungestörte Produktion notwendigen Energiemenge beziehen.
Umfangreiche Primärschäden an den Produktionsanlagen des Bochumer Vereins erlaubten allerdings nach Ablauf dieser Zeit nur eine Wiederaufnahme der Produktion in bescheidenem Umfang. Alle vier in Betrieb befindlichen Hochöfen waren am 4. November stillgesetzt worden, da neben der Gasversorgung auch die innerbetrieblichen Kühlwassersysteme zerstört waren.
Der Vorstand des Unternehmens plante in einem Zwischenbericht über den Stand der Wiederaufbauarbeiten vom 23. November 1944 die voraus-

25 Vgl. USSBS-Report No. 76 BV.
26 Die folgenden Angaben über Produktion des BV und über die Zerstörung von Werkanlagen stammen – soweit nicht anders ausgewiesen – aus Unterlagen verschiedener Provenienzstellen, die in dem USSBS-Report No. 76 BV vereinigt sind.

sichtliche Wiederinbetriebnahme eines ersten Hochofens in den ersten Dezembertagen 1944 und glaubte, im März 1945 den letzten Hochofen anblasen zu können[27]. Der Plan, einen Hochofen in weniger als vier Wochen nach dem vernichtenden Bombenangriff wiederherzustellen und in Betrieb nehmen zu können, verzögerte sich allerdings um einige Tage, da die Reparaturarbeiten nicht mit der erwarteten Schnelligkeit durchgeführt werden konnten und durch einzelne Störangriffe immer wieder unterbrochen wurden. Der Vorstandsvorsitzende des Bochumer Vereins, Alberts, teilte aus diesen Gründen dem Gauleiter Westfalen-Süd mit, daß die etwa einen Monat zuvor genannten Fristen zur Produktionsaufnahme in einzelnen Unternehmensbereichen nicht eingehalten werden konnten[28].

Nach Abschluß der Notreparaturen, an denen sich unter anderem Abteilungen der Wehrmacht und der Organisation Todt beteiligten, gelang zwar Mitte Dezember die Wiederinbetriebnahme des ersten Hochofens, jedoch mußte die Produktion ebenso wie die des in den letzten Tagen des Jahres 1944 wiederangeblasenen Ofens wegen Energiemangel häufig eingestellt werden. Die durchschnittliche Tagesleistung beider Öfen betrug lediglich 26,6 t.

Trotz des durch schwerste Zerstörungen innerhalb des Unternehmens stark behinderten Betriebsablaufes produzierten die Hochöfen I und V, letzterer konnte im Januar 1945 wieder in Betrieb genommen werden, in diesem Monat bereits 8000 t Roheisen. Der Unternehmensleitung gelang in den beiden folgenden Monaten eine Steigerung dieser Menge auf 9000 t bzw. 10800 t. Diese Produktionsleistung verlor allerdings ihre kriegswirtschaftliche Bedeutung dadurch, daß aufgrund des Vormarsches alliierter Truppen und der Einkesselung des Ruhrgebietes kaum noch Transportkapazitäten zur Verfügung standen.

Der Angriff des 4. November 1944 verursachte darüber hinaus schwerste Schäden im Bereich der Stahlwerke des Bochumer Vereins und bedingte unter anderem den Ausfall des Stahlwerkes III bis Kriegsende. Die Betriebsleitung versuchte, die übrigen SM- und Elektroöfen von Mitte Dezember an wieder in Betrieb zu nehmen, soweit eine Reparatur überhaupt möglich war[29]. Die Rohstahlproduktion des Bochumer Vereins wurde am 22. November 1944 wieder aufgenommen; die Produktionsmenge überschritt bis zum Ende des Weltkrieges jedoch nie 15 % des erwarteten Outputs. Ein Produktionsausfall von rund 170000 t, der sich im I. Quartal 1945 um rund 80000 moto vergrößerte, kennzeichnet die durch Zerstörungen und häufige Betriebseinschränkungen charakterisierte Rohstahl-

---

27 Vgl. ArchBV 95001 Nr. 1.

28 Vgl. Brief des Vorstandsvorsitzenden des BV, Alberts, an den Gauleiter Westfalen-Süd, Albert Hoffmann, v. 22. 12. 1944, ArchBV 95001 Nr. 1.

29 Vgl. Lagebericht der Betriebe des Bochumer Vereins für den Monat November 1944 v. 23. 11. 1944, ebd.

produktion des Bochumer Vereins seit Dezember 1944. Alliierte Beobachter schätzten den gesamten Produktionsverlust des Werkes in den ersten drei Monaten 1945 auf 94 % der möglichen Gesamtproduktion, während demgegenüber im Verlauf des Kalenderjahres 1944 nur Verluste in Höhe von 29,1 % aufgetreten waren.
Die Betriebsleitung war darüber hinaus gezwungen, infolge Gasmangels das Stahlwerk I im Januar 1945 außer Betrieb zu setzen, so daß bis Ende März lediglich die Stahlwerke II und IV sowie das Elektrostahlwerk produzieren konnten. Der Betriebsablauf im Bereich der Stahlwerke war durch eine kontinuierliche Improvisation und einen permanenten Energiemangel geprägt; die Produktion konnte jedoch in geringerem Umfang bis zum 9. April 1945 aufrechterhalten werden.

Die Produktion von SM-Stahl und Elektrostahl beim Bochumer Verein von 1943 bis zum Ende des Krieges[30]*:*

		SM-Stahl		Elektrostahl	
		Quote	Produktion	Quote	Produktion
1943	1. Quartal	257400	240150	19500	24350
	2. Quartal	263000	191.153	22000	18900
	3. Quartal	260200	155255	22800	19823
	4. Quartal	247500	107600	22500	13300
1944	1. Quartal	244300	192500	22200	17900
	2. Quartal	228000	218050	21900	23300
	3. Quartal	248500	197450	22800	23100
	4. Quartal	234000	49399	23100	7492
1945	(Jan. u. Febr.)		12353		1755

Die weitgehende Zerstörung der Rohstahlproduktionseinrichtungen führten somit zu einem Absinken der SM-Stahlerzeugung während der ersten zwei Monate des Jahes 1945 auf 9,6 % im Vergleich zu der im gleichen Zeitraum des Vorjahres produzierten Menge. Die Produktion von Elektrostahl betrug immerhin noch 14,7 % der Vergleichsmenge, da im Elektrostahlwerk geringere Schäden aufgetreten waren und die Energieversorgung rascher repariert werden konnte. Die ausgesprochen schwierige Produktionssituation erlaubte allerdings nicht mehr die Erstellung einer Perspektivplanung in Form von Herstellungsquoten.
Die durch den Bombenangriff vom 9. Oktober 1944 verursachten Schäden führten weiterhin zu einer zwei- bis vierwöchigen Lähmung der Walzstraßen im Unternehmensbereich Stahlindustrie und der Walzeinrichtungen im Werk Weitmar. Der Angriff des 4. November verursachte hingegen

30 Vgl. Anm. 25.

derart schwere Zerstörungen, daß sämtliche Walzeinrichtungen, sei es wegen der Primärschäden, sei es wegen fehlender Energie, bis zum 15. Januar 1945 nicht betrieben werden konnte. Der Produktionsausfall betrug rund 125000 t. Danach konnten bis zur Besetzung des Bochumer Vereins durch amerikanische Truppen noch rund 20 % der durchschnittlichen Monatsproduktion des Jahres 1944 erwalzt werden. Die Walzwerke stellten ihre Produktion ebenso wie die übrigen noch in Betrieb befindlichen Abteilungen des Bochumer Vereins erst mit dem Beschuß durch Artillerie und der anschließenden Besetzung des Werkes ein.
Vergleichbare Schwierigkeiten bestanden im Bereich der Schmiedebetriebe, wo am 4. November eine derartige Zerstörung der Preß- und Hammerwerke eingetreten war, daß die Unternehmensleitung ihre Wiederinbetriebnahme erst für die Monate Januar und Februar 1945 plante[31]. Auch diese Prognose konnte aufgrund der fehlenden Reparaturkapazitäten und Ersatzteile nicht eingehalten werden, so daß nur ein geringer Teil der Fertigungseinrichtungen vor Kriegsende wiederhergestellt wurde. Die Fertigungseinrichtungen von rollendem Eisenbahnmaterial, soweit sie nicht nach Glowno verlagert worden waren, erlitten demgegenüber nur geringe Gebäude- und Maschinenschäden, und die Produktion konnte in diesem Unternehmensbereich nach einer leichten Besserung in der Energieversorgung im Januar 1945 in beschränktem Ausmaß wieder aufgenommen werden[32].
Der Luftangriff des 4. November hatte damit auch die Verwundbarkeit der Energieversorgung des Bochumer Vereins gezeigt, zumal nicht unerhebliche Schäden an den Hochöfen erst durch den Ausfall des Kühlwasserkreislaufes entstanden. Zerstörungen bei den den Bochumer Verein beliefernden Kokereien und Elektrizitätswerken waren daher ebenso wie die schwierige Reparatur oder Ersetzung von Gasleitungen für die geringe Produktion in einigen Bereichen des Unternehmens zu Anfang des Jahres 1945 verantwortlich.
Welche Schäden verursachte nun der Bombenangriff des 4. November im Bereich der Bearbeitungswerkstätten? Kam es in diesen Abteilungen zu ähnlich umfangreichen Zerstörungen wie in den Rohstahl und Roheisen erzeugenden Unternehmensbereichen?
Die Fertigung von Geschützen für alle Teilstreitkräfte der Wehrmacht war durch den englischen Luftangriff erhebich gestört worden, da in den Bearbeitungs- und Montagewerkstätten umfangreiche Schäden an den Dächern und Stahlkonstruktionen der Fabrikhallen entstanden waren und die Fertigung in der Folgezeit vom Unternehmenskomplex Gußstahlfabrik in andere Bearbeitungswerkstätten verlagert werden mußte. 30,8 %

31 Vgl. Anm. 29.
32 Vgl. ArchBV 41700 Nr. 4.

der Produktionsmaschinen der Bearbeitungswerkstatt I blieben dennoch bis zum Ende des Krieges völlig unbeschädigt, während 67,7 % der Maschinen mehr oder minder starke Beschädigungen aufwiesen, aber instandgesetzt werden konnten, und lediglich 3 der insgesamt 195 Produktionsmaschinen infolge von Kriegseinwirkungen total zerstört wurden und anschließend verschrottet werden mußten[33].

Es erwies sich somit als wesentlich effektiver, durch Bombenangriffe die Infrastruktur eines Hüttenwerkes, die Versorgung mit Wasser, Strom und Gas zu zerstören, als zu versuchen, durch Präzisionsbombardements die maschinellen Einrichtungen unmittelbar für die Kriegsproduktion unbrauchbar zu machen. Der RAF war es mit dem Angriff vom 4. November wenn auch zu einem sehr späten Zeitpunkt gelungen, den Bochumer Verein als Kriegsmaterial produzierendes Hüttenwerk für die deutsche Kriegswirtschaft bedeutungslos werden zu lassen, da viele Abteilungen des Unternehmens mit dem 4. November die Produktion bis zum Ende des Krieges einstellen mußten, andere nicht mehr in der Lage waren, die von ihnen hergestellten Rüstungsgüter dem Fronteinsatz bei der Wehrmacht zuzuführen, weil RAF ebenso wie die USAAF von der zweiten Jahreshälfte 1944 ab sämtliche Transporteinrichtungen im Reich intensiv bombardierte und damit die Versorgung der Wehrmacht mit Nachschub außerordentlich erschwerte.

Dennoch sei auf die Leistungen der Belegschaft des Bochumer Vereins hingewiesen, die bis April 1945 gezwungen wurde, unter Einsatz aller ihr zur Verfügung stehenden Kräfte die Produktion wiederaufzunehmen. Ein Teil der gewerblichen Arbeitnehmer mußte während der Wintermonate im Freien arbeiten, da die Hallenkonstruktionen einiger Abteilungen zerstört waren und man vorrangig Reparturen an den Produktionseinrichtungen betrieb. Widerstand gegen diese Arbeitsbedingungen wurde kaum geäußert, zumal es in den letzten Monaten des Krieges zu verschärften Maßnahmen gegen sogenannte Bummelanten und andere »Arbeitsunwillige« kam, die in einigen Fällen durch Standgerichte oder auch durch eine Willkürjustiz von Gestapo-Stellen exemplarisch bestraft wurden.

33 Vgl. ArchBV 41700 Nr. 3.

IX. Die Rolle des Bochumer Vereins als Ruhr-Montanunternehmen in der NS-Wirtschaft

Die Ausgangslage des Jahres 1933/34 war bestimmt von einer Wirtschaftskrise, deren Intensität und Dauer beispielslos waren in der Geschichte des industriellen Kapitalismus. Der Wunsch nach rascher Besserung der wirtschaftlichen Lage bestimmte in weiten Bereichen das Handeln der Arbeitnehmer und der Arbeitgeber.

Während die Wirtschaftskrise zunächst auf die politischen Großorganisationen der Arbeiterschaft polarisierend wirkte, führte sie bei der Belegschaft des Bochumer Vereins im Jahre 1932 zu einer offensichtlichen Entpolitisierung. Das materielle Interesse und der Zwang zur Sicherung der eigenen Existenz besaßen bei der Arbeiterschaft Vorrang vor der politischen Betätigung in Parteien und Gewerkschaften, zumal sie erkennen mußte, daß ein politisches Engagement nicht gleichzeitig die Erfüllung ihrer materiellen Interessen bedeutete. Es bleibt zu vermuten, daß während des Höhepunktes der Wirtschaftskrise oft nur solche Belegschaften und Gruppen von Arbeitnehmern politisch aktiv wurden, die schon vor 1929/30 über einen entsprechend hohen politisch-gewerkschaftlichen Organisationsgrad verfügten. Das politische Selbstverständnis der Arbeitnehmer wurde offensichtlich nicht zuletzt von den aktuellen wirtschaftlichen Ereignissen beeinflußt, denn nur so lassen sich die nachgewiesenen Richtungswechsel von linksorientierten Parteien weg zur rechtsradikalen NSDAP und ihr politisch nahestehenden Organisationen erklären. Es bleibt allerdings in diesem Zusammenhang zu klären, ob Facharbeiter und Arbeiter mit qualifizierter Ausbildung mehr zu liberalen und konservativen Parteien und Gewerkschaften tendierten als ungelernte und daher während der Wirtschaftskrise häufig beschäftigungslose Arbeitnehmer.

Das Management des Bochumer Vereins, eines Unternehmens, das ebenso wie die überwiegende Zahl der rheinisch-westfälischen Montanbetriebe zu einem relativ großen Teil von öffentlichen Aufträgen abhängig war, wandte sich aufgrund seines traditional-konservativen, in mancher Hinsicht auch patriarchalischen Selbstverständnisses den extremen rechten Parteien, der DNVP und der NSDAP, zu und unterstützte sie, wenn aufgrund der Quellenlage auch der Nachweis materieller Zuwendungen nicht erbracht werden kann, zumindest durch seine wirtschaftlichen und politischen Forderungen. Die Versuche rechtsradikaler Vereinigungen, Einfluß auf die Belegschaft des Unternehmens zu gewinnen, wurden durch das Taktieren der Werksleitung begünstigt, wie die Ergebnisse der Betriebsratswahlen erkennen lassen.

Die frühzeitige Nazifizierung des Managements des Bochumer Vereins scheint weitgehend typisch für die Ruhrindustriellen zu sein, die nicht zugleich Eigner der von ihnen geleiteten Wirtschaftsunternehmen waren, sondern als überwiegend akademisch vorgebildete »neue technokratische Elite« in Angestelltenpositionen tätig waren. Angestellte Manager waren dem Nationalsozialismus gegenüber aufgeschlossener als die Mehrzahl der Firmeneigner. Darüber hinaus war die Interessenparallelität zwischen der Gesamtheit der Montanunternehmer und dem NS-Regime, gegründet auf dem privatkapitalistischen Streben der Industrie und getragen von den dank öffentlicher Aufträge steigenden Unternehmensgewinnen, unverkennbar. Die eisen- und stahlerzeugende Industrie gehörte schließlich neben der Metall-, der Elektro- und der chemischen Industrie sowie der Bauwirtschaft zu den Branchen, die von den Rüstungsplänen Hitlers mehr als andere Industriezweige profitierten.
Es wäre freilich zu sehr vereinfacht, nur die Verbindungen von industriellem Management und Regime zu betonen. Das NS-Regime bemühte sich nach der Machtübernahme in ähnlicher Weise, die Arbeitnehmer durch Kompensationsangebote für die verlorene politische Freiheit und für die verschiedensten Lenkungsmaßnahmen zu »entschädigen« und damit einen Teil von ihnen zur Herrschaftsstabilisierung zu gewinnen. Im Verständnis der Arbeitnehmer hatte das NS-Regime in seinem ersten Regierungsjahr nicht unwesentlich zur Krisenüberwindung beigetragen, und es förderte nun im Zuge der eigenen Machtkonsolidierung zahlreiche Projekte zur Einbindung der gewerblichen Arbeitnehmer in die sogenannte Volksgemeinschaft.
Die Arbeitnehmer nahmen die ihnen gebotenen Möglichkeiten, an sehr kostengünstigen, wenn nicht gar kostenlosen Wanderungen und kulturellen Veranstaltungen teilzunehmen oder zu für Arbeiter erschwinglichen Preisen zu verreisen, nach einer Zeit der materiellen Unsicherheit und fortschreitenden Verarmung bereitwillig an. Nach außen mußten Organisationen wie die DAF oder die Gemeinschaft »Kraft durch Freude« als Bestrebungen gewertet werden, traditionelle Klassenschranken, soweit sie im Zuge der Wirtschaftskrise nicht gefallen waren, zu überwinden und den Volksgemeinschaftsgedanken zu propagieren. Letztlich waren DAF und KdF jedoch nur Einrichtungen, die die Regimekonformität großer Bevölkerungsgruppen fördern und aufrechterhalten sollten. Sie hatten anders geartete Interessen der Bevölkerung zu ersetzen und in einen vom NS-Regime überwachten Bereich hineinzuführen. Obwohl von seiten der NSDAP die politische Rolle der DAF, der NSBO und anderer Parteigliederungen und angeschlossener Verbände immer wieder betont wurde, handelte es sich letztlich um unpolitische Zusammenschlüsse.
Es stellt sich in diesem Zusammenhang allerdings die Frage, ob die Bereitschaft einer großen Zahl gewerblicher Arbeitnehmer und vor allem der

Angestellten, von diesen Angeboten Gebrauch zu machen, eine spezifische Erscheinung des Bochumer Vereins war oder ob diese Entwicklung gleichermaßen auch für die Belegschaften anderer Ruhr-Montanunternehmen oder anderer Branchen gilt.
Die Bereitschaft der Arbeitnehmer, diese »Sozialpolitik« von oben anzunehmen, war offensichtlich groß. Dafür war nicht zuletzt die Verarmung während der Krise verantwortlich. Viele wenig qualifizierte Arbeitskräfte waren während der Wirtschaftskrise zwecks Erhaltung einer leistungsfähigen Stammbelegschaft entlassen worden und wurden erst 1933/34 im Rahmen einer besseren Konjunkturlage wieder eingestellt. Für die Ruhr-Montanindustrie bedeuteten die sozialpolitischen Bestrebungen des NS-Regimes eine Fortsetzung der zuvor gegenüber anderen Branchen vorbildlichen betrieblichen Sozialpolitik.
Der Bereitschaft Borbets und der übrigen Vorstandsmitglieder des Bochumer Vereins und nicht zuletzt dem Einverständnis der Konzernleitung der Vereinigten Stahlwerke, NS-Organisationen und NS-Gliederungen einen weithin ungehinderten Zugang in die Betriebe des Unternehmens zu gewähren, stand eine Verzichterklärung von seiten der Regierung auf eine Veränderung des gesamtwirtschaftlich-privatkapitalistischen Systems gegenüber sowie die allerdings nur vorübergehende und auf die Zeit der Machtkonsolidierung beschränkte Zurückstellung von Maßnahmen, die auf die Verringerung des unternehmerischen Freiraumes hinausliefen. Öffentliche Aufträge und Rüstungsbestellungen führten gleichzeitig zu einem Wirtschaftsaufschwung, wie er selbst von Branchenkennern in diesem Umfang nicht vorausgesagt und letztlich 1932/33 auch nicht für möglich gehalten worden war. Diese starke konjunkturelle Aufwärtsentwicklung wurde von der Wirtschaft, soweit sie davon betroffen war, lebhaft begrüßt und war nicht unwesentlich für das gute Verhältnis zwischen Montanindustrie und Staatsführung während der ersten drei Jahre des NS-Regimes bestimmend.
Die nur geringfügig eingeengte und in der Kontinuität zur Weimarer Zeit zu sehende Autonomie des Montangroßunternehmens Vereinigte Stahlwerke und mit ihr die des Bochumer Vereins für Gußstahlfabrikation wurde durch die Anerkennung der staatlichen Hegemonie vor allem im Bereich der Sozialpolitik erkauft. Die Auszeichnung des Bochumer Vereins als des ersten Montanunternehmens an der Ruhr mit dem Titel »Nationalsozialistischer Musterbetrieb« und nach ihm die weiterer schwerindustrieller Unternehmen muß in engem Zusammenhang mit der Erfüllung nationalsozialistischer Forderungen innerhalb des Betriebes gesehen werden; in ihr ist ein Akt des Wohlwollens und der Belobigung von seiten des NS-Regimes zu erkennen. In diesem Zusammenhang sollte allerdings nicht in Vergessenheit geraten, daß die Sozialpolitik der NSDAP und der in diesem Bereich tätigen Institutionen wie die der Treuhänder der Arbeit

in erster Linie die Interessen der Arbeitgeber vertraten. Interessenvertretungen der Arbeitnehmer, wie sie die DAF – wenn auch mit Einschränkung – darstellte, hatten während der ersten Jahre des NS-Regimes einen bedeutenden Machtverlust zu verzeichnen.
War die Entscheidungsmöglichkeit der Montanunternehmer über Art und Höhe der in ihren Werken herzustellenden Roh-, Halbfertig- und Fertigprodukte im Rahmen einer umfassenden Kartellierung bereits vor der Machtübernahme eingeschränkt, so bedeutete der Vierjahresplan von 1936 für die eisen- und stahlerzeugende Industrie des Ruhrgebietes eine Verstärkung der staatlichen Einflußnahme auf die Privatwirtschaft und damit eine Verringerung des unternehmerischen Freiraumes. Dem Widerstand der Großindustrie gegen ihre staatliche Konkurrenz, die Reichswerke Hermann Göring, und gegen die Pläne einer weitreichenden Autarkisierung des Reiches im Bereich der Rohstoffversorgung, unter anderem mit inländischen Erzen, begegnete die Regierung mit der Androhung von Verstaatlichungen.
Während erst der Beginn des Vierjahresplanes einen zunehmenden Wirtschaftsdirigismus markierte und damit auch für den Bochumer Verein eine noch größere direkte und indirekte Abhängigkeit von staatlichen Entscheidungen und Bewilligungen bedeutete – der Anteil des Exports an der Gesamtproduktion ging kontinuierlich zurück –, begann die Entrechtung der Arbeitnehmer bereits unmittelbar nach der Machtübernahme. Sie setzte sich in den folgenden Jahren weiter fort und endete beim Bochumer Verein in einer Militarisierung des Arbeitsverhältnisses, in der von diesem Hüttenwerk akzeptierten Möglichkeit, über Arbeitskräfte einer Ware gleich und ohne deren Einverständnis verfügen zu können. Aus dem gewerkschaftlich organisierten Arbeitnehmer der Weimarer Republik, der leidenschaftlich für die Wahrung seiner Interessen zu kämpfen bereit gewesen war, wurde im Zuge der Weltwirtschaftskrise und der nationalsozialistischen Maßnahmen ein »Soldat der Arbeit«, dessen Aufgabe in der kritiklosen Ausführung von Anweisungen und Befehlen bestand. Der Widerstand gegen diese Entwicklung konzentrierte sich auf wenige Personen, deren Engagement die aktuelle Lage kaum verändern konnte und deren Versuche, Widerstand über einige kleine konspirative Gemeinschaften hinaus in größeren Gruppen zu begründen, kaum Erfolg hatte. Die Überwachung durch die Organe des Staates war nahezu perfekt und ermöglichte immer wieder die Zerschlagung von Widerstandsgruppen. Die Frage, ob sich innerhalb des Bochumer Vereins Widerstand in gleichem Umfang wie in anderen Montanunternehmen herausbildete, wird sich in dieser Form allerdings nur schwer beantworten lassen, da der konspirative Charakter und die damit fehlende Dokumentation sowie die nur splitterhafte Überlieferung einen derartigen Vergleich unmöglich machen.
Die Entrechtung der Arbeitnehmer favorisierte zweifelsohne den traditio-

nal-patriarchalischen Führungsstil eines Walter Borbet und mit Einschränkungen auch den seines Nachfolgers Walter Alberts. Die Generaldirektoren des Bochumer Vereins besaßen einen gegenüber der Weimarer Zeit beträchtlich erweiterten Entscheidungsfreiraum in bezug auf ihre Belegschaft, der auf eine veränderte Wirtschafts- und Arbeitsgesetzgebung zurückging. Der unternehmerische Freiraum Borbets und Alberts' erhielt allerdings seine konkrete Ausformung dadurch, daß beide dem »nationalsozialistischen Idealbild« eines Unternehmers entsprachen und NS-Organisationen den Zugang in die Betriebe ermöglichten. Obwohl nationalsozialistische Gliederungen wie die DAF oder die NSBO ihre Propagandatätigkeit innerhalb des Unternehmens ausüben durften, vielleicht aber auch nicht zuletzt aus diesem Grunde, blieb der unternehmerische Führungsanspruch des Vorstandsvorsitzenden unbestritten und ungeschmälert.

Lediglich die Einflußmöglichkeit der Unternehmer auf die innerbetriebliche Sozialpolitik, soweit dieser Begriff nach 1933 überhaupt noch zulässig ist, ging zugunsten einer Einflußnahme des NS-Regimes und der der NSDAP angegliederten Verbände zurück. Die betriebliche Sozialpolitik, während der Weimarer Zeit im Selbstverständnis der Montanindustriellen Ausdrucksform einer ausgeprägten sozialen Verantwortung, wurde unternehmensübergreifend standardisiert und diente den Nationalsozialisten nunmehr zum gleichen Zweck. Wenn auch die sozialpolitischen Leistungen nach 1933 kaum das Niveau der 20er Jahre erreichten, so wurde allenthalben darauf hingewiesen, wie sehr sich die soziale Lage der Arbeitnehmerschaft seit der Machtübernahme verbessert hatte. Faktisch übernahmen die betrieblichen Sozialeinrichtungen, auf die DAF, NSBO, Werkschar und KdF einen von Werk zu Werk unterschiedlichen Einfluß ausüben konnten, eine ausgeprägte Kompensationsfunktion; durch sie war ferner die Möglichkeit gegeben, große Teile der Belegschaften zu organisieren.

Die enormen Rüstungsanstrengungen des Reiches bedingten schon in der Vorkriegszeit, daß der Bochumer Verein ebenso wie die Mehrzahl der übrigen Hüttenwerke bis an die Grenze seiner Kapazität ausgelastet war; ein Beschäftigungsgrad, der auch während der ersten Kriegsjahre beibehalten wurde. Das Unternehmen erledigte fast ausschließlich öffentliche Aufträge, und private Auftraggeber mußten wegen der Werksauslastung oft mehrjährige Lieferzeiten in Kauf nehmen. Ob der Bochumer Verein in größerem Umfang als andere Rüstungskonzerne, z. B. Krupp oder Rheinmetall, für Wehrmachtaufträge herangezogen wurde, läßt sich nicht eindeutig beantworten. Die Tendenz hin zu verstärktem rüstungswirtschaftlichem Engagement war freilich in allen Fälllen zu beobachten.

Innerhalb des Bochumer Vereins war die Zeit des Wirtschaftsaufschwungs und der ersten beiden Kriegsjahre durch Investitionsvorhaben geprägt, deren weitere Durchführung nach 1940/41 allerdings nicht möglich war. In der Zeit nach 1939 sollten die nicht mehr dem neuesten technischen Stand entsprechenden Walzwerke und Bearbeitungswerkstätten den bereits zuvor modernisierten Hochofen- und Stahlgewinnungsanlagen angepaßt werden. Die Jahre der eigentlichen Kriegswirtschaft sind damit beim Bochumer Verein durch unterschiedliche Erzeugungs- und Verarbeitungskapazitäten der Stahlwerke und der Weiterverarbeitungsbetriebe charakterisiert. Der Zeitraum von 1933 bis 1939 war zu kurz, um das Hüttenwerk in seiner Gesamtheit zu modernisieren. Der Bochumer Verein dürfte allerdings nicht das einzige Montanunternehmen an der Ruhr gewesen sein, das während des 2. Weltkriegs über eine derart ungünstige betriebswirtschaftliche und betriebstechnische Konstellation verfügte.

Obwohl das Unternehmen zu den führenden deutschen Rüstungswerken zählte, ergaben sich bei Kriegsbeginn erhebliche Produktions- und Umstellungsschwierigkeiten. Der Plan des NS-Regimes, die im Rahmen eines Blitzkrieges notwendigen Rüstungsgüter ohne nennenswerte Ausweitung der Produktion durch rasche Umstellungen auf die jeweils aktuell benötigten Artikel zu produzieren, markierte die unzulängliche wirtschaftliche Vorbereitung des Krieges sowie die Fehleinschätzung der Produktionsbedingungen in den Betrieben. Der häufige und beinahe alle Rüstungsbetriebe betreffende Wechsel zwischen einzelnen Waffentypen und Waffenmustern, der sich oft an der aktuellen militärischen Lage orientierte, hatte in den Rüstungsbetrieben in der Regel zeitraubende Produktionsumstellungen zur Folge. Taktische Gesichtspunkte hatten bei der Erzeugung von Kriegsmaterial während der ersten drei Kriegsjahre bis zur Ernennung Speers als für die Rüstung verantwortlicher Minister eindeutig Vorrang vor langfristig-strategischen Konzeptionen, so daß die reale Produktion an Kriegsgerät wesentlich geringer war als die tatsächlich vorhandenen Fertigungskapazitäten. Derartige Produktionsbedingungen scheinen die deutsche Rüstungswirtschaft generell in ihrer Tätigkeit behindert zu haben, denn nur so lassen sich die gegenüber den ersten Kriegsjahren enorm angestiegenen Erzeugungsziffern für Kriegsgerät aller Art der Jahre 1943 bis Anfang 1945 erklären.

Firmenspezifische Gültigkeit für den Bochumer Verein scheint allerdings die Feststellung zu haben, daß dieses Unternehmen von 1942 an nicht mehr alle Produktionskapazitäten ausnutzen konnte. Dieser durch den Mangel an Arbeitskräften in seinen Auswirkungen verstärkte Produktionsrückgang in fast allen Unternehmensbereichen konnte tendenziell erst durch die von Speer vorgenommene Umstellung der Industrie auf eine totale Kriegswirtschaft abgebremst werden. Zur gleichen Zeit gelang es den westlichen Alliierten bereits, die Produktion des Bochumer Vereins durch Luftangriffe für bis zu 14 Tage stillzulegen. Auch andere, im Aktionsradius der Bomberflotten gelegene Rüstungswerke, so die Essener

Firma Krupp, mußten Zerstörungen und Produktionsausfälle durch Luftangriffe in Kauf nehmen.
Der während des Jahres 1944 erreichte hohe Ausstoß an Waffen und anderen Rüstungsgütern war beim Bochumer Verein allerdings nicht auf eine generell erhöhte Produktion zurückzuführen, sondern vielmehr auf eine Verlagerung des Produktionsschwerpunktes in den Bereich der mechanischen Bearbeitung und der Montage, die mit einer kontinuierlich zurückgehenden Produktion von Roheisen und Rohstahl erkauft werden mußte. Diese Produktionsrückgänge sind darüber hinaus auf die Zerstörung der »Hütteninfrastruktur« (Eisenbahnverbindungen, Gas-, Wasser- und Elektrizitätsversorgungen) zurückzuführen, die vornehmlich von der RAF bombadiert wurde und deren zumindest vorübergehender Ausfall auch die Produktion anderer Ruhr-Hüttenwerke beeinflußte. Seine Bedeutung in der deutschen Rüstungs- und Kriegswirtschaft als Produzent hochwertiger Stähle und Zwischenprodukte für Drittabnehmer, von Bomben und Geschützen sowie von Geschützmunition büßte der Bochumer Verein an einem einzigen Tag ein, am 4. November 1944, als es einer Bomberstaffel der RAF gelang, die Betriebsanlagen dieses Unternehmens derart zu zerstören, daß das Werk trotz intensiver Aufbaubemühungen als Rüstungsunternehmen bis zum Ende des Krieges praktisch ausfiel.
Der Zwang zur Rüstungsproduktion in einem dem Unternehmen vorgegebenen Umfang und in einer von militärischen und zivilen Dienststellen der Wirtschaftslenkung und Wirtschaftsverwaltung – oft in unzureichender Koordination – bestimmten Menge mußte sich auf die Sozialpolitik des Bochumer Vereins auswirken. Die aktuelle Situation bestimmte hier – und wahrscheinlich auch in anderen Unternehmen – die Anwendung von »Zuckerbrot und Peitsche«, von Belohnungen und Zulagen für gute Leistungen, die oft im Gegensatz zu den Richtlinien der Lohngestaltung oder der Arbeitsgesetzgebung standen, oder von Restriktionsmaßnahmen wie Betriebsbußen und die Einschaltung von mit der Disziplinierung der Arbeiterschaft beauftragten Behörden. Zusammenfassend kann der Bochumer Verein als typisches, von der spezifischen NS-Konjunktur getragenes Ruhrmontanunternehmen mit dominierendem Rüstungsanteil an der Gesamtproduktion bezeichnet werden. Sein Management kooperierte eng mit den Nationalsozialisten und gestattete ihnen, Einfluß auf bislang innerbetriebliche Angelegenheiten auszuüben. Ob dies mit ausdrücklicher Zustimmung der Konzernleitung der Vereinigten Stahlwerke geschah oder im Bestreben, die eigene Machtposition innerhalb des Konzerns durch eine »Verbrüderung« mit dem NS-Regime zu stärken, muß dahingestellt bleiben. Es muß in diesem Zusammenhang jedoch betont werden, daß der Bochumer Verein seine zweifelsohne bedeutende Stellung in der deutschen Rüstungswirtschaft durch Kompromisse gegenüber dem Regime erkaufte. Sie stellten den wirtschaftlichen Erfolg des Unternehmens

sicher, begründeten aber gleichzeitig die Sonderstellung dieses Hüttenwerkes, die abschließend durch zwei firmenspezifische Entwicklungen charakterisiert werden können:

(1) Obgleich der Bochumer Verein bereits frühzeitig als NS-Musterbetrieb ausgezeichnet worden war und er diese Auszeichnung bis zum Zusammenbruch des NS-Regimes führen durfte, waren die Sozialleistungen dieses Unternehmens keineswegs »mustergültig«. Sie lagen vielmehr sogar unter dem branchenüblichen Standard. Jedoch wurden die mit der Verleihung des Titels verbundenen Auflagen, nämlich die Verwirklichung einer Betriebsgemeinschaft im nationalsozialistischen Sinne und die Wirkungsmöglichkeiten der NS-Gliederungen innerhalb des Unternehmens, beispielhaft erfüllt.

(2) Das Eindringen des Nationalsozialismus in das Wirtschaftsunternehmen Bochumer Verein darf in der Retrospektive nicht als durch das Regime und seine Terrorherrschaft erzwungene Maßnahme eine nachträgliche Rechtfertigung erfahren. Die Unternehmensleitung war es vielmehr, die den Nationalsozialisten bereits in der Phase der Machtkonsolidierung eine Betätigung innerhalb des Werkes erlaubte. Partielle Interessengleichheiten, aus der Sicht des Managements die Disziplinierung der Arbeiterschaft, eine gesicherte Auftragslage und die damit verbundenen Gewinnmöglichkeiten, kamen dieser Verbindung zustatten. Die Unternehmensleitung des Bochumer Vereins ging hierbei über die für die Mehrzahl der Montanbetriebe typische Kooperation hinaus. Insoweit zeigen sich auch hier wiederum charakteristische Besonderheiten dieses Unternehmens, das ausgeprägter als viele andere Konzerne an der Ruhr der Vorstellung von der besonderen Beziehung von Großindustrie und Nationalsozialismus entsprach.

Verzeichnis der Graphiken und Tabellen

Quellen- und Literaturverzeichnis

I. Archivalische Quellen

Archiv der Bochumer Verein für Gußstahlfabrikation AG
(heute: Werksarchiv der Fried. Krupp AG, Bochum)

00507 Nr. 1–6
00801 Nr. 1
10202 Nr. 4
10204 Nr. 1
12300 Nr. 3
12300 Nr. 4a
12600 Nr. 4–6
12602 Nr. 4
14012 Nr. 1–3
14200 Nr. 1
14204 Nr. 1
14206 Nr. 2–4
14605 Nr. 1
14606 Nr. 1
15000 Nr. 1
15200 Nr. 1
15400 Nr. 1–19
15400 Nr. 25 ff.
16001 Nr. 1u. 2
16002 Nr. 1u. 2
16600 Nr. 1u. 10
17000 Nr. 1
17100 Nr. 1 ff.
20080 Nr. 1
20081 Nr. 1
20082 Nr. 1
20085 Nr. 1 ff.
20090 Nr. 1–3
20091 Nr. 1
20092 Nr. 1
20300 Nr. 1–4
20606 Nr. 1–5
21000 Nr. 6
21200 Nr. 1
22000 Nr. 1–10
23001 Nr. 1
23100 Nr. 1
23200 Nr. 1
24000 Nr. 4
24200 Nr. 1
25000 Nr. 2u. 7
25002 Nr. 1
25100 Nr. 1
25200 Nr. 2
25201 Nr. 2
25500 Nr. 6
25502 Nr. 1
25503 Nr. 1
25600 Nr. 1
25800 Nr. 1
25802 Nr. 2
25803 Nr. 1
26001 Nr. 1
27000 Nr. 1
27200 Nr. 1
27300 Nr. 1
27500 Nr. 1
27502 Nr. 1
27503 Nr. 1
27509 Nr. 1
27600 Nr. 1
27700 Nr. 1–3
27701 Nr. 1
27702 Nr. 1
28200 Nr. 1
28700 Nr. 1
40000 Nr. 3
41200 Nr. 1
41601 Nr. 1–3
41700 Nr. 1–4
42500 Nr. 4
42800 Nr. 1
42900 Nr. 2–3
42900 Nr. 5
43400 Nr. 1
44500 Nr. 1
44800 Nr. 1
46100 Nr. 9
47205 Nr. 3
51400 Nr. 16–18
51700 Nr. 2
52003 Nr. 11
54307 Nr. 2
54308 Nr. 1
54310 Nr. 27
54311 Nr. 84
54312 Nr. 1
54316 Nr. 2–3
54322 Nr. 1–2
56402 Nr. 1
56500 Nr. 8u9
56500 Nr. 12
61000 Nr. 1
61002 Nr. 2
61002 Nr. 5–12
61006 Nr. 1
61100 Nr. 2–9
61200 Nr. 1
72000 Nr. 1
85000 Nr. 1
87105 Nr. 1
94000 Nr. 1–12
94200 Nr. 1
94300 Nr. 1
94400 Nr. 1
94401 Nr. 1
94500 Nr. 1–2
95001 Nr. 1

Archiv der Thyssen-Aktiengesellschaft
(vorm. August Thyssen-Hütte AG)

Bestände VSt T52, T56, CFC 1 und CFC 2
Aus dem Bestand VSt-Sozialwirtschaft:

10 07 5
10 11 3
12 02 1
12 02 13
12 02 31
12 02 32
12 02 33
12 02 34
12 02 41
12 05 12
12 05 13
12 06 11
12 06 13
12 06 22
12 07 1
12 08 11
12 08 13
14 01 21
14 03 1
14 13 12
14 13 13
14 13 15
14 13 52
14 13 62
20 12 1
20 12 4
20 16 11
20 16 32
20 19 1
20 19 22 0
20 20 12
20 20 21
20 20 32
20 01 11
21 01 21
21 01 22
21 01 23
21 01 33
21 01 34
21 01 35
21 01 36
21 01 51
21 01 62
30 01 12
30 01 24
30 01 31
30 01 52
30 01 54
30 09 42
30 09 5
30 09 6
30 09 62
30 09 81
30 09 9
30 17 1
30 17 46
30 17 71
31 17 74
30 20 11
30 20 22
30 20 43
30 20 61
30 20 66
30 21 2
30 21 10
30 21 111
30 21 131
30 21 132
30 21 142
30 21 15
30 21 162
30 21 17
30 21 182
30 21 2
30 21 42
30 21 5

Nordrhein-Westfälisches Staatsarchiv Münster

Bestand Gauleitung Westfalen-Süd

Stadtarchiv Bochum

Verwaltungsberichte der Stadt Bochum 1932 ff.
USSBS-Report No. 76 Bochumer Verein für Gußstahlfabrikation AG (Mikrofilm der Dokumentensammlung in den National Archives der USA)

Westfälisches Wirtschaftsarchiv, Dortmund

Bestand K 2 (Industrie- und Handelskammer Bochum)
Bestand K 1 (Industrie- und Handelskammer Dortmund)
Akten des Internationalen Militärtribunals, Nürnberg

Archiv der Vereinigung der Verfolgten des Naziregimes (VVN)

Splitter aus Prozeßakten des Oberlandesgerichts Hamm und des Volksgerichtshofs

Bundesarchiv, Koblenz

Bestand NS 4 (Buchenwald)
Bestand R 55 (Reichsministerium für Volksaufklärung und Propaganda)

II. Interviews

Interview mit Dr. Ing. Walter Rohland am 13. Februar 1978 (Dr. Rohland überließ dem Verf. freundlicherweise mehrere unveröffentlichte Manuskripte über seine Tätigkeit als Vorstandsvorsitzender der Vereinigten Stahlwerke AG sowie biographische Notizen, u. a. über Walter Borbet)

Interview mit Reichsminister a. D. Albert Speer am 5. Januar 1978

Vier weitere Interviews mit ehemals leitenden Angestellten des Bochumer Vereins, die dem Verf. die Nennung ihrer Namen nicht gestatteten.

III. Zeitgenössische Periodika

Der Angriff
Berliner Börsenzeitung
Bochumer Anzeiger
Bochumer Tageblatt
Braune Wirtschaftspost
Deutsches Arbeitsrecht
Deutsche Bergwerks-Zeitung
Frankfurter Zeitung
Hüttenzeitung. Bochumer Verein für Gußstahlfabrikation
Jahrbuch für den Oberbergamtsbezirk Dortmund
Jahrbuch für den Ruhrkohlenbezirk
Krupp. Zeitschrift der Kruppschen Betriebsgemeinschaft
Monatshefte für NS-Sozialpolitik (incl. Beilage ›Der Vertrauensrat‹)
Reichsarbeitsblatt
Reichsgesetzblatt
Reichsverwaltungsblatt
Rheinisch-Westfälische Zeitung
Ruhrecho-Zeitung
Soziale Praxis
Stahl und Eisen
Statistisches Jahrbuch für die Eisen- und Stahlindustrie
Der Vierjahresplan
Vierteljahreshefte zur Statistik des Deutschen Reiches
Völkischer Beobachter (Berliner Ausgabe)
Westfälische Landeszeitung ›Rote Erde‹
Wirtschaftsdienst
Die Wirtschaftskurve

IV. Literaturverzeichnis

Adelmann, G. (Hrsg.), Quellensammlung zur Geschichte der sozialen Betriebsverfassung. Ruhrindustrie unter besonderer Berücksichtigung des Industrie- und Handelskammerbezirkes Essen, Bd. 2: Soziale Betriebsverfassung einzelner Unternehmen der Ruhrindustrie, Bonn 1965

Andexel, R., Imperialismus-Staatsfinanzen, Rüstung, Krieg. Probleme der Rüstungsfinanzierung des deutschen Imperialismus, Berlin (Ost) 1968

Arendt, H., Elemente totaler Herrschaft, Frankfurt 1958

Arnhold, K., Der Betriebsführer und sein Betrieb. Gedanken zum nationalsozialistischen Musterbetrieb. Leipzig 1942, abgedr. in: Arnhold, K., Der deutsche Betrieb, Leipzig 1942

ders., Das Ringen um die Arbeitsidee. Gesammelte Aufsätze, Berlin 1938

ders., Wehrhafte Arbeit. Eine Betrachtung über den Einsatz der Soldaten der Arbeit, Leipzig 1939

Ausschuß zur Untersuchung der Erzeugungs- und Absatzbedingungen der deutschen Wirtschaft (Hrsg.), Die deutsche eisenerzeugende Industrie. Verhandlungen und Berichte des Unterausschusses für Gewerbe, Industrie, Handel und Handwerk (III. Unterausschuß), Berlin 1930

Axmann, A., Der Reichsberufswettkampf, Berlin 1938

Bäumer, P. C., Das Deutsche Institut für technische Arbeitsschulung (Dinta), in: Briefs, G. (Hrsg.), Probleme der sozialen Werkspolitik, Bd. 1, München-Leipzig 1930

Bäumer, H., Die Eisen schaffende Industrie im Dritten Reich, Diss., Köln 1941

Barthel, H., Zur Politik der rüstungswirtschaftlichen Führungsorgane des deutschen Finanz- und Rüstungskapitals beim Aufbau der faschistischen Kriegswirtschaft in den Jahren 1933 bis 1939, Diss., Leipzig 1962

Beck, L., Die Geschichte des Eisens in technischer und kulturgeschichtlicher Beziehung, 4. Abteilung: Das XIX. Jahrhundert von 1801 bis 1860, Braunschweig 1899

ders., Die Geschichte des Eisens in technischer und kulturgeschichtlicher Beziehung, 5. Abteilung: Das XIX. Jahrhundert von 1860 bis zum Schluß, Braunschweig 1903

Beckmann, F., Der Zusammenschluß in der westdeutschen Großeisenindustrie, Köln 1921

Berkenkopf, P., Die Neuorganisation der deutschen Großeisenindustrie seit der Währungsstabilisierung Essen 1928

Beyer, F., Der Arbeitseinsatz in der Wehrwirtschaft, Berlin 1936

Biallas, H. (Hrsg.), Die Nationalsozialistischen Musterbetriebe 1937/38, 2 Bde., Bayreuth 1938

Biernat, K., u. a. (Hrsg.), Deutschland im 2. Weltkrieg, Bd. 2, Berlin (Ost) 1975

Blankenburg, P., u. a., Nationalsozialistischer Wirtschaftsaufbau und seine Grundlagen, Berlin 1934

Bleyer, W., Totaler Krieg und Monopolmacht. Der staatsmonopolistische Verschmelzungsprozeß zwischen Monopolorganen und faschistischem Staat im 2. Weltkrieg, in: ZfG 14 (1966), S. 896–913

Boberach, H. (Hrsg.), Meldungen aus dem Reich. Auswahl aus den geheimen Lageberichten des Sicherheitsdienstes der SS 1939–1944, Neuwied-Berlin 1965

Boelke, W., Deutschlands Rüstung im Zweiten Weltkrieg. Hitlers Konferenzen mit Albert Speer 1942–1945, Frankfurt 1969

ders., Probleme der Finanzierung von Militärausgaben, in: Forstmeier u. a. (Hrsg.), Wirtschaft und Rüstung am Vorabend des Zweiten Weltkrieges, Düsseldorf 1975, S. 14–39

Bogner, H., Die Wandlungen in der Organisation der deutschen Stahlindustrie und ihre Ursachen, Diss., Heidelberg 1929

Bracher, K., Die Auflösung der Weimarer Republik. Eine Studie zum Problem des Machtverfalls in der Demokratie, 5. Aufl., Villingen 1971

ders., Stufen der Machtergreifung, Frankfurt 1974

Braun von Stumm, E., Die Dachgesellschaften im Aufbau deutscher Konzerne unter besonderer Berücksichtigung der Familien-Konzerne, Stuttgart-Berlin 1941

Briefs, G., Betriebsführung und Betriebsleben in der Industrie. Zur Soziologie und Sozialpsychologie des modernen Großbetriebs in der Industrie, Stuttgart 1934

Broszat, M., Der Staat Hitlers, 3. Aufl., München 1973

ders., Soziale Motivation und Führer-Bindung des Nationalsozialismus, in: VfZG, 18 (1970), S. 392–409

Bry, G., Wages in Germany 1871–1945, Princeton 1960

Burchardt, L., Die Auswirkungen der Kriegswirtschaft auf die deutsche Zivilbevölkerung im Ersten und Zweiten Weltkrieg, in: Militärgeschichtliche Mitteilungen, 24 (1974), S. 65–97

Burisch, W., Industrie- und Betriebssoziologie, 5. Aufl. Berlin 1969

Castellan, G., Le réarmement clandestin du Reich 1933–1935, Paris 1954

Colclough, T., Developments in the German Iron and Steel Industry, Ruhr and Salzgitter Areas. (June 1945), (hrsg. v. Combined Intelligence Objectives Sub-Committee, G-2 Division, SHAEF), London 1945

Czichon, E., Der Primat der Industrie im Kartell der nationalsozialistischen Macht, in: Das Argument, 10 (1968), S. 168–192

ders., Wer verhalf Hitler zur Macht. Zum Anteil der deutschen Industrie an der Zerstörung der Weimarer Republik, Köln 1967

Däbritz, W., Bochumer Verein für Bergbau und Gußstahlfabrikation in Bochum. Neun Jahrzehnte seiner Geschichte im Rahmen der Wirtschaft des Ruhrbezirks, Düsseldorf 1934

Däbritz, W., u. a., Hundert Jahre Hanomag. Geschichte der Hannoverschen Maschinenbau-Aktien-Gesellschaft vormals Georg Egestorff in Hannover, 1835–1935, Düsseldorf 1935

Dahms, H., Der Zweite Weltkrieg, 2. Aufl., Frankfurt 1966

Dascher, O., Probleme der Konzernorganisation, in: Mommsen, H. u. a. (Hrsg.), Industrielles System und politische Entwicklung in der Weimarer Republik, Düsseldorf 1974, S. 127–135

Deppe, F., u. a., Die neue Arbeiterklasse, Frankfurt/M. 1970

Dietrich, B., Vereinigte Stahlwerke, Berlin 1930

Dietze, C., Volkswirtschaft und Weltwirtschaft unter besonderer Berücksichtigung der Rohstofflage, in: Probleme des deutschen Wirtschaftslebens, Erstrebtes und Erreichtes. Festschrift für Hjalmar Schacht, Berlin–Leipzig 1937, S. 651–673

Dowd, D., Economic Stagnation in Europe in the Interwar Period, in: The Journal of Economic History, 15 (1955), S. 273–280

Dreyfuss, C., Beruf und Ideologie der Angestellten, München–Leipzig 1933

Eichholtz, D., Geschichte der deutschen Kriegswirtschaft 1939–1945 (Bd. 1, 1939–1945), Berlin (Ost) 1969

ders., Probleme einer Wirtschaftsgeschichte des Faschismus in Deutschland, in: JWG 1963, Teil 3, S. 97–127

Eichholtz, D., u. a., Noch einmal: Politik und Wirtschaft 1933–1945, in: Das Argument, 10 (1968), S. 210–227
Erbe, R., Die nationalsozialistische Wirtschaftspolitik 1933–1939 im Lichte der modernen Theorie, Zürich 1958
Esenwein-Rothe, I., Die Wirtschaftsverbände von 1933–1945, Berlin 1965
Faingar, I., Die Entwicklung des deutschen Monopolkapitals, Berlin (Ost) 1959
Feldmann, G., u. a., Industrie und Inflation. Studien und Dokumente zur Politik der deutschen Unternehmer 1916–1923, Hamburg 1977
Fischer, W., Deutsche Wirtschaftspolitik 1918–1945, 3. Aufl., Opladen 1968
Friedensburg, F., Die Bergwirtschaft der Erde. Bodenschätze, Bergbau und Mineralienversorgung der einzelnen Länder, 2. Aufl., Stuttgart 1942
Gebhardt, G., Ruhrbergbau. Geschichte, Aufbau und Verflechtung seiner Gesellschaften und Organisationen, Essen 1957
Geck, L., Soziale Betriebsführung, Berlin–München 1938
Geiger, T., Die soziale Schichtung des deutschen Volkes. Soziographischer Versuch auf statistischer Grundlage, Repr., Darmstadt 1967
Geldmacher, E., Das Ende deutscher Wirtschaft? Dargestellt an der Entwicklung der rheinisch-westfälischen Industrie seit 1924. Ein betriebswirtschaftliches Manifest, Leipzig 1931
Gelsenkirchener Bergwerks-Aktiengesellschaft (Hrsg.), Zehn Jahre Steinkohlenbergbau der Vereinigten Stahlwerke AG (1926–1936), Essen 1936
Gerhardt, H., u. a., Deutsche Roh- und Werkstoffe. Ein Lehr- und Lesebuch für jedermann, 2. Aufl., Frankfurt/M. 1941
Gerhardt, J., Deutsche Arbeits- und Sozialpolitik, Berlin 1939
Gersdorff, U. v., Frauen im Kriegsdienst 1914–1945, Stuttgart 1969
Gessner, D., Das Ende der Weimarer Republik, Darmstadt 1978
Gladen, A., Geschichte der Sozialpolitik in Deutschland. Eine Analyse ihrer Bedingungen. Formen, Zielsetzungen und Auswirkungen, Wiesbaden 1974
Gossweiler, K., Der Übergang von der Weltwirtschaftskrise zur Rüstungskonjunktur in Deutschland 1933 bis 1934. Ein historischer Beitrag zur Problematik staatsmonopolistischer »Krisenüberwindung«, in: JWG 1968, Teil 2, S. 55–116
ders., Die Vereinigten Stahlwerke und die Großbanken. Eine Studie über das Verhältnis von Bank- und Industriekapital in der Weimarer Republik und unter der faschistischen Diktatur (1926–1936), in: JWG 1965, Teil 4, S. 11–53
Grussendorf, W., Gesetz zur Ordnung der nationalen Arbeit und die wichtigsten arbeitsrechtlichen Vorschriften in der neuen Fassung, Eberswalde–Berlin 1934
Guerin, D., Fascism and Big Business, 2. Aufl., New York 1973
Guillebaud, C., The Economic Recovery of Germany. From 1933 to the Incorporation of Austria in March 1938, London 1939
Hallgarten, G., Adolf Hitler and the German Heavy Industry 1931–1933, in: The Journal of Economic History 12 (1952), S. 222–246
Hamburger, L., How Nazi Germany has Controlled Business, 2. Aufl., o.O. 1944
Harris, A., Bomber Offensive, London 1947
Henzler, R., Gewinnbeteiligung der Gefolgschaft, Frankfurt/M. 1937
Herbst, L., Die Krise des nationalsozialistischen Regimes am Vorabend des Zweiten Weltkrieges und die forcierte Aufrüstung, in: VfZG 26 (1978), S. 347–392
Hessenland, M., Deutschlands Kampf um seine Rohstoffe, Berlin 1938
Heusler, G., Der Pole im Arbeitsleben. Die arbeitsrechtliche Stellung des Polen nach den geltenden Bestimmungen, Posen 1942
Heyde, L., Abriss der Sozialpolitik, 12. Aufl., Heidelberg 1966

Hoffmann, E., Zur Geschichte der Berufsausbildung in Deutschland, Bielefeld 1962

Holtz, A., Nationalsozialistische Arbeitspolitik. Norwendigkeit und Bedeutung der Arbeitspolitik für den Umbruch und die Lenkung der Volkswirtschaft und ihr praktischer Einsatz, Würzburg 1938

Homann, F., Die deutsche Wirtschaftsorganisation. Kommentar über die Gesetzgebung zur Organisation der gewerblichen Wirtschaft, Berlin 1943

Homze, E., Foreign Labor in Nazi Germany, Princeton 1967

Hueck, A., u. a. (Hrsg.), Gesetz zur Ordnung der nationalen Arbeit und Gesetz zur Ordnung der Arbeit in öffentlichen Verwaltungen und Betrieben. Kommentar, 3. Aufl., München–Berlin 1939

Internationales Lagerkomitee, Buchenwald (Hrsg.),Bericht des internationalen Lagerkomitees Buchenwald, Weimar 1946

dass. (Hrsg.), Konzentrationslager Buchenwald, Bd. 1, Weimar 1949

Jäger, J., Die wirtschaftliche Abhängigkeit des Dritten Reiches vom Ausland, dargestellt am Beispiel der Stahlindustrie, Berlin 1969

Janssen, G., Das Ministerium Speer. Deutschlands Rüstung im Krieg, Berlin–Frankfurt–Wien 1968

Johannsen, O., Die technische Entwicklung des deutschen Eisenhüttenwesens in den letzten Jahren, in: Forschungen und Fortschritte, 17 (1941), S. 79–83

Kannapin, H., Wirtschaft unter Zwang. Anmerkungen und Analysen zur rechtlichen und politischen Verantwortung der deutschen Wirtschaft unter der Herrschaft des Nationalsozialismus im Zweiten Weltkrieg, besonders im Hinblick auf den Einsatz und die Behandlung von ausländischen Arbeitskräften und Konzentrationslagerhäftlingen in deutschen Industrie- und Rüstungsbetrieben, Köln 1966

Karstedt u. a., So treibt das Reich Sozialpolitik, Berlin 1940

Kaufmann, G., Der Reichsberufswettkampf. Die berufliche Aufrüstung der deutschen Jugend, Berlin 1935

Kindleberger, C., Die Weltwirtschaftskrise, München 1973

Kinkel, W., Unternehmer und Betriebsführer in der gewerblichen Wirtschaft. Unter besonderer Berücksichtigung der Haftungsverhältnisse, München 1938

Klass, G., Albert Vögler. Einer der Großen des Ruhrreviers, Tübingen 1957

Klautschke, H., Die pflegliche Behandlung der menschlichen Arbeitskraft im industriellen Großbetrieb, Diss., Greifswald 1935

Klebe, H., Der staatliche Arbeitsschutz, München 1935

Klein, B., Germany's Economic Preparations for War, Cambridge (USA) 1959

Klug, O., Konzerne in der neuen Wirtschaft. Sind sie berechtigt oder nicht?, 2. Aufl., Berlin 1936

Kocka, J., Unternehmensverwaltung und Angestelltenschaft am Beispiel Siemens 1847–1914. Zum Verhältnis von Kapitalismus und Bürokratie in der deutschen Industrialisierung, Stuttgart 1969

Köhler, B., Das Recht auf Arbeit als Wirtschaftsprinzip, Berlin 1934

ders., Die zweite Arbeitsschlacht, 2. Aufl., München 1937

Köhler, H., Zum Verhältnis Friedrich Flicks zur Reichsregierung am Ende der Weimarer Republik, in: Mommsen, H. u. a. (Hrsg.), Industrielles System und politische Entwicklung in der Weimarer Republik, Düsseldorf 1974, S. 878–883

Kogon, E., Der SS-Staat. Das System der deutschen Konzentrationslager, München 1974

Kroll, G., Von der Weltwirtschaftskrise zur Staatskonjunktur, Berlin 1958

Krüger, O., 2. Mai 1933: Die Befreiung des deutschen Arbeiters, München 1934

Kuczynski, J., Die Geschichte der Lage der Arbeiter in Deutschland von 1789 bis in die Gegenwart, Band II, 1. Teil (1933 bis Mai 1945), 3. Aufl., Berlin (Ost) 1953
Kupczyk, B., Der Majoritätswechsel im Konzern der Vereinigten Stahlwerke, in: Wirtschaftsdienst 1932, S. 875–879
Lanter, M., Die Finanzierung des Krieges. Quellen, Methoden und Lösungen seit dem Mittelalter bis Ende des Zweiten Weltkrieges 1939 bis 1945, Luzern 1950
Lauterbach, A., Economics in Uniform. Military Economy and Social Structure, Princeton 1943
Levy, H., Industrial Germany. A Study of its Monopoly Organisations and their Control by the State, New York 1966
Ley, R. (Hrsg.), Organisationshandbuch der NSDAP, München 1936
ders., Soldaten der Arbeit, 2. Aufl., München 1939
Liwchen, R., Niveau de vie des ouvriers allemands en 1927 et en 1937, in: Revue d'économie politique 54 (1940), S. 85–94
Lohmann, M., Betriebswirtschaftslehre. Wirtschaftslehre der gewerblichen Wirtschaft, Hamburg 1936
Ludwig, K., Strukturmerkmale nationalsozialistischer Aufrüstung, in: Forstmeier u. a. (Hrsg.), Wirtschaft und Rüstung am Vorabend des Zweiten Weltkrieges, Düsseldorf 1975, S. 39–64
ders., Technik und Ingenieure im Dritten Reich, Düsseldorf 1974
Lüddecke, T., Nationalsozialistische Menschenführung in den Betrieben. Die Werkzeitung als Mittel der Wirtschaftsführung, Hamburg 1934
Mason, T., Arbeiterklasse und Volksgemeinschaft. Dokumente und Materialien zur deutschen Arbeiterpolitik 1936–1939, Opladen 1975
ders., Labour in the Third Reich, in: Past & Present Nr. 33 (April 1966), S. 112–141
ders.,Primat der Industrie? – Eine Erwiderung, in: Das Argument, 10 (1968), S. 193–209
ders., Der Primat der Politik – Politik und Wirtschaft im Nationalsozialismus, in: Das Argument, 8 (1966), S. 473 ff.
ders., Sozialpolitik im 3. Reich, Opladen 1977
Meystre, F., Allgemeine Sozialpolitik, München 1934
Milward, A., Die deutsche Kriegswirtschaft 1939–1945, Stuttgart 1966
ders., Hitlers Konzept des Blitzkrieges, in: Hillgruber, A. (Hrsg.), Probleme des Zweiten Weltkrieges, Köln–Berlin 1967, S. 19–40
Minden, G., Wirtschaftsführung im Großdeutschen Reich. Politische Aufgaben und wirtschaftliche Möglichkeiten, Berlin 1939
Mommsen, H., Beamtentum im 3. Reich, Stuttgart 1966
ders., Die deutschen Gewerkschaften zwischen Anpassung und Widerstand 1930–1944, in: Vetter, H. (Hrsg.), Vom Sozialistengesetz zur Mitbestimmung. Zum 100. Geburtstag von Hans Böckler, Köln 1975, S. 275–299
ders., Nationalsozialismus, in: Marxismus im Systemvergleich (hrsg. v. C. Kernig), Bd. Geschichte 3, Frankfurt–New York 1974, Sp. 173–193
ders., Der Ruhrbergbau im Spannungsfeld von Politik und Wirtschaft in der Zeit der Weimarer Republik, in: Blätter für deutsche Landesgeschichte, 108 (1972), S. 160–175
ders., Die innere Struktur des nationalsozialistischen Herrschaftssystems, in: Politische Bildung 1 (1972), S. 37–52
Mosse, G., Nazi Culture. Intellectual, Cultural and Social Life in the Third Reich, New York 1968
Mottek, H., u. a., Wirtschaftsgeschichte Deutschlands. Ein Grundriß, Bd. 3 (Von

der Zeit der Bismarckschen Reichsgründung 1871 bis zur Niederlage des faschistischen deutschen Imperialismus 1945), 2. Aufl., Berlin (Ost) 1975
Müller, W., Das soziale Leben im neuen Deutschland unter besonderer Berücksichtigung der Deutschen Arbeitsfront, Berlin 1938
Mund, E., Die rheinisch-westfälischen Montankonzerne im Betriebsvergleich, Leipzig 1933
Munk, F., The Legacy of Nazism. The Economic and Social Consequences of Totalitarianism, New York 1943
Nathan, O., The Nazi-Economic System. Germany's Mobilization for War, Durham 1944
Neal, A., Introduction to War Economies, Chicago 1942
Nonnenbruch, F., Die dynamische Wirtschaft, 2. Aufl., München 1936
ders., Politik, Technik und Geist, München 1939
Oermann, J., u. a., Die Kriegssteuern, Berlin–Wien 1939
Palseur, R., Bochum. Geographische Betrachtung einer Großstadt im Ruhrgebiet, Diss., Köln 1938
Passow, R., Die Aktiengesellschaft. Eine wirtschaftswissenschaftliche Studie, 2. Aufl., Jena 1922
Petzina, D., Autarkiepolitik im Dritten Reich. Der nationalsozialistische Vierjahresplan, Stuttgart 1968
ders., Hitler und die deutsche Industrie. Ein kommentierter Literatur- und Forschungsbericht, in: GWU 17 (1966), S. 482–491
ders., Die Mobilisierung deutscher Arbeitskräfte vor und während des Zweiten Weltkrieges, in: VfZG 18 (1970), S. 443–455
ders., Die deutsche Wirtschaft in der Zwischenkriegszeit, Wiesbaden 1977
Peukert, D., Ruhrarbeiter gegen den Faschismus. Dokumentation über den Widerstand im Ruhrgebiet 1933–1945, Frankfurt 1976
Pfahlmann, H., Fremdarbeiter und Kriegsgefangene in der deutschen Kriegswirtschaft 1939–1945, Darmstadt 1968
Plum, G., Die Arbeiterbewegung während der nationalsozialistischen Herrschaft, in: Reulecke, J. (Hrsg.), Arbeiterbewegung an Rhein und Ruhr. Beiträge zur Geschichte der Arbeiterbewegung in Rheinland-Westfalen, Wuppertal 1974, S. 355–383
ders., Widerstandsbewegungen, in: Marxismus im Systemvergleich, (hrsg. v. C. Kernig), Bd. Geschichte 5, Sp. 294–320, Frankfurt–New York 1974
Porzig, J., Buchführung und Bücherabschluß bei der industriellen Aktiengesellschaft, Berlin 1923
Preller, L., Sozialpolitik in der Weimarer Republik, Repr., Düsseldorf 1978
Pudor, F., Nekrologe aus dem rheinisch-westfälischen Industriegebiet, Jg. 1939–1951, Düsseldorf 1951
Reichert, J., Nationale und internationale Kartelle, Berlin 1936
ders., Schrottverbrauch und Schrottversorgung, in: Deutscher Stahl – Deutsche Arbeit, Düsseldorf 1934, S. 26–34
Rheinländer, P., Die deutsche Eisen- und Stahlwirtschaft im Vierjahresplan, Berlin 1939
Riedel, M., Eisen und Kohle für das Dritte Reich. Paul Pleigers Stellung in der NS-Wirtschaft, Göttingen–Frankfurt–Zürich 1973
Rinne, W., Eisenkraftfeld Ruhr. Werden und Wandlungen der eisenschaffenden Industrie an Ruhr und Rhein, Kevelaer 1949
Rocholl, A., Deutsche Jugend im Beruf. Arbeitseinsatz der Jugend – Nachwuchsfragen in der Wirtschaft – Ordnung der nationalen Arbeitererziehung, Hamburg 1937

Röseler, K., Die Stellung der deutschen Unternehmer in der Wirtschaftskrise 1929–1933, Diss., Hannover 1966
Rohde, H., Das Eisenbahnverkehrswesen in der deutschen Kriegswirtschaft 1939–1945, in: Forstmeier u. a. (Hrsg.), Kriegswirtschaft und Rüstung 1939–1945, Düsseldorf 1977, S. 134–163
Rumpf, H., Die Industrie im Bombenkrieg, in: Wehrwissenschaftliche Rundschau 1953, S. 43–49
Schaar, G., Rationalisierungen beim Bochumer Verein in den Jahren 1910–1930 (Hochofen, Martinwerk I, II, III und Röhrenwalzwerk Bochum-Höntrop), Diss., Münster 1937
Scheuble, J. (Hrsg.), Hundert Jahre staatliche Sozialpolitik. Aus dem Nachlaß Geheimrat Dr. Friedrich Syrup, Stuttgart 1957
Schnadt, R., Bochum. Wirtschaftsstruktur und Verflechtung einer Großstadt des Ruhrgebietes, Diss., Köln 1936
Schneider, H., Der Wiederaufbau der Großeisenindustrie an Rhein und Ruhr, Berlin 1930
Schulz, G., Faschismus – Nationalsozialismus. Versionen und theoretische Kontroversen 1922–1972, Frankfurt–Berlin–Wien 1974
Schumann, H., Nationalsozialismus und Gewerkschaftsbewegung. Die Vernichtung der deutschen Gewerkschaften und der Aufbau der ›Deutschen Arbeitsfront‹, Hannnover–Frankfurt/M. 1958
Schweitzer, A., Big Business in the Third Reich, 2. Aufl., Bloomington 1965
ders., Die Nazifizierung des Mittelstandes, Stuttgart 1970
Schwenger, R., Die betriebliche Sozialpolitik im Ruhrkohlenbergbau, München–Leipzig 1932
ders., Die betriebliche Sozialpolitik in der westdeutschen Großeisenindustrie. München–Leipzig 1934
Seeber, E., Zwangsarbeiter in der faschistischen Kriegswirtschaft. Die Deportation und Ausbeutung polnischer Bürger unter besonderer Berücksichtigung der Lage der Arbeiter aus dem sogenannten Generalgouvernement, Berlin (Ost) 1964
Seldte, F., Sozialpolitik im Dritten Reich. 1933–1938, München–Berlin 1939
Sell, K., Der Vertrauensrat, München 1934
Selzner, C., Die Deutsche Arbeitsfront. Idee und Gestalt, Berlin 1935
Sonnemann, T., Die Wirtschaft als Kriegswaffe, 2. Aufl., Berlin 1943
Springorum, F., Die Entwicklung metallurgischer Verfahren und ihrer Betriebstechnik, in: VDEH (Hrsg.), 100 Jahre Verein Deutscher Eisenhüttenleute, Düsseldorf 1960, S. 10–23
Stadtler, E., Werksgemeinschaft als soziologisches Problem, Berlin 1926
Starcke, G., NSBO und Deutsche Arbeitsfront, Berlin 1934
Steinert, M., Hitlers Krieg und die Deutschen, Düsseldorf 1970
Stiller u. a., Eisenhütten, in: Syrup, F. (Hrsg.), Handbuch des Arbeitsschutzes und der Betriebssicherheit, Bd. 2/1, Berlin 1927
Streit, C., Keine Kameraden. Die Wehrmacht und die sowjetischen Kriegsgefangenen 1941–1945, Stuttgart 1978
Studders, H., Die Facharbeiterfrage in der Kriegswirtschaft, Hamburg 1938
Swatek, D., Unternehmenskonzentration als Ergebnis und Mittel nationalsozialistischer Wirtschaftspolitik, Berlin 1972
Syrup, F., Arbeitseinsatz im Krieg und Frieden, Essen 1942
ders., Handbuch des Arbeitsschutzes und der Betriebssicherheit, Bd. 2/1, Berlin 1927
Thileke, K., Fall 5, Berlin (Ost) 1965

Thomas, G., Geschichte der deutschen Wehr- und Rüstungswirtschaft (1918–1943/1945) (hrsg. v. W. Birkenfeld), Boppard 1966
Treue, W., Gesellschaft, Wirtschaft und Technik Deutschlands im 19. Jahrhundert, München 1975
Trommer, W., Der Werkstoff Stahlguß, in: Handbuch der Gießerei-Technik, (hrsg. v. F. Roll), Bd. 1/1, Berlin–Göttingen–Heidelberg 1959, S. 39–161
Tross, A., Der Aufbau der Eisen- und eisenverarbeitenden Industrie-Konzerne Deutschlands. Ursachen, Formen und Wirkungen des Zusammenschlusses unter besonderer Berücksichtigung der Maschinen-Industrie, Berlin 1923
Ufermann, P., Der Deutsche Stahltrust, Berlin 1927
USSBS, The Effects of Strategic Bombing on the German War Economy, (ed. by the Overall Economic Effects Division), o. O. Oktober 1945
VDEH (Hrsg.), Gemeinfaßliche Darstellung des Eisenhüttenwesens, 14. Aufl., Düsseldorf 1937
Vereinigte Stahlwerke AG (Hrsg.), Ein Überblick über die Vereinigten Stahlwerke Aktiengesellschaft, Düsseldorf und ihre Betriebsgesellschaften. Mit Bildbericht über den Werdegang des Stahls, Düsseldorf 1939
Volkland, G., Hintergründe und politische Auswirkungen der Gelsenberg-Affäre im Jahre 1932, in: ZfG 11 (1963), S. 289–318
Volkmann, H., Außenhandel und Aufrüstung in Deutschland 1933 bis 1939, in: Forstmeier u. a. (Hrsg.), Wirtschaft und Rüstung am Vorabend des Zweiten Weltkrieges, Düsseldorf 1975, S. 81–131
Vollmann, H., Bekenntnis zum deutschen Werktag. Eine wirtschaftspolitische Aufsatzfolge, 2. Aufl., Leipzig 1944
Wagenführ, R., Die deutsche Industrie im Kriege 1939–1945, 2. Aufl., Berlin 1963
Wagner, J., . . . nur Mut, sei Kämpfer! Heinrich König. Ein Leben für die Freiheit. Bochumer politische Lebensbilder aus der Zeit der Weimarer Republik und des Nationalsozialismus, Bochum 1976
Webster, C., u. a., The Strategic Air Offensive Against Germany 1939–1945, 4 Bde., London 1961
Weisbrod, B., Schwerindustrie in der Weimarer Republik, Wuppertal 1978
Welter, E., Erneuerung des Aktienrechtes! Ein Appell und ein Programm, Frankfurt/M. 1929
Westphal, B., Der Stahlverein in Vergangenheit und Zukunft, in: Wirtschaftsdienst 1933, S. 1683 ff.
Winnig, A., Der Arbeiter im Dritten Reich, Berlin 1943
Wirtz, H., Die Werksfremdheit der Arbeiter und ihre Überwindung. Eine Untersuchung über das innere Verhältnis der Arbeiter zum Betriebe in der Schwerindustrie und die neueren Bestrebungen zur Besserung des Arbeitsverhältnisses, Diss., Gießen 1929
Woolston, M., The Structure of the Nazi Economy, New York 1968
Zischka, A., Sieg der Arbeit. Geschichte des fünftausendjährigen Kampfes gegen Unwissenheit und Sklaverei, Leipzig 1941

Personenregister